D1683670

Reihe Vergütungsmanagement,
herausgegeben von Eckhard Eyer

Entgeltsysteme für Dienstleister
Grundvergütung, Zielvereinbarung, Erfolgsbeteiligung

Internet-Adressen:
www.symposion.de/verguetung
www.flexible-unternehmen.de

Herausgegeben von
E. Eyer

Redaktion
M. Klietmann

Mit Beiträgen von
B. Adamaschek, C. H. Antoni, K.-D. Becker,
F. G. Becker, W. Böddecker, N. Böhmer, M. Bursee,
R. Drees, A.-K. Eschenberg, E. Eyer, D. Frings,
G. Frömbgen, J. Grandjean, Th. Haussmann,
A. Kahlert, G. Koch, W. Koch, D. Kranich,
P. Krauss-Hoffmann, H. Krug, A. Lamaye, J. M. Lang,
R. Quinting, C. Rehschuh, H. Ruckriegel,
Ch. Schenkel-Häger, Th. Schneider, U. Steinort,
H. M. Weiss, F. Witte

symposion˙

Impressum

Herausgeber
ECKHARD EYER

Projektentwicklung
MARKUS KLIETMANN,
Symposion Publishing

Lektorat
MARKUS KLIETMANN,
Symposion Publishing

Satz
IRIS KOCH,
Symposion Publishing

Druck
AKADÉMIAI NYOMDA
Martonvásár

Umschlaggestaltung
MeseDesign/MetaDesign

ISBN 3-933814-53-9
1. Auflage, Juli 2004
© Symposion Publishing GmbH,
Düsseldorf
Printed in Hungary

Begleitdienst zu diesem Buch
www.symposion.de/verguetung

Redaktionelle Post bitte an
Symposion Publishing GmbH
Werdener Straße 4
40227 Düsseldorf

Die Deutsche Bibliothek – CIP-Einheitsaufnahme
Entgeltsysteme für Dienstleister
Grundvergütung, Zielvereinbarung, Erfolgsbeteiligung
Hrsg.: E. EYER
Düsseldorf: Symposion Publishing, 2004
ISBN 3-933814-53-9

Das Werk einschließlich seiner Teile ist urheberrechtlich geschützt. Jede Verwertung außerhalb der engen Grenzen des Urheberrechtsgesetzes ist ohne Zustimmung des Verlags unzulässig und strafbar. Das gilt insbesondere für Vervielfältigungen, Übersetzungen, Mikroverfilmungen und die Einspeicherung und Verarbeitung in elektronischen Systemen.

Alle in diesem Buch enthaltenen Angaben, Ergebnisse usw. wurden von den Autoren nach bestem Wissen erstellt. Sie erfolgen ohne jegliche Verpflichtung oder Garantie des Verlages. Er übernimmt deshalb keinerlei Verantwortung und Haftung für etwa vorhandene inhaltliche Unrichtigkeiten.

Die Wiedergabe von Gebrauchsnamen, Handelsnamen, Warenbezeichnungen usw. in diesem Werk berechtigt auch ohne besondere Kennzeichnung nicht zu der Annahme, dass solche Namen im Sinne der Warenzeichen- und Markenschutz-Gesetzgebung als frei zu betrachten wären und daher von jedermann benutzt werden dürften.

Reihe Vergütungsmanagement,
herausgegeben von Eckhard Eyer

Entgeltsysteme für Dienstleister

Grundvergütung, Zielvereinbarung, Erfolgsbeteiligung

www.symposion.de/verguetung

Dieses Buch ...
bietet eine umfassende Darstellung von Entgeltsystemen für Dienstleistungsbereich und Dienstleistungsunternehmen. Neben den wichtigsten Grundlagen findet der Leser eine anschauliche Darstellung elementarer Komponenten erfolgreicher Vergütung: Grundentgelt, Leistungsentgelt, Erfolgsbeteiligung.
Zahlreiche Fallbeispiele aus Wirtschaftsunternehmen, Non-Profit-Organisationen und dem Öffentlichem Dienst zeigen eindrucksvoll, wie sich leistungsorientierte Vergütungsmodelle maßgeschneidert in die Dienstleistungspraxis umsetzen lassen und was sie bewirken.

Mit zahlreichen Abbildungen, Tabellen und Beispielen liefert dieses Fachbuch nicht nur fundierte Informationen, sondern auch das Rüstzeug für die praktische Umsetzung im Unternehmen.

Das Buch erscheint in der Reihe Vergütungsmanagement, herausgegeben von Eckhard Eyer.

Über Symposion
Symposion ist ein Fachverlag für Management-Wissen und veröffentlicht Bücher, Loseblattwerke und Digitale Fachbibliotheken. Zu jeder Publikation gibt es einen informativen Begleitdienst im Internet.

Das gedruckte Programm steht größtenteils auch online zur Verfügung. Über das Verlagsportal kann sich der Leser Fachinformationen nach eigenen Wünschen zusammen stellen – vom einzelnen Kapitel bis hin zum Individualbuch. Wissen ist damit blitzschnell verfügbar – jederzeit, praktisch überall und zu einem attraktiven Preis.

www.symposion.de

Reihe Vergütungsmanagement,
herausgegeben von Eckhard Eyer

Entgeltsysteme für Dienstleister
Grundvergütung, Zielvereinbarung, Erfolgsbeteiligung

Autorenverzeichnis 9

Wettbewerbsfähigkeit und Motivation
durch Entgeltgestaltung steigern 11
Eckhard Eyer

Grundlagen Moderner Entgeltsysteme

Motivation und Entgelt 17
Conny Antoni

Erfolgsabhängiges Entgelt 23
Klaus-Detlev Becker

Gestaltung gerecht erlebter Entlohnungssysteme 35
Eckhard Eyer

Anreizsysteme und Mitarbeiterführung 49
Fred G. Becker

Gainsharing, Zielvereinbarung, Balanced Scorecard 69
Jens M. Lang

Variable Vergütung von Führungskräften 91
Thomas Haussmann

Leistungsbeurteilung 105
Renate Quinting

Zielvereinbarungen

Wettbewerbsorientierte Zielvereinbarung 121
ANDREA KAHLERT

Zielvereinbarungen – Rechtliche Fragen 143
HANS MICHAEL WEISS

Zielvereinbarung und variable Entlohnung im Mittelstand 157
WOLFGANG BÖDDECKER

**Zielvereinbarungen für tarifliche Mitarbeiter
in Service-Teams** 175
ECKHARD EYER, WERNER KOCH

Variable Zielentgelte 185
HELMUT RUCKRIEGEL

Gruppenprämie und Bonus 203
HANS KRUG

Prämien

Prämienlohn 215
KLAUS-DETLEV BECKER

Wertschöpfungsprämie und flexible Arbeitszeit 227
ECKHARD EYER

Neckermann: Leistungsentlohnung in der Logistik 239
ALEXIS LAMAYE

Pensumlohn bei Gruppenarbeit in der Logistik 253
CLAUS REHSCHUH

Erfolgsbeteiligung

Globus – Mitarbeiterbeteiligung im Einzelhandel 271
GERNOT KOCH

Aktienoptionspläne richtig gestalten 285
ROLF DREES

Neue Entgeltsysteme in der Dienstleistungspraxis

Leistungsbeurteilung im Öffentlichen Dienst 301
UDO STEINORT

**Innovative Vergütungssysteme
in der öffentlichen Verwaltung** 329
BERND ADAMASCHEK

Monetäre Leistungsanreize im öffentlichen Sektor 337
PETER KRAUSS-HOFFMANN

Analytische Arbeitsbewertung statt Personenbewertung 371
ECKHARD EYER

Personalentwicklung und Führung in sozialen Einrichtungen 383
GABY FRÖMBGEN, JOSEF GRANDJEAN, CHRISTOF SCHENKEL-HAGER,
THERESE SCHNEIDER

Mitarbeiterführung und Leistungsvergütung im Pflegeheim 403
ANN-KRISTIN ESCHENBERG, ECKHARD EYER

Leistungsvergütung in einem Caritas-Altenheim 419
ECKHARD EYER

**Das neue Bewertungs- und Entgeltsystem
der Deutschen Telekom** 433
DIETMAR FRINGS

Inhaltsverzeichnis

Variable Vergütung von Tarifmitarbeitern im Bankensektor 457
NICOLE BÖHMER

Kritische Erfolgsfaktoren: Kommunikation und Einführungsprozess

Die Implementation von Vergütungssystemen 483
DETLEF KRANICH

Neue Vergütungssysteme erfolgreich kommunizieren 507
MICHAEL BURSEE, FALK WITTE

Die CD zum Buch ...

... enthält den vollständigen Text im Satzbild des gedruckten Buches für Adobe Acrobat Reader.
Sie hat ein ausführliches Inhaltsverzeichnis mit Hyperlinks und Lesezeichen. Mit einem Mausklick gelangen Sie direkt zu dem gewünschten Kapitel. Das gesamte Werk ist mit einem leistungsfähigen Index zur Volltextsuche verknüpft.

Autorenverzeichnis

BERND ADAMASCHEK
Dr., Stadtdirektor a. D., Bertelsmann Stiftung, Projektleiter Bereich »Staat und Verwaltung«, Gütersloh

CONNY H. ANTONI ANTONI
Prof., Dr., FB 1 – ABO-Psychologie, Universität Trier

KLAUS-DETLEV BECKER
Dr., Institut für angewandte Arbeitswissenschaften, Köln

FRED G. BECKER
Prof., Dr., Fakultät für Wirtschaftswissenschaften, Universität Bielefeld

WOLFGANG BÖDDECKER
Dipl.-Betrw., Unternehmensberatung »Böddecker Consulting«

NICOLE BÖHMER
Dipl. Oec., Dipl. Hdl., Oldenburgische Landesbank AG

MICHAEL BURSEE
Dr., Bereich Human Resource Services, PricewaterhouseCoopers GmbH, Hamburg

ROLF DREES
Leiter Unternehmenskommunikation, Union Investment, Frankfurt

ANN-KRISTIN ESCHENBERG
Mitarbeiterin der GOM (Gesellschaft für Organisationsentwicklung und Mediengestaltung mbH)

ECKHARD EYER
Dipl.-Ing., Dipl.-Kfm., Inhaber der PERSPEKTIVE EYER CONSULTING, Köln,
Gründer FAIR – Institut für praktische WirtschaftsMediation, Köln

DIETMAR FRINGS
Leiter der Geschäftstelle Arbeitgeberverband Telekom im Zentralbereich Human-Resources-Management der Konzernzentrale der Deutsche Telekom AG in Bonn

GABY FRÖMBGEN
Personalentwicklerin im Marienhaus Klinikum St. Josef Bendorf und St. Elisabeth Neuwied und Mitarbeiterin der Edith-Stein-Akademie, Waldbreitbach

JOSEF GRANDJEAN
Dipl.Päd., Personalentwickler und Leiter der Edith-Stein-Akademie, Waldbreitbach; Leiter Zentrale Stabsstelle Personalentwicklung und Organisationsentwicklung Marienhaus GmbH

THOMAS HAUSSMANN
Dr., Leiter des Geschäftsbereichs Vergütung bei der Dr. Dr. Heissmann GmbH in Wiesbaden

ANDREA KAHLERT
stellvertretende Bereichsleiterin der Vergütungsberatung bei der Dr. Dr. Heissmann GmbH, Unternehmensberatung für Versorgung und Vergütung in Wiesbaden

GERNOT KOCH
Dr., GLOBUS SB-Warenhaus Holding GmbH & Co. KG, St. Wendel

WERNER KOCH
Dipl.-Betriebswirt, Geschäftsführer Modine Neuenkirchen GmbH

Autorenverzeichnis

DETLEF KRANICH
Dipl.-Kfm., Fachgebietsleiter Personalstrategien, NSE Software AG, München

PETER KRAUSS-HOFFMANN
Dipl.-Arb.-Wiss, Dipl.-Päd., Referent bei der Bundesanstalt für Arbeitsschutz und Arbeitsmedizin, Dortmund

HANS KRUG
Ing.-Grad., Arbeitswirtschaft, B. Braun Melsungen AG, Melsungen

ALEXIS LAMAYE
Personaldirektor der Neckermann Versand AG in Frankfurt

JENS M. LANG
Dr., Leiter Personalplanung und -programme, DB Reise & Touristik AG, Deutsche Bahn Gruppe, Frankfurt

RENATE QUINTING
PERSPEKTIVE EYER CONSULTING, Köln

CLAUS REHSCHUH
Arbeits- und Zeitwirtschaft, Friedrich Grohe AG & Co. KG, Hemer

HELMUT RUCKRIEGEL
Dipl.-Psych., Personalleiter, Lafarge Zement GmbH, Oberursel

CHRISTOF SCHENKEL-HÄGER
Dr., Leiter der Abteilung Medizin-Controlling und Qualitätsmanagement im Marienhaus Klinikum St. Josef Bendorf und St. Elisabeth Neuwied sowie Lehrbeauftragter an der Fachhochschule Koblenz Rhein-Ahr-Campus Remagen.

THERESE SCHNEIDER
Oberin des Marienhaus Klinikums St. Josef Bendorf und St. Elisabeth Neuwied

UDO STEINORT
Projektmitarbeiter, Bundesbeamtensekretariat, Hauptvorstand Gewerkschaft ÖTV, Stuttgart

HANS MICHAEL WEISS
Rechtsanwalt, Geschäftsführer METALL NRW, Düsseldorf

FALK WITTE
Bereich Human Resource Services, PricewaterhouseCoopers GmbH, Hamburg

Wettbewerbsfähigkeit und Motivation durch Entgeltgestaltung steigern

ECKHARD EYER

Die Vergütung von tariflichen Angestellten in Wirtschaft und Verwaltung, in Profit- und Non-Profit-Organisationen ist geprägt von fixen Gehältern und der Vergütung nach Berufsjahren, Dienstalter und Familienstand.

Prozessoptimierung, Kunden- und Ergebnisorientierung lassen bei der Vergütung der tariflichen Dienstleister in den Unternehmen ebenso zu wünschen übrig, wie die anforderungs- und leistungsorientierte Bezahlung. Im Gegenteil, die bestehenden Entgeltsysteme konterkarieren nicht selten die Ziele der Organisation, verhindern deren Erreichen und erzeugen so Demotivation bei den Mitarbeitern.

Durch übertarifliche Entgeltkomponenten, wie Marktzulagen, lassen sich die Verwerfungen weder in der Privatwirtschaft noch in den Non-Profit-Organisationen auf betrieblicher Ebene kompensieren. Die finanziellen Mittel fehlen. Innovationen in den Tarifverträgen durch die Tarifvertragsparteien und sinnvolle Öffnungen für betriebliche Regelungen sind angesagt.

Neue Wege beschreiten – von den Erfahrungen anderer profitieren

Dieses Buch berichtet in den folgenden 30 Kapiteln anhand von zahlreichen Erfahrungsberichten aus Unternehmen über typische Problemstellungen und -lösungen. Der Leser erhält detaillierte Anleitungen zur praktischen Umsetzung der Entgeltsysteme. Die Beschreibung geht wo nötig bis zum einzelnen Handgriff und dessen Wirkung.

Die tief greifenden Veränderungen in den Unternehmen gingen an den Dienstleistungstätigkeiten – seien es Angestelltentätigkeiten oder produktionsnahe gewerbliche Tätigkeiten – nicht vorbei. Der Wandel in den Formen der Arbeitsorganisation, neue Handlungs-

und Entscheidungsspielräume der Mitarbeiter und damit veränderte Verantwortlichkeiten, die Kunden- und Dienstleistungsorientierung der Unternehmen, veränderten die Arbeitswelt. Arbeitszeitsysteme und die Mitarbeiter orientieren sich am Bedarf der Kunden. Selbststeuerung, Zielorientierung und die Übernahme von Verantwortung sind angesagt. Die Gehaltstarifverträge sind in der Regel noch geprägt vom Geist des Wiederaufbaus und des Verkäufermarktes.

Die Schlagworte in den Reorganisationsprozessen heißen »Betroffene zu Beteiligten machen« und »vom Mitarbeiter zum Mitunternehmer«. Das gilt insbesondere für die Phase der Umorganisation und die Beteiligung der Mitarbeiter die ihre Ideen einbringen. Wenn sich danach die Prozesse stabilisierten und die Frage der Auswirkung der genannten Schlagworte auf die neue Vergütung aufkommen, »zwickt« häufig der Tarifvertrag, weil er keine Veränderungen zulässt oder den Betriebsparteien die Phantasie und/oder der Mut fehlt innovative Entgeltsysteme im Unternehmen zu entwickeln und umzusetzen.

Erfolgreich begonnene Reorganisationsprozesse versanden nicht selten, weil die notwendigen Konsequenzen bei den Entgeltsystemen, sei es auf betrieblicher oder tariflicher Ebene, nicht gezogen werden. Reorganisationsprozesse im Öffentlichen Dienst und bei Dienstleistungsunternehmen, die sich an den BAT anlehnen, wie Wirtschaftsbetriebe und Krankenhäuser, sind hier ebenso anzuführen, wie Unternehmen die ihre Spielräume im Rahmen der Tarifverträge nicht konstruktiv nutzten.

Veränderungsprozesse mit Entgeltsystemen flankieren
Die Veränderungsprozesse müssen – um erfolgreich zu sein – mit Entgeltsystemen flankiert werden. Als Beispiel für ein Unternehmen das mit dem BAT erfolgreich ist seien hier die Wirtschaftsbetriebe der Stadt Dinslaken genannt.

Dieses Fachbuch ist ein Schatz an Erfahrungen der die wesentlichen Aspekte der neuen Entwicklungstrends der Entgeltsysteme für Dienstleistungstätigkeiten, Dienstleistungsteams und Dienstleistungsunternehmen erfasst und beschreibt. Dabei ist das Grundentgelt, aber insbesondere das leistungs- und ergebnisorientierte Entgelt im Focus der Darstellung. Die entstandenen Entgeltsysteme werden von der Problemstellung über ihre Entstehung bis hin zur Umsetzung und den Erfahrungen beschrieben. Dabei wird auf innovative Einzelfälle in Modellprojekten ebenso verwiesen wie vorbildliche betriebliche Lösungen im Rahmen der Tarifverträge und auf Haustarifverträge. Nicht nur der Weg bis zum Entgeltsystem ist dabei wichtig. Mit der Unterschrift unter die Tarifverträge und Betriebsvereinbarungen fängt die Umsetzung mit der Kommunikation des Neuen und den Schulungen erst richtig an.

Das Thema ist wichtig, es muss in die Unternehmensstrategie eingebettet sein. Arbeitgeber und Arbeitnehmervertretungen müssen gemeinsam die Kraft aufbringen, die tariflichen und betrieblichen Entgeltsysteme – entsprechend den Bedürfnissen der Branche oder des Unternehmens zu gestalten und so die Rahmenbedingungen für den Erfolg zu schaffen: **Motivierte Mitarbeiter!**

Köln, im Juni 2004

Grundlagen Moderner Entgeltsysteme

Motivation und Entgelt
von Conny H. Antoni

Erfolgsabhängiges Entgelt
von Klaus-Detlev Becker

Gestaltung gerecht erlebter Entlohnungssysteme
von Eckhard Eyer

Anreizsysteme und Mitarbeiterführung
von Fred G. Becker

Gainsharing, Zielvereinbarung, Balanced Scorecard
von Jens M. Lang

Variable Vergütung von Führungskräften
von Thomas Haussmann

Leistungsbeurteilung
von Renate Quinting

Motivation und Entgelt

Warum arbeiten Sie, um Geld zu verdienen, um sich zu verwirklichen, um mit anderen Menschen Kontakt zu haben, um...? Was immer Sie auf eine solche Frage auch antworten mögen, zumindest Erwerbsarbeit dient definitionsgemäß zum Erhalt einer Vergütung für die geleistete Arbeit – auch wenn für Sie andere Funktionen noch wichtiger sein mögen.

In diesem Beitrag erfahren Sie:
- warum Höhe und Art des Entgelts die Arbeitsleistung beeinflussen,
- wovon Zufriedenheit mit der Bezahlung abhängig ist,
- welche nicht-monetäten Motivationsfaktoren Ergebnisse beeinflussen.

CONNY ANTONI

Mit der Vergütung wollen wir nicht nur jemanden für eine bestimmte Aufgabe gewinnen und an das Unternehmen binden, sondern uns auch eine hohe Leistungsentwicklung dauerhaft sichern. Inwieweit dies gelingt, ist jedoch nicht nur von motivationalen Faktoren abhängig. Sinkende Fluktuations- und Fehlzeitenraten könnten primär durch sinkende Stellenangebote verursacht sein, steigende Arbeitsleistungen durch technische Verbesserungen, organisatorische Regelungen oder Schulungsmaßnahmen. Den Beitrag motivationaler Faktoren und damit indirekt auch des Entgelts zu identifizieren, ist häufig nicht eindeutig möglich. Ob das Entgelt immer der wichtigste Faktor in diesem komplexen Wirkungszusammenhang ist, darf jedoch bezweifelt werden.

Welchen Stellenwert kommt dem Entgelt im Rahmen der Arbeitsmotivation zu? Um diese Frage beantworten zu können, bedarf es

Motivation und Entgelt

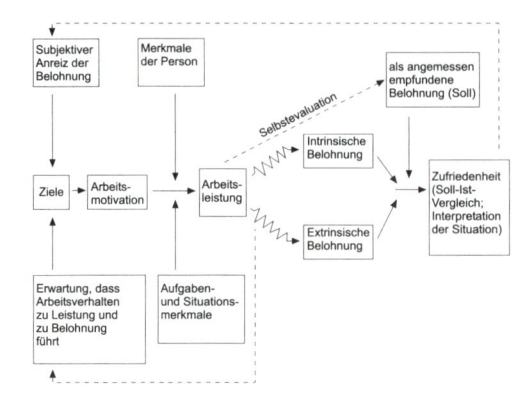

Abb. 1: *Stellenwert des Entgelts als extrinsische Belohnung für die Arbeitsmotivation (in Anlehnung an [1])*

eines Modells der Arbeitsmotivation. Hierzu kann ein Motivationsmodell herangezogen werden, das vom Prinzip der subjektiven Nutzenmaximierung ausgeht (vgl. Abbildung 1). Danach kann das Entgelt durch die Gestaltung der Entgelthöhe und der Entgeltform als Anreiz- und als Belohnungsfaktor im Motivationsprozess wirken.

Entgelthöhe allein ist nicht ausschlaggebend
Die Aussicht auf das Entgelt stellt einen Anreiz dar, den es zu erreichen gilt. Seine Stärke, ist von der Bedeutung abhängig, die ihm der Einzelne zumisst. Die absolute Höhe des Entgelts bestimmt damit nicht direkt die Stärke des Anreizes. Vielmehr resultiert der Reiz des Entgelts wesentlich aus dessen Instrumentalfunktion für den Einzelnen, um persönliche Ziele zu erreichen. Je mehr und je wichtigere Ziele man damit erreichen will, desto größer wird sein Anreiz. Um den Hausbau zu finanzieren, werden Samstagsarbeit, Nachtschichten und schlechte Arbeitsbedingungen in Kauf genommen, um die daran gekoppelten Entgeltzuschläge zu erhalten. Ist das Haus finanziert, sinkt die Bedeutung und damit der subjektive Wert des Einkommens wieder. Statt dessen mag die Alternative Freizeit wichtiger werden, um mehr Zeit in seinem Haus verbringen zu können.

Entgeltform beeinflusst Funktionalität der Arbeitsleistung
Neben der Höhe des Entgelts spielen die Entgeltform, genauer die Art der Kopplung des Entgelts mit dem Arbeitsverhalten, und insbesondere der Arbeitsleistung eine wichtige Rolle. Sie beinflusst den wahrgenommenen Zusammenhang zwischen Arbeitsverhalten und Arbeitsleistung und der Entgelthöhe. In dem oben genannten Beispiel ist dies in aller Regel für alle Beteiligten eindeutig. Doch welcher Zusammenhang besteht bei Zeitlohn oder Gehalt zwischen Arbeitsverhalten, Arbeitsleistung und Entgelthöhe? Sofern keine bezahlungsrelevanten Leistungsbeurteilungen oder andere Leistungs- oder Erfolgskomponenten zusätzlich vereinbart sind, bleibt das Entgelt in dieser Entgeltform definitionsgemäß konstant, selbst wenn Arbeitsverhalten und Arbeitsleistung variieren. Daraus kann sich insbesondere dann ein Problem ergeben, wenn Beschäftigte mit unterschiedlicher Arbeitsleistung ihr Entgelt vergleichen und eine Leistungsanpassung der Leistungsträger nach unten statt der Leistungsschwachen nach oben erfolgt.

Leistungsbezogene Entgeltkomponenten versuchen dem durch eine gezielte Kopplung zwischen Arbeitsleistung und Entgelthöhe entgegenzuwirken. Aus motivationspsychologischer Sicht ist dabei zu beachten, dass der formal definierte Zusammenhang auch von den Betroffenen so wahrgenommen wird. Insbesondere bei Leistungsbeurteilungen bedarf es gezielter Maßnahmen (z.B. in Form verhaltensverankerter Beurteilungskalen und Beurteilerschulung), dass keine sogenannte »Nasenprämie« entsteht. Bei der Messung der Arbeitsleistung, wie z.B. der Stückzahl oder Ausschussquoten stellt sich dieses Beurteilungsproblem nicht. Hier gilt es aber zu beachten, dass auch tatsächlich zentrale Kriterien der Arbeitsleistung erfasst werden, die von den Betroffenen maßgeblich beeinflusst werden können.

Hegen sie daran Zweifel, weil sie beispielsweise die Arbeitsleistung primär von Anlagenstörungen, der Qualität der Zulieferteile oder anderen Kollegen beeinflusst sehen, sinkt ihre Arbeitsmotivation. Wegen der direkten Abhängigkeit dieser Leistungskriterien und der Entgelthöhe von den externen Faktoren erwarten sie nicht, diese mit ihrem

Arbeitseinsatz beeinflussen zu können. Die subjektiv wahrgenommene Beeinflussbarkeit eines Leistungs- oder Erfolgskriteriums sinkt in der Regel je breiter dessen Bezugsbasis wird, etwa durch eine steigende Gruppengröße, und je mehr Einflussgrössen auftreten, wie z.B. bei unternehmensbezogenen Gewinnbeteiligungen. Die Fokussierung auf isolierte Leistungskriterien, wie z.B. die Mengenleistung birgt zudem die Gefahr, dass andere Aspekte wie z.B. die Qualität vernachlässigt werden oder Systemlücken zur Entgeltsicherung gezielt ausgenutzt werden, wie z.B. in Form von Zeit- und Sondergutschriften.

Zufriedenheit mit der Bezahlung von Vergleichsprozessen abhängig
Inwieweit ein Mitarbeiter mit seinem erhaltenen Entgelt zufrieden ist und inwieweit es ihn auch künftig anreizt, hängt davon ab, was er als angemessen ansieht. Neben der Entgelthöhe wird dabei auch das Verfahren der Entgeltfindung beurteilt. Je komplizierter ein Entgeltsystem ist, desto eher wird es als unverständlich, als undurchschaubar und ungerecht bewertet. Bei der Beurteilung der Angemessenheit spielt neben dem subjektiv wahrgenommen Verhältnis eigener Bemühungen und Leistungen zu den erhaltenen Belohnungen auch der Vergleich mit anderen eine erhebliche Rolle. Wahrgenommene Benachteiligungen schlagen sich schneller in Frustration, Demotivation und einem entsprechenden Verhalten nieder, als wenn man sich bevorteilt sieht und eigentlich mit dem eigenen Einsatz nachziehen müsste. Das eigene Anspruchsniveau an die Höhe des Entgeltes wird leichter gehoben als gesenkt.

Bei der subjektiven Bewertung des Entgelts spielen darüber hinaus auch wahrgenommene Intentionen und Bedeutungszuschreibungen von Entgeltkomponenten eine Rolle. Beispielsweise macht es einen Unterschied, ob das Angebot einer Arbeitsgruppe Rationalisierungsfortschritte mit einer Prämienzahlung abzukaufen, als fairer Deal und Beitrag zur Wettbewerbssicherung oder als aufgezwungene sukzessive Leistungsverdichtung und drohender Arbeitsplatzabbau interpretiert wird. Diese je nach Unternehmenskultur unterschiedlichen Interpretationsmöglichkeiten können nur indirekt über die Art und Weise der täglichen Kommunikation und der Zusammenarbeit beeinflusst werden.

Aus diesen Überlegungen folgt, dass der Beeinflussung der Arbeitsmotivation durch die Entgeltgestaltung auf Grund der angesprochenen kognitiven Deutungs- und Bewertungsprozesse Grenzen gesetzt sind. Zwar können objektive Anreize geschaffen werden, die erfahrungsgemäß auch viele Personen ansprechen, im Einzelfall können sie ihre intendierte Wirkung dennoch verfehlen. Weitere oft noch gravierendere Einschränkungen ergeben sich durch rechtliche und tarifvertragliche Regelungen. Daher sollten alternative Möglichkeiten zur Beeinflussung der Arbeitsmotivation keinesfalls unbeachtet bleiben.

Nicht monetäre Motivationsfaktoren
Zur Beeinflussung der Arbeitsmotivation können zwei Strategien verfolgt werden: die Schaffung extrinsischer und intrinsischer Anreize und Belohnungen.

Das Entgelt stellt eine Form extrinsischer, d.h. von anderen vermittelten Anreizen und Belohnungen dar. Weitere Formen sind das Angebot von Entwicklungs- und Karieremöglichkeiten, die Übertragung von Kompetenzen und interessanten Aufgaben verbunden mit spezifischen und herausfordernden Zielen und Leistungsrückmeldungen sowie Lob und Anerkennung bzw. Kritik. Mit den letztgenannten Punkten sind zugleich Aspekte der Aufgabengestaltung angesprochen, die auf das Motivationspotential der Arbeitsaufgabe selbst hinweisen.

Intrinsische Arbeitsmotivation, d.h. Motivation durch die Aufgabenausführung selbst, kann geschaffen werden durch vielseitige, ganzheitliche und bedeutsame Arbeitsaufgaben, die Handlungsspielräume gewähren und unmittelbare Rückschlüsse auf den Grad der

Zielerreichung erlauben und Lern- sowie Entwicklungsmöglichkeiten eröffnen. Dies gilt insbesondere für Menschen, die ihre Fähigkeiten in die Arbeit einbringen und weiterentwickeln wollen. Für den Einzelarbeitsplatz sind solche Bedingungen oft schwieriger zu schaffen, als für Gruppenaufgaben. Diese eröffnen zusätzlich die Chance, mit anderen im Team zusammenarbeiten.

Fazit
Als Fazit lässt sich festhalten, dass es aus motivationspsychologischer Perspektive keinen Königsweg in der Entgeltgestaltung gibt. Entgeltsysteme müssen zur bestehenden Arbeitsorganisation und Organisationskultur passen und sich zusammen mit ihr und den Menschen entwickeln. Dabei sind insbesondere Widersprüche in den Intentionen von Entgeltsystem, Arbeitsorganisation und Unternehmenskultur zu vermeiden. Beispielsweise fördert Einzelakkord Stückzahldenken, Einzelkämpfertum, Arbeitsteilung und Spezialisierung und ist damit mit Gruppenarbeit nicht vereinbar, da dort gegenseitige Unterstützung, Arbeitsplatzwechsel, arbeitsbegleitende Qualifizierung und die Übernahme indirekter Tätigkeiten gefordert sind. Gruppenarbeit würde Entgelt- und Belohnungssysteme erfordern, die gruppenorientierte (z.B. Gruppenprämie) und individuelle Komponenten (z.B. Lohnabstufung nach Einsatzflexibilität) widerspruchsfrei integrieren. Sollen qualifizierte Einzel- oder Gruppenaufgaben eigenverantwortlich ausgeführt werden, sollten herausfordernde und spezifische Leistungsziele für die Einzelnen oder die Gruppen gesetzt, entsprechendes Feedback zeitnah über die Zielerreichung gegeben und in Abhängigkeit der Zielerreichung belohnt werden.

Conny Herbert Antoni, Prof., Dr., FB 1 ? ABO-Psychologie, Universität Trier

Literatur

[1] Porter, L. W.; Lawler, E.E.: *Managerial attitudes and performance. Homewood, Ill.: Dorsey Press, 1968*

Erfolgsabhängiges Entgelt

Unternehmen haben heute vielfältige Möglichkeiten, um Entgeltkomponenten variabel zu gestalten – auch innerhalb der geltenden Tarifverträge. Ein Beispiel aus der Metall- und Elektroindustrie zeigt exemplarisch die erfolgsabhängige Entgeltgestaltung. Dargestellt werden leistungsorientierte Entgeltstrukturen und eine tarifliche Leistungszulage mit Quartalsbonus zur Unterstützung der Zielerreichung.

In diesem Beitrag erfahren Sie:
- warum starre Lohn- und Gehaltssysteme immer häufiger in Frage gestellt werden,
- wie leistungsorientierte Entgeltmodelle sich unterscheiden,
- wie Leistungszulage und Quartalsbonus in einem Metallunternehmen eingeführt wurde.

KLAUS-DETLEV BECKER

Mit der strategischen Neuausrichtung vieler Unternehmen, die häufig mit Team- und Gruppenstrukturen verbunden ist, werden zunehmend auch die meist starren Lohn- und Gehaltssysteme in Frage gestellt. Vergütungskonzepte, die sich nicht nur an Anforderungen und Leistung orientieren, sondern auch die Arbeitsergebnisse und die wirtschaftliche Situation der Unternehmen stärker berücksichtigen, stehen im Vordergrund. Die Gestaltung von Teilen des Entgelts in Abhängigkeit vom wirtschaftlichen Erfolg bzw. Misserfolg des Unternehmens hat häufig zum Ziel, die betriebliche wirtschaftliche Situation für die Mitarbeiter spürbar werden zu lassen, um so ihr unternehmerisches Denken und Handeln zu entwickeln. Für Geschäftsführer bzw. Führungskräfte ist eine vom Unternehmenserfolg abhängige Vergütung nicht neu, bekannt z.B. als Tantiemen, Gratifikationen oder variables Entgelt. Wenn sich die Höhe der Zahlungsverpflichtung für einzelne

Erfolgsabhängiges Entgelt

Bestandteile des Entgelts aller Mitarbeiter in Relation zur Ertragslage des Unternehmens bemisst, müssen bei wirtschaftlichen Problemlagen in den Unternehmen weniger Sonderregelungen getroffen werden.

Für die Metall- und Elektroindustrie wird vom Arbeitgeberverband Gesamtmetall mit Blick auf die Reform des Flächentarifs angestrebt, in den Unternehmen bei einzelnen tariflichen Leistungen die wirtschaftliche Situation des Unternehmens stärker zu berücksichtigen. In der Frankfurter Erklärung vom 17.11.1997 heißt es dazu, dass »die in den Tarifverträgen festgelegten materiellen Verpflichtungen der Betriebe [...] einen großen Fixkosten-Block bilden.« Und weiter: »Oft besteht der letzte Ausweg zur Anpassung der Kosten an die Marktsituation darin, sich von Mitarbeitern zu trennen. Wir müssen unsere Tarifverträge künftig so gestalten, dass sich bestimmte tarifliche Leistungen auch an der wirtschaftlichen Situation des Unternehmens orientieren können. Dabei respektieren wir den Wunsch der Mitarbeiter nach einem sicheren Monatsverdienst. Deshalb sollen die monatlichen Löhne und Gehälter weiterhin auf der Grundlage eines Anspruchs im Flächentarif geregelt werden. Wir wollen jedoch den Betriebsparteien ermöglichen, ohne sie hierzu zu verpflichten, das Weihnachtsgeld, das zusätzliche Urlaubsgeld und die vermögenswirksamen Leistungen erfolgsabhängig zu gestalten. Auf diese Zahlungen entfallen zehn Prozent des gesamten jährlichen Personalaufwandes unserer Unternehmen. Wir wollen, dass die Modalitäten dieser variablen Zahlungen von den Betriebsparteien vereinbart werden« [1].

Das Tarifvertragswerk Phönix, das zwischen OSTMETALL und der Christlichen Gewerkschaft Metall 1998 abgeschlossen wurde, enthält bereits diesbezügliche Regelungen. Die Tarifvertragsparteien wollen mit dem zu diesem Vertragswerk gehörenden Tarifvertrag zur Erfolgs- und Mitarbeiterbeteiligung erreichen, dass Teile des Entgelts der Mitarbeiter – einschließlich der Auszubildenden – an den Erfolg des Unternehmens gebunden werden können. Sie setzen mit diesem Tarifvertrag den rechtlichen Rahmen, der durch konkrete Vereinbarung im Unternehmen umgesetzt wird. Gegenstand der freiwilligen Betriebsvereinbarung sind die Form und der Inhalt der erfolgsabhängigen Entgeltbestandteile, insbesondere die Kriterien zur Feststellung des Unternehmens-/Betriebserfolgs, die Zeiträume und der Umfang der diesbezüglichen Vergütung. Der Tarifvertrag beinhaltet die Möglichkeit, dass sich die erfolgsabhängigen Entgelte – in der Regel jährliche Einmalzahlungen – am Unternehmensergebnis sowie an der Erreichung von Zielen orientieren können. Arbeitgeber und Betriebsrat können zur Sicherung der Beschäftigung und/oder zur Verbesserung der Wettbewerbsfähigkeit der Betriebe, insbesondere bei wirtschaftlichen Schwierigkeiten, vereinbaren, dass diese Einmalzahlung nicht zur Anwendung kommt. Voraussetzung ist eine freiwillige Betriebsvereinbarung oder, wenn kein Betriebsrat besteht, eine einzelvertragliche Vereinbarung.

Zulässig sind bei diesem Tarifvertrag auch Regelungen zur Mitarbeiterkapitalbeteiligung bzw. Vermögensbildung/Investivlohn. Auf die Nutzung der gesetzlichen und steuerrechtlichen Möglichkeiten der staatlichen Förderung wird in dem Tarifwerk ausdrücklich hingewiesen [4].

Neben der gesamten Bandbreite der variablen Entgeltformen, wie z.B. Zeitlohn bzw. Gehalt mit Leistungszulage, Prämienlohn, Bonus

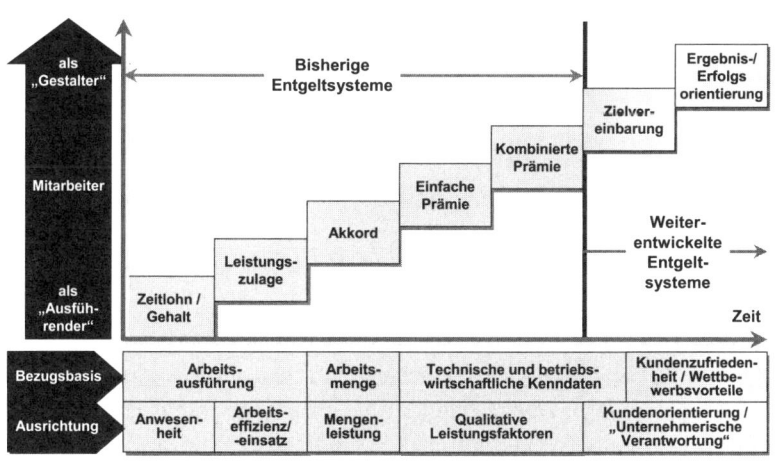

Abb. 1: *Zeitgemäße Entgeltsysteme (Quelle: Siemens, zitiert nach M. Hering)*

Erfolgsabhängiges Entgelt

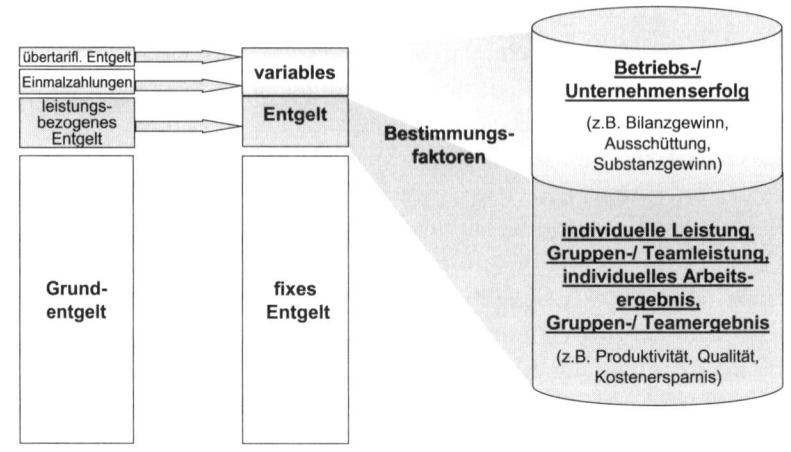

Abb. 2: *Entgeltstruktur (schematische Darstellung)*

und Zielvereinbarungen, lassen sich so auch heute noch fixe Entgeltbestandteile variabel gestalten durch Orientierung am Betriebs-/ Unternehmenserfolg. Welches Entgeltsystem mit welchen Entgeltkomponenten die jeweils beste Lösung darstellt, wird entscheidend durch die unternehmensspezifische Zielstellung und Struktur bestimmt. Abbildung 1 zeigt die Möglichkeiten der Entgeltgestaltung, die sich ausgehend von der Zielstellung des Unternehmens, den Einflussmöglichkeiten der Mitarbeiter und der Wahl der Bezugsbasis ergeben.

Das Entgelt wird auch bei erfolgsabhängiger Gestaltung unterteilt in das Grundentgelt und ein individuelles und/oder gruppenbezogenes leistungs- bzw. ergebnisabhängiges Entgelt. Erfolgsabhängige Entgeltbestandteile werden zumeist als übertariflicher Entgeltbestandteil gewährt (vgl. Abb. 2).

Selbstverständlich bleibt das Grundentgelt – ausgehend von seiner sozialen Funktion bzgl. der Sicherung des Lebensunterhalts – ein fixer Entgeltbestandteil. Dem Charakter nach variabel sind alle leistungsbezogenen Entgelte (Akkordlohn, Prämienlohn, Leistungszulagen etc.), auch wenn sie in der praktischen betrieblichen Handhabung teilweise zu fixen Entgeltbestandteilen verkommen sind. Zunehmend wird darüber nachgedacht, vereinzelt bereits praktiziert, schon gewährte, fixe übertarifliche Entgeltbestandteile und Jahressonderzahlungen (soweit dem keine tariflichen Regelungen entgegenstehen) in Abhängigkeit vom Erfolg des Unternehmens (der Unternehmenseinheit) variabel zu gestalten. Als Formen kommen hierfür insbesondere Boni und Gratifikationen zur Anwendung, die teilweise auf vereinbarten Zielen basieren.

Leistung, Arbeitsergebnis und Betriebs-/Unternehmenserfolg als Bezugsgrößen für das variable Entgelt

Als mögliche Bezugsgrößen für die variable Gestaltung des Entgelts kommen die individuelle und die Gruppenleistung, die individuellen und die gruppenbezogenen Arbeitsergebnisse sowie der Unternehmens-/Betriebserfolg in Frage. Eine begriffliche Abgrenzung zeigt Abbildung 3.

Bezüglich des Entgelts wird Leistung zumeist im Sinne des physikalischen Begriffs als Verhältnis von Arbeit bezogen auf eine

Leistung	Arbeitsergebnis	Betriebs-/ Unternehmenserfolg
Definition:	Definition:	Definition:
Leistung ist jedes Resultat einer geistigen und/oder körperlichen menschlichen Tätigkeit. *(Lexikon der Psychologie)* oder die (Leistungs-)Anstrengung bzw. das (Leistungs-)Verhalten selbst	**Arbeitsergebnis** ist das positive, betriebswirtschaftlich verwertbare Resultat einer geistigen und/oder körperlichen menschlichen Tätigkeit. **Bewertung** des Resultats als positiv, verwertbar; Beurteilungsinstanz: Geschäftsführung, Vorstand, Vorgesetzter, geltende Normen	Im betriebswirtschaftlichen Sinne ist **Erfolg** das in der Regel in monetären Größen erfasste bzw. ausgedrückte Ergebnis des Wirtschaftens ermittelt durch Erfolgsrechnung, z.B. ... - Gewinn- und Verlustrechnung ... - Gegenüberstellung von Erlösen und Kosten *(Gablers Wirtschaftslexikon, Band C - F)*

Abb. 3: *Definition von Leistung, Arbeitsergebnis und Betriebs-/Unternehmenserfolg*

bestimmte Zeit – bzw. Arbeitsergebnis bezogen auf eine bestimmte Zeit – verstanden. Dabei wird »unter Arbeit [...] ein Tätigsein des Menschen verstanden, bei dem dieser mit anderen Menschen und (technischen) Hilfsmitteln in Interaktion tritt, wobei unter wirtschaftlichen Zielsetzungen Güter und Dienstleistungen erstellt werden, die (zumeist) entweder vermarktet oder von der Allgemeinheit (Steuern, Subventionen) finanziert werden« [2, S. 2]). Demzufolge ist Leistung entweder die Leistungsanstrengung bzw. das Leistungsverhalten selbst oder jedes Resultat menschlicher Tätigkeit, d.h. es kann auch ein durch das Unternehmen (betriebswirtschaftlich) nicht verwertbares Ergebnis sein.

Durch die Veränderungen der Arbeitsaufgaben und der Organisation, durch den Ersatz von lebendiger Arbeit durch Technik sowie stärkerer Kunden- und Shareholder-Orientierung verliert die Anstrengung der Mitarbeiter – die Leistung – an Bedeutung. Als Stichwörter für die Veränderungen seien stellvertretend genannt: ergebnisorientierte Arbeitsaufgaben, Vertrauensgleitzeit, Telearbeit, Wissensmanagement, produkt- bzw. kundenorientierte Segmentierung mit Gruppen- bzw. Teamstrukturen. Für die Unternehmen wichtig sind die positiven, (betriebswirtschaftlich) verwertbaren Resultate menschlicher Tätigkeit: die Arbeitsergebnisse. Die Wege dazu sind von untergeordneter Bedeutung, soweit der Aufwand vertretbar und die Arbeitsbedingungen gesicherten arbeitswissenschaftlichen Erkenntnissen entsprechen.

Auf Grund der Wettbewerbsstärke von Mitbewerbern, Veränderung von Wechselkursen u.a.m. muss selbst das als positiv bewertete Arbeitsergebnis nicht automatisch einen wirtschaftlichen Erfolg des Unternehmens nach sich ziehen. Weshalb für die Unternehmen die tatsächlich (betriebswirtschaftlich) verwerteten Arbeitsergebnisse, d.h. der eigentliche Betriebs-/Unternehmenserfolg, von ausschlaggebender Bedeutung sind.

Leistung, Arbeitsergebnis und Betriebs-/Unternehmenserfolg lassen sich durch ihre unterschiedlichen Bemessungsgrundlagen abgrenzen: Bemessungsgrundlagen der Leistung sind Kennzahlen, wie z.B. Menge oder Zeitaufwand und Beurteilungsmerkmale, wie z.B. Arbeitseinsatz, Arbeitssorgfalt und Zusammenwirken. Für das Arbeitsergebnis sind Bemessungsgrundlagen betriebswirtschaftliche Kennzahlen, wie z.B. Gutstück, Produktivität, Kostenersparnis, Gewinn oder Ertrag bezogen auf eine Gruppe, Abteilung und/oder eine Betriebseinheit. Bemessungsgrundlagen für den Betriebs-/Unternehmenserfolg sind betriebswirtschaftliche Kennzahlen, wie z.B. Gewinn, Ertrag, Ausstoß, Produktivität des Unternehmens oder einer Unternehmenseinheit.

Entgeltkomponenten haben – je nachdem, ob sie von der Leistung bzw. dem Arbeitsergebnis oder vom Betriebs-/Unternehmenserfolg abhängig sind – unterschiedliche Wirkungen. Anreize für eigenes Handeln und/oder ein erforderliches Verhalten werden in der Regel durch ein leistungs- bzw. ergebnisabhängiges Entgelt erreicht, auf dessen Höhe die Mitarbeiter bzw. Teams wenigstens mittelbar Einfluss haben. Betriebs-/unternehmenserfolgsabhängiges Entgelt führt zu einem stärkeren Informationsbedürfnis über die wirtschaftliche Situation des Unternehmens, zur Identifikation mit dem Unternehmen und zum Interesse am Unternehmen. Vor der Entscheidung für eine der möglichen Entgeltformen sollte deshalb geklärt werden, welches Hauptziel verfolgt wird. Die Möglichkeiten der Unternehmen für eine variable Gestaltung von Entgeltkomponenten im Rahmen der geltenden Tarifverträge sind sehr vielgestaltig. Wie darüber hinaus weitere, bisher fixe übertarifliche Bestandteile durch eine Bindung an den Unternehmens-/Betriebserfolg variabel gestaltbar sind, zeigt exemplarisch das nachfolgende Beispiel aus der Metall- und Elektroindustrie [3, S. 148 ff.].

Beispiellösung: Tarifliche Leistungszulage und Quartalsbonus zur Unterstützung der Zielerreichung

In das Entgeltsystem einbezogen sind alle Mitarbeiter des Unternehmens – sowohl gewerbliche als auch Angestellte – mit Ausnahme der außertariflichen und leitenden Angestellten.

Erfolgsabhängiges Entgelt

Neben dem Grundgehalt und eventuellen tariflichen Zulagen erhält jeder Mitarbeiter
⇨ die tarifliche Leistungszulage in Abhängigkeit vom Erreichen individueller Ziele und einen
⇨ Quartalsbonus entsprechend der Erreichung betrieblicher Zielgrößen (vgl. Abb. 4).

Die Ziele basieren auf der übertragenen Arbeitsaufgabe und geben wieder, was in der laufenden Beurteilungsperiode konkret zu tun ist. Zu den in Abbildung 4 aufgeführten individuellen Beurteilungsmerkmalen werden jeweils ein bis fünf Ziele bzw. Aufgaben vereinbart (Beispiel siehe Abbildung 5). Bei einfachen Arbeitsaufgaben wiederholen sich die Ziele häufiger. Bei Projektarbeit ändern sich hingegen die Aufgabenstellungen bedingt durch die Projektziele in der Regel jährlich. Zusätzlich können mit den Mitarbeitern Entwicklungsziele vereinbart werden, deren Erreichen nach Ablauf der Beurteilungsperiode im Mitarbeitergespräch besprochen wird, ohne dass diese Ziele in die Ermittlung der Leistungszulage eingehen. In der Leistungs-

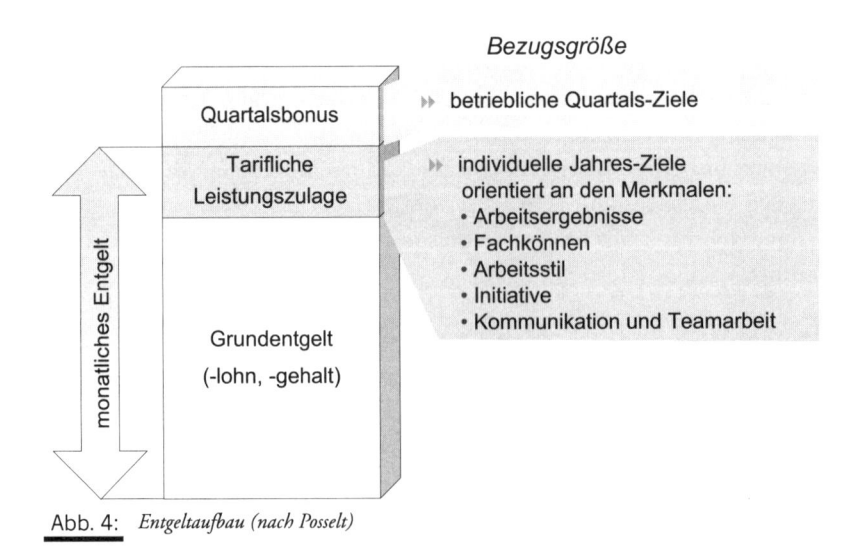

Abb. 4: *Entgeltaufbau (nach Posselt)*

		Seite 1 von 2
MITARBEITERGESPRÄCH		
Name:	Personal-Nr.:	Abteilung:
Tätigkeit:	Führungskraft:	Datum:
Ziele für das Jahr: 1999	Beurteilung / Kommentare	

Arbeitsergebnisse:	1 ② 3 4 5
· Termingerechtes Abarbeiten der definierten Tätigkeiten (Termine sind bekannt). · Zur Sicherstellung der Qualität sind die Anlagen nach Abschluss der Tätigkeiten im definierten Rahmen zu überprüfen. · Bereitstellen der definierten Anlagenelemente zu den Austauschterminen. · Kostenbewusster Umgang mit den zur Verfügung stehenden Betriebsmitteln.	Durch eine ausgezeichnete Planung der anstehenden Tätigkeiten und einer sachgemäßen Durchführung trägt Herr ... positiv zu einer hohen Anlagenverfügbarkeit bei. Vorbildlich werden sowohl die Instandhaltung als auch die Fertigung unterstützt. Kostenaspekte finden bei der Durchführung der Arbeiten eine hohe Priorität.
Fachkönnen:	1 ② 3 4 5
· Bis Mitte 1999 sind die theoretischen und praktischen Elektronik-Kenntnisse der Anlage .... zu vertiefen. Übernahme der Wartungsaufgabe danach. · Bis April 1999 Übernahme der erweiterten Tätigkeiten ....nach Einarbeitung.	Durch ungeplante Arbeiten im 1. Halbjahr hat sich die Einarbeitung in die Elektronik verzögert. Herr ... hat dies dann in kürzester Zeit nachgeholt. Entsprechendes gilt für die Übernahme der erweiterten Tätigkeiten. Die Fachkenntnisse sind durch den anlagespezifischen Elektronik-Kurs deutlich verbessert.

Abb. 5:   *Ausgefüllter Vereinbarungs- und Beurteilungsbogen für die Merkmale Arbeitsergebnisse und Fachkönnen (nach Posselt)*

beurteilung wird dann das Niveau der Zielerreichung bezüglich der Merkmale bewertet. Dabei wird auf dem Beurteilungsbogen eine differenzierte verbale Bewertung vorgenommen.

Mit dem Quartalsbonus wird der Erfolg und auch der Misserfolg des Unternehmens im Entgelt der Mitarbeiter spürbar und unternehmerisches Denken der Mitarbeiter entwickelt. Die Bonusziele gelten für ein Quartal, weil so genauer und zielgerichteter auf die oft kurzfristig auftretenden betrieblichen Probleme reagiert werden kann. Bezüglich der Finanzierung des Bonus gilt, dass bei Erfüllung der Bonusziele das Unternehmen einen finanziellen Vorteil hat, der mindestens der Bonuszahlung entspricht. In den Bonus sind vorher fixe, übertarifliche Entgeltbestandteile eingeflossen.

In den einzelnen Quartalen werden bei vollständiger Zielerreichung maximal folgende Bonusbeträge gezahlt:

1. und 2. Quartal   511 EUR
3. Quartal   665 EUR
4. Quartal   869 EUR

Erfolgsabhängiges Entgelt

Mitarbeiterinformation		
4. Quartalsbonus - Zielerreichung		
Liebe Mitarbeiterinnen, liebe Mitarbeiter,		
herzlichen Glückwunsch: Im 4. Quartal 1998 wurden alle Ziele erreicht und es wird ein **Bonus von DM 1.700,--** im Jahr 1999 ausbezahlt.		
Die Ergebnisse im einzelnen:		
Ziel	erreicht	Bonus
Schrott max. xxxx	yyyy	400,-- DM
Defektdichte xx	yy	600,-- DM
Faktor Durchlaufzeit xx%	yy%	400,-- DM
Kosten xx%	yy%	300,-- DM
Geschäftsführung		Personal
Besondere Regelungen für die einzelnen Mitarbeitergruppen sind in der Betriebsvereinbarung xx/xx/xx festgehalten. Freiwilligkeitsvorbehalt: Die Ausschreibung der Quartalsboni ist freiwillig, es entsteht auch bei wiederholter Ausschreibung und Zahlung kein Anspruch auf Weiterführung.		
Personal	Ort, Datum	Aushängen bis ...

Abb. 6: *Beispiel einer Mitarbeiterinformation über den Stand der Zielerreichung und die Bonuszahlung im Quartal (nach Posselt)*

– in der Summe 2.565 EUR pro Mitarbeiter. Die Beträge sind für alle einbezogenen Mitarbeiter gleich, unabhängig davon, welchen Einfluss sie auf Grund der übertragenen Arbeitsaufgabe auf die Zielerreichung und damit den Unternehmens-/Betriebserfolg haben.

Der erfolgsorientierte Bonus ist für alle Mitarbeiter an einheitliche Zielsetzungen auf betrieblicher Ebene gebunden. Zu Beginn eines Quartals werden von Seiten der Geschäftsführung die jeweils bonusrelevanten Zielkriterien und Zielgrößen festgelegt. Der Bonus bezieht sich auf Mengenziele, auf technische Ziele, wie z.B. Schrottraten, Durchlaufzeiten, Lieferzuverlässigkeit und auch finanzielle Ziele, so z.B. die Gesamtkosten oder die beeinflussbaren Kosten pro Stück. Aushänge im Betrieb informieren die Mitarbeiter über die zu erreichenden Zielgrößen und die Geldbeträge, die hinter den Einzelzielen stehen. Dabei wird besonderer Wert auf die Verständlichkeit und Nachvollziehbarkeit der Ziele für die Mitarbeiter gelegt.

Während des Quartals wird ständig die aktuelle Situation bezüglich der Erreichung der Zielgrößen im Betrieb visualisiert. Zudem informieren die Führungskräfte in Abteilungsbesprechungen über den aktuellen Stand und beraten mit den Mitarbeitern notwendige Aktivitäten, um die Ziele, und somit den Bonus, zu erreichen. Nach Ablauf des Quartals erfolgt die Abrechnung der Zielerreichung und die Information der Mitarbeiter über den erarbeiteten Bonus (vgl. Abb. 6). Die Auszahlung des erreichten Bonus erfolgt jeweils im Folgemonat nach dem Quartal.

Seit Beginn der Bonusausschreibungen im zweiten Quartal 1996 sind 67 Prozent der Ziele ereicht worden. In vier von bisher 15 Quartalen wurden alle Ziele erreicht, also 100 Prozent, in drei Quartalen wurde der Bonus nur zu null Prozent bzw. 25 Prozent erreicht. Das spricht für die Qualität der Ziele. Auf Grund der wirtschaftlichen Situation im Unternehmen wurde in einem Quartal der Bonus ausgesetzt und demgemäß auch keine Ziele festgelegt.

Klaus-Detlev Becker, Dr., Institut für angewandte Arbeitswissenschaften, Köln

Literatur

[1] *Frankfurter Erklärung zur Reform des Flächentarifs, beschlossen vom Vorstand des Gesamtverbandes der metallindustriellen Arbeitgeberverbände, vom 17. November 1997,* www.gesamtmetall.de

[2] LUCZAK, H.: *Arbeitswissenschaft, Berlin, Heidelberg, New York, London, Paris, Hongkong, Barcelona, Budapest: Springer Verlag, 1993*

[3] POSSELT, H.: *Individuelle Zielvereinbarung und vom Unternehmenserfolg abhängiger Bonus, in: IfaA (Hrsg.): Entgelt gestalten – orientiert an Leistung, Ergebnis und Erfolg. Köln: Wirtschaftsverlag Bachem, 2001*

[4] *Tarifvertrag zur Erfolgs- und Mitarbeiterbeteiligung zwischen dem Verband der Metall- und Elektroindustrie Sachsen, Sachsen-Anhalt und Thüringen – OSTMETALL – mit seinen Mitgliedsverbänden Verband der Sächsischen Metall- und Elektroindustrie e.V., Verband der Metall- und Elektroindustrie Sachsen-Anhalt e.V., Verband der Metall- und Elektro-Industrie in Thüringen e.V. einerseits und der Christlichen Gewerkschaft Metall andererseits vom 15. 5. 1998*

Gestaltung gerecht erlebter Entlohnungssysteme

Was Menschen – und damit auch Mitarbeiter in Unternehmen – als gerecht erleben, ist sehr unterschiedlich. Wenn »Einzelkämpfer« eines schönen Tages zu gleichberechtigten Mitarbeitern in interdisziplinären Teams zusammengefasst werden sollen, kann es schnell Diskussionen und Streit um das Entgeltsystem geben.

> **In diesem Beitrag erfahren Sie:**
> - welche kulturabhängigen und unabhängigen Kriterien für gerechte Entgeltsysteme vorherrschen,
> - welche entgeltrelevanten, unterschiedlichen Unternehmenskulturtypen es gibt,
> - wie man durch Methoden der Wirtschaftsmediation Konflikte um neue Entgeltsysteme lösen kann.

Eckhard Eyer

Verständnis für unterschiedliche Standpunkte

»Der Gerechtigkeit Frucht wird Frieden sein« steht in großen Lettern im Ehrenhof Ost des Schlosses der Universität Mannheim. Wie schwierig es ist, ein gerechtes Urteil zu sprechen – und damit Frieden zu stiften – wissen nicht nur Richter. Noch schwerer ist es, als gerecht erlebte Entgeltsysteme zu gestalten, wenn Menschen unterschiedlicher Kulturen aufeinander treffen. Das gilt nicht nur bezogen auf nationale Kultur sondern auch auf Unternehmenskulturen.

Geschäftsleitung und Betriebsrat sollen nach den Vorstellungen der Väter des Betriebsverfassungsgesetzes vertrauensvoll zum Wohle der Arbeitnehmer und des Unternehmens zusammenarbeiten (s. Kasten). Trotzdem treten zwischen den Betriebsparteien – die auch Partner sind – Konflikte auf. Die Gründe hierfür sind vielfältig. So können unterschiedliche Ansichten in unterschiedlicher beruflicher

> § 2 BetrVG: Stellung der Gewerkschaften und Vereinigungen der Arbeitgeber
>
> (1) Arbeitgeber und Betriebsrat arbeiten unter Beachtung der geltenden Tarifverträge vertrauensvoll und im Zusammenwirken mit den im Betrieb vertretenen Gewerkschaften und Arbeitgebervereinigungen zum Wohl der Arbeitnehmer und des Betriebs zusammen.

und/oder kultureller Sozialisation, tradierten Auffassungen und Überzeugungen sowie nicht zuletzt begründet sein durch unterschiedliche Interessen der Parteien.

Nicht die Konflikte sind ein Problem, sondern die Art ihrer Bewältigung kann zum Problem werden.

⇨ Nicht oder schlecht bewältigte Konflikte können zu Blockaden, Innerer Kündigung und Fluktuation führen.

⇨ Erfolgreich bewältigte Konflikte können Energien frei setzen, die Zusammenarbeit verbessern und das Vertrauen der Betriebsparteien in die gemeinsame Konfliktlösungsfähigkeit erhöhen.

Bei Konflikten zwischen Geschäftsleitungen und Betriebsräten über *das richtige Entgeltsystem* werden neben Vergütungsberatern zunehmend Wirtschaftsmediatoren hinzugezogen. Dass die Interessen unterschiedlich sind, versteht sich (fast) von selbst, aber auch die Wertvorstellungen, die nicht zuletzt unternehmenskulturabhängig sind, erschweren es, eine als gerecht und tragfähig erlebte Lösung des Konflikts zu finden.

Wie stark Konflikte (unternehmens-) kulturabhängig sind, und damit auch eine tragfähige Konfliktlösung nicht am Verstehen des Konfliktpartners und seiner (unternehmens-) kulturellen Denkweise vorbeikommt, wird nachfolgend erläutert. Mediatoren, die sich mit verschiedenen Ansichten, Überzeugungen und Interessen auseinandersetzen müssen, sind – ebenso wie die Gestalter neuer Entlohnungssysteme – gut beraten, wenn sie Verständnis für die Dimensionen des Konfliktes entwickeln können und über ein Instrumentarium verfügen, wie gegenseitiges Verständnis bei den Parteien zu erreichen ist.

Die Analyse des Konfliktes in allen Phasen durch den Mediator wird durch ein theoriegeleitetes Vorgehen, als auch durch die Darstellung und Visualisierung des Konfliktes und der Lösungsmöglichkeiten für die Betriebsparteien erleichtert.

Kulturabhängige und -unabhängige Aspekte der Entlohnungsgerechtigkeit

Was Menschen und damit auch Mitarbeiter in Unternehmen als gerecht erleben, ist – wie eingangs beschrieben – sehr unterschiedlich. Trotzdem lassen sich in der empirischen Gerechtigkeitsforschung *zwei interessante Kriterienbündel* identifizieren. Es gibt ein Kriterienbündel für gerechte Entgeltsysteme, das weltweit – unabhängig von den Menschen, ihrer Kultur und Nation – erfüllt sein muss, damit die Lösung eines Konfliktes über ein neues Entgeltsystem als gerecht erlebt wird, und Kriterienbündel, das abhängig von den Kulturen ist.

Unabhängig von der Kultur sind für »gerechte Konfliktlösungen« bezogen auf Entgeltsysteme die Kriterien, die Tabelle 1 zeigt, relevant.

Von den *kulturunabhängigen sind die kulturabhängigen* Vorstellungen von Mitarbeitern für das, was sie als »gerecht« ansehen, zu unterscheiden. Die empirischen Gerechtigkeitsforschung stellte fest, dass die Vorstellungen von Mitarbeitern über »gerechte« Entgeltsysteme beziehungsweise Anreiz- und Gratifikationssysteme abhängig sind von den Strukturen und Prozessen, in denen Mitarbeiter arbeiten und die sie geprägt haben [4]. Das heißt, ein Entgeltsystem wird

Tabelle 1: Kriterien für kulturunabhängige Konfliktlösungen am Beispiel von Entgeltsystemen
– Gleichbehandlung
– Vollständigkeit und Genauigkeit der Information
– Transparenz
– Beteiligungs- und Einspruchsmöglichkeit
– Aufklärung und rasche Rückmeldung an Betroffene

Entlohnungssysteme gestalten

Tabelle 2: Kriterien für kulturabhängige Konfliktlösungen am Beispiel von Entgeltsystemen	
Kriterium	**Erläuterung**
anforderungsgerecht	Anforderungen der Arbeitsaufgabe
leistungsgerecht	Leistung des Mitarbeiters
qualifikationsgerecht	Qualifikation des Mitarbeiters
bedürfnisgerecht	Familienstand, Anzahl der Kinder
ergebnisgerecht	Arbeitsergebnis
altersgerecht	Alter/Seniorität

dann als gerecht erlebt, wenn es – neben den in Tabelle 1 genannten Kriterien – auch den Gerechtigkeitsvorstellungen, also den Werten, der Mitarbeiter und des Unternehmens entspricht. Die Werte sind in Tabelle 2 genannt.

In der Praxis tauchen in der Bundesrepublik Deutschland die in Tabelle 2 genannten Bezugspunkte selten einzeln auf. *In der Regel sind Kombinationen von zwei oder drei Bezugspunkten mit entsprechender Gewichtung üblich.* Als Beispiel sei hier der Öffentliche Dienst und die Metall- und Elektroindustrie angeführt.

⇨ Im Öffentlichen Dienst werden die Mitarbeiter nach den Anforderungen der Arbeitsaufgabe, der Seniorität und der Bedürftigkeit (Familienstand und Anzahl der Kinder) entlohnt.

⇨ In der Metall- und Elektroindustrie nach den Anforderungen der Arbeitsaufgabe und der Leistung des Mitarbeiters – unabhängig von Alter, Familienstand und Kinderzahl.

Die Kenntnis der kulturunabhängigen und kulturabhängigen Kriterien und eine Typologie unterschiedlicher Unternehmenskulturen, die gewisse Wertvorstellungen prägt, helfen dem Mediator die Komplexität des Konfliktes schnell zu erfassen und die unterschiedlichen Interessen, Sichtweisen und Überzeugungen der Parteien zu analysieren. Verfügt er darüber hinaus noch über die Fähigkeit und Methoden, den erkannten Sachverhalt zu visualisieren, erreicht er

Transparenz. Gelingt es dem Mediator anhand der strukturierten Vorgehensweise, den Parteien ihr eigenes Verständnis bewusst zu machen und zu begründen sowie das des Gegenübers zu vermitteln erreicht er, dass die Parteien sich *verstanden* haben. Der Weg zur Konfliktlösung, mit der beide Parteien *einverstanden* sind, ist dann in einem weiteren Schritt gemeinsam mit dem Mediator zu erarbeiten.

Unternehmenskulturen prägen Gerechtigkeitsvorstellungen

Es ist interessant zu sehen, dass in der kulturell relativ homogenen Bundesrepublik Deutschland ganz unterschiedliche Wertmaßstäbe von dem, was gerechte Entgeltsysteme sind, existieren. Dabei wird hier weniger an die vierzig Jahre dauernde unterschiedliche kulturelle Sozialisation in Ost- und Westdeutschland gedacht, sondern vielmehr an die unterschiedlichen Unternehmenskulturen, die unterschiedliche Wert- und Verhaltensmuster und damit auch Konfliktlinien zwischen Arbeitgebervertretern und Arbeitnehmervertretern prägen. Im Kontext der Entlohnung sei hier beispielhaft auf die unterschiedlichen Wertvorstellungen und Wertsysteme in Non-Profit-Organisationen und in Wirtschaftsbetrieben sowie in Familienbetrieben, Partnerschaftsgesellschaften und Stahlkonzernen hingewiesen.

Die Kultur eines Unternehmens lässt sich durch zwei Dimensionen bestimmen. Es sind
⇨ der Grad der hierarchischen Über- und Unterordnung und
⇨ der Grad der Einbindung der Mitarbeiter in eine Gruppe.

Abbildung 1 zeigt vier Unternehmenskulturmuster, die sich aus den beiden Dimensionen bei einer Klassifizierung in geringe und hohe Gruppeneinbindung sowie hohe und flache Hierarchien differenzieren lassen. Durch Umfragen in bundesdeutschen Unternehmen konnten diese Unternehmenskulturmuster auch empirisch nachgewiesen werden.
⇨ *Markt:* Kennzeichen dieser Unternehmenskultur sind eine geringe Gruppeneinbindung und eine schwache Über- und Unterordnung

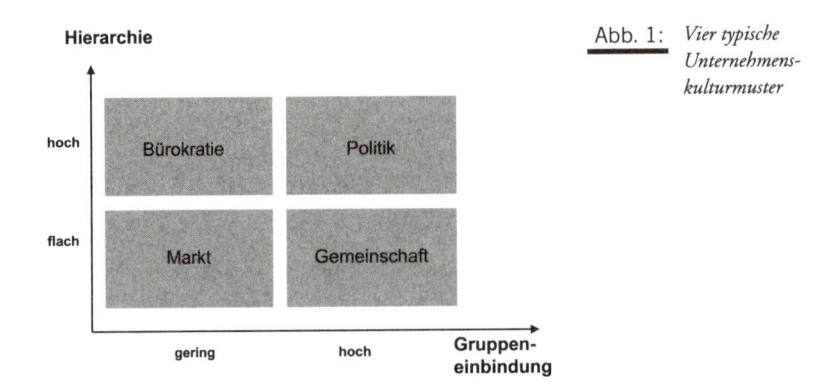

Entlohnungssysteme gestalten

Abb. 1: *Vier typische Unternehmenskulturmuster*

Hierarchie-Achse (hoch/flach) vs. Gruppeneinbindung-Achse (gering/hoch):
- hoch / gering: Bürokratie
- hoch / hoch: Politik
- flach / gering: Markt
- flach / hoch: Gemeinschaft

der Mitarbeiter. Es dominieren flache Hierarchien und kurzfristige Arbeitsverhältnisse, bei denen die Vergütung allein von externen Marktbedingungen und damit vom Marktpreis bestimmt wird. Beispielhaft sei hier die IT-Branche am Ende des zwanzigsten und Beginn des 21. Jahrhunderts genannt.

⇨ *Gemeinschaft:* Kennzeichen sind flache Hierarchien und Mitarbeiter, die stark in Gruppen eingebunden sind. Es herrschen langfristige Arbeitsbeziehungen vor. Ein wesentliches Kennzeichen solcher Kulturen ist die Konsens-Orientierung. Als Beispiel seien hier kleine Familienbetriebe in Handwerk und Landwirtschaft sowie Partnerschaftsgesellschaften und Praxisgemeinschaften genannt.

⇨ *Bürokratie:* Kennzeichen sind ausgeprägte Hierarchien und eine Vereinzelung der Mitarbeiter als Inhaber formal definierter und abgegrenzter Positionen mit einer Aufbauorganisation, die die Ablauforganisation dominiert. Weitere Kennzeichen dieser klassischen Bürokratien sind Arbeitsteilung, Amtshierarchie, Aktenmäßigkeit und festgelegte Amtskompetenzen wie sie beispielhaft in der öffentlichen Verwaltung, in der Justiz und in großen Konzernen mit quasi monopolistischen Märkten üblich sind.

⇨ *Politik:* Kennzeichen sind ausgeprägte Hierarchien und eine starke Gruppeneinbindung der Mitarbeiter. Miteinander konkurrierende

Gruppen sind in einem Aushandlungsprozess ihrer Interessen auf der Ebene ihrer Interessenvertreter reduziert. Sie bestimmen das Unternehmensgeschehen. Beispielhaft seien hier Unternehmen genannt, deren Mitarbeiter sich in die Gruppen Cockpit-, Flug- und Bodenpersonal aufteilen.

Der Mediator hat die Chance, mit dem Wissen um die vier Unternehmenskulturtypen die unterschiedlichen Wertvorstellungen der Konfliktparteien zu analysieren und so ein Verständnis für die jeweils andere Partei beziehungsweise Parteien zu erzeugen. Die Konfliktparteien können – in getrennten Sitzungen – in der in Abbildung 2 dargestellten Matrix eine Selbsteinschätzung abgeben und die vermutete Position des Gegenübers eintragen sowie beide Positionen begründen.
Durch die Visualisierung der Positionierung und ihrer Begründung wird – in einer Präsentation – beiden Betriebsparteien praktisch ein Spiegel vorgehalten. Ihnen kann deutlich werden, wo die Ursachen, aber auch die Lösungsmöglichkeiten ihres Konfliktes liegen.

Typische Wertvorstellungen über gerechte Entgeltsysteme

Die empirische Sozialforschung [4] hat für die vier Ausprägungen der Unternehmenskultur typische Erwartungen der Mitarbeiter an Ent-

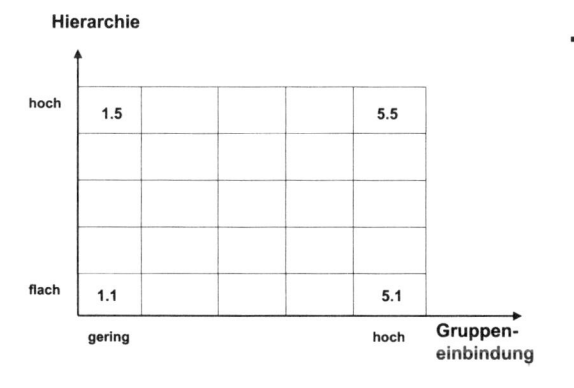

Abb. 2: *Matrix zur Positionierung der Unternehmenskultur*

Entlohnungssysteme gestalten

Abb. 3: *Wertvorstellungen und Unternehmenskultur*

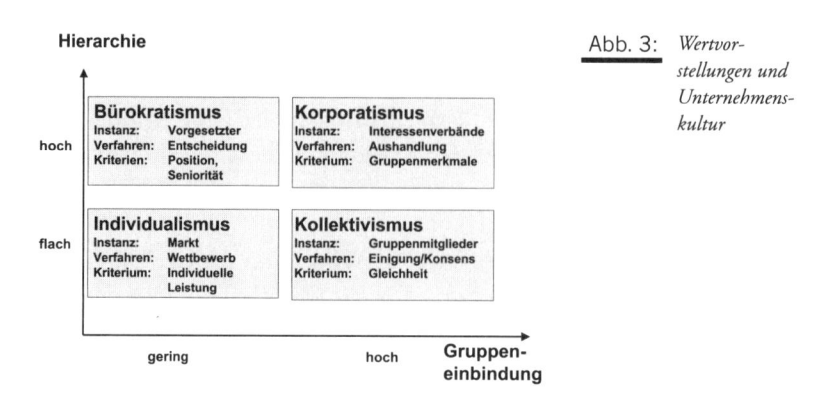

	gering Gruppeneinbindung	hoch Gruppeneinbindung
hoch Hierarchie	**Bürokratismus** Instanz: Vorgesetzter Verfahren: Entscheidung Kriterien: Position, Seniorität	**Korporatismus** Instanz: Interessenverbände Verfahren: Aushandlung Kriterium: Gruppenmerkmale
flach Hierarchie	**Individualismus** Instanz: Markt Verfahren: Wettbewerb Kriterium: Individuelle Leistung	**Kollektivismus** Instanz: Gruppenmitglieder Verfahren: Einigung/Konsens Kriterium: Gleichheit

gelt- beziehungsweise Anreiz- und Gratifikationssysteme identifiziert. Dabei sind die relevanten Aspekte, nach denen zu differenzieren ist:
⇨ die *Instanz*, welcher eine »gerechte« Entscheidung zugetraut wird (Führungskraft, Kollege, Mitarbeiter, Kunde, Lieferant, Mitarbeiter selbst);
⇨ das *Verfahren*, das angewandt wird (zum Beispiel: Messen, Beurteilen, Messen und Beurteilen, Vereinbaren) und
⇨ die *Kriterien*, die für die Verteilung von materiellen beziehungsweise immateriellen Belohnungen maßgeblich sein sollen (wie zum Beispiel: Seniorität, individuelle Leistung, Gleichheit).

Abbildung 3 zeigt die Verknüpfung von den typischen Wertvorstellungen der Mitarbeiter in Abhängigkeit von der Unternehmenskultur bezogen auf die vorher genannten Dimensionen Instanz, Verfahren und Kriterium:
⇨ *Individualismus:* Mitarbeiter, die unter den Bedingungen flacher Hierarchien und einer geringen Gruppeneinbindung tätig sind, überlassen dem Markt allein die Verteilungsentscheidung. Der Wettbewerb ist das entsprechende Verfahren. Gerecht ist aus dieser Sicht ein Entgelt, das alleine die individuelle, nach Marktgesichtspunkten bewertete Leistung vergütet.

⇨ *Kollektivismus:* Mitarbeiter, die in flachen Hierarchien arbeiten, aber zu einem hohen Grad in Gruppen eingebunden sind, haben eine kollektivistische Sicht entwickelt. Das Verfahren, nach dem sie entscheiden, sind kollektive Entscheidungen als Ergebnis einer konsensuellen Einigung. Gerecht ist aus ihrer Sicht eine gleiche Verteilung auf alle Gruppenmitglieder. Dabei ist offen, ob es eine relativ gleiche oder absolut gleiche Verteilung ist.
⇨ *Bürokratismus:* Unter den Bedingungen hoher Hierarchien und einer Individualisierung des Einzelnen ist die Instanz der Vorgesetzte, dem eine gerechte Entscheidung zugebilligt wird, die er kraft seiner Amtsautorität fällt. Als gerecht werden dabei Belohnungen gesehen, die nach der Position im Unternehmen und nach der Seniorität vorgenommen werden.
⇨ *Korporatismus:* Mitarbeiter, die in ausgeprägten Hierarchien mit starker Gruppeneinbindung tätig sind, hängen an der Vorstellung des Korporatismus. Gerecht sind ihres Erachtens Entgeltsysteme, wenn sie von ihren Vertretern auf der Grundlage eines Aushandlungsprozesses zwischen konkurrierenden Interessengruppen oder Interessenverbänden erkämpft oder ausgehandelt wurden. Belohnungen sollen aus dieser Sicht auf der Grundlage von Gruppenmerkmalen wie beispielsweise Cockpit-, Flug- und Bodenpersonal verteilt werden.

Weil diese vier typischen Gerechtigkeitsvorstellungen in speziellen Formen der Hierarchie und Gruppeneinbindung verankert sind, wird deutlich, warum Mitarbeiter und Management so und nicht anders »ticken«. Die Veränderung von Entgeltsystemen als Folge der Veränderung von Organisationsstrukturen und einem Paradigmenwechsel in den Köpfen einiger Initiatoren der Veränderung führt dann zu Konflikten.

Praktische Relevanz
Dem Autor ist die Kenntnis der Kriterien eines gerechten Entgeltsystems und die Typologisierung der Unternehmenskulturen zum

Erzielen von Transparenz in Konfliktsituationen hilfreich gewesen. Beispielhaft seien hier zwei Situationen erwähnt:

Fall 1

Mitarbeiter, die als »Einzelkämpfer« Jahre und zum Teil Jahrzehnte sozialisiert wurden, werden eines schönen Tages zu gleichberechtigten Mitarbeitern in interdisziplinären Teams zusammengefasst, die gemeinsam ihre Arbeit besser erledigen können als »Einzelkämpfer«. Für sie soll ein neues anforderungs- und leistungsgerechtes Entgeltsystem
⇨ das die Teamarbeit fördert – gemeinsam von Betriebsrat und Geschäftsleitung erarbeitet werden. Es stellen sich eine Reihe von Fragen:
⇨ Verdienen alle Mitarbeiter im Team das gleiche Geld?
⇨ Was wird aus den bisherigen Leistungsträgern?
⇨ Wird deren Entgelt gekürzt und der Leistungsschwächere belohnt?
⇨ Wird das bisherige Leistungsentgeltvolumen umverteilt? oder
⇨ führt eine Verbesserung der Produktivität und Qualität auch zu höheren Leistungsentgelten der Mitarbeiter trotz sinkender Verkaufspreise?

Alle Fragen müssen so beantwortet werden, dass das neue Entgeltsystem von den Beteiligten als gerecht erlebt wird. Die Auseinandersetzungen führen zu einer erheblichen sachlichen und emotionalen Herausforderung für Geschäftsleitung und Betriebsrat.

Fall 2

Mitarbeiter in einem Alten- und Pflegeheim sollen den starren Rahmen der Arbeitsvertragsrichtlinien der Caritas – der im Wesentlichen denen des Diakonischen Werkes und dem Bundesangestelltentarif (BAT) entspricht – verlassen, um leistungsorientiert bezahlt zu werden. In einer Non-Profit-Organisation, die bisher anforderungs-, senioritäts- und bedürfnisbezogen entlohnte, ist eine Leistungsorientierung und ein variables Leistungsentgelt, das dazu führt, dass Heimbewohner besser versorgt werden, fast »Blasphemie«. Es tauchen eine Reihe von Fragen und Aussagen auf:

⇨ Werden Mitarbeiter für schnelleres Arbeiten und damit schlechtere Pflege und Betreuung der Heimbewohner belohnt?
⇨ Was unterscheidet die Heime in der Wohlfahrtspflege dann noch von »den Privaten«?
⇨ »Wir arbeiten doch mit Menschen, nicht mit Eisen!« Warum sind Arbeitgeber in der Wohlfahrtspflege nicht mehr sozial eingestellt und streichen ihren Mitarbeitern die Kinderzuschläge zu Gunsten einer Ergebnisbeteiligung?

Auch hier müssen alle Fragen so beantwortet werden, damit das neue Entgeltsystem von den Beteiligten als gerecht erlebt wird. Die Herausforderungen für Dienstgeber und Mitarbeitervertretung sind immens und können zu harten Auseinandersetzungen führen.

Wirtschaftsmediation

Auf dem konfliktträchtigen Weg zum »gerechten Entgelt« hat sich in beiden Fällen bei der Wirtschaftsmediation als nützlich erwiesen, die Kriterien der Gerechtigkeit und die Typologie der Unternehmenskultur zu kennen als auch zu nutzen, um für die Parteien Transparenz der Standpunkte herzustellen.

Fazit
Eine gerechte Konfliktlösung, deren Folge ein kooperatives Zusammenarbeiten und friedliches Zusammenleben ist, lässt sich von einem Dritten – dem Mediator – stiften. Das Verständnis, dass es kulturunabhängige und kulturabhängige Aspekte dessen, was Menschen als gerecht erleben, gibt, erleichtert dem Wirtschaftsme-

diator ebenso die Arbeit, wie das Wissen um unternehmenskulturabhängige Wertvorstellungen. Am Beispiel der Mediation bei der Gestaltung von Entgeltsystemen wurde die unternehmenskulturabhängige Problematik dessen, was als gerecht erlebt wird, erläutert und aufgezeigt, wie hilfreich eine theoriegeleitete Analyse sowie darauf aufbauende Instrumente zur Konflikterhellung zum Verständnis des Gegenübers und der Erarbeitung einer gemeinsamen Lösung sein können.

Eckhard Eyer, Dipl.-Ing., Dipl.-Kfm., Jahrgang 1958, studierte Maschinenbau in Kaiserslautern und Betriebswirtschaftslehre in Mannheim. Er arbeitete bei den SKF Kugellagerfabriken, der G.M. Pfaff AG und von 1989 bis 1997 im Institut für angewandte Arbeitswissen-schaft (IfaA) in Köln. Er ist Inhaber der PERSPEKTIVE EYER CONSULTING, Köln, mit den Schwerpunkten: Konzeptionelle Beratung von Unternehmen bei der Entwicklung und Umsetzung von Führungs- und Entgeltsystemen sowie Abschluss von Betriebsvereinbarungen und Haustarifverträgen. 1999 gründete er FAIR – Institut für praktische WirtschaftsMediation, Köln. Er ist Mitherausgeber der Fachbibliothek »Das flexible Unternehmen«.

Literatur

[1] EYER, E. (HRSG.): *Report Wirtschaftsmediation – Krisen meistern durch professionelles Konflikt-Management*, Düsseldorf, Symposion Publishing, 2001

[2] EYER, E.: *Wirtschaftsmediation – der Weg zur Lösung manifester Konflikte im Unternehmen*, in: Knauth, P.; Wollert, A. (Hrsg.): Human Resource Management, Loseblattwerk, Köln, Deutscher Wirtschaftsdienst, 2000

[3] KALS, E.; WEBERS, T.: *Wirtschaftsmediation als alternative Konfliktlösung*, Wirtschaftspsychologie, 2/2001, 10–16

[4] LIEBIG, S.: *Soziale Gerechtigkeitsforschung und Gerechtigkeit im Unternehmen*, München, Rainer Hampp, 1997

[5] MONTADA, L.; KALS, E.: *Mediation – Lehrbuch für Psychologen und Juristen*, Weinheim: Beltz/PVU, 2001

Zusammenfassung
Bei Konflikten zwischen Geschäftsleitungen und Betriebsräten über das richtige Entgeltsystem sind die Interessen unterschiedlich; das versteht sich (fast) von selbst. Aber auch die Wertvorstellungen, die nicht zuletzt unternehmenskulturabhängig sind, erschweren es oft, eine als gerecht und tragfähig erlebte Lösung des Konflikts zu finden.
Die empirischen Gerechtigkeitsforschung stellte fest, dass die Vorstellungen von Mitarbeitern über »gerechte« Entgeltsysteme beziehungsweise Anreiz- und Gratifikationssysteme abhängig sind von den Strukturen und Prozessen, in denen Mitarbeiter arbeiten und die sie geprägt haben.
Dies gilt es bei der Entwicklung neuer Entgeltsysteme nach Reorganisationen zu berücksichtigen, soll die Implementierung erfolgreich verlaufen.

Anreizsysteme und Mitarbeiterführung

Während wir als Konsumenten zunehmend mit individuellen Angeboten umworben werden, behandeln uns personalwirtschaftliche Instrumente häufig noch wie »quasi genormte« Mitarbeiter. Leistungsbereitschaft und Arbeitszufriedenheit sind aber sehr individuell. Für eine individuelle Verhaltensbeeinflussung brauchen wir deshalb differenzierte Anreizmodelle.

> In diesem Beitrag erfahren Sie:
> - dass der Wirkungsgrad des Anreizsystems in der Praxis von der Abstimmung mit anderen Subsystemen der Managementkonzeption abhängt;
> - warum es einer Kenntnis des individuellen Motivationsprozesses und des Zustandekommens von Arbeitsergebnissen bedarf.

FRED G. BECKER

Einführung

Anreizsysteme sind Bestandteil jedweder Managementkonzeption und dienen als deren Teilelement instrumentell zur Erreichung der betrieblichen Ziele [15; 16]. Mit ihnen wird versucht, direkt oder indirekt Mitarbeiter zu motivieren, zielgerichtetes Verhalten zu zeigen. Als Führungsinstrumente oder als Instrument der strukturellen Mitarbeiterführung sind sie Objekt strategischer Gestaltungsmaßnahmen und von daher zentraler Teil der Unternehmungs- und Personalpolitik. Sie setzen *die Rahmenbedingungen zur Motivation der Mitarbeiter,* deren konkrete Umsetzung dann noch zusätzlich durch die direkte Führung modifiziert werden kann.

Die generelle Funktion der Mitarbeiterführung kann zum einen durch unmittelbaren Kontakt zwischen Vorgesetzten und untergebe-

nen Mitarbeitern sowie zum anderen durch eine nur mittelbar wirkende Gestaltung der Bedingungen erfüllt werden [17]:
⇨ Die *interaktionelle Mitarbeiterführung* steht als Vorgesetztenfunktion bei der situativen Gestaltung der zwischenmenschlichen Beziehungen zur Kooperation im betrieblichen Kombinationsprozess im Mittelpunkt.
⇨ Die *strukturelle Mitarbeiterführung* dient auf einer anderen Ebene der mittelbaren Verhaltensbeeinflussung. Dies geschieht durch die Gestaltung der Elemente einer Managementkonzeption und die Formulierung wie Implementierung von betrieblichen Strategien, die alle mit zielgerichteten inhaltlichen, prozessualen und strukturellen Regelungen speziell in der Führungs- und Arbeitsorganisation Stimuli zum Leistungsverhalten bieten. Die strukturelle Führung liegt damit weniger in der Verantwortung des einzelnen Vorgesetzten als vielmehr in der Verantwortung des Top und Middle Managements.

Mit der interaktionellen und der strukturellen Mitarbeiterführung sind zwei Seiten einer Medaille zu verstehen. Die strukturelle Dimension ersetzt, beeinflusst und substituiert dabei teilweise die interaktionelle Führung und umgekehrt. Letztere hat zudem Spielraum zur Modifikation der strukturellen Führung.

Beschäftigt man sich grundsätzlich mit einem betrieblichen Anreizsystem, so sind verschiedene Ebenen zu differenzieren:
⇨ *Anreizsystem im weitesten Sinne:* Verhaltensbeeinflussende Stimuli gehen stets von den vorhandenen innerbetrieblichen Bedingungen aus. Auf dieser Ebene konstituiert sich ein Anreizsystem unbedingt durch jede strukturelle, prozessuale und operative Entscheidung sowie deren Umsetzung – und das unabhängig davon, ob die damit verbundenen Anreizwirkungen bewusst oder unbewusst beziehungsweise gewollt oder ungewollt sind; *der Betrieb ist ein Anreizsystem*!
⇨ *Anreizsystem im weiteren Sinne:* Aus analytischer Sicht vollzieht sich die Führung eines Betriebes innerhalb einer Managementkonzeption, die die grundlegenden Handlungsparameter des Top

Managements darstellt. Sie lässt sich entlang der Managementfunktionen in verschiedene Subsysteme aufspalten: Planungs-, Organisations-, Kontroll- sowie Personal- und Anreizsystem [16]. Diese dienen als Führungsinstrumente zur Generierung wie auch Umsetzung betrieblicher Ziele. Auf dieser Ebene richten sich Anreizsysteme durch eine zielgerichtete Gestaltung auf die Motivation der Mitarbeiter; *der Betrieb hat ein Anreizsystem*!

⇨ *Anreizsystem im engeren Sinne:* Aus der generellen Systemgestaltung werden zeitspezifisch individuelle Anreizpläne für die einzelnen Mitarbeiter abgeleitet. Sie stellen auf der dritten Ebene das Anreizsystem dar, welches sich konkret auf einzelne Mitarbeiter richtet; *der Betrieb setzt individuelle Anreizsysteme ein*!

Die nachfolgenden Überlegungen beschäftigen sich inhaltlich vor allem mit Anreizsystemen im weiteren Sinne. Sie unterliegen der Gestaltung des Managements und stellen ein Führungsinstrument der strukturellen Mitarbeiterführung dar. Abbildung 1 soll anschaulich diese *Mittlerfunktion*, die Anreizsysteme hier ausüben können, darstellen.

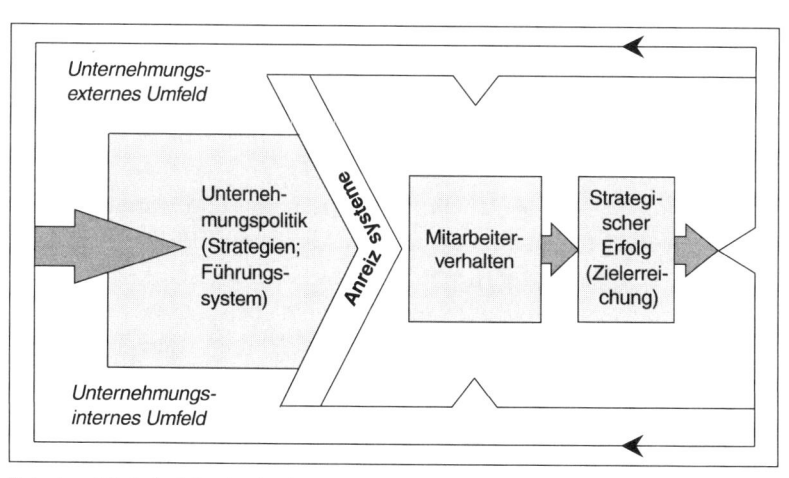

Abb. 1: *Mittlerfunktion der Anreizsysteme*

Anreizsysteme und Mitarbeiterführung

Von der Qualität des Mitarbeiterverhaltens hängt letztlich der Erfolg einer Unternehmung ab. Die Anreizsysteme können bei der Förderung von Verhalten eine Hauptrolle spielen. Wesentlich ist dabei *ein weites Verständnis* von Anreizsystem. Dieses Verständnis erfasst die Gesamtheit der von Vorgesetzten und dem Betrieb gewährten materiellen und immateriellen Anreize, die für Mitarbeiter einen subjektiven Wert besitzen. Diese sollen bestimmte Verhaltensweisen (beispielsweise die Realisierung vereinbarter Strategien) verstärken, die Wahrscheinlichkeit des Auftretens anderer Verhaltensweisen (beispielsweise die Konzentration auf kurzfristige Erfolge) dagegen durch negative Sanktionen mindern.

Der Zusammenhang der Anreizsysteme mit anderen Teilelementen einer Managementkonzeption macht es notwendig, sich mit den

> **Definition: Anreizsystem**
> Unter Anreizsystemen versteht man die Summe aller im Wirkungsverbund bewusst gestalteten und aufeinander abgestimmten Stimuli (Arbeitsbedingungen im weiteren Sinne), die bestimmte Verhaltensweisen (durch positive Anreize, Belohnungen) auslösen beziehungsweise verstärken, die Wahrscheinlichkeit des Auftretens unerwünschter Verhaltensweisen dagegen mindern (durch negative Anreize, Sanktionen) sowie die damit verbundene Administration [2; 15].

instrumentellen Beziehungen dieser auseinanderzusetzen. Denn einzelne Subsysteme lassen sich zum Teil als *funktional-äquivalente Führungsinstrumente* verstehen:

⇨ Funktionale Äquivalenz von Anreizsystemen und Planungs- beziehungsweise Organisationssystemen bedeutet zum Beispiel, dass die Funktion der Mitarbeitersteuerung unter Umständen durch andere Subsysteme erfüllt werden kann, da beispielsweise Anreizsysteme im Prinzip eine Kontroll-, eine Planungs- und eine Organisationsfunktion leisten können.

⇨ Auch die Gestaltung der Subsysteme hat neben ihren anvisierten Zwecken mittel- oder unmittelbare Anreizwirkungen. Gewissermaßen erfolgt die Gestaltung beispielsweise des Planungs- und

Organisationssystems unter anreizpolitischen Maßstäben, sofern dies explizit beachtet wird.
⇨ Man denke beispielsweise an die Motivationswirkungen von partizipativen Entscheidungsprozessen oder einer Profit-Center-Organisation.

Im Hinblick auf Unternehmungs- und Personalstrategien ist *die konsistente Ausgestaltung aller Subsysteme* sinnvoll. Die Umsetzung des Anreizsystems wird in der Praxis erleichtert oder erschwert, je nachdem, wie gut die jeweils anderen Subsysteme auf die anreizpolitischen Grundsätze abgestimmt sind.

Wirkungszusammenhang von Motiven, Anreizen und Anreizsystemen

Grundlegendes Verhaltensmodell stellt die *Anreiz-Beitragstheorie* dar. Sie besagt, dass Mitarbeiter bei freier Wahl des Arbeitsplatzes ihr Arbeitsverhältnis eingehen und leistungsorientiertes Verhalten in einem Betrieb beibehalten beziehungsweise steigern werden, wenn und solange ihr *Anreiznutzen* (alle erwarteten Belohnungen) den *Beitragsnutzen* (Kosten für die Beiträge beziehungsweise maximaler Anreizwert der Belohnungen, bei einer anderen oder weniger intensiven Tätigkeit) übersteigt beziehungsweise entspricht [4; 7]. Für Betriebe ergibt sich so die Notwendigkeit, den erwarteten Leistungsbeiträgen jeweils ein Anreizangebot gegenüber zu stellen, das den Mitarbeitervorstellungen zumindest entspricht und sich von dem konkurrierender Betriebe (auch dem anderer Organisationseinheiten, die um Arbeitskräfte konkurrieren) abhebt.

Um Anreizsysteme in diesem Sinne als Führungsinstrument einsetzen zu können, *bedarf es einer Kenntnis des individuellen Motivationsprozesses und des Zustandekommens von Arbeitsergebnissen* [11]. Auf Basis von weithin akzeptierten *Erwartungs-Valenz-Ansätzen* wird nachfolgend auf wesentliche Determinanten der Leistungserbringung eingegangen (s. Abb. 2). Für Gestaltung und Einsatz eines Anreizsystems ist die Kenntnis eines solchen prozessualen Modells von Relevanz. Die

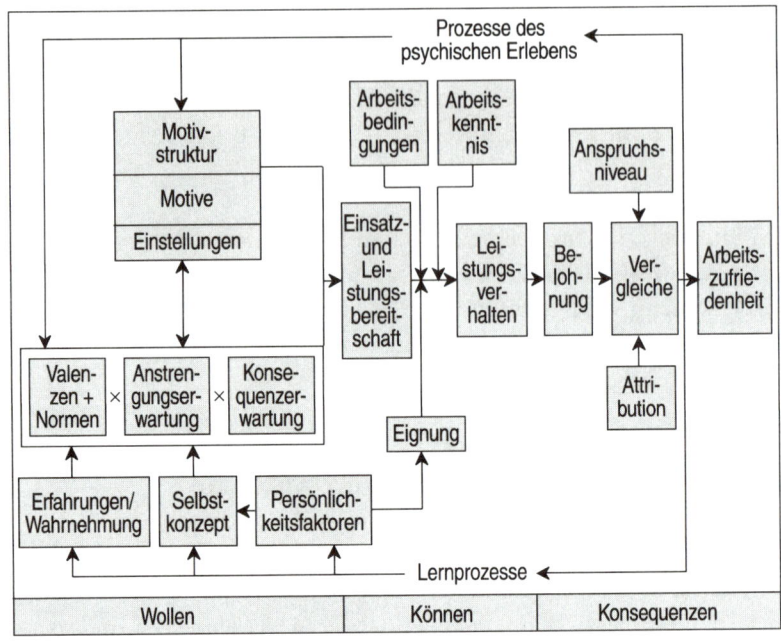

Abb. 2: *Leistungsdeterminatenkonzept [2; 3]*

gesamten Wirkungen und nicht allein eine verkürzte Sichtweise auf direkte Anreize wird verdeutlicht.

Wollen

Die Motivstruktur beinhaltet die individuellen Motive und Einstellungen eines Mitarbeiters zu bestimmten Zeitpunkten. *Motive sind Verhaltensbereitschaften,* unter denen zum Teil angeborene und im Rahmen der Sozialisation unterschiedlich entwickelte, zeitlich stabile Dispositionen verstanden werden. Sie legen fest, was Individuen wünschen, um motivational befriedigt zu sein. Motive können durch wahrgenommene Arbeitsbedingungen (= Anreize) aktiviert werden (=

Motivation) und sich nachfolgend in individuellem Verhalten manifestieren.

Mit verschiedenen Motivarten lassen sich unterschiedliche Zugänge zum Motivationspotential differenzieren:

⇨ Als *intrinsisch motiviert* wird Verhalten angesehen, wenn es um seiner selbst Willen angestrebt wird; es bietet Befriedigung unmittelbar aus der Arbeit. Vor allem folgende Motivarten sind von Bedeutung: Leistungs-, Macht-, Kontakt-, Tätigkeits- und Selbstverwirklichungsmotiv.

⇨ Als *extrinsisch motiviert* wird Verhalten angesehen, das instrumentellen Charakter zur angestrebten Belohnung hat. Es ist umweltabhängig. Extrinsische Motive materieller Art betreffen das Streben nach monetär erfassbaren Belohnungen, beispielsweise Einkommens-, Zusatzleistungen und bestimmte Konsumwünsche. Mit extrinsischen Motiven immaterieller Art verbunden sind finanziell nicht messbare Ziele, zum Beispiel Sicherheits-, Karriere- und Prestigestreben [9].

Im Rahmen eines zweiten Konstrukts sind drei Determinanten zu berücksichtigen, die im Zusammenhang wirken:

⇨ Valenzen und Normen,

⇨ Anstrengungserwartung (subjektive Wahrscheinlichkeit, eine erwartete Leistung auf Grund eigenen Könnens und zur Verfügung stehender Ressourcen erbringen zu können) und

⇨ Konsequenzerwartung (subjektive Wahrscheinlichkeit, eine Belohnung mit bestimmten Leistungsverhalten erreichen zu können).

Können

Erst wenn diese zuletzt genannten drei Determinanten positiv ausgeprägt und die Motive durch Anreize angesprochen sind, kann *eine individuelle Bereitschaft zum Leistungseinsatz* erwartet werden.

Das *Leistungsverhalten* in Art, Intensität und Güte wird zusätzlich noch von der *Eignung* der Mitarbeiter für eine bestimmte Tätigkeit, den geltenden *Arbeitsbedingungen* sowie der *Arbeitskenntnis* mit bestimmten Aufgaben determiniert.

Die Komponenten wirken zudem über die individuelle Wahrnehmung auf die Erwartungen ein, indem sie deren Ausprägungen beeinflussen (zum Beispiel erhöht eine empfundene Eignung die Anstrengungserwartung).

Konsequenzen

Individuelles Ergebnis eines Leistungsverhaltens ist *die Belohnung* immaterieller oder materieller Art. Je nachdem wie diese Belohnung im Vergleich zum eigenen *Anspruchsniveau* oder zu den Belohnungen anderer Personen wahrgenommen sowie das erreichte Leistungsverhalten einer internen oder externen *Attribution* (Wer oder was ist für das Ergebnis verantwortlich?) unterzogen wird, entsteht danach *Arbeitszufriedenheit*. Vielfältige tatsächliche und/oder antizipative Rückkopplungen nehmen weiteren Einfluss auf Leistungsbereitschaft und -verhalten [3].

Die oft eindimensionalen
Vorstellungen der Personalverantwortlichen

Grundlage für den Einsatz von Anreizen sind die Annahmen der Personalverantwortlichen über die Motivation menschlichen Handelns. *Die Diskussion, was Mitarbeiter motiviert, wird kontrovers geführt.* Je nach Menschenbild wurde und wird die Bedeutung des Entgelts oder bestimmter immaterieller Anreize herausgestellt. Solche eindimensionalen Vorstellungen werden der inhaltlichen wie zeitspezifischen Vielfalt von Verhaltensmotiven kaum gerecht; der vielfach diskutierte *Wertewandel* hat dies deutlich gemacht. Verschiedene Anreize sind in Folge anzubieten:
⇨ materielle beziehungsweise *finanzielle Anreize* (durch fixe und variable Entgelte, Erfolgs-/Kapitalbeteiligung, Zulagen, Werkswohnung und Ähnliches);

⇨ immaterielle Anreize wie vor allem *soziale Anreize* (durch Kontakte mit Kollegen, Vorgesetzten und Mitarbeitern, angenehmes soziales Klima);
Anreize der Arbeit selbst (Arbeitsinhalte, Autonomie, Partizipation, mitarbeiterorientiertes Vorgesetztenverhalten, Leistungsverhalten, Varietät der Qualifikationsanforderungen);
Karriereanreize (Möglichkeiten zur Qualifizierung, zum betrieblichen Aufstieg, zu interessanten Positionen) sowie
⇨ *Anreize des organisatorischen Umfeldes* (beispielsweise durch Image und Kultur des Betriebes) stellen Arbeitsbedingungen im weiteren Sinne dar und sind insofern bereits im Modell enthalten.

Motivations- und führungstheoretische Ansätze sprechen für eine *individuelle Verhaltensbeeinflussung* entsprechend der jeweiligen Mitarbeitermotive und damit für eine Individualisierung des Anreizsystems [5; 10]. Dadurch, dass standardisierte personalwirtschaftliche Instrumente quasi von genormten Mitarbeitern ausgehen, bleibt die Individualität kaum berücksichtigt. Entsprechend der Heterogenität der Belegschaft sind *differenzierte Anreizmodelle* zu erarbeiten. Die Berücksichtigung individueller Motive wirkt bereits tendenziell motivierend; die Wirkung wird noch verstärkt, wenn eine Befriedigung erzielt werden kann. Trotzdem liegt die Verwendung von *generalisierten Anreizen* als Mittel für die Befriedigung vieler Motive wegen der Vielfalt und Veränderlichkeit von Motiven sowie ökonomischer Zwänge nahe. Geld kann zur Motivbefriedigung vielfältig genutzt werden; es wirkt instrumentell, wobei auch immaterielle Motive mit ihm befriedigt werden können (immaterielle Wirkung materieller Anreize, zum Beispiel Statussymbol). Cafeteria-Systeme können ein übriges zur Befriedigung individueller Motive beitragen.

Funktionen von Anreizsystemen

Die Gestaltung eines Anreizsystems stellt letztendlich *eine Reaktion auf die wahrgenommenen Grenzen der Einsatz- und Leistungsbereitschaft der Mitarbeiter* dar. Im einzelnen kommen dem Führungsinstrument vor allem folgende, nicht ganz überschneidungsfreie Funktionen zu:

⇨ *Aktivierungsfunktion:* Die vorhandenen Mitarbeitermotive sollen aktiviert und die kognitiven Komponenten positiv beeinflusst sowie letztendlich in eine aktuell wirkende Motivation (Leistungsbereitschaft) umgesetzt werden, um die gesamte Qualifikation der Mitarbeiter besser zu nutzen.

⇨ *Steuerungsfunktion:* Prinzipiell besteht bei verschiedenen Elementen eines Anreizsystems (zum Beispiel: variable Entgelte, Karrierekriterien) die Möglichkeit, eine direkte Verknüpfung zu betrieblichen Zielen vorzunehmen. Anreize können dadurch Art und Intensität des Mitarbeiterverhaltens antizipativ und nachhaltig beeinflussen, indem sie dieses entsprechend positiv oder negativ sanktionieren.

⇨ *Informationsfunktion:* Anreizsysteme vermitteln mit ihren Elementen Informationen über die Führungspolitik, die Strategie, die Organisationskultur und anderes. Es werden explizit formulierte wie hintergründige Signale gesendet, die den Mitarbeitern vermitteln, was angesehen ist oder nicht und entsprechend positiv beziehungsweise negativ sanktioniert wird.

⇨ *Veränderungsfunktion:* Im Rahmen von Veränderungsstrategien (Organisationsentwicklung, Neuorientierung) können Anreizsysteme dazu genutzt werden, veränderte Anforderungen an die Mitarbeiter zu verdeutlichen. Anreize können an die intendierten Veränderungen angepasst werden, um so einen Beitrag zur Umsetzung zu leisten.

Welche der Funktionen nun durch ein spezielles Anreizsystem erfüllt werden soll, liegt in den Intentionen der Systemgestalter begründet. Sie haben unterschiedliche Gestaltungen zur Folge.

Elemente von Anreizsystemen

Jegliches Anreizsystem nimmt Bezug auf verschiedene, bewusst zu gestaltende Elemente, um die Möglichkeiten des Führungsinstruments nutzen zu können. Entsprechend der Differenzierung der Anreize kann das System in ein materielles Anreizsystem und ein immaterielles Anreizsystem untergliedert werden (s. Abb. 3) [11].

```
┌─────────────────────────────────────────────────────────────────┐
│   Materielles Anreizsystem          Immaterielles Anreizsystem  │
│      (Entgeltsystem)                                            │
│        ↓         ↓                                              │
│  obligatorisches  fakultatives     • Planungssystem             │
│                                    • Personalsystem (Weiter-    │
│  • Festgehalt (v. a. nach  • Erfolgsbeteiligung  bildung, Karrieresystem etc.) │
│    Stellenbewertung,       • Kapitalbeteiligung  • Kommunikationssystem │
│    Qualifikation)          • variable Vergütung • Organisationssystem │
│  • Sozialleistungen          (Boni etc.)        • Rahmen (Organisations- │
│  • (Leistungs-) Zulagen                            kultur, Identität) │
│  • Zusatzleistungen                                             │
└─────────────────────────────────────────────────────────────────┘
```

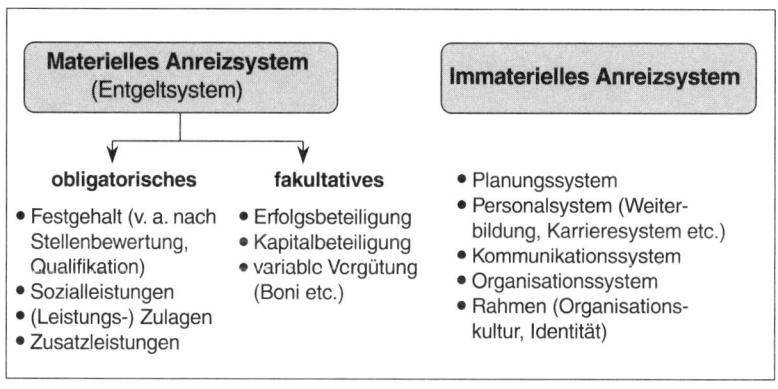

Abb. 3:   *Elemente des Anreizsystems*

Materielles Anreizsystem

Unter dem materiellen Anreizsystem wird die Summe aller vom Betrieb angebotenen und zu zahlenden materiellen Belohnungen für die von den Mitarbeitern – zum Teil wie auch immer – erbrachten Arbeitsleistungen verstanden. Die Belohnungen bestehen aus *zwei Hauptkategorien:*

⇨ dem *obligatorischen Teil* mit Lohn/Gehalt, Sozialleistungen und Zusatzleistungen sowie

⇨ dem *fakultativen Teil,* durch den Mitarbeiter am ökonomischen Erfolg des Betriebes, einer Organisationseinheit oder des eigenen Verantwortungsbereiches beteiligt werden können (Erfolgs-/Kapitalbeteiligung, variable Entgelte) [8; 14].

Die Vergütung der *tariflichen Mitarbeiter* ist zum überwiegenden Teil kollektivvertraglich durch die Sozialpartner gestaltet. Neben dem Arbeitsentgelt in verschiedenen Grundformen (Zeit-, Akkord-,

Prämienlohn), Sozialleistungen (Altersversorgung, Urlaubs-/ Weihnachtsgeld et cetera) und sonstigen Lohnkomponenten (Zulagen, Provisionen und Ähnliches), erfolgt in manchen Fällen (zunehmend) noch eine Erfolgs- und/oder Kapitalbeteiligung. Diese beiden Formen umfassen materielle, variable Belohnungen, die die Mitarbeiter auf Grund freiwilliger, vorab getroffener Vereinbarungen erhalten. *Die Steuerungswirkung dieser Teilinstrumente ist als nicht hoch anzusehen;* es besteht keine unmittelbare Beziehung zwischen Anreiz und individueller Leistung.

Bei Führungskräften setzt sich die *außertarifliche Vergütung* aus drei Hauptkomponenten zusammen, die in der Regel einzelarbeitsvertraglich ausgehandelt werden [6]:
⇨ Grundentgelt (als Jahres-/Monatsbeträge),
⇨ variable Entgelte (Boni, Tantieme et cetera) und
⇨ Zusatzleistungen (sonstige Geld-/Sachleistungen des Betriebs, zum Beispiel: Dienstwagen, Altersversorgung, Firmenkredite).

Variabilisierung der Vergütung
Die *Variabilisierung der Vergütung* wird nicht nur vielfach gefordert, sie wird auch vermehrt beziehungsweise gezielter und für mehrere Mitarbeiterbereiche – vor allem aber im Management – in Zukunft praktiziert werden. Dazu werden in der Wirtschaftspraxis unterschiedliche Wege für die variable Vergütung von Führungskräften eingeschlagen. Zunächst werden grob folgende Vorgehensweisen unterschieden [1]:
⇨ Die *erfolgsbezogenen Entgeltsysteme* versuchen einen Anreiz und einen Steuerungsimpuls für die angestellten Führungskräfte dadurch zu erreichen, dass sie diese am Erfolg der Entwicklung der Unternehmung beziehungsweise eines Geschäftsbereichs beteiligen. Dies kann entweder durch die Reaktion am Aktienmarkt, das heißt eine Beteiligung an der Kursentwicklung der Unternehmungsaktien *(Aktienoptionspläne),* oder durch den Erfolg bei der Entwicklung des Unternehmungs-/Geschäftsbereichswertes, das heißt des fiktiven Kaufpreises einer Organisation (-seinheit) (zum Beispiel: über

eine Cash-Flow-Bewertung), erfolgen. Die erste Modellvariante ist nur für börsengehandelte Aktiengesellschaften möglich. Die zweite Modellvariante eignet sich auch für mittelständische Unternehmungen, Divisionen in Großunternehmungen und für nicht börsengehandelte Aktiengesellschaften.

⇨ *Leistungsbezogene Entgeltsysteme* sind prinzipiell unabhängig von der Wertentwicklung eines Unternehmens speziell für die Eigentümer. In einer schwierigen Unternehmenslage kann beispielsweise eine Führungskraft durch hervorragende Leistung einen größeren Verlust verhindert haben. Dafür steht ihm beziehungsweise ihr bei diesen Entgeltsystemen ein variabler Entgeltanteil zu. Die Eigentümer haben unter Umständen keinerlei Besserstellung ihrer Geschäftsanteile erfahren. Die individuelle Leistung ist Maßstab für die variable Vergütung der angestellten Manager.

Eine Vielzahl von Gründen spricht für die Nutzung des variablen Vergütungsinstruments – gerade unter strukturellen Aspekten, zum Beispiel:

⇨ Die *Trennung von Leitung und Kontrolle* speziell in Publikumsgesellschaften birgt die Gefahr, dass angestellte Manager bei der Leitung der ihnen anvertrauten Unternehmungsteile andere Ziele verfolgen als die Gesellschafter. Sie haben in der Regel eine kurzfristigere Perspektive (innerhalb ihrer Karriere). Die *Principal-Agency-Theorie* begründet sehr einsichtig die Notwendigkeit von Anreizsystemen zur Verhaltenssteuerung von angestellten Führungskräften. Dies trifft selbstverständlich auch für nachgeordnete Managementebenen zu.

⇨ Eine Möglichkeit, Manager zu einer gesellschafterorientierten, strategischen Führung zu motivieren, ist eine (teilweise) direkte *Koppelung von Leistung und Entgelt*. Sie ist in den geltenden Anreizsystem jedoch weitgehend nicht gegeben: Anreize zum kurzfristigen, operativen Handeln überwiegen unverhältnismäßig im Vergleich zu solchen Anreizen, die zum strategischen Handeln anregen können. Die vielbeklagte Kurzfristorientierung setzt sich hier ganz besonders deutlich in den Entgeltsystemen fest. Eine *Konsequenz der strategischen Führung* ist oft, dass umfangreiche Investitionen zur Steigerung oder Bewahrung des Marktanteils vorgenommen werden müssen und auf Jahre die Gewinnsituation erheblich belasten. Werden die verantwortlichen Manager auf Gewinnbasis belohnt oder auf Grund anderer positiver operativer Erfolgsfaktoren befördert, stehen individuelle Anreize den strategischen Zielsetzungen der Unternehmung entgegen. Die Manager geraten in einen *Interessenkonflikt*. Die Gestaltung hat dies strukturell zu berücksichtigen.

Individualisierung des Anreizsystems
Möglichkeiten, um im Rahmen der individuellen Entgeltpolitik auf die Motive der Mitarbeiter eingehen zu können, sind

⇨ die Einrichtung eines *Cafeteria-Systems.* Durch ein solches System erhalten Mitarbeiter eine unterschiedliche Anzahl an Optionen (als Teil des Gesamtentgelts, vor allem der variablen Anteile), um aus einem Belohnungspaket zu einem selbst gewählten Zeitpunkt ein ihnen genehmes Belohnungsobjekt zu wählen. Dadurch wird ein eher motivbezogenes Anreizangebot mit nachfolgender höherer Motivbefriedigung erreicht. Der Nutzungsgrad der Belohnungen – und damit letztlich die Wirkung des Führungsinstruments – erhöht sich.

⇨ das *Führen mit Zielvereinbarungen.* Wenn die Erreichung spezifischer Ziele (und eine genauere Verhaltenssteuerung) mit variablen Entgelten verbunden wird, wird auch eine Individualisierung des Entgeltsystems möglich [13].

Immaterielles Anreizsystem

Das immaterielle Anreizsystem betrifft jene Anreize, die immaterielle Motive aktivieren sollen. Die Anreize werden durch die Gestaltung der Führungssubsysteme gesetzt; vor allem mit folgenden können vielfältige Anreizwirkungen verbunden sein:

⇨ Die *Partizipation der Arbeitnehmer* im Planungs- und Entscheidungssystem bezieht sich auf die Beteiligung der Mitarbeiter im betrieblichen Entscheidungsprozess (individuelle Partizipation). Es handelt sich um die aus Anreizaspekten wichtige individuelle Mitwirkung am gruppenspezifischen oder betrieblichen Entscheidungsprozess. Eine verstärkte, über reine Ausführungstätigkeiten hinausgehende Mitwirkung bei Planung und Entscheidung ist durch verschiedene organisatorische und personalbezogene Maßnahmen möglich. Zu nennen sind beispielsweise: Autonome Arbeitsgruppen, Fertigungsinseln, Job-Enrichment, Delegation. Für entsprechend motivierte Mitarbeiter sind diese Maßnahmen von nicht zu unterschätzendem Wert.

⇨ Innerhalb des *Personalsystems* werden Anreize vor allem durch verschiedene Teilsysteme gesetzt:

- Viele Mitarbeiter wissen, dass sie im Berufsleben auf Dauer nur bestehen können, wenn sie ihre Qualifikation anpassen und erweitern. Von daher schätzen sie die Förderung durch eine *Personalentwicklung* als Anreiz ein. Verstärkt wird dies dadurch, dass Qualifizierungsinvestitionen das Interesse an den Mitarbeitern verdeutlichen sowie durch eine Partizipation an entsprechenden Planungen.
- Im Rahmen des *Karrieresystems* sind immaterielle wie materielle Belohnungen möglich. Zum ersten bietet die Übernahme höherwertiger Positionen verschiedene Anreize, vor allem Wertschätzung der Qualifikation und der Person, erweiterte Entscheidungs- und Handlungsspielräume, neue und interessante Arbeitsinhalte, Prestige sowie Einkommensverbesserung. Zum zweiten bietet für viele eine partizipative Karriereplanung Anreize. Eine dezentrale Partizipation ermöglicht in Abhängigkeit von der subjektiven Wahrnehmung und den Mitwirkungswünschen eine Verbesserung der Leistungsmotivation und einen treffenderen Personaleinsatz durch die Einbeziehung der Wünsche und Kenntnisse der Mitarbeiter. Zum dritten kann das Karrieresystem aber auch gezielt zur Steuerung der Mitarbeiter eingesetzt werden. Wenn man bei Karriereent-

scheidungen auf das intendierte Leistungsverhalten Bezug nimmt und den Mitarbeitern deutlich wird, dass gewolltes Verhalten im Karrieresystem merklich beachtet und positiv sanktioniert wird, ist eine entsprechende Verhaltensbeeinflussung durch die Karrieremaßnahmen zu erwarten.

- *Individuelle Arbeitsstrukturierung* mit für den einzelnen attraktiven, vielfach im dispositiven Bereich angesiedelten Aufgaben steht mit dem Führungsverhalten in engem Zusammenhang. Ein differenziertes Vorgehen (Positionsgestaltung, Delegation, Job-Rotation, Projektaufgaben und Ähnliches) ist in diesem Zusammenhang gezielt möglich. Diese Individualisierung kann vielfältige Motivationswirkungen zur Folge haben.

  Mitarbeiterbezogenes Führungsverhalten wird verstärkt als individueller Anreiz wahrgenommen. Ziel ist der Verzicht auf Schematisierung. Statt dessen soll ein differenziertes Führungsverhalten des Betriebes und der Vorgesetzten gegenüber jedem Mitarbeiter den individuellen Motiven entgegenkommen. Die traditionelle Vorgesetztenrolle wandelt sich, indem beispielsweise konsequent Aufgaben und Verantwortung delegiert, die Qualifizierung gefördert, Arbeitsziele vereinbart, Informationen ausgetauscht werden und anderes mehr [12].

⇨ Auch die Gestaltung des *Informationssystems* kann Anreize bieten. Regelmäßige, rechtzeitige, umfassende Informationen über aufgaben- und betriebsrelevante Entwicklungen können dazu beitragen, sich als ernstgenommene Aufgabenträger zu empfinden. Innerbetriebliche Informationspolitik ist ein wirksames Mittel, um Mitarbeitern die Wertschätzung des Betriebes auszudrücken.

⇨ Im Rahmen des *Organisationssystems* werden manche der bereits genannten immateriellen Anreize strukturell verankert. Beispielsweise sind Kompetenzregelungen, Aufgabeninhalte, Karriereräume und Ähnliches festzulegen, die unmittelbar Anreizwirkungen für viele Mitarbeiter zur Folge haben.

⇨ Auch von Komponenten des *unternehmungspolitischen Rahmens* (Organisationskultur, Betriebsverfassung, Identität, Image, selbst des Gebäudes) gehen Anreizwirkungen auf Mitarbeiter aus, die zu berücksichtigen sind.

Resümee

Mit dem indirekten Führungssystem »Anreizsystem« hat das Management ein vielfältiges, wenn auch schwierig zu gestaltendes Instrument zur Verfügung. Es kann direkt – insbesondere über materielle Elemente – sowie indirekt – speziell über immateriell wirkende Elemente – Mitarbeiterverhalten aktivieren, steuern, informieren und/oder verändern. Dazu bedarf es der Kenntnis des individuell und zeitspezifisch unterschiedlich verlaufenden Motivationsprozesses sowie der Berücksichtigung motivationaler wie kognitiver Elemente dieses Prozesses. Im günstigsten Falle wird das Mitarbeiterverhalten entsprechend den Vorstellungen des Managements verbessert.

Die spezifische Ausgestaltung der Anreizsysteme ist allerdings mit prinzipiellen Problemen behaftet, vor allem:

⇨ Bislang ist es nicht gelungen, Situationstheorien der Mitarbeitermotivation zu entwickeln, die es erlauben, technologische Prognosen über die Wirkung der Verwendung bestimmter Anreize aufzustellen. Die Ausführungen haben insofern immer spekulativen Charakter.

⇨ Anreizsysteme sollen einen größeren Personenkreis ansprechen, aber auch auf die individuellen Motive eingehen. Dieser Gegensatz ist nicht aufzulösen.

⇨ Zumindest bei materiellen Anreizen sind Betriebe in der Regel an tarifvertragliche Vereinbarungen gebunden. Diese erschweren eine auf die Situation adäquat zugeschnittene Gestaltung der – vor allem materiellen –Anreizsysteme.

⇨ Die aufwendigsten Systeme erfüllen Ansprüche wie Gerechtigkeit nur sehr bedingt. Sie versuchen, durch eine quantitative Scheingenauigkeit die weiterhin zugrundeliegenden Ermessensentscheidungen zu vermeiden. Ein technokratisches System kann zudem kaum die Wirklichkeit von Motivationsprozessen erfassen.

⇨ Der treffendste Anreiz nutzt nichts, wenn er von den Individuen nicht erkannt wird oder erkannt werden kann. Es bedarf daher eines Marketings, um auch tatsächlich den Mitarbeitern die gebotenen Anreize und gewünschten Verhaltensweisen beziehungsweise die Konsequenzen für bestimmtes Leistungsverhalten bewusst zu machen.

Der ökonomische Nutzen eines Anreizsystems ist im Hinblick auf diese Argumente nur schwer abzuschätzen. Die angesprochenen Erkenntnisse und Erfahrungen aus Wissenschaft und Praxis können daher nur als Leitlinien für die Gestaltung von Anreizsystemen als Führungsinstrument verwendet werden. Hinzu kommt die Problematik, die faktisch durch die strukturelle Mitarbeiterführung als systemgestaltendes Element einerseits und der direkten Mitarbeiterführung als prozessuales Element andererseits bestehen. Diesen Problemen kann man sich angemessen nicht durch eindimensionale Menschenbilder stellen.

Literatur

[1] BECKER, F. G.: *Anreizsysteme für Führungskräfte.* Stuttgart 1990.

[2] BECKER, F. G.: *Anreizsysteme als Führungsinstrument; in: Kieser, A.; Reber, G.; Wunderer, R. (Hg.): Handwörterbuch der Führung. 2. Aufl.; Stuttgart; 1995; 34-46.*

[3] BERTHEL, J.: *Personal-Management. 5. Aufl.; Stuttgart; 1997.*

[4] CYERT, R. M.; MARCH, J. G.: *A Behavioral Theory of the Firm. Englewood Cliffs (N. J.); 1963.*

[5] DRUMM, H. J. (Hrsg.): *Individualisierung der Personalwirtschaft; Bern/Stuttgart; 1989.*

[6] EVERS, H.: *Führungskräfte richtig vergüten; Freiburg; 1988.*

[7] MARCH, J. G.; SIMON, H. A.: *Organizations; New York 1958.*

[8] ONDRACK, D.: *Entgeltsysteme als Motivationsinstrument; in: Kieser, A.; Reber, G.; Wunderer, R. (Hg.): Handwörterbuch der Führung. 1. Aufl.; Stuttgart; 1987, 210-231.*

[9] ROSENSTIEL, L. v.: *Die motivationalen Grundlagen des Verhaltens in Organisationen; Berlin; 1975.*

[10] SCHANZ, G.: *Verhalten in Wirtschaftsorganisationen*; München; 1978.

[11] SCHANZ, G.: *Motivationale Grundlagen der Gestaltung von Anreizsystemen*; in: Schanz, G. (Hg.): Handbuch Anreizsysteme; Stuttgart; 1991; 3-30.

[12] ULICH, E.; CONRAD-BETSCHART, H.: *Anreizwirkungen von neuen Formen der Arbeitsgestaltung*; in: Schanz, G. (Hg.): Handbuch Anreizsysteme; Stuttgart; 1991; 71-89.

[13] WAGNER, D.: *Anreizpotentiale und Gestaltungsmöglichkeiten von Cafeteria-Modellen*; in: : Schanz, G. (Hg.): Handbuch Anreizsysteme; Stuttgart; 1991; 91-109.

[14] WEBER, W. (HG.): *Entgeltsysteme*; Stuttgart; 1993.

[15] WILD, J.: *Organisation und Hierarchie*; Zeitschrift für Organisation; 1973; 45-54.

[16] WILD, J.: *Betriebswirtschaftliche Führungslehre und Führungsmodelle*; in: Wild, J. (Hg.): Unternehmungsführung; Berlin; 1974; 141-179.

[17] WUNDERER, R.: *Führung und Zusammenarbeit*. 2. Aufl.; Stuttgart; 1997.

Zusammenfassung
Die Diskussion, was Mitarbeiter motiviert, wird kontrovers geführt. Je nach Menschenbild wurde und wird die Bedeutung des Entgelts oder bestimmter immaterieller Anreize herausgestellt. Solche eindimensionalen Vorstellungen werden der inhaltlichen wie zeitspezifischen Vielfalt von Verhaltensmotiven jedoch kaum gerecht.
Anreizsysteme setzen prinzipielle Rahmenbedingungen. Dadurch, dass standardisierte personalwirtschaftliche Instrumente quasi von genormten Mitarbeitern ausgehen, wird deren Individualität kaum berücksichtigt. Motivations- und führungstheoretische Ansätze sprechen für eine individuelle Verhaltensbeeinflussung und damit für eine Individualisierung des Anreizsystems. Entsprechend der Heterogenität der Belegschaft sind differenzierte Anreizmodelle zu erarbeiten.

Gainsharing, Zielvereinbarung, Balanced Scorecard

In den deutschen Tarifverträgen wird zur Beschreibung von Leistungsvergütungssystemen üblicherweise die REFA-Methode angewandt. Dabei werden kostenorientierte und auf die Gesamtleistung bezogene Messgrößen kaum berücksichtigt. Benötigt werden jedoch Konzepte, bei denen Zielsysteme und Vergütungssysteme aufeinander abstimmt sind.

> **In diesem Beitrag erfahren Sie**
> - Wie eine Kombination von BSCs, Zielvereinbarung und Leistungsvergütung zu Produktivitätsverbesserungen führt
> - Warum es sinnvoll ist, die Mikroorientierung auf REFA- oder MTM-Daten aufzugeben

JENS M. LANG

Personalarbeit und strategisches Management

Bei der Diskussion um die zukünftige Ausgestaltung betrieblicher Personalarbeit wird bereits seit geraumer Zeit eine stärkere Einbindung der Personalarbeit in das strategische Management von Unternehmen gefordert. Mittlerweile liegen eine Reihe von Konzepten vor, deren konsequente Anwendung eine zielgerichtete und erfolgreiche Weiterentwicklung von Organisationen erwarten lassen und die den genannten Ansprüchen genügen. Dazu gehören unter anderen
⇨ Zielvereinbarungen (Goal-Setting-Theorie, Management by Objectives),
⇨ Balanced Scorecards;
⇨ sowie deren Verknüpfung mit monetären Anreizsystemen (beispielsweise anhand von Gainsharing-Systemen).

Zielvereinbarungen

Das Konzept der Zielvereinbarungen gründet sich auf die »Goal-Setting-Theorie« sowie auf das Führungskonzept des »Management By Objectives«.

Goal-Setting-Theorie

Als Grundlage von Zielvereinbarungen innerhalb der Goal-Setting-Theorie ist
die Erkenntnis anzusehen, daß Ziele auf den Bearbeiter eine Art Sogwirkung (»traction«) ausüben und ihn veranlassen, jede Unterbrechung oder Störung abwehren zu wollen, bis das Ziel erreicht ist. Nach diesem von Edwin Locke und Gary Latham [19] beschriebenen Phänomen *führen Zielsetzungen zu Spannungen, die lediglich durch intensive Bewegung auf das Ziel hin reduziert werden können.* Die zentrale Annahme ist demnach, daß »Ziele die unmittelbaren Regulatoren menschlichen Handelns« sind [16]. Zusammenfassend ergeben sich mit Blick auf die *Leistungsmotivation* konkrete Gestaltungshinweise [23]. Es läßt sich folgern:

- ⇨ schwierige Ziele führen zu besseren Leistungen als leichte;
- ⇨ spezifische Ziele bringen höhere Ergebnisse als vage Vorgaben;
- ⇨ Ziele wirken durch Aufmerksamkeitslenkung, Anstrengungsmobilisierung, Stärkung der Ausdauer und Ausbildung geeigneter Handlungsstrategien;
- ⇨ Ziele und Rückmeldung über das erzielte Ergebnis wirken in Kombination leistungssteigernd;
- ⇨ die Leistung steigt mit wachsender Zielbindung, was zum Beispiel eher für eine Zielvereinbarung als für eine Zielvorgabe spricht;
- ⇨ leistungsbezogene Entlohnung stärkt die Zielbindung.

So kann die Goal-Setting-Theorie ebenso *als Grundlage der Leistungsvergütung* mittels Zielvereinbarungen verwendet werden. *Die Herausforderung besteht nun darin, die Ziele der Mitarbeiter an den Zielen des Unternehmens auszurichten und – wenn möglich – auch umgekehrt.* Allerdings wird der Vorgang des Vereinbarens von Zielen zum Zwecke der Leistungsvergütung nicht uneingeschränkt positiv betrachtet, denn es besteht die Gefahr, daß Untergebene vergleichsweise einfache Ziele vereinbaren wollen, um deren Erreichbarkeit zu gewährleisten.

Dennoch wird die Anwendung der Goal-Setting-Theorie auf monetäre Leistungsanreizsysteme grundsätzlich positiv betrachtet. Dies wird auch mit Studien zur leistungsorientierten Vergütung bei Zielvereinbarungen untermauert, in denen Produktivitätssteigerungen in der Größenordnung von 20 bis 30 Prozent nachgewiesen werden konnten. Aus der Zieltheorie lassen sich konkrete Gestaltungshinweise an leistungsorientierte Entgeltmethoden ableiten. Dazu gehört, daß Mitarbeiter oder Gruppen von Mitarbeitern
⇨ sich klar über die Ziele sind *(Transparenz);*
⇨ bei der Zielvereinbarung beteiligt waren *(Partizipation).*

Management by Objectives

Neben der Goal-Setting-Theorie spielt für die Vergütung von Mitarbeitern aufgrund von Zielvereinbarungen jedoch auch das Führungskonzept des »Management by Objectives« (MbO) eine Rolle. Grundgedanke der Zielorientierung des Management by Objectives ist nach Peter Drucker [3] die Ausrichtung der Aktivitäten der Mitarbeiter an (Leistungs-)Zielen und die Beurteilung des Grads der Zielerreichung. Erst dann, wenn die Unternehmensziele in konkrete Leistungsziele für die Mitarbeiter umgesetzt werden, spricht man von Management by Objectives.

Der Unterschied zwischen den aus der Unternehmensstrategie (Vision) abgeleiteten Unternehmenszielen und den konkreten Einzelzielen (Zielauflösungsprozeß) läßt sich an den Begriffen »Goal« und »Objective« verdeutlichen.
⇨ Während die Ziele im Sinne der Goal-Setting-Theorie generelle Orientierungen zur Entwicklung des Unternehmens geben,

⇨ sind die Ziele im Sinne des Management by Objectives konkreter und meßbar.

Management by Objectives als dominierendes Führungskonzept unserer Zeit ist – trotz ursprünglich individualistischer Konzeption – kollektiv und somit für
Arbeitsgruppen anwendbar [2]. MbO erfordert zwei Bündel von Aktivitäten zu unterschiedlichen Zeitpunkten:
⇨ Zunächst werden *zu Beginn* einer Periode die Leistungsziele für die Planperiode vereinbart.
⇨ *Am Ende* der Periode werden die Abweichungen der Ergebnisse diskutiert und entsprechende Konsequenzen gezogen.

Das MbO-Konzept berücksichtigt darüber hinaus Forschungsergebnisse, *wonach die Partizipation der Mitarbeiter an der Entscheidungsfindung zu einer bedeutend höheren Akzeptanz der Ziele führt als deren autoritäre Vorgabe.* Die Leistungsmotivation wird demnach vor allem durch die Vereinbarung realistischer (nicht überhöhter), aber anspruchsvoller Ziele gefördert. Die Vereinbarung mittelschwerer Aufgaben kann *durch häufiges Feedback unterstützt* werden. Angestrebt wird ein ausgewogenes Verhältnis zwischen externer Managementkontrolle und interner Überwachung (Selbstkontrolle).

Zielvereinbarungsprozeß

Der Prozeß der Zielvereinbarung im Kontext der gesamtunternehmerischen Organisationsentwicklung beginnt zunächst auf Geschäftsführungs- beziehungsweise Vorstandsebene mit der Festlegung von Unternehmungszielen durch die Unternehmensspitze. Danach erfolgt die Vereinbarung der aus den Unternehmenszielen abgeleiteten Bereichs- und Abteilungszielen (Zielauflösungsprozeß) [1]. »Die Zielauflösung erfordert in vielen Bereichen ein umfangreiches, auf die einzelnen Ebenen abgestimmtes *Kennzahlensystem*, das eine effiziente

Zielkontrolle ermöglicht« [14]. Das Verankern der Ziel- und Meßgrößensysteme wird als wesentlicher Erfolgsfaktor für leistungsorientierte Entgeltmethoden verstanden und zum Teil sogar »als Grundlage jeglicher Entlohnungsformen« angesehen. Wesentliche Hilfsmittel innerhalb dieses Verankerungsprozesses sind nach Francis Goillart und James Kelly [7] sogenannte »Balanced Scorecards« (BSC).

Balanced Scorecards

Balanced Scorecards (BSC) formulieren Aussagen über Meßgrößen und Maßnahmen, die aus Unternehmensvisionen beziehungsweise -strategien abgeleitet wurden. Diese werden nach den vier Kriterien
⇨ Finanzen
⇨ Kunden
⇨ Prozesse
⇨ Lernen und Innovation
geordnet. Das von Robert Kaplan und David Norton [13] erarbeitete Konzept der Balanced Scorecards (BSC) beansprucht, die Strategie eines Unternehmens in konkrete, objektive und meßbare Kenngrößen zu überführen, wobei eine Balance zwischen den oben genannten vier Kriterien hergestellt werden soll.

Die Balanced Scorecards werden daher als (Ideal-)Modelle von Meßgrößensystemen verstanden, die auf einer Gruppe von Maßeinheiten aufbauen und allgemeine Leistungsattribute aus den oben genannten vier unterschiedlichen Perspektiven repräsentieren. Sie bieten die Möglichkeiten, Visionen von Unternehmen (Top-level-Ziele) in ein System von Zielen und Meßgrößen zu übersetzen, welche als Maßstab für andere Messungen herangezogen werden können. Während der Aufbau der Balanced Scorecards und die Festlegung der darin verwendeten Top-level-Ziele Aufgabe der Führungskräfte ist, müssen diese Zielsetzungen auf ihrem Weg nach unten in relevante Einzelziele und Meßgrößen übersetzt werden, deren lokale Verbesserungen als finanzieller Nutzen faßbar sein sollte. Diesen Zweck erfüllen die sogenannten *»Bottom-up Business Cases für den Wandel«*. Innerhalb dieser »Business Cases« werden lokal erarbeitete Verbesserungsvorschläge (finanziell bewertet) vorangetrieben. Sie konzentrieren sich in der Frühphase eines Transformationsprozesses auf die Identifikation und Quantifizierung kurzfristiger Optimierungspotentiale. Ein »Business Case« hat zudem den Vorteil, den Verantwortlichen die Gewähr zu geben, daß ihre Transformationsanstrengungen zu greifbaren und bewertbaren Ergebnissen führen werden [7].

Die Verbindung der Top-down- und Bottom-up-Meßgrößen erfolgt, ähnlich einem *Kaskadeneffekt* [10], mittels sogenannter *Key-Performance-Indikatoren* (KPI), welche als relevante Meßgrößen angesehen werden können. »All die Meßgrößen und Zielvorgaben haben ohne systematische Kontrolle der Fortschritte bei der Erfüllung der KPI-Ziele ... wenig Sinn«[7]. Die Verbindung von Goals und Objectives mit deren theoretischem Hintergrund sowie die dazugehörigen Zielebenen und Beispiele zeigt Abbildung 1.

Natürlich muß man den Einwand gelten lassen, daß es sich bei Balanced Scorecards allenfalls um »alten Wein in neuen Schläuchen« handeln kann [20]. Das BSC-Konzept ist dem MbO-Konzept recht ähnlich. Auch das Herausstellen nicht monetärer Erfolgsfaktoren für die langfristige Wettbewerbsfähigkeit von Unternehmen ist ja nicht ganz neu. Ein wesentlicher Vorteil des BSC-Konzepts liegt allerdings in der nun klar dokumentierten Vorgehensweise des ganzheitlichen Ansatzes. Die mit der BSC vorgestellte Systematik muß weiterhin – je

Zielebenen	Theoretischer Bezugsrahmen	Beispiele
Unternehmensziele	**Goal-Setting-Theorie**	Balanced Scorecard (BSC)
	"Goals"	
"Zielauflösungsprozeß"	↕	"Key Performance Indicator" (KPI)
	"Objectives"	
"Konkrete Ziele"	**Management by Objectives**	Business Case für Wandel

Abb. 1: *Goals und Objectives [15]*

nach den Gegebenheiten – mit den konkreten Erfordernissen des jeweiligen Unternehmens gefüllt werden.
Auf diese Weise erfolgt die Aufgliederung der Unternehmensziele in
⇨ Bereichsziele,
⇨ Abteilungsziele,
⇨ Gruppenziele sowie
⇨ eventuell individuelle Leistungsziele.

Bei Formen der Leistungsvergütung bei Gruppenarbeit wird in der Regel ein gesondertes *Zielvereinbarungsgespräch* zwischen Gruppensprecher und Vorgesetztem geführt [11]. Dieser Zielvereinbarungsprozeß ist schwierig durchzuführen, da Unternehmensziele, welche ökonomisch orientierte Zielsetzungen des Unternehmens berücksichtigen, und Mitarbeiterziele, welche die Erwartungen und Bedürfnisse der Mitarbeiter in den Arbeitsgruppen einbeziehen, berücksichtigt werden müssen. Die aus den Gesprächen resultierenden, gemeinsamen Zielvereinbarungen können zu einem Zielbündel zusammengefaßt werden. Aufgrund dieser Zielbündel schließt sich im Idealfall ein an Gesamtzielen orientierter, ständiger Verbesserungsprozeß (KVP) an. Bei der Vereinbarung derartiger Gruppenziele wird der ständige Verbesserungsprozeß in die Leistungsvergütung integriert. Das Bemühen um permanente Verbesserungen kann somit nicht unabhängig von der leistungsorientierten Entgeltmethode betrachtet werden.

Gainsharing-Systeme
Der schwerwiegende Mangel herkömmlicher Entgeltmethoden, die einseitige Ausrichtung auf Teilziele der Organisation (zum Beispiel Vorgabezeitunterschreitung beim Akkord), muß vermieden werden, da die Bezogenheit auf Teilleistungen beziehungsweise Subsysteme oft zu dysfunktionalen Effekten bezüglich gesamtunternehmerischer Zielsetzungen führt. Im deutschsprachigen Raum hat sich bezüglich derartiger Entgeltmethoden noch kein einheitlicher Terminus entwickelt. Vielfach anzutreffende Bezeichnungen für kennzahlenorientierte Verfahren sind »Gainsharing-Systeme«, »Bonus-Entgelte« sowie »Produktivitäts- oder Wertschöpfungsbeteiligungen« [15].

Gainsharingsysteme sind so aufgebaut, daß sie als Instrument zur Unterstützung der Organisationsentwicklung verwendet werden können. Grundsätzlich wird bei Gainsharing-Systemen *eine Meßzahl* gebildet, *die sich aus der Gegenüberstellung von »Inputs« und »Outcomes« ergibt.* Dabei werden leistungsbezogene Kennzahlen verwendet, die zwischen

⇨ den an Teil- oder Einzelleistungen orientierten Vorgabezeiten (Zeit je Einheit) und

⇨ den an Gesamtleistungen orientierten Gewinnbeteiligungen liegen.

Im Gegensatz zu »Profit-Sharing«-Systemen sind bei den Gainsharing-Systemen Wertschöpfungs- oder Produktivitätskenngrößen relevant. Dadurch können sowohl die erbrachte Leistung pro Zeiteinheit als auch Formen ständiger Verbesserung (KVP) im Leistungsvergütungssystem berücksichtigt werden. Gainsharing-Systeme sind demnach *grundsätzlich* auf einen ständigen Verbesserungsprozeß (»bottom-line«-improvements) ausgerichtet, dessen wirtschaftlicher Erfolg zwischen Unternehmen und Mitarbeitern geteilt wird. Im ersten Schritt wird immer eine Ausgangsbasis an Produktivität festgelegt. Alle zwischenzeitlichen Änderungen werden anhand dieser Ausgangsbasis berechnet.

Der Scanlon-Plan

Die Entwicklung des nach seinem Begründer, Joseph M. Scanlon, benannten Gainsharing-Systems in den 30er Jahren steht in enger Verbindung mit der Human-Relations-Bewegung und basiert auf ähnlichen Annahmen, wie sie kurze Zeit nach Scanlons Tod (1956) in der *Theory Y* von Douglas McGregor beschrieben wurden [22]. Das System berücksichtigte bereits damals eine Philosophie kooperativer Arbeitsbeziehungen (partizipativer Managementstil), die Partizipation aller Mitarbeiter am System und einen finanziellen Bonus [8]. *Grundsätzlich basiert das System auf dem Gedanken einer möglichst gerechten*

Verteilung erzielter Produktivitätssteigerungen an alle Mitarbeiter. Die wichtigste Grundlage des Scanlon-Plans ist die betriebswirtschaftliche Standard-Kennzahl (»The Ratio«). Anhand dieser Kennzahl wird der Ausgangswert festgelegt, an dem die unternehmerische Leistung gemessen wird. Die Kennzahl setzt den gesamten Personalkosten (»total payroll«) als Summe der Lohn- und Gehaltskosten den Verkaufswert der Produktion (»net sales«) gegenüber. Die Höhe des auszuzahlenden Bonus hängt von der Kostenreduktion ab, die im Vergleich zur Standardkennzahl (Ratio R) erarbeitet wurde. Von dem sich ergebenden Wert werden aus Sicherheitsgründen zunächst 25 Prozent für potentielle Unterschreitungen des Ausgangswertes abgezogen. Von dem verbleibenden Wert werden 25 Prozent an das Unternehmen und 75 Prozent an die Mitarbeiter ausgeschüttet.

Die humanistische Theorie McGregors

McGregor hält die traditionellen Ansichten über Führung, wie sie unter anderem vom »Scientific Management« (Taylorismus) vertreten werden – er nennt dies die »Theorie X«, für Vorurteile:
⇨ Der Mensch habe eine angeborene Abneigung gegen Arbeit und versuche, ihr aus dem Weg zu gehen.
⇨ Deshalb müsse er gezwungen, gelenkt, geführt und mit Strafe bedroht werden, um das vom Unternehmen gesetzte Soll zu erreichen.
⇨ Weil der Mensch eher auf Sicherheit aus sei, entwickele er wenig Ehrgeiz, scheue die Verantwortung und ziehe es lieber vor, »an die Hand genommen« zu werden.

Statt dessen formuliert McGregor – in Rückgriff auf die seinerzeit moderne Motivations-
und Persönlichkeitstheorie von Maslow – als Grundlage für eine »Theorie Y«:
⇨ Die Verausgabung durch körperliche und geistige Anstrengung beim Arbeiten kann als ebenso natürlich gelten wie Spiel oder Ruhe.
⇨ Zugunsten von Zielen, denen er sich verpflichtet fühlt, wird sich der Mensch der Selbstdisziplin und Selbstkontrolle unterwerfen.
⇨ Der Grad der Zielverpflichtung ist eine Funktion der Belohnungen, die mit ihrem Erreichen verbunden sind.
⇨ Bei geeigneten Bedingungen lernt der Mensch, Verantwortung nicht nur zu übernehmen, sondern sogar zu suchen.
⇨ Vorstellungskraft, Urteilsvermögen und Erfindungsgabe für die Lösung organisatorischer Probleme ist in der Bevölkerung weit verbreitet.
⇨ Dieses Potential an Fähigkeiten der Mitarbeiter wird bislang in Unternehmen nur zum Teil genutzt.

THOMAS WEBERS

> **Die betriebswirtschaftliche (Standard-) Kennzahl nach Scanlon (»The Ratio«)**
>
> $$\text{Ratio R} = \frac{\text{Lohn- und Gehaltskosten (»total payroll«)}}{\text{Verkaufswert der Produktion (»net sales«)}}$$

Ursprünglich in kleineren und mittleren Unternehmen der Vereinigten Staaten eingesetzt [9], wird dieses Instrument zur Leistungsvergütung und Organisationsentwicklung nun zunehmend auch in größeren Unternehmen praktiziert [17]:

⇨ Bei der Verwendung der *»Single Ratio«*-Kalkulation tauchen allerdings Probleme auf, sobald sich Verkaufspreise oder das Produktmix (Losgrößen) verändern, wenn aufgrund von Investitionen die technische Ausstattung geändert wird oder wenn sich die Verhältnisse auf dem Absatzmarkt allgemein verändern. Denn die ursprüngliche »Single Ratio«-Kalkulation nach Scanlon berechnet einen Wert (Ratio R), der die Lohn- und Gehaltskosten den Nettoverkaufserlösen gegenüberstellt, und belohnt Veränderungen dieses Werts [6].

⇨ Neben der »Single Ratio«-Kalkulation, kann die Berechnung weiterhin für verschiedene Produkte innerhalb abgegrenzter Bereiche erstellt werden (sogenannte *»Split Ratio«*-Kalkulation). Dadurch ist es möglich, ein unterschiedliches Produktmix zu berücksichtigen.

⇨ Andere Variationen des Scanlon-Plans ergänzen die ursprünglich verwendeten Kosten um weitere Kostenarten (sogenannte *»Multicost Ratio«*-Kalkulation).

Bei der Verwendung aller im Unternehmen angefallenen Kosten würde sich die Gainsharing-Systematik zu einer Profit-Sharing-Systematik wandeln. Dies ist jedoch in den seltensten Fällen gewünscht, da in der Regel mit der Zunahme der verwendeten Kostenarten die Beeinflußbarkeit abnimmt.

Der Rucker-Plan

Eine Weiterentwicklung des Scanlon-Plans stellt der sogenannte Rucker-Plan dar. Dessen Philosophie ähnelt der des Scanlon-Plans, wobei ein wesentlicher Unterschied in der Definition der Ausgangsbasis besteht. Die Messung der Produktivität bezieht sich innerhalb des Rucker-Plans auf den hinzugefügten Wert der verkauften Güter, den sogenannten »*Value added by Manufacture*« (VA). Dieser VA ist vergleichbar mit dem Begriff der »Wertschöpfung« des deutschen Sprachgebrauchs. Gemeint ist damit der Anteil der Erhöhung der Wertschöpfung, der aufgrund einer Erhöhung der Personalkosten verursacht wird. Die Berechnung des »Value added« und die daraus resultierende Systematik zur Ermittlung eines Auszahlungsbetrags wird am Beispiel in Tabelle 1 verdeutlicht.

Position	Kalkulation	Wert
\multicolumn{3}{	l	}{Tabelle 1: Die »Value-Added«-Formel nach Rucker: Ein Berechnungsbeispiel [15]}
1	Produktions- beziehungsweise Verkaufswert	1.000.000
2	Minus Vorleistungen – Material (500.000) – andere Vorleistungen (160.000)	– 660.000
3	**Value added** (#1 minus #2)	**340.000**
4	»Erlaubte« Lohn- und Gehaltskosten (aus Vergangenheitsdaten ermittelt) = #3 mal 41,17% (= »Rucker-Standard«)	139.978
5	Aktuelle Lohn- und Gehaltskosten	129.978
6	**Bonus-Pool** (#4 minus #5)	**10.000**
7	Anteil Unternehmen (50% mal #6)	5.000
8	Anteil Mitarbeiter (#7 minus #6)	5.000
9	Reserve für defizitäre Monate (20% mal #8)	1.000
10	**Bonus-Betrag** (#8 minus #9)	**4.000**
11	Summe teilnehmende Lohn- und Gehaltskosten	80.000
12	**Bonushöhe in Prozent** (#10 durch #11)	**5%**

Die Rucker-Systematik unterscheidet zunächst drei grundlegende Schritte:
- ⇨ Innerhalb des *ersten Schritts* wird ein *Index für die betriebliche Wertschöpfung* (VA) kalkuliert (1 bis 3). Vom Produktionswert müssen zum Beispiel Löhne und Gehälter bezahlt werden. Dieser Wert reagiert jedoch ebenso sensitiv auf die Mengen und den Wert des eingesetzten Materials sowie auf die Verkaufspreise der erstellten Produkte und Dienstleistungen.
- ⇨ Mit dem *zweiten Schritt* wird kalkuliert, welcher Prozentanteil des Produktionswerts *(Bonus-Pool)* als Lohn- oder Gehalt an die Mitarbeiter ausbezahlt wird (4 bis 6).
- ⇨ Im *dritten Schritt* wird ein erzielter Bonus-Betrag unter den Mitarbeitern und dem Unternehmen *aufgeteilt* (6 bis 12).

Ein wesentlicher Vorteil der Systematik nach Rucker im Vergleich zur Systematik nach Scanlon liegt in der besonderen Berücksichtigung der Materialbestände und deren Werten. Bei der Berechnung kommt dem sogenannten *Rucker-Standard* eine zentrale Bedeutung zu.

Aufgrund statistischer Analysen aus historischen Daten des jeweiligen Unternehmens und eventuell unter Berücksichtigung vergleichbarer Daten aus der Branche wird ein Wert ermittelt, der den »erlaubten« Anteil an (Lohn-)Kosten der Arbeitnehmer als Prozentwert festlegt [8]. Um kontroverse Diskussionen über diesen Anteil zwischen den betrieblichen Sozialpartnern zu versachlichen, sollte bei der Übertragung dieser Vorgehensweise auf deutsche Verhältnisse insbesondere dieser Rucker-Standard statistisch abgesichert werden *(vergangenheitsorientierte Sicht)*. Anzumerken ist, daß der Rucker-Plan, trotz Weiterentwicklung der grundsätzlichen Scanlon-Ideen, einige Schwächen aufweist. Beispielsweise werden saisonale (Markt-)Schwankungen oder neue Trends nur ungenügend berücksichtigt. Diesem Aspekt wird versucht Rechnung zu tragen, indem Durchschnittswerte der letzten drei bis sieben Jahre bereitgestellt werden, die eine relativ verläßliche Schätzung der Produktionswerte sicherstellen sollen.

Vernachlässigt wird dabei jedoch *die zukunftsorientierte Sichtweise*, welche am Beispiel einer Prototypfertigung verdeutlicht werden kann. Die Erstellung von Prototypen wird in der Regel aufgrund höherer Kosten zunächst zu einer Reduzierung der Bonus-Auszahlungen führen, obwohl eventuell erst damit eine langfristige Sicherung des Unternehmens gewährleistet wird. Deshalb bietet es sich in diesem Fall unter anderem an, die aus der Rucker-Systematik berechneten Werte mit einer Zielvereinbarung zu kombinieren, die die entsprechende Reduzierung der Value-Added-Werte für den Zeitraum der Prototypperstellung berücksichtigt.

Schließlich ist zu erwähnen, daß bei sämtlichen Berechnungen ein *Kostenrechnungssystem* existieren muß, welches die gewünschten Daten in der benötigten Qualität und Verursachungsgenauigkeit bereitstellen kann.

Der Improshare-Plan

Der Improshare Plan, dessen Name sich aus dem Term »*im*proved *pro*ductivity through *shar*ing« ableitet, wurde von Fein entwickelt [4]. Die Messung der Produktivität beziehungsweise der Leistung nach dem Improshare-Plan unterscheidet sich wesentlich von den beiden vorherigen Gainsharing-Systemen und verwendet Kennzahlen, die sich ausschließlich an *zeitorientierten* Meßgrößen orientieren. Im Gegensatz zu den in Deutschland bekannten, zum Beispiel aus REFA-mäßigen Zeitaufnahmen oder MTM-Studien resultierenden Vorgabezeiten (*Mikro-Orientierung*) propagiert der Improshare-Plan an Gesamtleistungen orientierte Zeitdaten (*Makro-Orientierung*). Diese Makro-Orientierung an Arbeitsgruppen je Produkt weist auf *eine zugrundeliegende prozeßorientierte Arbeitsorganisation* hin. An dieser Stelle wird deutlich, daß die Improshare-Systematik Arbeitsorganisationsformen in Form qualifizierter Gruppenarbeit voraussetzt und streng funktional gegliederte Organisationen auf Schwierigkeiten bei der Bereitstellung der benötigten Kennzahlen stoßen werden. Die

Messung der Leistung erfolgt schließlich anhand eines *Basisproduktivitätsfaktors*, dem sogenannten »Base Productivity Factor« (BPF).

Die bei der Improshare-Kalkulation (BPF) zugrundeliegende Makro-Orientierung ist vergleichbar mit sogenannten »*Surrogatvorgabezeiten*«, welche nicht auf ablaufabschnittsbezogene, sondern auf aggregierte Daten zurückgreifen.

Der Basisproduktivitätsfaktor (BPF) nach Fein [15]

$$BPF = \frac{\text{Summe der gearbeiteten Stunden (»total hours worked«)}}{\text{Summe der erarbeiteten Standardstunden (»total standard hours produced«)}}$$

Zur Berechnung der Bonusvergütung wird der zugrundeliegenden Basisproduktivität (BPF) *die erzielte Produktivität* (»Actual Hours« – als Meßzahl von Stück pro Zeiteinheit) auf aggregierter Ebene

---

Surrogatvorgabezeitenermittlung

Mit dem von Fred Manske [20] geprägten Begriffs der »Surrogatvorgabezeitenermittlung« wird eine »indirekte« Methode zur Ermittlung von Vorgabezeiten beschrieben. Hierbei wird betriebliche »Kontrolle« nicht mehr anhand detaillierter Zeitstudien gewährleistet. Vielmehr werden auf aggregierter Ebene Daten bereitgestellt. Damit ergeben sich zum einen erweiterte Handlungsspielräume für die Mitarbeiter vor Ort und ebenso erhebliche Vereinfachungen bei der Datenermittlung und -pflege für die Unternehmen.

---

gegenübergestellt. *Die eingesparte Zeit wird zwischen Unternehmen und Mitarbeitern geteilt.* Die Basisproduktivität wird für die nächste Berechnungsperiode um den erzielten Produktivitätsfortschritt angehoben, der über beispielsweise 30 Prozent hinausgeht. – Diese »*Deckelung*« bei 30 Prozent kommt in diesem Fall aufgrund einer Vereinbarung zustande. Ebenso könnte es vorkommen, daß Unternehmensleitung und Arbeitnehmervertretung Prozentsätze von 50 Prozent oder mehr vereinbaren.

Ähnlichkeiten zu der Improshare-Systematik kann man bei dem vom Institut für angewandte Arbeitswissenschaft vorgestellten Verfahrens des sogenannten »*Abkaufens von Zeiten*« erkennen. Bei dieser Systematik fließen die Zeiten, die über den Zeitgraddurchschnitt von beispielsweise 135 Prozent hinausgehen, in ein Produktivitätskonto, welches vierteljährlich an die Mitarbeiter ausbezahlt wird und gleichsam die zukünftige Ausgangsbasis anhebt. Dieser Bonus wird für kontinuierliche Verbesserungsaktivitäten gewährt, die über eine gruppenbezogene Produktivitätsprämie hinausgehen [12]. Derartige Systeme sind in Deutschland bislang nur wenig verbreitet und werden allenfalls als »Entlohnungsexperimente« in Unternehmen diskutiert [24].

Abschließend ist festzuhalten, *daß der Improshare-Plan* – im Gegensatz zu den beiden anderen vorgestellten Gainsharing-Systemen – *eine Kopplung marktinduzierter Veränderungen mit der Leistungsvergütung umgeht.*

Vergleichende Darstellung

Tabelle 2 vergleicht die bei Gainsharing-Systemen verwendeten Meßgrößen. Es werden die Möglichkeiten zur Ausgestaltung des Scanlon-Plans, des Rucker-Plans sowie des Improshare-Plans bezüglich Input, Outcome und Verteilung erzielter Produktivitätssteigerungen auf Unternehmen und Mitarbeiter gegenübergestellt:
⇨ Der Improshare-Plan orientiert sich zwar ebenso an Gesamtleistungen, verwendet jedoch – wie MTM-Studien und Zeitaufnahmen – lediglich betriebsinterne Zeitgrößen.
⇨ Rucker-Pläne demgegenüber greifen auf Wertschöpfungskennzahlen zurück, die von betriebsinternen und betriebsexternen Faktoren abhängen können und weder auf eine Makro- noch eine Mikroorientierung festgelegt sind.
⇨ Veränderte Marktverhältnisse sorgen bei Scanlon-Plänen dafür, daß die für die Vergütung relevanten Meßgrößen sofort verändert werden, während Änderungen am Markt bei Improshare Syste-

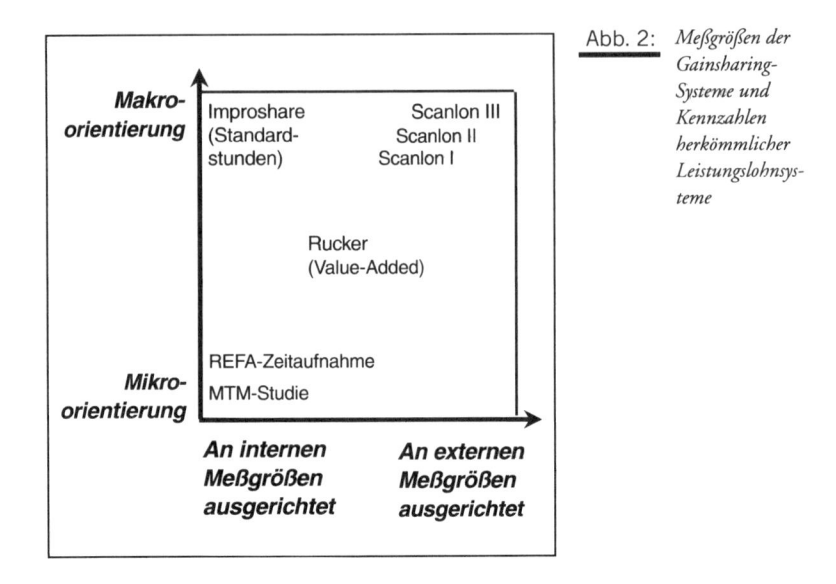

Gainsharing, Balanced Scorecard

```
                    ↑
   Makro-    | Improshare        Scanlon III
orientierung | (Standard-        Scanlon II
             |  stunden)         Scanlon I
             |
             |
             |                Rucker
             |                (Value-Added)
             |
             |
             |      REFA-Zeitaufnahme
   Mikro-    |      MTM-Studie
orientierung |
             |_____→
              An internen      An externen
              Meßgrößen        Meßgrößen
              ausgerichtet     ausgerichtet
```

Abb. 2: *Meßgrößen der Gainsharing-Systeme und Kennzahlen herkömmlicher Leistungslohnsysteme*

men (kurzfristig) keine Einwirkungen auf die leistungsorientierte Lohn- und Gehaltszahlungen haben.

Aus Abbildung 2 ist zu erkennen, daß man sich für Entlohnungsmethoden im Form des Scanlons-Plans entscheiden kann, wenn sich die Verhältnisse am Markt (zum Beispiel eine Erhöhung der Preise von Rohmaterialien als externe Meßgröße) direkt auf die Vergütung der Mitarbeiter auswirken sollen. Da sich diese Marktrisiken jedoch vermutlich nicht in vollem Umfang auf die Mitarbeiter »abwälzen« lassen werden, ist in der Praxis eher mit einen Trend hin zu Rucker-Plänen zu rechnen. Diese klammern zum Beispiel Preise für Vormaterialien aus. Ihnen liegt eine Verhältniszahl von Lohn- und Gehaltskosten zur Wertschöpfung (als Verkaufswert minus Vorleistungen; der sogenannte »value added«) zugrunde. Mikroorientierte, an internen Meßgrößen ausgerichtete Kennzahlen wie REFA-Zeitaufnahmen hingegen werden aus Gründen des großen Verwaltungsaufwandes und der ungenügenden Berücksichtigung des Gesamterfolgs zukünftig erheblich an Bedeutung verlieren.

Tabelle 2: Vergleich der Meßgrößen/Kennzahlen bei Gainsharing-Systemen [15]					
	Gainsharing-Systeme				
	Scanlon I	Scanlon II	Scanlon III	Rucker	Improshare
Kennzahl	Single Ratio	Split Ratio	Multicost Ratio	Value-Added	Improshare-Hours
Input	Personalkosten	Produktbezogene Personalkosten	Produktbezogene Personal-, Material- und »Overhead«-Kosten	Personalkosten	Erarbeitete Arbeitsstunden
Outcome	Umsatzerlöse oder Produktionswert	Umsatzerlöse oder Produktionswert	Umsatzerlöse oder Produktionswert	Wertschöpfung	Produktionsstandard
Anteil: Unternehmen	25%	25%	75%	50%	50%
Anteil: Mitarbeiter	75%	75%	25%	50%	50%

Bei der Umsetzung von Leistungsvergütungskonzepten *in Deutschland*, die sich an Gainsharing-Systemen orientieren, sind somit *zwei wesentliche Trends* festzustellen:

⇨ Zum einen ist die Makro-Orientierung zu nennen, bei der zunehmend auf aggregierte, grobe Daten zurückgegriffen wird.
⇨ Zum anderen ist ein Trend zur Verwendung externer Meßgrößen (zum Beispiel: Kosten) auszumachen.

Neben den bereits im Beitrag von Siegel genannten Gründen ist die geringe Verbreitung von Gainsharing-Systemen in Deutschland unter anderem auf die Tarifautonomie zurückzuführen. So berücksichtigt beispielsweise die REFA-Methode nur am Rande »kosten-«orientierte und auf Gesamtleistungen bezogene Meßgrößen, welche jedoch bei Gainsharing-Systemen verwendet werden. Da in den deutschen

Tarifverträgen zur Beschreibung von Leistungsvergütungssystemen herkömmlicherweise auf die REFA-Methodenlehre zurückgegriffen wird, sind somit Gainsharing-Systeme bislang oftmals *nicht tarifvertragskonform* gewesen. Bonuszahlungen, die aufgrund von Gainsharing-Systemen zur Auszahlung kommen, können von Unternehmen aufgrund des Günstigkeitsprinzips teilweise allenfalls als freiwillige, übertarifliche Zulage gewährt werden [18].

Fazit

Zusammenfassend ist festzuhalten, daß anhand einer intelligenten Kombination vorliegender Instrumente (Zielvereinbarungen, Balanced Scorecards, Leistungsvergütung mittels Gainsharing-Systeme) erhebliche Produktivitätsverbesserungen erzielt werden können.

Diese Verbesserungen können jedoch nur erreicht werden, wenn die vorliegenden Konzepte intensiv kommuniziert werden. Die Einführung und Umsetzung derartiger Konzepte benötigt Zeit - und Überzeugungskraft auf allen Ebenen. Die Berücksichtigung »ausreichender Zeit« kann demnach als wesentlicher Erfolgsfaktor angesehen werden. – Neben dem Willen zur strategisch ausgerichteten Vergütungspolitik.

Literatur

[1] BECKER, K.; ENGLÄNDER, W.: *Zielvereinbarungen – Ein Weg zu motivierten Mitarbeitern;* in: angewandte Arbeitswissenschaft; Nr. 141; 1994; S. 11-33.

[2] BREISIG, T.: *Führungsmodelle und Führungsgrundsätze – verändertes unternehmerisches Selbstverständnis oder Instrument der Rationalisierung?: Eine kritische Einschätzung der kooperativen Führung;* Spardorf; 1987.

[3] DRUCKER, P. F.: *The Practice of Management;* New York; 1954.

[4] FEIN, M.: *IMPROSHARE: A Technique for Sharing Productivity Gains with Employees,* in: Rock, M. L.; Berger, L. A.: The Compensation Handbook: A state-of-the-Art guide to compensation strategy and design; New York; 1991; S. 158-175.

[5] FEIN, M.: *Financial Motivation;* in: Salvendy, G.: Handbook of Industrial Engineering; New York; 1982.

[6]   FROST, C. F.; WAKELEY, J. H.; RUH, R. A.: *The Scanlon Plan for Organization Development: Identity, Partizipation and Equity; Michigan State University; 1974.*

[7]   GOUILLART, F. J.; KELLY, J. N.: *Business Transformation, New York; 1995.*

[8]   GRAHAM-MOORE, B.; ROSS, T. L.: *Gainsharing: Plans for improving performance; Washington; 1991.*

[9]   HILL, R.: *Working on the Scanlon Plan; in: International Management, 10/1974; S. 39-43.*

[10] HRONEC, S. M.: *Vital Signs: Indikatoren für die Optimierung der Leistungsfähigkeit Ihres Unternehmens; Stuttgart; 1996.*

[11] INSTITUT FÜR ANGEWANDTE ARBEITSWISSENSCHAFT: *Leistungsbeurteilung und Zielvereinbarung: Erfahrungen aus der Praxis; Köln; 1994.*

[12] INSTITUT FUR ANGEWANDTE ARBEITSWISSENSCHAFT (HRSG.): *Zeitgemäße Entgeltformen. Grundlagen – Rahmenbedingungen – Beispiele; Köln; 1996.*

[13] KAPLAN, R. S.; NORTON, D. P.: *The Balanced Scorecard: Translating strategy into action; Boston; 1996; dt.: Balanced Scorecard: Strategien erfolgreich umsetzen; Stuttgart; 1997.*

[14] KRIEG, H.-J.; DREBES, J.: *Führen durch Ziele – Besondere Umsetzungsaspekte der Leistungsvereinbarungen; in: Personalführung, 1/1996; S. 54-60.*

[15] LANG, J. M.: *Moderne Entgeltsysteme – Leistungslohn bei Gruppenarbeit; Wiesbaden; 1998.*

[16] LATHAM, G. P; LOCKE, E. A.: *Zielsetzung als Führungsaufgabe, in: Kieser, A.. Handwörterbuch der Führung; Stuttgart; 1995; Sp. 2222-2234*

[17] LAWLER, E. E.: *Strategic Pay: Aligning Organizational Strategies and Pay Systems; San Francisco; 1990.*

[18] LIEB, MANFRED: *Die Mitbestimmung beim Prämienlohn; in: Zeitschrift für Arbeitsrecht, 5/1988; S. 413-448.*

[19] LOCKE, E. A.; LATHAM, G. P.: *Goal Setting: A motivational technique that works!; New Jersey; 1984.*

[20] MANSKE, F.: *Kontrolle, Rationalisierung und Arbeit: Kontinuität durch Wandel. Die Ersetzbarkeit des Taylorismus durch moderne Kontrolltechniken, Berlin 1991.*

[21] MASCHMEYER, VOLKER: *Management by Balanced Scorecard – alter Wein in neuen Schläuchen?; in: Personalführung; 5/1998; S. 74-80.*

[22] O'DELL, C. S.: *Gainsharing: Involvement, Incentives, and Productivity; New York; 1981.*

[23] ROSENSTIEL, L. V.; MOLT, W.; RÜTTINGER, B.: *Organisationspsychologie*; Stuttgart; 1995.

[24] SIEGEL, KONRAD: *Qualifizierung und Entlohnung bei Gruppenarbeit; in: Behrendt, E.; Giest, G.: Gruppenarbeit in der Industrie*; Göttingen; 1996; S. 39 – 52.

Web-Sites

http://www-ti.informatik.uni-tuebingen.de/~frech/meins/BSC/Controlling-BSC.html
Tobias Frech hat seine informative Seminararbeit vom Herbst 1998 ins Netz gestellt.

http://www.whu-koblenz.de/control/forsch/wp/FP60.pdf
Eine umfangreichere Arbeit aus Controller-Sicht liefert die Wissenschaftliche Hochschule für Unternehmensführung (WHU), dort wird kritisiert, BSC sei ein typisches Modeprodukt.

http://www.tse-hamburg.de/Papers/Management/BSCDEF.html
Einen Überblick über die Methode, basierend auf der Arbeit der Autoren Kaplan und Norton, liefert unter anderem die Unternehmensberatung Tse.

http://www.flexible-unternehmen.de/symposion_990715.htm
Der Beitrag von Péter Horváth »Wissensmanagement steuern: Die Balanced Scorecard als innovatives Controllinginstrument aus dem »Spezialreport Wissensmanagement. Wie deutsche Firmen ihr Wissen profitabel machen« steht hier als Volltext inklusive Abbildungen im Netz.

http://www.bickmann.de/knowledge-base/vortrag-heinlein-knowledge-networking.htm
Der Unternehmensberater Michael Heinlein zeigt den Weg von der Wissensgesellschaft über Balanced Scorecard zum Knowledge Networking mittels einer downloadbaren Powerpoint-Präsentation (131 K).

http://home.t-online.de/home/friedag/bsc.htm
Das Balanced Scorecard Forum möchte eine Liste aller Unternehmen erstellen, die mit der Arbeit an der Balanced Scorecard begonnen haben, und den Austausch untereinander fördern. Ebenfalls gibt es dort Literatur- und Veranstaltungshinweise.

http://www.gentia.com/press_releases/German/GE_PI_RBSC_Announcement.htm
Selbstverständlich ist BSC längst in Software übersetzt worden... Hier ein Beispiel.

http://www.ipo.de/m_beratung/bsc%20stolper-fallen.htm
Wer sich Software anschafft, tut gut daran, sich zunächst einmal über die Stolpersteine zu informieren.

http://www.mwonline.de/Themenzielverein-barungen.htm
Eine kommentierte Zeitschriftenschau und weitere Links zum Thema bietet Managementwissen online.

Zusammenfassung

Herkömmliche Entgeltmethoden (beispielsweise der Akkord) haben den schwerwiegenden Mangel, daß sie einseitig lediglich auf Teilziele der Organisation ausgerichtet sind. Dies führt oft zu dysfunktionalen Effekten bezüglich gesamtunternehmerischer Zielsetzungen. In deutschen Tarifverträgen zur Beschreibung von Leistungsvergütungssystemen wird traditionell auf die – mikro-orientierte – REFA-Methodenlehre zurückgegriffen. Anderseits wird gelegentlich eine an Gesamtleistung orientierte Gewinnbeteiligung eingeführt, die den internen Prozeß der Wertschöpfung und der kontinuierlichen Verbesserung ungenügend berücksichtigt.

Damit eine zielgerichtete und erfolgreiche Weiterentwicklung von Organisationen möglich wird, sollten Zielvereinbarungen und Balanced Scorecards mit monetären Anreizsystemen verknüpft werden.

Variable Vergütung von Führungskräften

Bei außertariflich bezahlten Mitarbeitern ist der Gestaltungsfreiraum beim Thema ›variable Vergütung‹ größer als beispielsweise im Tarifbereich. Der folgende Beitrag zeigt daher die Möglichkeiten der variablen Vergütung, insbesondere im Hinblick auf Führungskräfte und AT-Mitarbeiter.

In diesem Beitrag erfahren Sie:
- welche Formen der variablen Vergütung existieren,
- wie sie sich unterscheiden,
- welche zukünftigen Trends sich abzeichnen.

THOMAS HAUSSMANN

Definition und Abgrenzung der variablen Vergütung

Unter »variabler Vergütung« zu verstehen sind alle echt variablen Barvergütungsbestandteile eines Vergütungspaketes, die einem Mitarbeiter dann ausgezahlt werden, wenn bestimmte, in der Regel zuvor definierte Ziele oder Erfolge, erreicht worden sind. Diese Ziele bzw. Erfolge können der unterschiedlichsten Art sein und hängen ganz von den unternehmenspolitischen und vergütungspolitischen Zielsetzungen des Unternehmens ab.

Von der variablen Vergütung strikt zu trennen ist die Grundvergütung. Hierunter zu verstehen sind alle Barvergütungsbestandteile, die dem Mitarbeiter fest zugesagt sind. In erster Linie handelt es sich dabei um das vertraglich festgelegte Jahresgrundgehalt, aber auch um das Weihnachts- und Urlaubsgeld sowie alle anderen garantierten

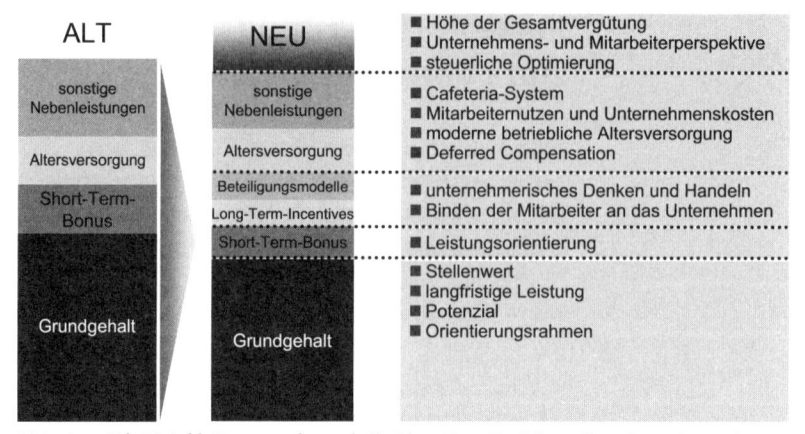

Abb. 1: *Echt Variable Vergütungsbestandteile: Short-Term-Boni, Long-Term-Incentives und Mitarbeiterbeteiligungen*

Barvergütungsbestandteile. Grundvergütung plus variable Vergütung ergeben die Gesamtbarvergütung.

Die Gesamtbarvergütung ist ihrerseits von der Gesamtvergütung zu unterscheiden, denn das Vergütungspaket eines Mitarbeiters besteht in der Regel nicht nur aus Barvergütungsbestandteilen, sondern auch aus Nebenleistungen der unterschiedlichsten Art und/oder einer betrieblichen Altersversorgung. Hierdurch entsteht dem Mitarbeiter ein geldwerter Vorteil, der den Wert seines Vergütungspaketes weiter erhöht.

Insbesondere bei Führungskräften und AT-Mitarbeitern (außertariflichen Mitarbeitern), aber auch bei nachgeordneten Mitarbeitergruppen geht die Tendenz dahin, dass die echt variablen Vergütungsbestandteile an Volumen und Bedeutung gewinnen bzw., sofern sie noch nicht vorhanden sind, neu eingeführt werden. Hierdurch wird das Gesamtvergütungspaket zunehmend variabler.

Vergütungspolitische Zielsetzungen der variablen Vergütung

Die Unterscheidung zwischen Grundvergütung und variabler Vergütung macht deshalb Sinn, weil mit variablen Vergütungsbestandteilen andere vergütungspolitische Zielsetzungen verfolgt werden als mit der fest garantierten Grundvergütung. Die Grundvergütung bildet den Marktwert, das langfristig erwartete Potenzial, die Berufserfahrung und die Ersetzbarkeit eines Mitarbeiters ab. Durch variable Vergütung soll hingegen ein Anreiz geschaffen werden, mit dem der wirtschaftliche Erfolg honoriert wird.

Dieser Anreiz wird zunächst von der Höhe der variablen Vergütung bestimmt. In aller Regel nimmt der Anteil der variablen Vergütung bezogen auf die Grundvergütung in »höherwertigeren« Positionen, also insbesondere bei den AT-Mitarbeitern und Führungskräften, deutlich zu. Dieser Personenkreis hat größere Einflussmöglichkeiten und trägt ein größeres unternehmerisches Risiko, das beim Eintritt des Erfolges entsprechend vergütet werden muss.

Für unterschiedliche Mitarbeitergruppen und Führungsebenen, die in unterschiedlicher Weise zur Durchsetzung der Unternehmensziele beitragen, können nicht nur unterschiedlich hohe variable Vergütungsbestandteile, sondern auch unterschiedliche Arten von variablen Vergütungsbestandteilen sinnvoll sein. Diese Differenzierung darf jedoch nicht soweit gehen, dass sie ein unternehmensweit gültiges variables Vergütungssystem unterhöhlt.

Bedingt durch die Mitarbeiterstruktur des Unternehmens, seine Zielsetzung, Rechtsform und Branchenzugehörigkeit kommen deshalb unterschiedliche Möglichkeiten zur Ausgestaltung der variablen Vergütung für Führungskräfte und AT-Mitarbeiter in Frage.

Formen der variablen Vergütung für Führungskräfte

Die Möglichkeiten zur variablen Vergütung sind sehr vielfältig. Im Prinzip kommen für Führungskräfte und AT-Mitarbeiter alle Formen der variablen Vergütung in Frage, während umgekehrt für Tarifmitarbeiter nicht alle Formen der variablen Vergütung möglich oder sinnvoll sind.

Um die vielfältigen Möglichkeiten der variablen Vergütung zu kategorisieren, sind zwei Perspektiven sinnvoll:

⇨ Die Zeitperspektive: Short-Term-Incentives versus Long-Term-Incentives
⇨ Der Beteiligungscharakter: Erfolgsbeteiligung versus Kapitalbeteiligung

Auf Basis dieser Unterscheidung können die für Führungskräfte und AT-Mitarbeiter geeigneten Formen der variablen Vergütung herausgefiltert werden.

Die Zeitperspektive

Short-Term-Incentives

Unter Short-Term-Incentives zu verstehen sind alle Formen von variablen Vergütungssystemen, die das Erreichen von Unternehmens-, Bereichs-, Team- und/oder Individualzielen belohnen. Synonyme hierfür sind Bezeichnungen wie Bonussystem, Prämiensystem, Provisionssystem oder Erfolgsbeteiligung. Ihnen allen gemeinsam ist, dass sie in der Regel einen variablen Vergütungsbestandteil auf Jahresbasis ausschütten.

Grundlage für Short-Term-Incentives ist häufig ein Zielvereinbarungs- und/oder Beurteilungssystem, mit dessen Hilfe die Ziele vorab definiert und der Zielerreichungsgrad am Ende des Jahres ermittelt werden können. Diese Form der variablen Vergütung ist heute sowohl für Führungskräfte als auch für AT-Mitarbeiter eine Selbstverständlichkeit. In zunehmenden Maße sind Short-Term-Incentives in allen Mitarbeitergruppen, allen Unternehmensbereichen (einschließlich Stabsfunktionen) und allen Branchen verbreitet.

Im Prinzip kann ein solches Short-Term-Incentive-System für alle Mitarbeiter innerhalb eines Unternehmens gleich sein. Es ist jedoch sinnvoll, bei Führungskräften und AT-Mitarbeitern den Schwerpunkt auf das Erreichen von Unternehmens- oder Bereichszielen zu legen, weil diese Art von Zielen von diesem Personenkreis stärker beeinflusst werden kann. Umgekehrt ist es sinnvoll, bei den übrigen Mitarbeitern den Schwerpunkt auf das Erreichen von Team- oder Individualzielen zu legen.

In der Praxis erfolgt diese Schwerpunktbildung durch eine vorgegebene Gewichtung dieser Zieldimensionen für die jeweilige Mitarbeitergruppe oder eine Mindestgewichtung für bestimmte Einzelziele.

Long-Term-Incentives
Unter Long-Term-Incentives zu verstehen sind alle Formen der variablen Vergütung, die den langfristigen Erfolg des Unternehmens, über einen Zeitraum von mehreren Jahren hinweg, belohnen. Unter diese Kategorie fallen die gesamten Konzepte für Stock-Options, Stock-Appreciation-Rights, Phantom-Stocks, Stock-Grants, Cash-Boni aber auch alle klassischen Mitarbeiterbeteiligungsmodelle wie Belegschaftsaktien, Stille Beteiligungen, Genussscheine, Gutschriften, Mitarbeiterdarlehen, GmbH- oder Genossenschaftsanteile usw.

■ Parallelpläne für unterschiedliche Mitarbeitergruppen sind weit verbreitet

Mitarbeiterbeteiligungs-modelle	Long-Term-Incentives für Top-Executives
■ Mitarbeiteraktienprogramme ■ Aktienkaufpläne ■ Genussscheine ■ Genussrechte ■ stille Beteiligungen	■ Stock-Option-Pläne ■ Stock-Appreciation-Rights-Pläne ■ Stock-Purchase-Pläne ■ Phantom-Stock-Pläne ■ GmbH-Anteile ■ Partnermodelle
■ geringes Risiko ■ geringes Volumen ■ Investivlohn	■ höheres Risiko ■ hohes Volumen ■ erfolgsabhängige Vergütung

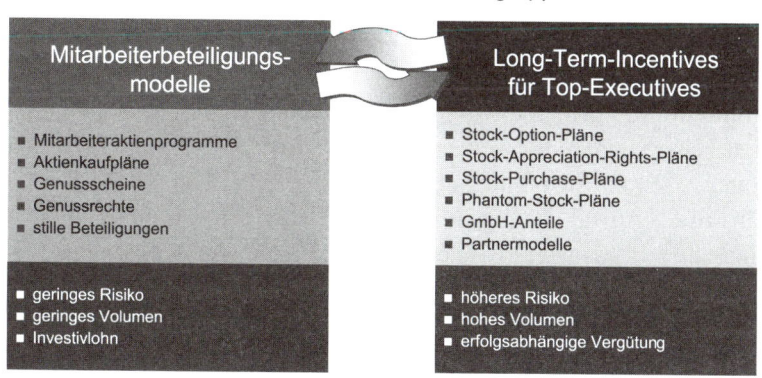

Abb. 2: *Differenzierung von Long-Term-Incentives nach Mitarbeitergruppen*

Long-Term-Incentives unterscheiden sich nicht nur aufgrund ihrer Laufzeit von Short-Term-Incentives, sondern auch durch ihre vergütungspolitische Zielsetzung. Sie dienen in der Regel dazu, durch die langfristige Betonung eines Unternehmenserfolgsfaktors zu signalisieren, dass alle »in einem Boot sitzen«. Der individuelle Vorteil in Form eines Long-Term-Bonus tritt nur dann ein, wenn das Unternehmen insgesamt gut gewirtschaftet hat.

Das allen Long-Term-Incentives zu Grunde liegende Prinzip ist deshalb, die Einzelinteressen der Führungskräfte und Mitarbeiter mit dem Gesamtinteresse des Unternehmens in Einklang zu bringen und Shareholder-Value zu schaffen. Dieser Shareholder-Value soll auch dazu beitragen, die Identifikation mit dem Unternehmen zu erhöhen sowie Führungskräfte und Mitarbeiter langfristig an das Unternehmen zu binden.

In der Praxis werden Long-Term-Incentives nach Mitarbeitergruppen unterschieden. Für Führungskräfte und Unternehmensorgane, also für Geschäftsführer und Vorstände, sind Pläne sinnvoll, die durch ein großes Volumen auch einen großen Anreiz bieten. Sie zielen in der Regel auf eine deutliche Erhöhung des Unternehmenswertes ab, der durch diese Mitarbeitergruppe auch tatsächlich beeinflusst werden kann. Die geeigneten Long-Term-Incentives für Führungskräfte sind deshalb Stock-Options, Stock-Appreciation-Rights, Phantom-Stocks, Stock-Grants oder Cash-Boni.

Für den Teil der Mitarbeiter, die keine oder nur nachgeordnete Führungsaufgaben wahrnehmen und auf die Steigerung des Unternehmenswertes keinen direkten Einfluss haben, sind die klassischen Mitarbeiterbeteiligungssysteme wie Belegschaftsaktien, Stille Beteiligungen, Genussscheine, Mitarbeiterdarlehen, Mitarbeiteraktienkaufpläne usw. sinnvoll. Sie haben in der Regel deutlich geringere Volumina und ein geringeres Risiko, stellen aber eine erfolgsabhängige Vergütungskomponente dar.

Der Beteiligungscharakter

Variable Vergütungssysteme lassen auch auf Basis ihres Beteiligungscharakters unterscheiden. Im Prinzip kann dieser Beteiligungscharakter materieller oder immaterieller Natur sein, wobei viele Mischformen möglich sind. Für Führungskräfte und AT-Mitarbeiter können, je nach unternehmenspolitischer und vergütungspolitischer Zielsetzung, variable Vergütungssysteme mit materiellem oder immateriellem Beteiligungscharakter sinnvoll sein.

Erfolgsbeteiligungen
Unter immaterieller Beteiligung zu verstehen sind alle Formen der Erfolgsbeteiligung. Die Beteiligung orientiert sich hier am Erfolg des Unternehmens, gemessen i. d. R. am Jahresgewinn oder einer vergleichbaren Erfolgsgröße (zum Beispiel Ergebnis der operativen Geschäftstätigkeit). In aller Regel handelt es sich hier um Short-Term-Incentives, die einen Jahresbonus in bar ausloben. Erfolgsbeteiligungen dienen dazu, die Motivation zu steigern, Leistungserwartungen zu kommunizieren und das unternehmerische Denken zu fördern. Durch Short-Term-Boni wird der wirtschaftliche Erfolg von Führungskräften und Mitarbeitern belohnt.

Kapitalbeteiligungen
Dem gegenüber stehen die materiellen Kapitalbeteiligungen, bei denen es sich um eine Beteiligung der Mitarbeiter an der Substanz des Unternehmens handelt. Die Höhe der Beteiligung hängt in der Regel vom Wertzuwachs des Unternehmens ab. Die vergütungspolitische Zielsetzung geht jedoch darüber hinaus: Durch materielle Beteiligungen sollen Führungskräfte und Mitarbeiter am Produktivvermögen beteiligt und hierdurch an das Unternehmen gebunden werden.

Darüber hinaus sind Kapitalbeteiligungen immer dann sinnvoll, wenn es darum geht, das unternehmerische Denken aller Mitarbeiter zu fördern, die Identifikation mit dem Unternehmen und die generelle Leistungsbereitschaft zu steigern, steuerliche Vorteile für die

Mitarbeiter und das Unternehmen zu nutzen und eine Kultur des gegenseitigen Vertauens zu schaffen. In der Praxis sind diese Modell deshalb nicht auf die Führungskräfte beschränkt und beziehen alle Mitarbeiter ein.

Klassische Kapitalbeteiligungen sind beispielsweise GmbH-Anteile und Mitarbeiterdarlehen. Sie sind insbesondere für kleinere und mittelständische Unternehmen geeignet. Als Motivationsinstrument und zur Durchsetzung von konkreten Zielen sind sie jedoch nur bedingt geeignet, da sie sich ausschließlich am langfristigen Unternehmenserfolg orientieren und bei Nicht-Führungskräften zumeist nur einen kleinen Teil der Gesamtvergütung ausmachen.

Mischformen
Die Mischformen zwischen Erfolgs- und Kapitalbeteiligung sind sehr vielfältig. Exemplarisch sei hier die stille Beteiligung erwähnt. Hier leistet der stille Gesellschafter eine Kapitaleinlage, die in das Vermögen des Gesellschafters übergeht. Der stille Gesellschafter hat Informations- und Kontrollrechte, ist aber nicht an der Substanz des Unternehmens beteiligt.

In Abhängigkeit von der Höhe der Einlage erhält der stille Gesellschafter seinen Anteil an den Gewinnausschüttungen. In diesem Fall spricht man von einer »typischen stillen Beteiligung«. In der Praxis sind aber daneben durchaus auch »atypische stille Beteiligungen« üblich, bei denen den stillen Gesellschaftern sehr weitgehende Mitwirkungsrechte eingeräumt werden. In diesem Fall ist der Kapitalbeteiligungscharakter stärker ausgeprägt, und der stille Gesellschafter ist an der Substanz des Unternehmens beteiligt.

Bei einer stillen Gesellschaft können die Führungskräfte atypisch still und die Mitarbeiter nur typisch still beteiligt werden. Diese Beteiligungsform ist häufig in kleinen und mittelständischen Unternehmen anzutreffen und wird erfolgreich praktiziert. Die übrigen Mischformen können auch für Führungskräfte in kleineren Unternehmen interessant sein, sind aber nicht immer auf sie beschränkt.

Variable Vergütung von Führungskräften

Kapitalbeteiligung
- GmbH-Anteile
- Partnermodelle
- Stock Options
- Mitarbeiteraktien
- Stille Beteiligung
- Genossenschaftsanteile

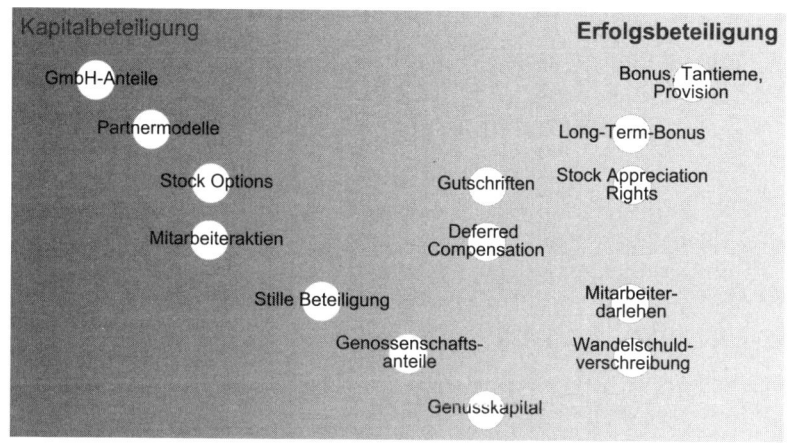

Erfolgsbeteiligung
- Bonus, Tantieme, Provision
- Long-Term-Bonus
- Stock Appreciation Rights
- Deferred Compensation
- Mitarbeiterdarlehen
- Wandelschuldverschreibung

- Gutschriften
- Genusskapital

Abb. 3: *Beteiligungscharakter der variablen Vergütung*

Neue Formen der variablen Vergütung

Zu Kapitalbeteiligungen werden auch echte »Stock-Options« gezählt. Programme dieser Art haben in den vergangenen Jahren sprunghaft zugenommen und sind insbesondere bei der Führungskräftevergütung mittlerweile weit verbreitet. Dies hat mehrere Gründe:

⇨ Durch Stock-Options werden Führungskräfte an der Substanz des Unternehmens beteiligt. In deutlicher Weise werden hier Anteilseigner- und Management-Interessen harmonisiert und damit Shareholder-Value geschaffen.

⇨ Neben der Kapitalbeteiligung müssen Stock-Option-Pläne aber ein konkretes Erfolgsziel (Ausübungshürde) definieren. In der Regel handelt es sich hier um eine Steigerung des Aktienkurses um einen bestimmten Prozentsatz, bezogen auf den Ausgangskurs der Aktie zu dem Zeitpunkt, an dem die Stock-Options ausgegeben werden. Der Charakter der »Erfolgsbeteiligung« geht also auch bei Stock-Option-Plänen nicht verloren.

⇨ Durch gesetzliche Vorschriften (mindestens zweijährige Sperrfrist), aber auch durch eine in der Regel rollierende Plangestaltung (das heißt Neuausgabe von Aktienoptionen in jedem Jahr, wobei jede

Option mehrere Jahre läuft) entfalten Stock-Options eine sehr hohe Bindungswirkung.
⇨ Bei Erreichen der Erfolgskriterien ist das Zieleinkommen aus Stock-Options in der Regel sehr hoch. Allein schon das Volumen erzeugt eine hohe Motivations- und Bindungswirkung.

Im Prinzip ist es möglich, den Long-Term-Incentive »Stock-Options« so auszugestalten, dass keine Kapitalbeteiligung erfolgt. Das geschieht, in dem ein »Phantom-Plan« oder ein »Stock-Appreciation-Rights-Plan« eingeführt wird. Die Funktionsweise ist dabei prinzipiell gleich, nur dass es keine Möglichkeit zum Erwerb verbilligter Aktien gibt und der Gegenwert in bar ausbezahlt wird. In diesem Fall liegt ein Long-Term-Incentive mit reinem Erfolgsbeteiligungscharakter vor.

Stock-Options, Phantom-Stocks bzw. Stock-Appreciation-Rights sind typische Vergütungsbestandteile für Führungskräfte. In zunehmendem Maße werden diese Programme auch auf nachgeordnete Mitarbeitergruppen ausgedehnt, sofern noch von einem Einfluss auf die Unternehmenswertsteigerung ausgegangen werden kann. Das ist insbesondere bei kleineren, aufstrebenden Unternehmen der Fall.

Bei diesen kleineren, aufstrebenden Unternehmen sind Stock-Options auch deshalb interessant, weil sie über eine bedingte Kapitalerhöhung finanziert werden können. Das bedeutet, dass die Kosten für den Plan nicht über die Gewinn- und Verlustrechnung laufen, sondern von den Aktionären über eine Verwässerung ihres Aktienanteils getragen werden. Auf diese Weise ist es auch jungen, ertragsschwachen Unternehmen möglich, eine attraktive, hochwertige Vergütungskomponente für ihre Top-Führungskräfte (und ggf. auch für ihre gesamte Mitarbeiterschaft) anzubieten. Allerdings werden Stock-Options nicht nur von jungen, aufstrebenden Unternehmen über eine bedingte Kapitalerhöhung finanziert, sondern auch von großen, ertragsstarken Unternehmen.

Der Vergütungsbestandteil »Stock-Options« ist in der vergangenen Zeit vielfach kritisiert worden Die große gestalterische Freiheit der Programme macht es aber möglich, den Fehlentwicklungen, die bei einigen Plänen beobachtet werden konnten, entgegenzuwirken. Unabhängig davon, ob man Stock-Options für seine eigenen Führungskräfte und AT-Mitarbeiter für sinnvoll hält oder nicht, gilt: Für eine international wettbewerbsfähige Vergütungsstruktur im Führungskräftebereich sind Stock-Options bzw. ein vergleichbares Instrument heute unverzichtbar.

Variable Nebenleistungen: Cafeteria-Systeme
Nebenleistungen werden bei der Betrachtung eines Vergütungspaketes meistens vernachlässigt. Errechnet man jedoch den geldwerten Vorteil, der einem Mitarbeiter durch Nebenleistungen entsteht, kommt man häufig zu überraschenden Ergebnissen. Insbesondere bei Führungskräften und dienstwagenberechtigten AT-Mitarbeitern kann dieser geldwerte Vorteil bis zu einem Drittel der Gesamtvergütung ausmachen.

Hinzu kommt, dass Nebenleistungen oft ohne eine bestimmte Systematik gewährt werden. Sinnvoll ist es deshalb, zunächst den Wert der Nebenleistungen für bestimmte Mitarbeitergruppen zu bestimmen, um auf dieser Basis ein Budget für Nebenleistungen festzulegen, das der Mitarbeiter ausschöpfen kann. Innerhalb dieses Budgets kann der Mitarbeiter seine Nebenleistungen frei wählen (Cafeteria-Prinzip). Das Nebenleistungspaket wird somit variabel, ohne dass das Niveau der Gesamtvergütung erhöht wird.

Künftige Formen der variable Vergütung
Die schon beschriebenen Formen der variablen Vergütung tragen dazu bei, das Gesamtvergütungspaket von Führungskräften und Mitarbeitern echt variabel zu gestalten. In der Praxis geschieht dies dadurch, dass de facto fixe Vergütungsbestandteile variabilisiert werden (zum Beispiel Zulagen in echte Boni umgewandelt werden) oder ein variabler Vergütungsbestandteil neu eingeführt wird. In diesen Fällen handelt es sich um eine quantitative Variabilisierung der Vergütung.

Zunehmend findet aber auch eine qualitative Variabilisierung statt, in dem es zu einer »Umschichtung« innerhalb der einzelnen Bestandteile des Gesamtvergütungspaketes kommt. Eine mittlerweile häufig praktizierte Methode ist die Umwandlung von Grundvergütungsbestandteilen in Altersversorgungsbausteine im Rahmen von Deferred Compensation-Modellen. Diese Modelle erfreuen sich nicht nur bei Führungskräften zunehmender Beliebtheit.

Eine neuere Entwicklung geht dahin, den Nebenleistungen eine größere Bedeutung beizumessen. Attraktiv sind dabei nicht nur die Cafeteria-Systeme, sondern auch die Möglichkeit, das hierfür zur Verfügung stehende Budget durch einen Verzicht auf Grundgehalt zu erhöhen. Hierdurch wird die Voraussetzung geschaffen, zusätzliche Nebenleistungen zu erwerben, ohne das Niveau der Gesamtvergütung zu erhöhen. Diese Methode ist insbesondere im Zusammenhang mit dem Erwerb von Dienstwagen interessant.

Ganz moderne Systeme gehen sogar soweit, verdiente Ausschüttungen aus Short-Term-Incentives, aber auch aus Long-Term-Incentives in Alterversorgungsbestandteile zu überführen und damit einen erfolgsabhängigen Zusatzbaustein für die Altersversorgung zu schaf-

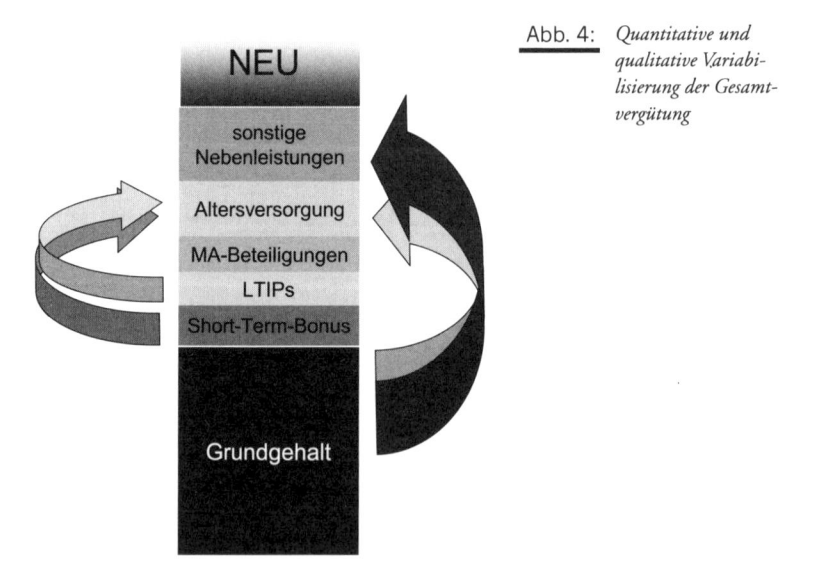

Abb. 4: *Quantitative und qualitative Variabilisierung der Gesamtvergütung*

fen. Das Prinzip der Verlagerung von Ausschüttungen aus Boni in die Zukunft wird bereits bei Gutschriftenmodellen erfolgreich praktiziert. Hier wird aber die Verbindung zu einem anderen Vergütungsbaustein, der betrieblichen Altersversorgung, geschaffen.

Literatur

[1] EYER, E; HAUSSMANN, T.: *Zielvereinbarung und variable Vergütung – Ein Leitfaden nicht nur für Führungskräfte, Wiesbaden: Gabler, Mai 2001*

[2] HAUSSMANN, T.: *Vergütung von AT-Mitarbeitern und Führungskräften, in: Eyer, E. (Hrsg.): Report Vergütung – Entgeltgestaltung für Mitarbeiter und Manager, Düsseldorf: Symposion, 2000, S. 33–38*

Leistungsbeurteilung

Leistungsbeurteilung ist ein sensibles Instrument der Personalpolitik. Befürworter weisen auf den positiven Effekt der Mitarbeitergespräche hin – und auf die Möglichkeit nicht-messbare Kriterien in die Beurteilung einzubeziehen. Die Gegner bemängeln den subjektiven Faktor dieses Verfahrens.

In diesem Beitrag erfahren Sie:
- was Leistungsbeurteilung ist,
- welche Leistungsmerkmale es gibt,
- wie sich Leistungsniveaus bestimmen lassen,
- wie sich die Höhe der Leistungszulage ermitteln lässt.

Renate Quinting

Was ist Leistungsbeurteilung?

Leistungsbeurteilung dient als Verfahren zur Ermittlung einer leistungsgerechten Vergütung für die Mitarbeiter. Sie ist in Literatur und Praxis oft umstritten. Während die Befürworter auf den positiven Effekt der ausführlichen Mitarbeitergespräche sowie auf die Möglichkeit hinweisen, auch nicht-messbare Kriterien in die Beurteilung einzubeziehen, so weisen die Gegner andererseits auf den häufig angeführten »Nasenfaktor« und damit das Problem der Subjektivität von Beurteilungen hin.

Die Leistungsbeurteilung hat jedoch durchaus ihre Berechtigung, um Leistungsunterschiede zwischen Mitarbeitern, die offensichtlich – aber nicht durch Kennzahlen zu erfassen – sind, unterschiedlich zu honorieren. Dadurch sollen zum einen Leistungsanreize geschaffen werden und zum anderen soll eine gerechte Vergütung verwirklicht werden. So sollten Kritiker sich auch fragen: Wird man Mitarbeitern eher gerecht, wenn man auf Leistungs- und Entgeltdifferenzierung verzichtet?

Voraussetzung für eine erfolgreiche Leistungsbeurteilung ist, dass sie richtig
⇨ gestaltet,
⇨ angewandt und
⇨ in die betriebliche Personalpolitik eingebunden
ist.

Das Leistungsbeurteilungsverfahren

Auswahl der Leistungsmerkmale

Die Gestaltung eines Leistungsbeurteilungsverfahren beginnt mit der Auswahl der jeweiligen Leistungsmerkmale. Diese dienen als Beurteilungskriterien und bringen zum Ausdruck, welche Arten von Leistung am jeweiligen Arbeitsplatz zu erbringen sind.

Wesentlich für die Auswahl der Leistungsmerkmale ist zum einen, dass sie überschneidungsfrei sind. Das heißt, die Merkmale müssen klar voneinander abgegrenzt und eindeutig beschrieben sein. Würde man beispielsweise als Merkmale Arbeitsqualität und Arbeitssorgfalt wählen, so ergäbe sich hier eine Doppelbewertung eines Leistungsaspektes.

Zum anderen müssen die Leistungsmerkmale so gewählt sein, dass die erwartete Leistung an dem jeweiligen Arbeitsplatz zu erbringen ist. So ist beispielsweise das Merkmal »Umgang mit Kunden« nur dort angebracht, wo auch Kundenkontakt gegeben ist.

Dies führt zu einer weiteren Überlegung bei der Wahl der Leistungsmerkmale: Sollen diese für alle Bereiche eines Unternehmens/ einer Organisation/einer Einrichtung gleich gelten oder werden bereichs- bzw. tätigkeitsbezogen unterschiedliche Leistungsmerkmale gewählt?

Ein für alle Mitarbeiter gleiches Verfahren bietet den Vorteil, dass seine Verbreitung und Schulung im Unternehmen einheitlich erfolgen kann.

Berücksichtigt man aber zum einen – wie oben angesprochen – den Aspekt der Beeinflussbarkeit und zum anderen die Tatsache, dass in unterschiedlichen Tätigkeiten auch unterschiedliche Leistungsschwerpunkte gefragt sind, so spricht dies für ein bereichs- oder tätigkeits-/funktionsbezogenes Verfahren.

In der Praxis hat sich gezeigt, dass es insbesondere sinnvoll ist, zumindest teilweise zielgruppenspezifisch unterschiedliche Beurteilungskriterien bei der Leistungsbeurteilung von Mitarbeitern und Führungskräften zu wählen. Wird zum Beispiel bei den Mitarbeitern auf das Teamverhalten Wert gelegt, so liegt bei den Führungskräften die Betonung auf dem Führungsverhalten.

Die Auswahl der Leistungsmerkmale erfolgt in der Regel aus drei Merkmalsgruppen:
⇨ *Fachliche Kompetenz*
   Hier ist beispielsweise die Anwendung der Kenntnisse oder die Organisation der eigenen Arbeit angesprochen.
⇨ *Soziale Kompetenz*
   Hierzu gehören Merkmale wie Teamverhalten, Mitarbeiterführung, Umgang mit Kunden u.ä..
⇨ *Wirksamkeit der Arbeit*
   Hier geht es zum Beispiel um Flexibilität, Engagement der Mitarbeiter.

Die Zahl der Leistungsmerkmale sollte bei drei bis fünf liegen. Eine niedrigere Zahl führt zu einer einseitigen Leistungsbewertung, eine höhere Zahl würde das Kriterium der Überschneidungsfreiheit und Eindeutigkeit nicht mehr erfüllen können.

Leistungsbeurteilung

Stufung der Leistungsmerkmale

Nach der Festlegung, welche Leistungsmerkmale bei der Beurteilung zu verwenden sind, sind die jeweiligen Leistungsniveaus zu bestimmen. Dazu sind für jedes Leistungsmerkmal Stufen zu definieren, die die jeweilige Leistungshöhe beschreiben.

Die Zahl dieser Stufen schwankt in der Praxis zwischen drei und fünf. Mehr als fünf Stufen sind nicht sinnvoll, da die Unterscheidung der Leistungsniveaus im Rahmen einer Beurteilung dann kaum mehr möglich ist und höchstens eine Scheingenauigkeit vorspiegelt.

Die Beschreibung des Leistungsniveaus je Stufe kann sehr unterschiedlich erfolgen. Die Spanne reicht von einer Schulnoten ähnlichen Bezeichnung bis zu einer merkmalsspezifischen Beschreibung der einzelnen Stufen.

Tabelle 1: Beispiel für eine merkmalsspezifische Stufenbeschreibung		
Leistungsmerkmal	**Stufenbeschreibung**	
Kooperationsverhalten	1	geringe Bereitschaft, auf Aufforderung andere zu unterstützen; unzureichende Weitergabe von Informationen; keine Annahme von Kritik
	2	Bereitschaft, auf Aufforderung andere zu unterstützen; ausreichende Weitergabe von notwendigen Informationen; selten Annahme von Kritik
	3	Bereitschaft, in der Regel andere zu unterstützen; in der Regel Weitergabe von notwendigen und ergänzenden Informationen; in der Regel Annahme von Kritik
	4	häufiges Erkennen von Unterstützungsbedarf und Hilfeleistung im Team ohne Aufforderung; zuverlässige Weitergabe sachdienlicher Informationen; Annahme und Umsetzung von Kritik
	5	Jederzeitiges Erkennen von Unterstützungsbedarf und Hilfeleistung im eigenen sowie in anderen Teams; zuverlässige Weitergabe sachdienlicher Informationen innerhalb des Teams, aber auch an andere Informationsempfänger; Annahme von Kritik als Hilfe und Umsetzung

So findet man zum Beispiel in der Praxis Stufen, die mit »mangelhaft« bis »sehr gut« bezeichnet sind. Eine solche Kennzeichnung der Stufen ist jedoch aus unserer Sicht abzulehnen, da die Mitarbeiter eine Beurteilung mit Schulnoten nur schwer akzeptieren.

Häufig werden allgemeine Stufenbeschreibungen verwendet, wie »Die Leistung des Mitarbeiters erfüllt nicht/nicht immer/in der Regel bzw. übertrifft/übertrifft bei weitem die Erwartungen«. Eine solche Stufenbeschreibung ist allgemein gültig, gibt dem Beurteiler jedoch keine konkreten Hinweise zur Einschätzung des Leistungsniveaus. Hier ist es unbedingt erforderlich, die allgemeinen Stufenbeschreibungen durch Beispiele zu belegen – zum Beispiel bei Schulungen, in denen gezeigt werden soll, wie Leistungen beurteilt werden oder durch Erläuterungen, die dem Verfahren beigefügt werden.

Die merkmalsspezifische Stufenbeschreibung erfordert bei der Gestaltung des Verfahrens den weitaus größten Aufwand, bietet aber für die Beurteiler auch klare Hilfen zur einheitlichen Einschätzung der Leistungsniveaus. Ein Beispiel für eine solche merkmalsspezifische Beschreibung der Stufen enthält Tabelle 1.

Gewichtung der Leistungsmerkmale

Eine Gewichtung der Leistungsmerkmale ist dann vorzunehmen, wenn die Erfüllung der einzelnen Leistungsaspekte nicht von gleicher Bedeutung für die Tätigkeit sind, das heißt einzelne Leistungsaspekte sollen in Relation zu den anderen besonders hervorgehoben und letztlich auch honoriert werden. So könnte beispielsweise bei einer Führungskraft dem Leistungsmerkmal »Führungsverhalten« erhöhte Bedeutung beigemessen werden.

Um dies im praktischen Vorgehen umzusetzen,
⇨ werden den Stufenniveaus dieser Leistungsmerkmale höhere Punktwerte zugeordnet als dies bei den vergleichbaren Niveaus der anderen Leistungsmerkmale der Fall ist (gebundene Gewichtung),

⇨ oder bei jeweils gleicher Punktzahl der Stufen wird ein Gewichtungsfaktor als Multiplikator eingeführt (freie Gewichtung).

Auch hier bietet sich grundsätzlich die Möglichkeit, für alle Mitarbeiter die gleiche Gewichtung vorzunehmen oder aber bereichs-, tätigkeits- oder funktionsbezogen zu differenzieren.

Von der Beurteilung zur Vergütung

Um die Höhe der Leistungszulage für den einzelnen Mitarbeiter zu errechnen, bieten sich folgende Möglichkeiten an:
⇨ Ist die Gesamt-Entgeltsumme, die für die Leistungszulage aller Mitarbeiter zur Verfügung steht, betrieblich festgelegt, so ist diese Summe durch die Anzahl der von allen Mitarbeitern insgesamt erzielten Punkte zu dividieren. Daraus ergibt sich dann ein Euro-Wert pro Punkt. Multipliziert man dann diesen Eurowert mit der individuell erzielten Punktzahl, so ergibt sich daraus die Höhe der individuellen Leistungszulage.
⇨ Punktspannen werden in einer Tabelle Prozent-Werte zugeordnet. Der aufgrund der jeweils individuell erzielten Punktzahl zugehörige Prozent-Wert wird der Tabelle entnommen. Die Leistungszulage entspricht dann dem Prozentsatz vom jeweiligen Grundentgelt des Mitarbeiters.

Bei dieser Berechnung der Leistungszulage erhalten Mitarbeiter niedriger Entgeltgruppen bei gleichwertiger Leistung eine geringere Leistungszulage als Mitarbeiter höherer Entgeltgruppen.

Das Vorgehen zur Leistungsbeurteilung

Beurteilungsbogen

Ist das Verfahren in seinen Grundzügen festgelegt, so wird daraus der so genannte Beurteilungsbogen entwickelt, der die Leistungsmerkmale, die Stufendefinitionen sowie die zugeordneten Punktzahlen gegebenenfalls mit Gewichtung enthält. Ein Beispiel für einen solchen Beurteilungsbogen zeigt die Tabelle 2.

Der Beurteilungsbogen dient dem Beurteiler zur Dokumentation des Beurteilungsergebnisses und zur Weiterleitung an die Personalabteilung, die auf dessen Grundlage die Leistungszulage für den jeweiligen Mitarbeiter ermittelt.

Tabelle 2: Beispiel eines Beurteilungsbogens mit freier Gewichtung							
Beurteilungsbogen							
Name:				Datum:			
Merkmals-gruppe	Leistungs-merkmal	Leistungsstufen					Gew.-Faktor	Punkt-wert
		1	2	3	4	5		
Soziale Kompetenz	Kooperations-verhalten	0	1	2	3	4	1	
	...	0	1	2	3	4	1	
Fachliche Kompetenz	...	0	1	2	3	4	2	
	...	0	1	2	3	4	2	
...	...	0	1	2	3	4	1	
	...	0	1	2	3	4	1	
						Gesamtpunktwert		
Unterschrift des Beurteilers			Unterschrift des Mitarbeiters					

Der Beurteilungsbogen sollte nach Durchführung des Mitarbeitergespräches sowohl vom Beurteiler als auch von dem beurteilten Mitarbeiter zum Zeichen seines Einverständnisses mit dem Beurteilungsergebnis unterschrieben werden.

Beurteiler

Wer die Durchführung der Beurteilung übernimmt, kann betrieblich festgelegt werden.
Grundsätzlich bieten sich hier in der Praxis die Möglichkeiten
⇨ Fremdbeurteilung sowie
⇨ Fremd- und Selbstbeurteilung
an.
Bei der Fremdbeurteilung beurteilt in der Regel die direkte Führungskraft die Arbeit des Mitarbeiters. Voraussetzung ist, dass sie einen guten Einblick in die Tätigkeit des Beurteilten hat. Ist dies nicht der Fall, so ist ein anderer Beurteiler zu bestimmen.
In der Praxis kommt es auch vor, dass zwei Beurteiler die Leistungsbeurteilung durchführen, um ihre Einschätzung mit einander abzustimmen und sich gegebenenfalls gegenseitig zu korrigieren. Dies soll dem so genannten »Nasenfaktor«, das heißt der Bevorzugung oder Ablehnung eines Mitarbeiters aufgrund persönlicher Vorlieben oder Abneigungen, entgegen wirken.

Bei der Fremd- und Selbstbeurteilung führen sowohl der Fremdbeurteiler, in der Regel die direkte Führungskraft, als auch der Mitarbeiter selbst eine Leistungsbeurteilung durch.
Dies setzt zum einen zwar einen höheren Schulungsaufwand voraus, da auch die Mitarbeiter ausführlich mit der Anwendung des Leistungsbeurteilungsverfahrens vertraut gemacht werden müssen, erhöht zum anderen aber den Nutzen des Mitarbeitergesprächs, da beide Seiten kompetent miteinander reden können.

Eine weitere Beurteilungsvariante, die jedoch in der Praxis wegen ihres sehr hohen Aufwandes nur selten – und wenn bei AT-Angestellten – angewandt wird, ist die 360°-Beurteilung, bei der ein Gesamtbild der Leistung eines Mitarbeiters erstellt wird. Neben der Führungskraft werden hier Kollegen, Kunden sowie weitere regelmäßige Kontaktpersonen des Mitarbeiters zur Beurteilung herangezogen.

Durchführung der Beurteilung

Vor oder spätestens zu Beginn des Beurteilungszeitraumes sollte ein Gespräch zwischen Mitarbeiter und Beurteiler stattfinden, in dem die Leistungsziele/-erwartungen für den anstehenden Beurteilungszeitraum besprochen werden. Grundsätzlich ist es möglich, dies auch in das Mitarbeitergespräch zur Diskussion des Beurteilungsergebnisses des vergangenen Beurteilungszeitraumes einzubinden. Eine solche Verknüpfung sollte jedoch nur dann erfolgen, wenn eine offene und sachliche Gesprächsatmosphäre gegeben ist. Andernfalls ist die Wahl eines separaten Termins sinnvoller.

Die Erläuterung der Leistungserwartungen an den Mitarbeiter sollte möglichst konkret – unter Berücksichtigung der Leistungsmerkmale – erfolgen. Dem Mitarbeiter muss deutlich werden, was als schlechte oder gute Leistung beurteilt wird.

Der jeweilige Beurteilungszeitraum ist unabhängig von vorangegangenen Beurteilungen zu betrachten. Fehler oder auch herausragende positive Leistungen der Vergangenheit dürfen nicht in die Beurteilung einfließen. Für eine fundierte Beurteilung ist es hilfreich, sich während des Beurteilungszeitraumes Notizen zum Leistungsverhalten des Mitarbeiters zu machen. Treten gravierende Schwächen oder Fehler beim Mitarbeiter auf, so sollte er unverzüglich darauf angesprochen werden, damit diese behoben werden können. Keinesfalls sollte erst nach Abschluss des Beurteilungszeitraumes eine »Endabrechnung« erfolgen. Damit wäre das Ziel einer Leistungssteigerung und -förderung der Mitarbeiter verfehlt.

Das Wichtigste – das Mitarbeitergespräch zum Abschluss der Beurteilung

Zum Abschluss des Beurteilungszeitraumes führen Beurteiler und Beurteilter ein Mitarbeitergespräch durch, in dem das Ergebnis der Leistungsbeurteilung erläutert und besprochen wird. Ziel des Gespräches ist es, Stärken und Schwächen des Beurteilten aufzuzeigen und gemeinsam die Ursachen für Schwächen herauszuarbeiten und nach Wegen zu ihrer Behebung zu suchen.

Der Termin des Mitarbeitergespräches sollte frühzeitig festgelegt werden, so dass beide Seiten sich darauf vorbereiten können. Für die Durchführung sollte ausreichend Zeit vorgesehen werden. Um eine sachliche und ruhige Gesprächsatmosphäre zu erreichen, sollten Störungen beispielsweise durch Telefonate ausgeschlossen werden.

In der Führung eines solchen Mitarbeitergespräches sollten beide Seiten vorab geschult werden. So muss beispielsweise der Beurteiler lernen, Kritik sachlich und konstruktiv zu vermitteln, ohne den Beurteilten persönlich zu verletzen. Der Beurteilte muss ebenfalls sachlich argumentieren und mit Kritik umgehen können.

Reklamation des Beurteilungsergebnisses

Kommen Beurteiler und Beurteilter trotz langer Diskussion nicht zu einem einvernehmlichen Ergebnis, so legt die Führungskraft das Ergebnis fest. Der Mitarbeiter hat dann in der Regel ein Reklamationsrecht. Je nach betrieblicher Regelung werden ein oder mehrere Vertreter der Geschäftsführung bzw. des Betriebsrates herangezogen, um eine Einigung über die Beurteilung zu erzielen. In den Betrieben hat sich die Einrichtung einer paritätischen betrieblichen Kommission bewährt, die sich mit diesen Reklamationsfällen befasst.

Leistungsbeurteilung in der betrieblichen Personalpolitik

Leistungsbeurteilung als Instrument der Personalführung

Der Erfolg von Leistungsbeurteilungen im Unternehmen beruht im Wesentlichen auf der intensiven und offenen Kommunikation zwischen Mitarbeiter und Führungskraft. Zudem ist es wichtig, dass dem Mitarbeiter Handlungsspielräume eröffnet werden, in deren Grenzen er seine Leistung, sein Engagement beweisen kann. Es ergibt keinen Sinn, die Leistung eines Mitarbeiters zu beurteilen und auch zu vergüten, wenn dessen Aufgabenschritte inhaltlich und zeitlich detailliert festgelegt sind.

Ein solcher Umgang miteinander kann jedoch nicht von einem Tag auf den anderen erlernt und praktiziert werden. Leistungsbeurteilung muss als Instrument der Personalführung auch ein Teil der Unternehmenskultur sein. Sie soll die konstruktive vertrauensvolle Zusammenarbeit zwischen Führungskraft und Mitarbeiter/n unterstützen. Ständige Kontrolle durch den Vorgesetzten muss entfallen zu Gunsten einer Zielorientierung der Mitarbeiter.

Hierzu ist es notwendig, dass sowohl Führungskräfte als auch Mitarbeiter ausführlich zum Einsatz der Leistungsbeurteilung informiert und geschult werden.

Neben der Anwendung des Verfahrens nimmt die Gesprächsführung einen inhaltlichen Schwerpunkt dabei ein. In diesem Prozess müssen insbesondere die Führungskräfte ihr Rollenverständnis überdenken und gegebenenfalls verändern. Dies benötigt Zeit. Eine überhastete Einführung der Leistungsbeurteilung kann zu einem Fehlschlag werden. Sinnvoll ist es, Probeläufe mit Beurteilungen durchzuführen, um allen Beteiligten Sicherheit zu geben, bevor die eigentliche Leistungsbeurteilung mit Entgeltrelevanz durchgeführt wird.

Leistungsbeurteilung als Instrument der Personalentwicklung

Richtig angewandt dient die Leistungsbeurteilung auch als Instrument der Personalentwicklung. Bei der Leistungsbeurteilung werden Leistungsschwächen und -stärken eines Mitarbeiters erkannt und besprochen. Daraus können – möglichst gemeinsam mit dem Mitarbeiter –
⇨ Maßnahmen zur Reduzierung der Leistungsschwächen beispielsweise durch ergänzende Schulungen oder Anleitungen,
⇨ Maßnahmen zur Förderung und Nutzung seiner Stärken beispielsweise durch gezielten Arbeitseinsatz
abgeleitet und durchgeführt werden. Letztlich können sich daraus auch Versetzungen an einen Arbeitsplatz ergeben, der der Eignung des Mitarbeiters besser entspricht.

Fazit
Die vorangegangenen Ausführungen haben gezeigt, dass die Leistungsbeurteilung ein sehr sensibles Instrument der betrieblichen Personalpolitik ist.

In die Gestaltung des Verfahrens sollten in gemeinsamer Arbeit Geschäftsführung, Fachabteilungen sowie Mitarbeiter bzw. ihre Vertreter (Betriebsrat) eingebunden sein, um die notwendige Akzeptanz bei allen Beteiligten zu sichern.

Für den Weg von der Information und Schulung des Verfahrens, über seine Erprobung bis hin zur eigentlichen Anwendung sollte ausreichend Zeit vorgesehen werden, um die Entwicklung einer »Kommunikationskultur« zu fördern.

Renate Quinting arbeitete von 1982 bis 1993 als wissenschaftliche Mitarbeiterin im Institut für angewandte Arbeitswissenschaft e.V. (IfaA), Köln, Fachbereich Entgeltgestaltung. Nach einer Familienpause und einer dreieinhalbjährigen Tätigkeit bei der Deutschen Forschungsgemeinschaft, Bonn, kam sie 2000 zur PERSPEKTIVE EYER CONSULTING. Ihre Schwerpunkte im Bereich der betrieblichen und tariflichen Entgeltgestaltung sind Leistungsbeurteilung, Zielvereinbarung sowie Vergütung von Angestellten.

Zusammenfassung
Der Beitrag beschreibt, wie Leistungsbeurteilungsverfahren zu gestalten und in der Praxis anzuwenden sind. Er erläutert den Prozess von der Auswahl der Leistungsmerkmale bis hin zu einer eventuellen Reklamation des Beurteilungsergebnisses. Leistungsbeurteilung dient nicht nur zur Ermittlung eines variablen Vergütungsanteils, sondern auch als Instrument zur Unterstützung von Personalführung und Personalentwicklung. Voraussetzung für eine sinnvolle Nutzung der Leistungsbeurteilung ist eine Unternehmenskultur, die Handlungsspielräume eröffnet und die offene Kommunikation zwischen Führungskräften und Mitarbeitern fördert.

Zielvereinbarungen

Wettbewerbsorientierte Zielvereinbarung
von Andrea Kahlert

Zielvereinbarungen – Rechtliche Fragen
von Hans Michael Weiss

Zielvereinbarungen und variable Entlohnung im Mittelstand
von Wolfgang Boeddecker

Zielvereinbarungen für tarifliche Mitarbeiter in Service-Teams
von Eckhard Eyer, Werner Koch

Variable Zielentgelte
von Helmut Ruckriegel

Gruppenprämie und Bonus
von Hans Krug

Wettbewerbsorientierte Zielvereinbarung

Meist werden individuelle Zielvereinbarungen kaskadenartig aus den Unternehmenszielen abgeleitet. Wenn sich das gesamtwirtschaftliche Umfeld verschlechtert, steigt bei diesem Vorgehen das Risiko, dass unrealistisch gewordene Unternehmensziele zwangsläufig zu individueller Zielverfehlung führen.

> In diesem Beitrag erfahren Sie,
> - dass die Ableitung von Zielen allein aus der Unternehmensplanung zu kurz greift,
> - warum und wie die Wettbewerbsorientierung eine Alternative darstellt,
> - wie Sie die bereichsübergreifende Diskussion strukturiert gestalten können.

Andrea Kahlert

Zielvereinbarungs- und Beurteilungssystem

Auch und gerade in wirtschaftlich ungewissen Situationen ist es für ein Unternehmen von besonderer Bedeutung, die richtigen Mitarbeiter zu haben, diese weiter zu entwickeln und die gezeigte Leistung als Beitrag zum Unternehmenserfolg zu honorieren. Alle diese Aspekte stellen eine Herausforderung an das Personalmanagement dar, insbesondere dann, wenn die Leistung des einzelnen Mitarbeiters sich nicht direkt in einem positiven Unternehmensergebnis widerspiegelt. Aber gerade dann besteht die Notwendigkeit, Leistungsträger zu identifizieren und deren Fähigkeiten und Stärken auszubauen. Neben weiteren Instrumenten der Personalentwicklung – wie zum Beispiel der Potenzialanalyse – können Zielvereinbarungs- und Beurteilungssysteme hierfür hervorragende Dienste leisten.

⇨ Mit *Zielvereinbarungen* kann – neben dem Herunterbrechen der Unternehmensziele – dem Mitarbeiter aufgezeigt werden, welche konkreten Entwicklungsschritte Führungskräfte und Personalmanagement sehen.
⇨ Die *Beurteilung* des Leistungsverhaltens stellt daneben ein wichtiges Instrument zur Identifikation von Stärken und Schwächen dar.

Beide Aspekte – Zielvereinbarungen und Leistungsbeurteilungen – ergänzen sich idealerweise in einem Zielvereinbarungs- und Beurteilungssystem. So können Unternehmensinteressen und Mitarbeiterinteressen ausgewogen berücksichtigt werden.

Was passiert aber, wenn die Ziele des Unternehmens, häufig und notwendigerweise als harte (quantitative) Planzahlen aus der Unternehmensplanung abgeleitet, nicht erreicht werden? Die Mitarbeiter, mit denen ausgehend von den Unternehmenszielen quantitative Ziele vereinbart wurden, verfehlen in der Regel auch ihre Ziele, da sich diese kaskadenförmig aus den Unternehmenszielen ableiten. Damit wird die Zielerreichung in wirtschaftlich schwierigen Zeiten – unabhängig von dem Engagement und der Leistung des Einzelnen – schwieriger. Denn auch qualitative Ziele lassen sich gegebenenfalls schwer bis gar nicht realisieren, wenn zum Beispiel die notwendigen Projektbudgets für das qualitative (Projekt-) Ziel nicht bereit gestellt werden oder die eher langfristig kostenwirksamen Prozessverbesserungen eine verminderte Priorität zu Gunsten von direkten Kosteneinsparpotenzialen erlangen.

Gerade in turbulenten Zeiten wird deutlich: Auf den Vergleich kommt es an!

Zielvereinbarungen mit Wettbewerbsorientierung

Letztlich zählt in wirtschaftlich angespannten Zeiten der Erfolg des Unternehmens im Vergleich zum Wettbewerb. Genau diese Erkenntnis liegt allen Marktvergleichen und der Definition von *Benchmarks* zugrunde. Die externen Rahmenbedingungen sind in einem Markt für alle Marktteilnehmer gleich. Es kommt also darauf an, ob ein

Unternehmen unter den gegebenen Umständen seine Marktposition behaupten kann oder im besten Fall die Ausgangssituation sogar dazu nutzen kann, weitere Marktpotenziale für sich zu gewinnen. Dabei ist die Leistung der Mitarbeiter ganz entscheidend. Insofern stellt sich die Frage, ob nicht auch bei der Vereinbarung von Zielen der Bezug zum relevanten Wettbewerb hergestellt werden sollte.

Im Rahmen von Aktienoptionsmodellen gibt es die *Wettbewerbsorientierung in Form von Indexmodellen* bereits seit längerem. Hierbei wird die Entwicklung des Unternehmens im Vergleich zum relevanten Wettbewerb verglichen, indem ausgehend von einem Basiswert die relative Veränderung von Unternehmensaktie und Index gemessen wird. Eine so genannte *Outperformance* wird erreicht, wenn die relative Veränderung des Unternehmens besser ist als die des Vergleichsindexes (s. Abb. 1).

Dieser Ansatz findet sich auch bei flexibel auf den Wettbewerb ausgerichteten Zielvereinbarungssystemen wieder: Diese leiten quantitative Erfolgskennzahlen aus dem Wettbewerbsumfeld ab. Damit stehen *nicht absolute Zielgrößen,* sondern Veränderungen der Kennzahlen im Vordergrund. Der Erfolg des Unternehmens und der Erfolg des Mitarbeiters stehen somit im Kontext dessen, was der Wettbewerb

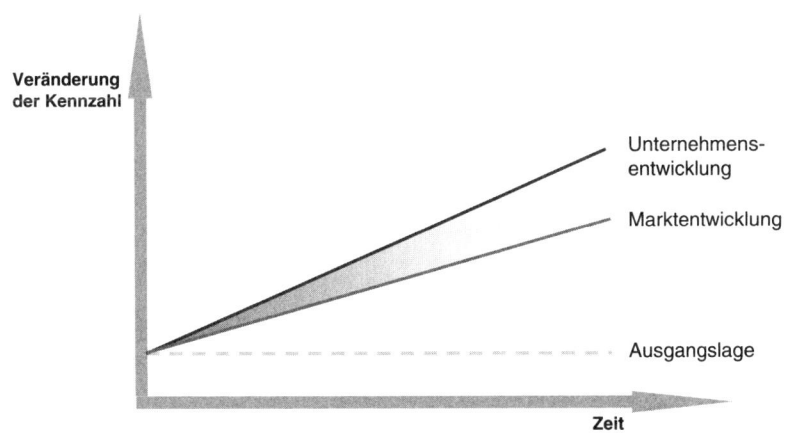

Abb. 1: *Prinzip der Indexorientierung*

in der aktuellen Marktsituation erreicht hat. *Der relative Erfolg unter Berücksichtigung der Rahmenbedingungen* stellt somit den Erfolgsmaßstab dar.

Wie könnte ein flexibles Zielvereinbarungssystem nun aussehen? An dieser Stelle sei angemerkt, dass es durchaus denkbar ist, den Gestaltungsansatz eines flexiblen Zielvereinbarungssystems auch am internen Wettbewerb, zum Beispiel bei konkurrierenden Sparten innerhalb eines Konzerns, auszurichten.

Grundsätzlich erfolgt bei flexiblen Zielvereinbarungssystemen *kein kaskadenförmiges Herunterbrechen der Gesamtunternehmensziele,* wie sie in unternehmensorientierten Zielvereinbarungssystemen üblich sind. Vielmehr erfolgt eine Festlegung des jeweiligen (externen oder auch internen) Benchmarks, das heißt, der Bezugsgröße für den Erfolg (s. Tabelle 1). Mit diesen unterschiedlichen Herangehensweisen werden

Tabelle 1: Orientierung verschiedener Systemansätze der Zielvereinbarung	
Unternehmensorientierung	Wettbewerbsorientierung
Ableitung von quantitativen Bereichszielen aus der Gesamtunternehmensplanung	Ableitung von quantitativen Erfolgskennzahlen aus dem Wettbewerbsumfeld
Kaskadenförmiges Herunterbrechen (= Top-down-Prozess) der Ziele auf Bereiche, Abteilungen und Mitarbeiter	Nicht die Planerfüllung steht im Vordergrund sondern die erreichte Leistung im Vergleich zum Wettbewerb
	Zuordnung von internen/externen Benchmark-Daten auf die Bereiche und Abteilungen

verschiedene Zielrichtungen verfolgt. Um eine Entscheidung für die eine oder andere Systemorientierung zu treffen, sollten die jeweiligen positiven Aspekte und Gefahren verglichen und die notwendigen Voraussetzungen geprüft werden.

Positive Aspekte von Zielen mit Unternehmensorientierung

Grundsätzlich ist der Fokus unternehmensorientierter Ziele auf die Aspekte *innerhalb* des Unternehmens gerichtet.

Ein wichtiger Aspekt besteht in der notwendigen Strukturierung von Arbeitsabläufen und Aufgaben. Eine Struktur ist erforderlich, um die Unternehmensziele in die jeweils relevanten Bereiche herunterzubrechen. Innerhalb der Bereiche ist die Zuordnung zu Aufgabenbereichen notwendig. Dies schafft mehr Transparenz im Unternehmen. Die Aufgaben und deren Erfüllungsgrad werden steuerbar und unterstützen damit das Management in seiner Führungsfunktion.

Ein weiterer positiver Aspekt ist die Unterstützung einer strukturierten Zusammenarbeit von Organisationseinheiten miteinander und von Mitarbeitern untereinander. Zielvereinbarungen nehmen hierbei eine koordinierende Rolle ein.

Durch die systematische Kommunikation von Leistungserwartungen an alle Beteiligten und die Verdeutlichung der Auswirkungen auf den langfristigen Unternehmenserfolg entsteht eine Institutionalisierung im Rahmen der Kommunikation.

Letztendlich bietet eine kaskadenförmig heruntergebrochene Unternehmensplanung eine solide Basis für die Orientierung und Erfolgskontrolle des Unternehmens auf allen Ebenen. Zielvereinbarungen über alle einbezogenen Ebenen ermöglichen damit die kritische Reflexion der Unternehmensziele. Auffällige Zielverfehlungen beziehungsweise Zielüberschreitungen geben wichtige Hinweise für zukünftige Unternehmensplanungen. Aber genau hier entstehen auch besondere Gefahren.

Gefahren bei Zielen mit Unternehmensorientierung

Die Vereinbarung von Zielen setzt anspruchsvolle und als erreichbar erachtete Ziele voraus; der Zielvereinbarungsprozess erfordert somit eine permanente Rückkopplung (bottom-up) zur Unternehmensplanung. Diese erfolgt jedoch nicht in allen Fällen aufgrund strategischer, politischer oder einfach administrativer Umstände. *In der Praxis ist es daher sehr schwierig, den Zielvereinbarungsprozess top-down-bottom-up konsequent einzuhalten.* Darüber hinaus erschwert die Komplexität von internen und externen Einflussfaktoren häufig eine realistische Zielsetzung. Mitunter ist die Unternehmensplanung nur bedingt für die Ableitung von Zielen geeignet, häufig sind die Wettbewerbsbedingungen sehr variabel und schnelllebig.

Des Öfteren wird unabhängig vom Wettbewerb ausschließlich auf die Erreichung unternehmensinterner Planzahlen abgestellt – eine Vorgehensweise mit der Gefahr einer wenig ehrgeizigen Zielsetzung und der Beschränkung auf den Realisationsgrad des Geplanten. Die damit zusammenhängende zu geringe Wettbewerbsorientierung kann zum Beispiel im Fall sich rasch erholender Märkte eine verheerende Wirkung auf die Initiative der Mitarbeiter haben: Nach dem Grundsatz „Nichts ist besser als ein schlechtes Vorjahr" werden gegebenenfalls die niedrigen Zielniveaus für die Folgejahre konserviert. Im Ergebnis kann man festhalten, dass unternehmerisches Verhalten sehr komplex ist und viel mehr beinhaltet als nur die Erreichung von vereinbarten Zielen; sie impliziert zum Beispiel die Notwendigkeit, proaktiv am Markt zu agieren.

Unternehmerisches Verhalten durch wettbewerbsorientierte Ziele

Wettbewerbsorientierte Zielvereinbarungssysteme bieten eine Alternative. Sie ermöglichen grundsätzlich in jeder wirtschaftlichen Lage die Erreichbarkeit der Ziele. Die Wettbewerbsorientierung stellt das erreichte Unternehmensergebnis in den Vergleich zur Konkurrenz, um diese Leistung zu bewerten. Auf Grund der Definition der Kriterien und des Ausdrucks der Zielerreichung im Vergleichsmaßstab ist eine unterjährige Anpassung in der Regel nicht notwendig – *permanente Wettbewerbsinformationen zeigen jeweils die Messlatte auf, an der sich das Unternehmen misst.* Veränderungen und die gesamte Komplexität des Wettbewerbsumfeldes fördern das unternehmerische Denken. Darüber hinaus entfallen die Diskussion bei einer Zielverfehlung und die vielfältigen externen (und damit nicht zu berücksichtigenden) Gründe hierfür.

Konzeption wettbewerbsorientierter Zielvereinbarungssysteme

Für die Anwendung eines wettbewerbsorientierten flexiblen Zielvereinbarungssystems sind einige Voraussetzungen zu erfüllen:
⇨ Eine eindeutige Kenntnis der für den Wettbewerbserfolg entscheidenden Kriterien ist notwendig,
⇨ Benchmark-Daten sollten zeitnah erhoben und
⇨ interne und externe Benchmark-Daten sollten bereichsbezogen zugeordnet werden können.

Häufig sind diese Voraussetzungen erst zu schaffen, um sie als Grundlage für Zieldefinitionen und Leistungsbeurteilungen heranzuziehen.

Systemvoraussetzungen

In einem ersten Schritt ist zu prüfen, ob die Möglichkeit einer objektiven Vergleichbarkeit der Marktteilnehmer besteht. *Die objektive Vergleichbarkeit* bedarf der Verfügbarkeit von Benchmark-Daten oder der Bereitschaft zur Entwicklung eines Indexes. Im konkreten Einzelfall sind die Möglichkeiten und Grenzen zu analysieren.

Zur Anwendung des Systems ist sowohl auf die Organisationsstruktur des Unternehmens als auch auf die Verantwortlichkeiten der jeweiligen Zielgruppen für das Zielvereinbarungssystem abzustellen. Um externe Daten erfassen und vergleichen zu können, muss die Organisationsstruktur des Unternehmens und der Vergleichsunternehmen *produkt- oder dienstleistungsbezogene Sparten* aufweisen. Gewonnene Daten und Informationen dienen insbesondere dem Wettbewerbsvergleich auf oberster Managementebene.

Zur weiteren Anwendung des Systems ist *eine länder- oder regionenspezifische Organisationsstruktur* hilfreich, die wiederum in entsprechenden Managementebenen abgebildet wird. Das System ist am leichtesten dort anwendbar, wo die Managementverantwortung auf oberster Leitungsebene eine internationale Verantwortung für das Produkt oder die Dienstleistung vorsieht und nachgeordnete Ebenen eine länderspezifische Produkt- beziehungsweise Dienstleistungsverantwortung aufweisen.

Zu prüfen bleibt im Rahmen der Konzeption eines solchen Systems, *welche Marktdaten in welcher Informationstiefe verfügbar sind und in welcher Form diese zu den bestehenden eigenen Strukturen passen.* Neben veröffentlichten (zum Beispiel aus den Geschäftsberichten des Wettbewerbs) produkt- oder produktgruppenspezifischen Daten werden auch länderspezifische benötigt, was ein wettbewerbsorientiertes Zielvereinbarungssystem für die Konzernobergesellschaft und für die oberen Länderebenen realisierbar macht. Im Einzelfall ist zu prüfen, wieweit ein solches System heruntergebrochen werden kann unter der Maßgabe, dass die Zielgrößen für das jeweilige Individuum (mit) beeinflussbar sind. Realisierbar wäre das System sowohl in Dienstleistungs- wie in Produktionsunternehmen, zum Beispiel können bei Luftfahrtunternehmen Passagierzahlen, Frachttonnen oder Umsätze als mögliche Kriterien herangezogen werden oder in Pharmaunternehmen produktgruppenbezogene Umsatzzahlen; zum Beispiel enthält der Markt für Generika, also Medikamente, deren Patente abgelaufen sind und die daher in gleicher Qualität günstiger angeboten werden können, Wachstumspotenziale für Unternehmen, die stark wettbewerbsorientiert agieren.

Grundsätzlich kann man davon ausgehen, dass ein begrenzter Markt, das heißt, ein Markt mit wenigen Marktteilnehmern und einer sonst gleichen Ausgangssituation, die Vergleichbarkeit und damit die Einführung eines wettbewerbsorientierten Zielvereinbarungssystems erleichtert.

Quantitativer Gestaltungsansatz

Wie könnte also ein wettbewerbsorientierter Ansatz aussehen?

Auf oberster Leitungsebene wäre zunächst *der Gesamtumsatz der Sparte über alle Länder beziehungsweise Regionen* festzustellen. Dieser ist zu bewerten unter Ansatz eines übergreifenden Benchmarks beziehungsweise einer ermittelten Vergleichskennzahl. Festzulegen ist, in welchem Verhältnis sich Markt und Unternehmen entwickeln sollen, um einem herausfordernden Ziel zu entsprechen, zum Beispiel ein Prozentsatz, um den die Unternehmens- die Marktentwicklung übersteigt. Denkbar ist auch, die Outperformance des Indexes als Ziel vor Augen zu haben, denn auch dies führt zu einer Verbesserung der eigenen Wettbewerbssituation. Beispielsweise könnte die überproportionale Steigerung des Umsatzes im Vergleich zu einem Benchmark als Wachstumsindikator für das Segment herangezogen werden, oder die Anzahl neuer Patente erlaubt es, Aussagen über die künftigen Marktanteile für bestimmte Produktgruppen zu treffen.

Die Feststellung der Zielerreichung ist aber erst mit der Kenntnis der Umsätze des Wettbewerbs möglich, die in den Zielfestlegungsprozess zu integrieren ist. Unterjährige Zielerreichungsgespräche basieren auf Marktprognosen beziehungsweise -analysen. *Die Ungewissheit innerhalb der Zielvereinbarungsperiode* hat den Vorteil, dass das Niveau zur hundertprozentigen Erreichung des Ziels beziehungsweise dessen Überschreitung nicht feststeht und ein voller Einsatz daher immer lohnend ist.

Für nachgeordnete Leitungsebenen sind die entsprechenden Benchmark-Daten heranzuziehen. Die Potenziale auf den jeweiligen Märkten müssen bestimmt werden, um die Ziele und Relationen zum Benchmark festzulegen. Spezifische Rahmenbedingungen sind einzubeziehen, die sich in den jeweiligen Märkten ergeben. Die Festlegung des Performance-Ziels ist unter Berücksichtigung der jeweiligen Ausgangslage vorzunehmen, indem zum Beispiel jeweils die Relation des eigenen Umsatzes zum Marktumsatz angegeben wird.

Berücksichtigung von bestehenden Prozessen

Der Prozess der wettbewerbsorientierten Zielvereinbarung setzt bei der *Marktanalyse* an, die insbesondere für die Leistungsdefinition des Unternehmens erforderlich ist. Häufig wird diese Analyse nicht direkt für die Definition der (Teil-) Ziele betrieben. Sinnvoll ist dann eine Aufstellung von Umsatz- und Ergebniszielen, um eine Aussage zur angestrebten Relation der eigenen zur Marktleistung vornehmen zu können. Da diese ohnehin im Rahmen der Unternehmensplanung erfolgt, lässt sich aus diesem Verhältnis die Relation von eigenem zum Marktergebnis bezogen auf die festgelegte Ausgangssituation ermitteln. Anschließend folgt die Festlegung des Länder- oder Regionenbeitrags zur Gesamtzielerreichung unter Berücksichtigung unterschiedlicher Marktzugänge und spezifischer Potenziale.

Nach Abschluss der Zielerreichungsperiode erfolgt die endgültige Feststellung der Zielerreichung. *Unterjährige Gespräche über die bisherige Leistung* im Wettbewerbsvergleich und zur Festlegung weiterer Strategien können monatlich, quartalsweise, halbjährlich oder bei Bedarf stattfinden. Diese sind im Vertrieb längst verbreitet und erhalten durch die Vergütungsrelevanz zusätzliches Gewicht. Auch für Nicht-Vertriebler gewinnt so der Blick zum Wettbewerb ein neues Gewicht, um von den Besten zu lernen.

Verknüpfung von Zielvereinbarung und Vergütung

Die Verknüpfung von Zielvereinbarung und Vergütung ist keineswegs zwingend, jedoch aus verschiedenen Gründen sehr sinnvoll.
⇨ Erstens besteht überhaupt ein konkreter Anlass für beide Partner, klare Ziele zu vereinbaren, da jeder ein inhaltliches *und* ein materielles Interesse hat. Insofern erhält das Zielvereinbarungssystem mit der Kopplung an eine variable Vergütung ein gesteigertes Gewicht mit der Folge, dass Zielvereinbarungsgespräche zwischen Führungskraft und Mitarbeiter als aktives Gestaltungselement fungieren und nicht lediglich als notwendiges Übel betrachtet werden.

⇨ Zweitens erhalten Ziele, mit deren Erreichung eine variable Vergütung verbunden ist, den Charme materieller Anerkennung. Wir leben in einer Leistungsgesellschaft und arbeiten in Unternehmen, deren Ziel in der Erwirtschaftung langfristiger Gewinne besteht. Eine Beteiligung an materiellen Erfolgen und der Ausdruck von Anerkennung durch Entgelt stehen daher in einer logischen Kette. Auch wenn Geld nicht glücklich macht, so stellt es doch einen Gradmesser für Erfolg dar und erleichtert darüber hinaus jedem Einzelnen die angenehme Gestaltung seines individuellen Lebens. Aufrichtige Anerkennung motiviert – in dem Moment, in dem die variable Vergütung in nachvollziehbarer Weise an zurechenbare Leistungsbeiträge gekoppelt ist, kann ein Höchstmaß an aufrichtiger Anerkennung ausgedrückt werden. Das kommt dann auch an.

Der Wunsch nach Anerkennung bezieht sich insbesondere bei qualitativ hochwertigen Tätigkeiten auch auf qualitative Aspekte der Leistungserbringung. Wie sieht es aktuell mit den sogenannten weichen Faktoren im Rahmen der Zielvereinbarung aus?

Zusammenhang von Zielvereinbarungen und Personalentwicklung

Zielvereinbarungssysteme werden regelmäßig dann problematisch, wenn die Leistungen – insbesondere qualitativer Art – hervorragend waren, aber die wirtschaftlichen Ergebnisse dies nicht widerspiegeln. Kommt kein Geld in die Kassen, kann auch nichts ausgeschüttet werden. – Das leuchtet ein und zeigt konsequentes Handeln.

Ein gestandener Vertriebsprofi kann mit den Schwankungen seiner Gesamtbarvergütung bestens umgehen, da sich mit den Einkommensrisiken auch entsprechende Chancen verbinden. Jedoch haben Unternehmen es mit Individuen zu tun, deren individuelle Situation nur schwer in Einklang zu bringen ist mit dieser Interpretation wirtschaftlicher Zusammenhänge.

Wie sieht es also mit der Akzeptanz von Zielvereinbarungen im Zusammenhang mit Personalentwicklung und den hiermit einhergehenden Karriereschritten aus? Welche differenzierten Anforderungen stellen Unternehmen an Zielvereinbarungssysteme unter Berücksichtigung von Personalentwicklungsschritten? Um diesen Aspekt näher zu beleuchten, werden die Anforderungen an die Zielvereinbarung und die Personalentwicklung in vier Karrierephasen unterteilt (s. Tabelle 2).

⇨ *Berufsanfänger:* Der Berufsanfänger benötigt zunächst Orientierung, um die Inhalte seiner Funktion und die Zusammenhänge und Abläufe im Unternehmen rasch zu erfassen. Die Strukturierung seiner Aufgaben fördert die Identifikation mit der Funktion und ermöglicht die strukturierte Erläuterung von Aufgaben und Entwicklungszielen. Für die Führungskraft ist ein Zielvereinbarungsinstrument in diesem Entwicklungsschritt hilfreich, wenn es die Identifikation von Entwicklungspotenzialen unterstützt. Sachgerecht ist in dieser Phase ein Bonussystem, welches relativ geringe variable Bestandteile ausschüttet. So lernt der Berufsanfänger von vornherein die Variabilität seiner Vergütung kennen, ohne große Risiken einzugehen. Als weitere Variante kommt die Zahlung eines Garantiebonus für quantitative Ziele, deren Erreichbarkeit in der ersten Zeit noch nicht gegeben ist, in Betracht.

⇨ *Karriereentwicklung bereits qualifizierter Mitarbeiter:* Vorrangig sind hier der Ausbau bestehender Stärken und die Definition und Abgrenzung von Leistungs- und Erfolgsbeiträgen mit entsprechender Honorierung. Die Gehaltsentwicklung verläuft in modernen Vergütungssystemen verstärkt über variable Vergütungsbestandteile. Stellen sich wegen wirtschaftlicher Entwicklungen Stillstände oder rückläufige Gehaltsentwicklungen ein, bremst dies die Abbildung des Karriereverlaufs durch eine zunehmende Vergütung. Hier sollte das Zielvereinbarungssystem quantitative und qualitative Ziele in einer geeigneten Mischung enthalten, um ungewollten Gehaltsentwicklungen entgegenzuwirken. Eine Alternative besteht in der Ausschüttung einer Sonderzahlung außerhalb des Systems.

Tabelle 2: Karrierephasen im flexiblen Zielvereinbarungssystem		
Karriereschritt	Anforderungen an Zielvereinbarungen	Lösungsansätze
Berufsanfänger	⇨ Identifikation mit der Funktion erleichtern ⇨ Strukturierung der Aufgaben ⇨ Entwicklungspotenziale erkennen ⇨ Orientierung für weitere Schritte	⇨ (relativ) geringe Variable ⇨ Garantiebonus für quantitative Ziele
Karriereentwicklung qualifizierter Mitarbeiter	⇨ Stärken ausbauen ⇨ Leistungs- und Erfolgsbeiträge definieren, abgrenzen und honorieren ⇨ Gehaltsentwicklung verstärkt über variable Bestandteile ⇨ Problem: wirtschaftliche Lage bremst Gehaltsentwicklung im Karriereverlauf	⇨ Ausgleich quantitativer und qualitativer Ziele ⇨ neben dem System variable Sonderzahlung
Höhepunkt der Karriere, Know-how-Träger	⇨ Bedeutung von Know-how-Trägern und verstärkter Verantwortung kommunizieren ⇨ Akzeptanz schwankender variabler Vergütungsbestandteile fördern ⇨ Bedeutung monetärer Anreize und Anerkennung	⇨ (relativ) hohe variable Anteile mit Chancen und Risiken
Karrierestillstand bzw. -knick	⇨ Erfahrungswissen im Unternehmen nutzen (bereichsübergreifend) ⇨ abnehmende Leistungskurve ⇨ Anpassung des Anspruchsniveaus von Zielen und Erreichbarkeit ⇨ Bedeutung monetärer Anreize	⇨ rückläufige Vergütung über variable Anteile

⇨ *Karrierehöhepunkt*: Hier stellen sich wieder andere Anforderungen. Insbesondere bei einem Fachkarriereverlauf sind die Kommunikation der Bedeutung von Know-how-Trägern und die Anforderungen an diese Rolle wichtig. Die Management- und Führungsverantwortung spiegeln sich verstärkt in der variablen Vergütung – mit der Folge relativ hoher variabler Vergütungsbestandteile. Diese sind mit entsprechenden Risiken verbunden. Die Bedeutung monetärer Anreize ist verändert, da Geld in dieser Phase neben weiteren Mitteln wie Status als Anerkennung der Leistung zur Verfügung steht.

⇨ *Karrierestillstand oder -knick*: Eine abnehmende Leistungskurve steht zunehmendem Erfahrungswissen gegenüber, das möglichst bereichsübergreifend genutzt werden sollte. Die Anpassung der Vergütung nimmt mit den Möglichkeiten einer variablen Vergütung zu. Die Bedeutung monetärer Anreize nimmt in der Regel ab, ein etwas ruhigerer Job gewinnt an Attraktivität.

Ein differenziertes Zielvereinbarungssystem bietet Möglichkeiten der Anpassung an spezifische Anforderungen im Karriereverlauf, stellt aber erhöhte Anforderungen an die Führungsleistung. So sind die unterschiedlichen Zielgruppen zu identifizieren, Abgrenzungen unter den Mitarbeitern vorzunehmen, die Einzelfälle zu entscheiden und mit dem Personalbereich abzustimmen. *Die in der zweiten Karrierestufe beschriebenen Ausgleichsmöglichkeiten quantitativer und qualitativer Ziele können insgesamt das System aufweichen.* Bei einem Wechsel in den dritten Karriereschritt ist zu bedenken, dass ein Wegfall dieser Ausgleichsmöglichkeiten zu Akzeptanzproblemen führen kann. Die Einhaltung von verstärkter Variabilität innerhalb eines solchen Systems stellt daher besondere Anforderungen an die Führungsqualitäten des Managements.

Eine Alternative wäre, dem Mitarbeiter bei Eintritt in die dritte Karrierestufe die freie Wahl zwischen geringerem Risiko seiner Zielvereinbarung mit entsprechend geringeren Einkommenschancen und einem verstärkten Risiko im Rahmen der Zielvereinbarung mit verstärkten Einkommenschancen einzuräumen. Insbesondere im dritten Karriereschritt besteht *die Gefahr einer zu starken Fixierung auf die Ziele und der Vernachlässigung anderer wichtiger Aufgaben,* zum Beispiel Führungs- und Managementverantwortung, die mit dieser Position verbunden sind. Die bereits geschilderten Verhaltenserwartungen hinsichtlich eines unternehmerischen Denkens und Handelns bekommen hier eine ganz besondere Bedeutung.

Als ein erstes Ergebnis lässt sich festhalten, dass die so wichtige genaue Messung von quantitativen Zielen bei der Feststellung des Zielerreichungsgrades von qualitativen Zielen aufgrund der individuellen Karrierephase und unter Berücksichtigung des Personalentwicklungsstands eine eingeschränkte Wirkung hat. Darüber hinaus könnten die differenzierten Vorgehensweisen je Karrierestufe in den verschiedenen Bereichen unterschiedlich gehandhabt werden, was eventuell ein Störgefühl hinsichtlich des (qualitativen) Zielvereinbarungssystems auslöst. Daher stellt das System nicht auf eine mathematische Scheingenauigkeit qualitativer Ziele ab, sondern berücksichtigt die Leistungs- und Verhaltenserwartungen unter Ansatz einer summarischen Gesamtbeurteilung.

Die qualitative Zielvereinbarung und Leistungsbeurteilung

Eine Basis für die summarische Gesamtbeurteilung bietet *das Diskussionsraster*, welches für alle im Unternehmen vorhandenen Bereiche Gültigkeit haben kann (s. Tabelle 3).
⇨ *Leistungsbeiträge* können durch allgemeine Kriterien wie zum Beispiel durch die Beurteilung des fachlichen Könnens ermittelt werden. Darüber hinaus gilt es, besondere Aufgaben, die der Kompetenzerweiterung dienen, zu vereinbaren beziehungsweise besondere Aufgaben der Leistungserbringung zu definieren. So können individuelle Personalentwicklungsmaßnahmen sowie der aktuelle Stand der Karrierephase direkt in die Zielvereinbarung integriert werden.

⇨ Hinsichtlich der *Verhaltenserwartungen* ist ein Diskussionsraster grundsätzlich an der gelebten beziehungsweise gewünschten Unternehmenskultur auszurichten; mit ein Grund dafür, dass ein Diskussionsraster unternehmensindividuell zu entwickeln ist. In dem Beispiel wurden Einsatzbereitschaft/Engagement, die Zusammenarbeit mit Kollegen und Vorgesetzten sowie das Verhalten gegenüber Kunden in den Vordergrund gestellt. Diese Kriterien können individuell für jede Funktion im Unternehmen konkretisiert werden und so einen wichtigen Beitrag zum Beispiel zur verstärkten Kundenorientierung im gesamten Unternehmen leisten.
⇨ Um weitere Potenziale der Mitarbeiter zu entwickeln, sieht das Diskussionsraster eine spezielle Rubrik für die *Personalentwicklung* vor, die zum Beispiel unabhängig von der aktuellen Funktion für den Mitarbeiter als sinnvoll erachtet wird.
⇨ Die *Führungsleistung* wird – soweit relevant – durch die einfache Formel „Wie wurden Mitarbeiter gefordert, wie wurden Mitarbeiter gefördert?« unkompliziert, aber effektiv beurteilt.

Prozess der bereichsübergreifenden Diskussion

Die Festlegung von Leistungs- und Verhaltenserwartungen sowie die Feststellung der qualitativen Zielerreichung erfolgen im Rahmen eines strukturierten Prozesses (s. Abb. 2). Kernstück des Prozesses ist die bereichsübergreifende Diskussion der summarischen Beurteilungsergebnisse. Mit der bereichsübergreifenden Abstimmung werden Transparenz über das Anspruchsniveau erzeugt und eine Vergleichbarkeit der Beurteilungsergebnisse hergestellt.
⇨ Zu Beginn eines jeden Geschäftsjahres startet der Zielvereinbarungs- und Beurteilungsprozess zunächst mit der Erläuterung des Diskussionsrasters für jeden Mitarbeiter durch den jeweiligen Vorgesetzten. Hierbei ist wichtig, dass den Mitarbeitern auch die Bedeutung des bereichsübergreifenden Prozesses für die Transparenz und die Vergleichbarkeit der Anspruchsniveaus erläutert wird.

Tabelle 3: Diskussionsraster						
Diskussionsraster	unter den Anforderungen	entspricht teilweise den Anforderungen	entspricht weitgehend den Anforderungen	entspricht den Anforderungen	über den Anforderungen	weit über den Anforderungen
Kompetenzen/Leistungsbeiträge Wie ausgeprägt sind ⇨ fachliches Können ⇨ Sorgfalt und Verantwortungsbewusstsein Wie sind im letzten Jahr folgende besondere Aufgaben erfüllt worden: ⇨ ⇨						
Verhalten Wie ausgeprägt sind: ⇨ Einsatzbereitschaft/Engagement ⇨ Zusammenarbeit mit Kollegen/Vorgesetzten ⇨ Verhalten gegenüber Kunden						
Personalentwicklung Was soll im nächsten Jahr erreicht werden, z. B. ⇨ Aneignen bestimmten Fachwissens ⇨ Entwicklung spezifischer Kompetenzen						
Mitarbeiterführung (soweit relevant) Wie wurden Mitarbeiter ⇨ gefordert ⇨ gefördert						
Summarische Gesamtbeurteilung						

| Phase 1
zu Beginn jedes Geschäftsjahres | Phase 2
während des Geschäftsjahres | Phase 3
nach Ablauf des Geschäftsjahres |
|---|---|---|
| ■ Erläuterung des Diskussionsrasters
■ Vereinbarung von Leistungsbeiträgen, Aufgaben und Zielen | ■ Fortlaufende Gespräche über die Zielerreichung | ■ Durchführung der Beurteilung durch den Vorgesetzten
■ Abstimmen mit nächsthöheren Vorgesetztem, dem Personalbereich sowie ggf. weiteren Beurteilern |

Abb. 2: *Prozess der bereichsübergreifenden Diskussion*

Hilfreich kann es insbesondere in der Startphase des Systems sein, wenn je Funktion die erwarteten Kompetenzen/Leistungsbeiträge je Karrierephase sowie ein *Anforderungsprofil* vorliegen. Sollte dies nicht der Fall sein, könnte der erste bereichsübergreifende Abstimmungsprozess für eine solche Leistungsdefinition genutzt werden.

⇨ In der zweiten Phase des Zielvereinbarungs- und Beurteilungsprozesses geht es um die fortlaufende Begleitung der Zielerreichung qualitativer (und quantitativer) Art.

⇨ Nach Ablauf des Geschäftsjahres führt zunächst der Vorgesetzte eine erste Beurteilung anhand des Beurteilungsrasters durch. Er sammelt Argumente und begründet seine summarische Beurteilung in den einzelnen Kriterien wie auch in der Gesamtbeurteilung. Im nächsten Schritt erfolgt eine Abstimmung der Beurteilung mit dem nächsthöheren Vorgesetzten, mit dem Personalbereich und gegebenenfalls mit weiteren Beurteilern. Damit wird eine strukturierte, bereichsübergreifende Diskussion in Gang gesetzt, die ihre Berechtigung nicht allein durch eine abgestimmte Bonusermittlung erhält, sondern eine vernetzte Kommunikationskultur fördert. Know-how-Transfers können ebenso über diese Kommunikationswege entstehen wie eine gezielte und bereichsübergreifende Personalentwicklung.

Damit nützt das flexible Zielvereinbarungssystem in vielfältiger Weise, indem es die unterschiedlichen Personalentwicklungsschritte im Karriereverlauf unterstützt, Leistung und Wissenstransfer fördert und gezeigte Leistung differenziert honoriert.

Im Rahmen des Mitarbeitergespräches zwischen Vorgesetztem und Mitarbeiter werden alle Aspekte, die zu der summarischen Gesamtbeurteilung geführt haben, ausführlich erörtert. Sollte es im Verlauf des Mitarbeitergespräches zu merklichen Abweichungen von der erfolgten Beurteilung kommen, ist eine erneute Abstimmung mit dem nächsthöheren Vorgesetzten erforderlich. Das Ergebnis ist *ein institutionalisierter Feedback-Prozess zwischen Vorgesetzten und Mitarbeitern,* der eine hohe Bedeutung für die Ausschüttung der variablen Vergütungsbestandteile hat, aber nicht zu einer scheingenauen mathematischen Berechnung der Bonuszahlungen führt.

Summarische Zielerreichung und Bonusausschüttung

Die Bonusausschüttung erfolgt in festgelegten *Bandbreiten* je Beurteilungsstufe und Mitarbeitergruppe, die vor Beginn des Zielvereinbarungs- und Beurteilungsprozesses verbindlich für alle Bereiche festgelegt werden. Die genaue Festlegung des Bonusbetrages obliegt der Führungskraft, die somit Handlungsspielräume zum Beispiel für den Ausgleich der Wirtschaftslage oder besonderer Herausforderungen erhält. Die Festlegung der Schwankungsbreiten je Beurteilungsstufe hängt von der Art der Funktion, der Branche und der Erfahrung der Führungskräfte ab. So kann durch eine passende Systemjustierung ein optimaler Handlungsspielraum bei gegebenen Finanzierungsmöglichkeiten eröffnet werden.

Ganzheitlicher Lösungsansatz: Das flexible Zielvereinbarungssystem

Der Ansatz eines flexiblen Zielvereinbarungssystems (s. Abb. 3) besteht darin, einerseits die Vorteile eines unternehmensorientierten

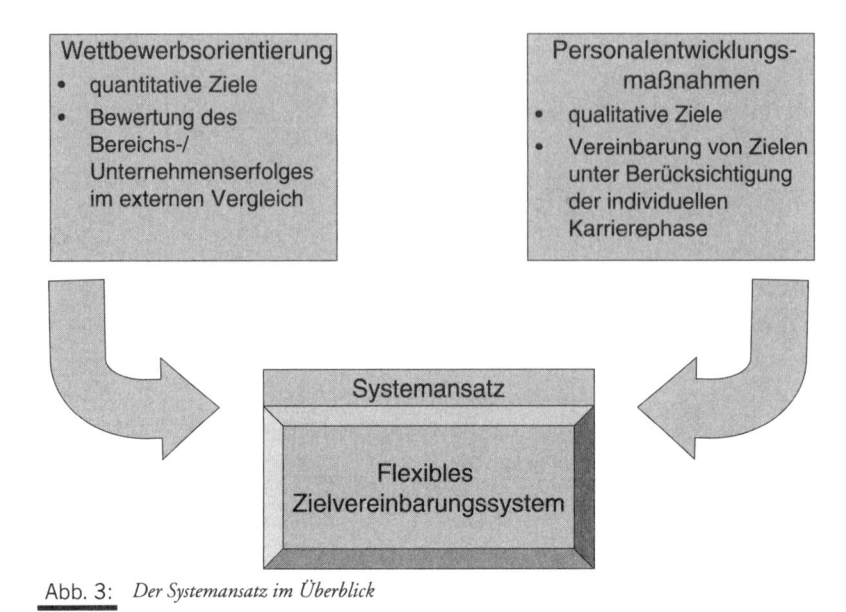

```
┌─────────────────────────────┐         ┌─────────────────────────────┐
│ Wettbewerbsorientierung     │         │ Personalentwicklungs-       │
│ • quantitative Ziele        │         │   maßnahmen                 │
│ • Bewertung des             │         │ • qualitative Ziele         │
│   Bereichs-/                │         │ • Vereinbarung von Zielen   │
│   Unternehmenserfolges      │         │   unter Berücksichtigung    │
│   im externen Vergleich     │         │   der individuellen         │
│                             │         │   Karrierephase             │
└─────────────────────────────┘         └─────────────────────────────┘
                    ↘                   ↙
                    ┌─────────────────────────┐
                    │      Systemansatz       │
                    │                         │
                    │       Flexibles         │
                    │ Zielvereinbarungssystem │
                    └─────────────────────────┘
```

Abb. 3: *Der Systemansatz im Überblick*

Zielvereinbarungssystems mit denen eines wettbewerbsorientierten Zielvereinbarungssystems zu verbinden. Andererseits berücksichtigt es die Spezifika, die sich aus den jeweiligen Karriereschritten für die qualitative Zielvereinbarung und die Kommunikation von hieraus abgeleiteten Leistungs- und Verhaltenserwartungen ergeben. Know-how-Transfers können ebenso gefördert werden wie eine gezielte und bereichsübergreifende Personalentwicklung.

Das Ergebnis ist ein Führungsinstrument, welches genügend Handlungsfreiräume für die individuelle Führung und Motivation von allen Mitarbeitern bei einem effizienten Mitteleinsatz ermöglicht und darüber hinaus Anknüpfungspunkte für weitere Instrumente der Personalentwicklung enthält.

Andrea Kahlert, Jahrgang 1966, stellvertretende Bereichsleiterin der Vergütungsberatung bei der Dr. Dr. Heissmann GmbH, Unternehmensberatung für Versorgung und Vergütung in Wiesbaden. Nach einer kaufmännischen Ausbildung und praktischer Personalarbeit folgte das Studium der Wirtschaftswissenschaften von 1993 bis 1996. Seither tätig in der Unternehmensberatung mit Spezialisierung auf die Gestaltung von Vergütungssystemen.

Literatur

[1] EYER, ECKHARD; HAUSSMANN, THOMAS: *Zielvereinbarung und variable Vergütung. Ein praktischer Leitfaden – nicht nur für Führungskräfte;* Wiesbaden: Gabler; 2001.

[2] KAHLERT, ANDREA: *Das wettbewerbs- und karriereorientierte Zielvereinbarungssystem; Personal; 12/2002; 16-21.*

[3] KAHLERT, ANDREA: *Vergütungsgestaltung in schlechten Zeiten; Personalmagazin; 4/2003; 12-16.*

[4] KAHLERT, ANDREA; WÜRZ, STEFAN: *Long-Term-Incentives als On-Top-Vergütung; Personalwirtschaft; 6/2003; 66-70.*

Zusammenfassung
In der Praxis ist es oft schwierig, den Zielvereinbarungsprozess top-down-bottom-up konsequent einzuhalten. Darüber hinaus erschwert die Komplexität von internen und externen Einflussfaktoren häufig eine realistische Zielsetzung. Mitunter ist die Unternehmensplanung auch nur bedingt für die Ableitung von Zielen geeignet, häufig sind die Wettbewerbsbedingungen sehr variabel und schnelllebig. Wettbewerbsorientierte Zielvereinbarungssysteme bieten eine Alternative. Sie ermöglichen grundsätzlich in jeder wirtschaftlichen Lage die Erreichbarkeit der Ziele. Die Wettbewerbsorientierung stellt das erreichte Unternehmensergebnis in den Vergleich zur Konkurrenz, um diese Leistung zu bewerten. Eine eindeutige Kenntnis der für den Wettbewerbserfolg entscheidenden Kriterien ist notwendig, Benchmark-Daten sollten zeitnah erhoben und bereichsbezogen zugeordnet werden können.

Die Festlegung von Leistungs- und Verhaltenserwartungen sowie die Feststellung der qualitativen Zielerreichung erfolgen im Rahmen eines strukturierten Prozesses. Kernstück des Prozesses ist die bereichsübergreifende Diskussion der summarischen Beurteilungsergebnisse. Mit der bereichsübergreifenden Abstimmung werden Transparenz über das Anspruchsniveau erzeugt und eine Vergleichbarkeit der Beurteilungsergebnisse hergestellt.

Zielvereinbarungen – Rechtliche Fragen

Sie wollen an Zielvereinbarungen entgeltrelevante Regelungen knüpfen? Dann geht es maßgeblich auch um die Frage, an welcher Stelle einzelvertragliche Regelungen vonnöten sind und der Betriebsrat Mitbestimmungs- oder sonstige Rechte reklamieren kann.

In diesem Beitrag erfahren Sie:
- welche unterschiedlichen rechtlichen Ausprägungen Zielvereinbarungen haben können,
- welche Gestaltungsmöglichkeiten für die betrieblichen Praxis bestehen,
- welche einzelvertraglichen Regularien zu beachten sind.

Hans Michael Weiss

Arbeitsrechtlicher Grundsatz: Direktionsrecht

Schon immer war und ist es selbstverständlich, dass ein Unternehmen oder eine Abteilung sich bestimmte Ziele gesetzt hat, die mit der Arbeitsleistung der Beschäftigten erreicht werden sollen.

Die tradierte rechtliche Umsetzung erfolgt im Wege der üblichen arbeitsrechtlichen Bedingungen, nämlich dem sogenannten »Direktionsrecht« des Arbeitgebers. Danach bestimmt er Ort, Zeit und eben auch die Art der Arbeitsleistung und konkretisiert mit diesem Leistungsbestimmungsrecht die arbeitsvertraglichen Pflichten des Beschäftigten.

Es wird durch *einseitige empfangsbedürftige Willenserklärung des Arbeitgebers* (in Person des Vorgesetzten) formfrei ausgeübt, ohne dass es einer Zustimmung des Arbeitnehmers bedarf. Für dieses Leistungsbestimmungsrecht gilt im Wesentlichen § 315 BGB. Danach besteht es nicht grenzenlos, sondern muss sich an einen Maßstab halten, den das Gesetz »billiges Ermessen« nennt. Dieser schillernde Begriff ist einzelfallbezogen zu konkretisieren. Kontrollmaßstab hierfür ist nach der Rechtsprechung das »generell gebilligte Ermessen«, wobei »Sittenwidrigkeit« und »Willkür« allgemein einleuchtende Leitplanken darstellen. Die Weisung muss sich immer innerhalb der arbeitsvertraglichen Vereinbarungen bewegen und diese lediglich konkretisieren. So ist etwa die Zuweisung einer anderen als der vertraglich geschuldeten Arbeitsaufgabe regelmäßig nicht durch das allgemeine Direktionsrecht gedeckt (Tarifverträge enthalten hier verschiedentlich jedoch Ausweitungen) [1].

Unternehmens- und abteilungsbezogene Zielvorgaben, die den Beschäftigten im Wege des Direktionsrechts vorgegeben werden, sind damit *keine Zielvereinbarungen, weil ihnen das konsensuale Element fehlt.*

Grundbegriff »Zielvereinbarung«

»Zielvereinbarungen« zeichnen sich dadurch aus, dass unter Einbeziehung des Beschäftigten in einem festgelegten Prozess das zu Erreichende und die Konsequenzen der (Nicht-) Erreichung des Ziels *vereinbart* werden.

Die Sinnhaftigkeit [2] dieser Vorgehensweise gründet sich auf allgemeine Erfahrungen aus der – im angloamerikanischen Rechtsraum entwickelten und praktizierten – Anwendung von Methoden des Management by objectives (MbO). Es hat sich gezeigt, dass durch den Vereinbarungsprozess die Identifikation des Beschäftigten mit den Leistungszielen erhöht wird und damit auch sein Bestreben, die Ziele zu erfüllen.

Immer sollte ein neues Zielvereinbarungssystem mit einem *Zielmanagement,* letztlich mit einer besonderen *Unternehmensphilosophie,* verbunden sein [3].

Arbeitsrechtlich zu unterscheiden sind entgeltrelevante Zielvereinbarungen von solchen, deren Erfüllung oder Nichterfüllung keine unmittelbaren Auswirkungen auf Rechtsansprüche des Beschäftigten hat, mithin die Höhe des Entgelts nicht beeinflussen. Letztere – insbesondere bei AT-Angestellten bekannte – Zielvereinbarungen sind nicht Gegenstand der folgenden Betrachtung. Hier geht es maßgeblich um die Frage, an welcher Stelle einzelvertragliche Regelungen vonnöten sind und der Betriebsrat Mitbestimmungs- oder sonstige Rechte reklamieren kann, gerade deswegen, weil es sich um entgeltrelevante Regelungen handelt.

Zielvereinbarungen im Folgenden sind damit *gegenseitig vereinbarte Regelungen zwischen Arbeitgeber und Beschäftigen, mit denen ein Teil der Vergütung des Beschäftigten an die Erreichung von vorab gemeinsam festgelegten Zielen geknüpft ist.*

Individualrechtliche Fragen

Wie bereits ausgeführt, hat der Arbeitgeber grundsätzlich das Leistungsbestimmungsrecht im Arbeitsverhältnis. Im Rahmen dieses Leistungsbestimmungsrechts, das ihm die **einseitige Festlegung der konkreten Arbeitsverpflichtung des Beschäftigen** ermöglicht, steht es beiden Parteien selbstredend frei, statt der Zielvorgabe individuell besprochene Ziele zu vereinbaren. Solche innerhalb des Direktionsrechts des Arbeitgebers getroffene Zielvereinbarungen sind einzelvertraglich jedenfalls *verbindlich* [4].

Die einzelvertragliche Verbindlichkeit bedarf dann besonderer Prüfung, wenn es sich um *Ziele* handelt, *die nicht unmittelbar zum Aufgabenbereich des Beschäftigten gehören und nicht dem Weisungsrecht des Arbeitsgebers unterliegen. In diesen Fällen bedarf es einer ausdrücklichen Vereinbarung zwischen Arbeitgeber und Arbeitnehmer, die den Rechtscharakter einer Arbeitsvertragsänderung mit den unterschiedlichsten Folgen* – zum Beispiel möglicherweise hinsichtlich der Eingruppierung – *hat*.

Auch wenn nach dem Gesetz Arbeitsverträge nicht schriftlich abgefasst werden müssen, ist eine solche formale Regelung für Zielvereinbarungen zu empfehlen, schon allein um Streitfragen zu vermeiden. Auch kann sich die Schriftform aus tariflichen oder betrieblichen Regelungen ergeben. Mit dem Arbeitsvertrag schuldet der

Dienstverpflichtete seine Arbeitsleistung und erhält hierfür eine Vergütung [5].

Damit ist klargestellt, dass der Arbeitnehmer trotz Zielvereinbarung nicht die dem *Werkvertrag* zuzuordnende Verpflichtung zur Herbeiführung eines bestimmten Erfolgs übernimmt. Dies bedeutet auch, dass die Risikoverteilung und Gefahrtragung sowie die wirtschaftliche Abhängigkeit weiterhin nach den allgemeinen arbeitsrechtlichen Grundsätzen bestimmt wird, mithin die Zielvereinbarung als solche lediglich als Maßstab für die Bemessung der Vergütung heranzuziehen sowie im Zusammenhang mit allgemeinen Personalführungsfragen beachtlich ist.

Der Arbeitgeber muss, wenn er nicht ausdrücklich oder konkludent auf sein Weisungsrecht verzichtet hat, die Zielvereinbarung auch ändern können oder hat zumindest ein Anpassungsrecht. Zu einer solchen *Änderung* kann er gegebenenfalls sogar verpflichtet werden unter dem Gesichtspunkt der *Lohngerechtigkeit,* wenn etwa sich die Umstände ändern, unter denen die Ziele vereinbart worden sind (sich zum Beispiel bei einer Gruppenvereinbarung die Anzahl der Beschäftigten ändert oder eine Maschine ausfällt). Hier stellen sich ähnliche Fragen wie in sonstigen Fällen beim Leistungsentgelt mit der Folge auch umfassender betrieblicher Regelungsbefugnisse zu diesem Themenbereich [4].

Allgemeine Rechte des Betriebsrates

Allgemeine Aufgaben

Soweit tarifliche Regelungen oder im Rahmen der Mitbestimmung nach § 87 Abs. 1 Nr. 10 und 11 Betriebsverfassungsgesetz (BetrVG) abgeschlossene Entgelt-Betriebsvereinbarungen keine anderweitigen Rechte vorsehen, *hat der Betriebsrat* im Rahmen seines allgemeinen Überwachungsrechts nach § 80 Abs. 1 BetrVG zur betrieblichen Einhaltung von Gesetz und Tarifverträgen grundsätzlich *keinen umfassenden Auskunftsanspruch* über die mit jedem einzelnen Arbeitnehmer getroffene Zielvereinbarung, insbesondere auch nicht auf die Angabe der jeweiligen konkreten Planziele.

Denn mit dieser Begründung könnte der Betriebsrat ohne jede Einschränkung Einblick in die individuellen Vereinbarungen nehmen, was mit dem Zweck des Betriebsverfassungsgesetzes nicht vereinbar ist. Anders kann dies nur dann gewertet werden, wenn zumindest gewisse Anhaltspunkte dafür bestehen, dass der Arbeitgeber den auch vom Betriebsrat zu überwachenden gesetzlichen Gleichbehandlungsgrundsatz verletzt [6].

Mitbestimmung bei Fragen der Ordnung des Betriebs und des Verhaltens der Arbeitnehmer im Betrieb

Dieses Mitbestimmungsrecht des Betriebsrats bezieht sich auf Maßnahmen, die das Verhalten der Beschäftigten bei ihrer Tätigkeit oder ihr allgemeines Verhalten bei der Arbeit betreffen. *Damit ist die Durchführung von Mitarbeitergesprächen mit Zielvereinbarung mitbestimmungspflichtig,* soweit zum Beispiel versucht werden soll, über solche Regelungen den Krankenstand zu senken. Dieses Mitbestimmungsrecht besteht somit auch dann, wenn es sich nicht um eine entgeltrelevante Zielvereinbarung handelt (bei letzterer würde der arbeitstechnische oder unternehmerische Zweck der Zielvereinbarung im Vordergrund stehen und die umfassenderen Mitbestimmungsrechte nach § 87 Abs.1 Nr. 10 oder 11 bestehen) [7].

Die Durchführung von Mitarbeiterführungsgesprächen mit Zielvereinbarung ist auch dann mitbestimmungspflichtig, wenn es sich nicht um die bloße Verwirklichung so genannter arbeitsnotwendiger Maßnahmen handelt, sondern es darum geht, die Mitarbeiter kollektiv und verbindlich in eine die Arbeitspflicht übergreifende Unternehmensstrategie einzubeziehen [8].

Technische Kontrolleinrichtungen

Unabhängig davon, ob die Zielvereinbarung einen Bezug zum Entgelt hat, bestehen gegebenenfalls Mitbestimmungsrechte des Betriebsrats nach § 87 Abs. 1 Nr. 6 Betriebsverfassungsgesetz. Im Rahmen der über den Wortlaut der Vorschrift hinausgegangenen höchstrichterlichen Rechtsprechung sollen EDV-gestützte Systeme auch dann mitbestimmungspflichtig sein, wenn sie nicht zur Überwachung der Arbeitnehmer eingesetzt werden, aber Leistungs- und Verhaltensdaten erfassen. Damit kann sich – je nach betrieblicher Ausgestaltung der Zielvereinbarung und der hierfür erforderlichen Datenverarbeitung – ein Recht des Betriebsrates ergeben, bei der Einführung mitzubestimmen. Das Mitbestimmungsrecht erstreckt sich insofern nicht unmittelbar auf die Zielvereinbarung, sondern nur auf das »Wie« der (EDV-) technischen Verarbeitung von Daten.

Rechte des Betriebsrats bei der Zielvereinbarung als Entgeltgrundsatz

Die wichtigste Frage abseits der geschilderten allgemeinen Mitwirkungsrechte ist sicher die Frage, inwiefern der Betriebsrat bei dem Zielvereinbarungssystem selbst unmittelbar Mitbestimmungsrecht hat und ob dies bis in die Festlegung der Entgelte und Zielerreichungsgrade geht.

Vorauszuschicken ist, dass alle Mitbestimmungsrechte nach dem Eingangssatz von § 87 BetrVG generell nur soweit bestehen, wie tarifliche Regelungen hierfür noch Luft lassen (Tarifvorrang nach § 77 Abs. 3 BetrVG). Insofern sind immer die konkrete tarifliche Regelung und die dort vorgesehenen Beziehungen zwischen Entgelt und Leistung vorgreiflich. Soweit ein Tarifvertrag hierzu keine Regelung beinhaltet oder ausdrücklich den Betriebsparteien die Freiheit der Festlegung gibt, entscheidet sich der Umfang des Mitbestimmungsrechts des Betriebsrates beim »wie« danach, ob es sich um ein Zielvereinbarungssystem handelt, mit dem eine allgemeine Leistungsbeurteilung konkretisiert wird, oder ob es sich um ein echtes Leistungsentgelt handelt.

Nach § 87 Abs. 1 Nr. 10 BetrVG hat der Betriebsrat aber immer bei der Einführung von neuen Entlohnungsgrundsätzen und -methoden mitzubestimmen. Bei diesem »ob« der jeweiligen betrieblichen Lohngestaltung besteht sogar ein Initiativrecht.
Ohne die Zustimmung kann eine entgeltrelevante Zielvereinbarungsmethode somit betrieblich nicht eingeführt werden.

Zielvereinbarung als Bestandteil eines Leistungsbeurteilungssystems

Nach § 94 Abs. 2 BetrVG hat der Betriebsrat mitzubestimmen bei der Aufstellung allgemeiner Beurteilungsgrundsätze. Er hat ein Mitgestaltungsrecht und Vetorecht gegenüber von ihm nicht gebilligten Beurteilungsgrundsätzen, soweit sie der Bewertung des Verhaltens oder der Leistung der Arbeitnehmer dienen, diese objektivieren sollen und nach einheitlichen Kriterien ausrichten. Der Betriebsrat soll mitwirken, dass bei der Beurteilung und Bewertung nach einheitlichen Maßstäben vorgegangen wird [9].
Das Mitbestimmungsrecht besteht nicht bei der Durchführung der Beurteilung im Einzelfall.

Bei Leistungsbeurteilungssystemen, bei denen eine unmittelbare Entgeltrelevanz besteht, hat der Betriebsrat zudem nach § 87 Abs. 1 Nr. 10 BetrVG mitzubestimmen. Danach sind insbesondere die Aufstellung von neuen Entlohnungsgrundsätzen und die Einführung von neuen Entlohnungsmethoden sowie deren Änderung als Frage der betrieblichen Lohngestaltung mitbestimmungspflichtig. Dieses Mitbestimmungsrecht bezieht sich ausdrücklich aber nur auf die abstrakt generellen, kollektiven Regelungen, die die betriebliche Lohnfindung technisch-formell ausgestalten. *Es geht bei diesem Mitbestimmungsrecht gerade nicht um die lohnpolitische Entscheidung über die Lohnhöhe.* Damit steht unter dem Strich dieses Mitbestimmungsrecht nur im Zusammenhang mit den Grundsätzen und Methoden der Verteilung der vom Arbeitgeber bereitgestellten Mittel auf den Arbeitnehmerkreis, der dem Zielvereinbarungssystem unterfallen soll.

Der Arbeitgeber hat immer die Möglichkeit, von dem angestrebten System generell Abstand zu nehmen und es bei der bisherigen Entgeltfindung zu belassen. Insbesondere ist er Herr über die Höhe des Entgelts.

Gerade zum Recht der Leistungsbeurteilung enthalten sehr viele Tarifverträge geschlossene Beurteilungssysteme, die sowohl die Merkmale wie auch die zur Verteilung anstehenden Entgelte festlegen. So ist häufig eine Vorgabe eines bestimmten Anteils der Lohnsumme des Betriebs üblich, die im Wege der Leistungsbeurteilung den begünstigten Arbeitnehmern zukommen. Eine andere Methode ist, dass in Anwendung eines Punktesystems sich ergebende prozentuale Anteile des Grundentgelts zusätzlich zu vergüten sind.

In allen diesen tariflichen Systemen stellt sich vorrangig die Frage, ob eine Zielvereinbarungssystematik mit dem tariflichen System kompatibel ist und eine entsprechende *Öffnungsklausel* vorliegt. Mangels einer solchen Öffnungsklausel wäre eine Zielvereinbarungssystematik zur Abgeltung des ansonsten stattfindenden Leistungszulagensystems tendenziell unzulässig. In diesem Falle bestünde nur die Möglichkeit, die Zielvereinbarung übertariflich zu regeln, sozusagen »on top«. Insofern würden sich die Mitbestimmungsrechte des Betriebsrates unverändert darstellen. Der Arbeitgeber bestimmt den so genannten Topf, also das Entgelt, was er bereit ist, für die Erreichung der Ziele auszuloben, während der Betriebsrat bei den Verteilungsgrundsätzen ein Mitspracherecht hat (»Topf-Theorie«).

Zielvereinbarungssysteme als »echte« Leistungsentgeltssysteme

Bei Zielvereinbarungsregelungen im Betrieb, die echten Leistungsentgeltcharakter haben, gehen die Mitbestimmungsrechte zum »wie« weiter.

Nach § 87 Abs. 1 Nr. 11 BetrVG hat der Betriebsrat ein Mitbestimmungsrecht »bei der Festsetzung der Akkord- und Prämiensätze und vergleichbarer leistungsbezogener Entgelte einschließlich der Geldfaktoren«. Dieses weitestgehende Mitbestimmungsrecht erfasst damit ausdrücklich auch den Entgeltaspekt. Hier ist der Arbeitgeber nicht frei in der Festlegung der mit der Zielvereinbarungsregelung verbundenen Entgelthöhe. *Immer dann, wenn ein Tarifvertrag die Zielvereinbarung als tarifliche Entlohnungsform vorsieht oder aber nicht durch Tarifvertrag klargestellt ist, dass es sich um einen übertariflichen Entgeltbestandteil handeln muss, oder wenn kein Tarifvertrag im Betrieb Anwendung findet, besteht dieses umfassende Mitbestimmungsrecht, das dem Betriebsrat im Übrigen auch initiativ zusteht.*

Gerade bei dieser Frage, ob es sich also bei der Zielvereinbarung um einen prämienentgeltähnliches Entgeltsystem oder um das vorstehend genannte Leistungszulagensystem handelt, ist die entscheidende Weichenstellung für die Mitbestimmung zu sehen.

Das Bundesarbeitsgericht hat in einer jüngeren Entscheidung hierzu Folgendes grundsätzlich festgestellt [10]: Eine Leistungsprämie, bei der allein die in einem Beurteilungszeitraum von drei Monaten erbrachte Leistung die in der Höhe der Vergütung in den folgenden zwölf Monaten bestimmt, ist kein vergleichbares leistungsbezogenes Entgelt im Sinne des § 87 1 Nr. 11 BetrVG.

In dieser Entscheidung hat das Bundesarbeitsgericht die gerade auch für die Zielvereinbarung entscheidende höchstrichterliche Abgrenzung wie folgt definiert: »Vergleichbare leistungsbezogene Entgelte sind nach der ständigen Rechtsprechung des Senats solche Vergütungen, bei denen die Leistung des Arbeitnehmers gemessen und mit einer Bezugsleistung verglichen wird und bei denen die Höhe der Vergütung unmittelbar nach dem Verhältnis beider Leistungen zueinander bestimmt ist. Die Beteiligung des Betriebsrats in einer Angelegenheit des § 87 Abs. 1 Nr. 11 BetrVG soll gewährleisten, dass die von den Arbeitnehmern erbrachte Zusatzleistung sachgerecht bewertet wird und in einem angemessenen Verhältnis zu dem erzielbaren Mehrverdienst steht. Darüber hinaus soll vermieden werden, dass Leistungsanreize geschaffen werden, die zu einer Überforderung der Arbeitnehmer führen.

Nach dieser Rechtsprechung fehlt es eben an einer Vergleichbarkeit einer leistungsbezogenen Vergütungsform mit Akkord und Prämie, wenn eine in der Vergangenheit gezeigte Mehrleistung später unabhängig von der dann jeweils aktuellen Arbeitsleistung die Höhe des Entgelts bestimmt.

Danach besteht somit bei einem Zielvereinbarungssystem, das leistungsbeurteilungsähnlich aufgebaut ist und dessen Ergebnis am Ende des Zielvereinbarungszeitraums die Höhe der Vergütung für die Zukunft bestimmt, *gerade kein Mitbestimmungsrecht des Betriebsrates über die Höhe der Entgelte* nach § 87 Abs. 1 Nr. 11 BetrVG.

Das umfassende Recht besteht aber in den Fällen, in denen mit der Zielerreichung oder deren Grad die Leistung der Vergangenheit abgegolten werden soll und sei es nur durch eine Einmalzahlung. In diesem Fall soll mit dem Entgelt die Leistung des Arbeitnehmers im Zielvereinbarungszeitraum vergütet werden, was häufiger auch durch Abschlagszahlungen dokumentiert wird. Hier handelt es sich im Zweifel um eine Leistungsentgeltregelung mit vergleichbarer Systematik wie Akkord oder Prämie mit der Folge der grundsätzlich unbeschränkten Mitbestimmung des Betriebsrates.

Allenfalls bei übertariflich ausgelobten *Einmalzahlungen* nach dem Grad der Zielerreichung, mit dem ausdrücklich gerade nicht das laufende Arbeitsentgelt abgedeckt wird, weil dies zum Beispiel tariflich vollständig geregelt ist, besteht die Möglichkeit, die Mitbestimmung des Betriebsrats nur auf die Verteilungsgesichtspunkte, zu beschränken, und nicht auf die unmittelbare Höhe des Entgelts erstrecken zu lassen.

Betriebliche Konfliktlösung

In allen Fällen, in denen Mitbestimmungsrechte des Betriebsrats nach § 87 BetrVG bestehen und eine Einigung zwischen Arbeitgeber und

Betriebsrat nicht erfolgen kann, hat der Arbeitgeber die Möglichkeit, auf seine Kosten die *Einigungsstelle* anzurufen (§ 87 Abs. 2 BetrVG). Die Einigungsstelle ist betrieblich zu bilden (§ 76 BetrVG). Ergeht durch sie ein Spruch, ersetzt dieser die Betriebsvereinbarung.

Gerade zu den Konfliktlösungsmechanismen enthalten verschiedene Tarifverträge und auch Betriebsvereinbarungen zu Zielvereinbarungen eigene Regelungen, die den allgemeingesetzlichen vorgehen.

Fazit

In kaum einem anderen Rechtsbereich ist die betriebliche Praxis so sehr und so nachhaltig dem Recht vorausgeeilt wie auf dem Feld des modernen Personalmanagements. Kaum ein Lehrbuch kennt die Zielvereinbarung. Rechtsprechung oder höchstrichterliche Rechtsprechung zu den aufgeworfenen Fragen gibt es praktisch (noch) nicht. Insofern bewegen sich die Arbeitsvertragsparteien und Betriebsparteien auf Neuland. Soweit tarifliche Regelungen keine konkreten Vorgaben machen, kann nur auf die Anwendung der allgemeinen Rechtsgrundsätze des Betriebsverfassungsgesetzes verwiesen werden.

Danach ist die wichtigste Entscheidung diejenige, ob es sich um eine entgeltrelevante oder nicht entgeltrelevante Zielvereinbarung handelt.

⇨ Bei der Einführung von Zielvereinbarungen als Entgeltmethode hat der Betriebsrat mitzubestimmen.
⇨ Bei den entgeltrelevanten Zielvereinbarungssystemen besteht eine Mitbestimmung des Betriebsrates in vollumfänglicher Form bis ins Entgelt nur dann, wenn es sich um eine unmittelbar dem Akkord und der Prämie vergleichbare leistungsbezogene Entgeltfindungsmethode handelt, mithin mit dem zielerreichungsabhängigen Entgelt die konkrete Leistung des Arbeitnehmers in der Zielvereinbarungsperiode entgolten werden soll.
⇨ In allen Fällen, in denen die Beurteilung des Verhaltens zur Erreichung der Ziele die Entgelte für die nächste Periode (wie bei einer üblichen) Leistungszulage beeinflussen, besteht (nur) die

Mitbestimmung zu den Verteilungsgrundsätzen und zur Einführung der Methode als solche.

Die zukünftige Praxis wird zeigen, ob und inwiefern es überhaupt möglich sein wird, Zielvereinbarungssysteme als echte Leistungsentgeltsysteme auszugestalten.

Es spricht Einiges dafür, zumindest bei längerfristigen Zielen zunächst Zielvereinbarungsentgelte im übertariflichen Bereich als Einmalzahlung oder aber leistungsbeurteilungsbezogen zu regeln, zumal bei echten Leistungsentgeltvarianten eine Reihe von weiteren Fragen noch nicht genügend geklärt ist, so zum Beispiel die Regelung der unterjährigen laufenden Vergütung bei langfristigen Zielvereinbarungszeiträumen und die Auswirkungen auf tarifliche Weiterzahlungszeiträume (Urlaub/Krankheit) und Einmalzahlungen.

Hans Michael Weiss, Rechtsanwalt, Geschäftsführer METALL NRW, Düsseldorf

Literatur

[1] HROMADKA, WOLFGANG: *Das Leistungsbestimmungsrecht des Arbeitgebers; Der Betrieb, 1995, 1609ff.*

[2] BECKER U. A.: *Leistungsbeurteilung und Zielvereinbarung – Erfahrungen aus der Praxis. Schriftenreihe des Instituts für angewandte Arbeitswissenschaft, Band 31, Köln: IfaA, 2000*

[3] GEFFKEN, ROLF: *Zielvereinbarungen – Eine Herausforderung für Personalwesen und Arbeitsrecht; Neue Zeitschrift für Arbeitsrecht, 2000, 1003ff*

[4] KÖPPEN, MARTINA: *Rechtliche Wirkungen arbeitsrechtlicher Zielvereinbarungen; Der Betrieb, 2002, 374–379*

[5] SCHAUB, G.: *Arbeitsrechtshandbuch, 9. Aufl., München: Beck, 2000*

[6] LAG MÜNCHEN: *Urteil vom 1.8.2002 – 3 TaBV 80/01*

[7] VERWALTUNGSGERICHTSHOF BADEN-WÜRTTEMBERG: *Urteil vom 9. Mai 2000 – PL 15 S 2514/99 – in AP Nr. 37 zu § 87 Betriebsverfassungsgesetz 1972 Ordnung des Betriebes*

[8] LAG BADEN WÜRTTEMBERG: *Urteil vom 12.6.1995 – 16 TaBV 12/94*

[9] BAG: *Urteil vom 23.10.1984 – 1 ABR 2/83, Der Betrieb, 1985, 495*

[10] BAG: *Urteil vom 15. März 2001 – 1 ABR 39/00; Neue Zeitschrift für Arbeitsrecht, 2001, 1154 ff.*

Zusammenfassung

Zielvereinbarungen gewinnen in der betrieblichen Praxis stark an Bedeutung. Sie sind »modern«. Es gehört heute sozusagen fast schon zum guten Ton einer betrieblichen Personalpolitik, das Führungsinstrument Zielvereinbarung einzusetzen. Auch im Tarifbereich gibt es Bewegung. So enthalten die regionalen Entgeltrahmenabkommen der Metall- und Elektroindustrie, mit denen die Entgeltfindungsmethoden für bisherige Arbeiter und bisherige Angestellte vereinheitlicht werden, zukünftig Regelungen zum Themenbereich Zielvereinbarung, die unterschiedlich weit gehen und zum Teil erst nach langwierigen Verhandlungen vereinbart werden konnten.

Mit der steigenden Entgeltrelevanz und Bedeutung von Zielvereinbarungssystemen stellen sich tiefer gehende Fragen. Wie immer bei neuen Instrumenten besteht eine Unsicherheit über die rechtlichen Rahmenbedingungen, insbesondere bei den Mitwirkungsrechten des Betriebsrates. Soweit spezielle tarifliche Regelungen nicht bestehen, gelten hier die allgemeinen Rechtsgrundsätze des Betriebsverfassungsgesetzes, die je nach Fallkonstellation unterschiedliche Reichweiten haben.

Zielvereinbarung und variable Entlohnung im Mittelstand

Zielvereinbarungen als Führungsinstrument – auch für tarifliche Mitarbeiter – sind in vielen Unternehmen bereits gängige Praxis. Die Verknüpfung von Zielvereinbarungen mit Entgelt wird bei angestellten Geschäftsführern und AT-Mitarbeitern auch schon seit mehreren Jahren praktiziert.

> **In diesem Beitrag erfahren Sie:**
> - Wie lassen sich Zielvereinbarungen als Führungsinstrument nutzen?
> - Was ist bei der Umsetzung zu beachten?
> - Lassen sich Zielvereinbarungen kostenneutral umsetzen?

WOLFGANG BÖDDECKER

Unternehmensplanung als Grundlage für Zielvereinbarungen

Im Folgenden geht es darum, die Fragen zu klären:
⇨ Was sind die Grundlagen für Zielvereinbarungen?
⇨ Woran sollen sich Zielvereinbarungen orientieren?
⇨ Welches sind die Bezugsgrößen für eine variable Entlohnung?

Diese Fragen kommen im Laufe der Implementierung von Zielvereinbarungen immer wieder vor.

In den meisten Fällen orientieren sich Zielvereinbarungen an der Jahresplanung des jeweiligen Unternehmens und dem Beitrag, den die jeweiligen Mitarbeiter/innen zum Erfolg des Unternehmens leisten. Grundsätzlich ist dieser Ansatz richtig. Ob dies auch für das Top-Management immer gilt, darf zumindest bezweifelt werden. Erlaubt

Zielvereinbarung und variable Entlohnung

Die Unternehmen

Die gesammelten Praxiserfahrungen beziehen sich auf zwei mittelständische Unternehmen der Metall- und Elektroindustrie. Das erste Unternehmen (nennen wir es Unternehmen I) befindet sich in Familienbesitz, hat ca. 250 Mitarbeiter und wird von einem angestellten Geschäftsführer geleitet. Das zweite Unternehmen (Unternehmen II) gehört zu einer Unternehmensgruppe mit Holdingstruktur, hat ca. 65 Mitarbeiter und wird von zwei angestellten Geschäftsführern geleitet. Beide Unternehmen produzieren u.a. Motorenteile und vertreiben diese weltweit.
Variable Vergütungen im AT-Bereich nutzen beide Unternehmen seit etwa zehn Jahren. Im Tarifbereich beziehen sich die Praxiserfahrungen auf den Zeitraum ab 2001.

Ausgangssituation Unternehmen I

Das Unternehmen war bis 1992 branchenüblich nach funktionalen Kriterien arbeitsteilig organisiert. Die Mitarbeiter wurden sowohl mittels Einzelakkord als auch im Zeitlohn entlohnt. Im Zuge einer Neuorientierung entschloss man sich, flexible Arbeitszeiten und Gruppenarbeit einzuführen und das Entgeltsystem stufenweise anzupassen. Als erster Schritt wurde das variable Entgelt der AT-Mitarbeiter auf das System »Zielvereinbarung« umgestellt. Ab 1994 partizipierten dann auch die tariflichen Mitarbeiter über eine Erfolgsbeteiligung am Unternehmenserfolg.

Ausgangssituation bei Unternehmen II

Nachdem man jahrelang auf die Entlohnungsformen »Zeitlohn« und »Tarifgehälter«, jeweils mit der tariflichen Leistungszulage kombiniert, zurückgegriffen hatte, befasste man sich mit der Zielsetzung einer leistungsabhängigen Entlohnung bzw. Teilentlohnung unter der Prämisse, die Lohn- und Gehaltsaufwendungen möglichst zu reduzieren und nur im Zuge einer höheren Leistung anteilig steigen zu lassen.

sei hier die Frage, wann die Basis für den Erfolg des Folgejahres gelegt wird? Doch wohl nicht erst zu Beginn des neuen Geschäftsjahres!

Auch im Mittelstand haben sich inzwischen Planungshorizonte durchgesetzt, die einen Zeitraum von drei bis fünf Jahren umfassen und von der berechtigten Frage geleitet werden, wo das Unternehmen nach Ablauf des jeweiligen Zeitraumes stehen soll. Diese mittel- und auch langfristigen Planungen haben in der Praxis eine immer größer werdende Bedeutung. Visionen und Strategien finden hier ihren

Niederschlag. Mitarbeiter können sich an dieser strategischen Planung orientieren und somit über den Tellerrand des aktuellen Jahres hinausschauen.

Zielvereinbarungen für AT-Mitarbeiter
Variable Entgeltbestandteile wie Erfolgsbeteiligungen gibt es bei AT-Mitarbeitern seit vielen Jahren. Während man bei Geschäftsführern das unternehmerische Handeln voraussetzt, kann man dies bei AT-Mitarbeitern nicht in jedem Fall. Dennoch erwartet man von diesem Personenkreis auch unternehmerisches Handeln. So wurde der Begriff »Mit-Unternehmer« geprägt, der vom Autor wie folgt interpretiert wird:

»Der Mit-Unternehmer ist eine Persönlichkeit, die eine Unternehmung mit plant und prägt, mit großer Selbstständigkeit und Eigenverantwortung sowie Initiative mitgestaltet, wobei sich das persönliche Risiko auf die Erfolgsbeteiligung bzw. den variablen Gehaltsbestandteil beschränkt.«

Bei diesen AT-Mitarbeitern handelt es sich häufig um Prokuristen, die in die Leitung des Unternehmens mit eingebunden sind.

Der variable Gehaltsbestandteil dieser Mit-Unternehmer wird in der Regel über Zielvereinbarungen gesteuert. Das nachstehende Beispiel bezieht sich auf einen Betriebsleiter in Unternehmen I (siehe Kasten).

Die Zielvereinbarung im AT-Bereich wird im Allgemeinen im Vorfeld des Geschäftsjahres zwischen der Geschäftsführung und dem AT-Mitarbeiter vereinbart. Diese Vereinbarung ist individuell und kann als Anlage zum AT-Vertrag des Mitarbeiters rechtlich wirksam werden. Im vorgenannten Beispiel wurde die Unternehmensplanung mit den entsprechenden Eckdaten auf eine persönliche Zielvereinbarung für den AT-Mitarbeiter heruntergebrochen.

In der Praxis findet auch häufig eine Kombination aus Unternehmenserfolg (Realisierung des geplanten Jahresergebnisses) und der persönlichen Zielerreichung des AT-Mitarbeiters zur Definition

Zielvereinbarung und variable Entlohnung

Ziele für AT-Mitarbeiter

Betriebsleitung	Ziele für 2004		
Ziele	Leistungsgrad	Zielerreichungs-niveau	Gewichtung
Steigerung der Produktivität im Fertigungsbereich A um 6%. Basis: Rohertrag p. Mitarbeiter	6% > 4,5% > 3%	100% 75% 50%	40%
Reduzierung der Ausschussquote über alle Fertigungs-bereiche von 4,2% (2003) auf < 3%.	< 3% < 3,4% < 3,8%	100 % 75 % 50 %	30%
Realisierung der variablen Stückkosten von 9,80 € p. St. für den Neuproduktan-lauf des Produktes ZW 004.	< 9,80 €/St. < 10,00 €/St. < 10,20 €/St.	100 % 75 % 50 %	30%
Bei 100-prozentiger Zielerreichung beträgt der variable Gehaltsanteil 15% des Jahresfixums. Bei teilweiser Zielerreichung wird der variable Gehaltsanteil über die Wertigkeit der Zielsetzung sowie deren Erfüllung ermittelt. Unterhalb des festgelegten geringsten Leistungsniveaus gilt die jeweilige Zielsetzung als nicht erfüllt. Die Auszahlung des variablen Gehaltsanteiles erfolgt im dritten Monat nach Abschluss des Geschäftsjahres. _____, den 28.11.2003			

des variablen Gehaltsanteiles statt, wobei eine 50/50-prozentige Ansetzung nicht unüblich ist.

Ob im Einzelfall eine persönliche Zielsetzung oder eine Kombination aus Unternehmenserfolg und persönlicher Zielsetzung zum Ansatz kommt, ist eine unternehmenspolitische Entscheidung.

Aus der Sicht der Unternehmen I und II erscheint eine Kombination aus beidem die bessere Variante, denn nur wo die Unternehmensziele erreicht wurden, sollen auch die Mit-Unternehmer am Erfolg partizipieren. Da das Jahresergebnis eines Unternehmens von

vielen Faktoren abhängt, die die einzelnen AT-Mitarbeiter nur zu einem Teil beeinflussen können, plädiert der Autor je nach Höhe des variablen Gehaltsanteiles für folgende Ansätze:
a) Bei einem variablen Gehaltsanteil von 10 bis 15 % sollte ausschließlich die persönliche Zielvereinbarung als Grundlage herangezogen werden.
b) Bei einem variablen Gehaltsanteil > 20 % ist eine Kombination aus Unternehmenserfolg und persönlicher Zielvereinbarung in jeder Hinsicht vertretbar.

Diese Ansätze beruhen auf dem Motivationsfaktor der Mit-Unternehmer – wie das folgende Beispiel verdeutlichen soll: Stellen Sie sich vor: Sie gratulieren einem AT-Mitarbeiter in zwei aufeinanderfolgenden Geschäftsjahren zur Erfüllung seiner persönlichen Zielsetzungen und heben seine außergewöhnlichen Leistungen hervor. Gleichzeitig müssen Sie ihm darstellen, dass die Jahresergebnisse nur in Teilen dem Plansatz entsprachen – durch Umstände, die er nicht zu vertreten hatte. Mit der Folge: Ihm wird statt dem möglichen variablen Gehaltsanteil von 12 % nur einer von 6 % ausgezahlt – aufgrund der zuvor gewählten Kombination aus Jahresergebnis und persönlicher Zielerreichung. In diesem Fall könnte sich langfristig die gewählte Kombination als demotivierend herausstellen. Das Beispiel zeigt, wie wichtig es ist, die individuell richtige Lösung zu finden. Vor diesem Hintergrund lassen sich die genannten Ansätze (a und b) besser verdeutlichen. Beim Ansatz a wäre bei dem genanten Beispiel eine Demotivation verhindert worden.

Sollte ausschließlich die persönliche Zielvereinbarung für die Ermittlung des variablen Gehaltsbestandteiles herangezogen werden, wird empfohlen, dass die planerischen Unternehmenseckdaten, die ein AT-Mitarbeiter zu vertreten hat, auch vollumfänglich in seiner Zielvereinbarung manifestiert werden.

Zielvereinbarung und variable Entlohnung

Zielvereinbarungen für angestellte Geschäftsführer

In der Regel werden zwischen dem Gesellschafter und dem angestellten Geschäftsführer Unternehmenszielsetzungen vereinbart, die sich auf mindestens ein Geschäftsjahr beziehen. Leider wird der variable Gehaltsbestandteil der Geschäftsführer – bis auf wenige Ausnahmen – immer noch auf das aktuelle Geschäftsjahr bezogen, wobei sich die vereinbarten Zielgrößen meistens auf Ergebnis, Cashflow, Liquidität und Bestandsentwicklung beziehen. Gerade bei diesem Personenkreis bietet sich eine Kombination aus Zielen für das aktuelle Geschäftsjahr und Zielen bzw. Meilensteinen für die geplante Zukunft des Unternehmens an. Denn: Die Grundlage für den Erfolg in der Zukunft wird in der Gegenwart gelegt.

Leistungsentgelt im Tarifbereich

Diskussionen über leistungsabhängige Entlohnungen gibt es schon lange, ebenso wie Lösungen.

Gerade im gewerblichen Bereich hat der Akkordlohn den Leistungsgedanken geprägt. Die heutigen Ansätze heißen Prämienlohn oder eine Kombination zwischen Zeit- und Prämienlohn. Den reinen Zeitlohn will man nicht mehr. Auch die Tarifpartner haben mit der Einführung der tariflichen Leistungsbeurteilung vor mehreren Jahrzehnten dem Leistungsgedanken Rechnung getragen.

Wer diese tarifliche Leistungsbeurteilung in der Praxis umsetzt, wird zustimmen, dass dem subjektiven Einfluss hierbei Möglichkeiten offen stehen. Es geht hier jedoch nicht darum, ein System zu kritisieren, sondern Möglichkeiten aufzuzeigen, dieses zu verbessern und zu objektivieren.

Projektorganisation und Umsetzung

Im Tarifbereich gilt folgender Grundsatz: Ohne den Betriebsrat geht nichts; mit ihm als Partner manchmal sogar mehr als man glaubt! Nehmen Sie ihren Betriebsrat von Anfang an mit ins Boot.

Nachdem die Betriebsparteien in Unternehmen II sich darauf verständigt hatten, dass es nicht darum gehe, den Mitarbeitern ins Portemonnaie zu greifen, sondern vielmehr darum, die Zukunft des Unternehmens zu sichern – und dass Mehrleistung auch höheres Entgelt bedeute – kam man für den gewerblichen Bereich schnell auf einen gemeinsamen Nenner. Die tarifliche Leistungsbeurteilung wurde durch einen Gruppenprämienlohn ersetzt.

Schließlich stellte sich die Frage, »warum immer nur die gewerblichen Arbeitnehmer flexibel und leistungsorientiert arbeiten sollen«.

Auf Vorschlag der Geschäftsführung – dem sich auch Betriebsrat und IG Metall anschlossen – wurde ein Zielvereinbarungssystem mit variabler Vergütung für Tarifangestellte als Ersatz für die bisherige tarifliche Leistungszulage eingeführt. Möglich wurde dieser Schritt, weil das bestehende Lohn- und Gehaltsrahmenabkommen der Metall- und Elektroindustrie in Nordrhein-Westfalen gekündigt wurde und nur noch kraft Nachwirkung galt. Bei Tarifverträgen, die gekündigt sind und nur noch kraft Nachwirkung gelten, können die Betriebsparteien von diesen abweichende Regelungen vereinbaren, ohne gegen sie zu verstoßen.

Geschäftsleitung und Betriebsrat bildeten eine Projektgruppe, die folgende Themen zu lösen hatte:
⇨ Entwurf und Verabschiedung einer Rahmenbetriebsvereinbarung »Zielvereinbarung«,
⇨ Entwurf einer Musterzielvereinbarung,
⇨ Umsetzung und Schulung der Mitarbeiter.

Betriebsvereinbarung und Zielvereinbarungssystem
Es wird in jedem Fall empfohlen, dass Thema Zielvereinbarung mittels einer Betriebsvereinbarung (BV) umzusetzen, um die Rechtswirksamkeit abzusichern.
Wesentliche Punkte dieser BV sind:
⇨ Wer vereinbart was mit wem?
⇨ Welcher Zeitraum wird gewählt?
⇨ In welchen Abständen werden Gespräche geführt?

Zielvereinbarung und variable Entlohnung

⇨ Wie viele Ziele werden pro Mitarbeiter/in vereinbart?
⇨ Wann wird eine Zielerreichung in Entgelt umgesetzt?
⇨ Wie hoch ist das Leistungsentgelt?
⇨ Welches Reklamationsrecht besteht für den/die Mitarbeiter/in?

Bevor die gestellten Fragen mit Erfahrungen aus der Praxis beantwortet werden, wird auf die Unternehmensphilosophie eingegangen. Der offene Umgang mit aktuellen Unternehmensdaten und den Planzahlen ist eine wesentliche Voraussetzung für die Einführung eines Zielvereinbarungssystems. Anhand der Unternehmenszielsetzungen und Marktgegebenheiten werden Ziele hierarchisch abgeleitet und horizontal abgestimmt. Der Mitarbeiter soll erkennen, dass die Umsetzung seiner persönlichen Ziele von elementarer Bedeutung für das Unternehmen ist und er so einen wichtigen Beitrag zur weiteren Entwicklung des Unternehmens leistet.

Die persönlichen Ziele werden zwischen den zuständigen Führungskräften und ihren Mitarbeitern individuell vereinbart. Grundsätzlich sind zwischen drei und fünf Zielen zu vereinbaren. Weniger als drei Ziele führen zu einer zu hohen Wertigkeit von Einzelzielen. Bei mehr als fünf Zielen besteht die Möglichkeit der Verzettelung.

30.11.	31.12.	15.1.	31.5.	30.6.	15.7.	30.11.	31.12.
x1	x2	x3	x4	x5	x6	x1	x2

x1 erstes Gespräch für Zielzeitraum 1.1.–30.6.

x2 zweites Gespräch für Zielzeitraum 1.1.–30.6. (Ziele schriftlich vereinbart)

x3 die Zielerreichung des vorherigen Zeitraumes (1.7.–31.12.) wird gemeinsam festgestellt

x4 erstes Gespräch für Zielzeitraum 1.7.–31.12.

x5 zweites Gespräch für Zielzeitraum 1.7.–31.12. (Ziele schriftlich vereinbart)

x6 die Zielerreichung des vorherigen Zeitraumes (1.1.–30.6.) wird gemeinsam festgestellt

Abb. 1: *Zeitachse für Mitarbeitergespräche*

Als optimal hat sich ein Zielvereinbarungszeitraum von sechs Monaten in der Praxis bewährt. Dies gilt vor allem vor dem Hintergrund der zeitnahen Verknüpfung von Leistung und Entgelt.

Demzufolge werden die jeweiligen Gespräche zwischen den zuständigen Führungskräften und ihren Mitarbeitern im Bezug auf Zielvereinbarungen eine Anzahl von fünf bis sechs p.a. erreichen.
Von beiden Seiten gut vorbereitete Gespräche dauern zwischen 15 und 30 Minuten.
Die Zielerreichung des vorherigen Zeitraumes führt zu einem entsprechenden Entgelt im Folgezeitraum.

Auf die in Abbildung 1 dargestellte Zeitachse bezogen, wird die Zielerreichung des Zeitraumes 1.7.–31.12. spätestens am 15.1. festgestellt und führt zu einem Leistungslohn im Zeitraum 1.1.–30.6., das heißt im jeweiligen Folgehalbjahr.
Das Leistungsentgelt kann, wie bei der tariflichen Leistungsbeurteilung, zwischen 0 und 8 % liegen.
Die jeweilige Prozentzahl wird anhand des Zielerreichungsgrades des jeweiligen Einzelzieles sowie deren Wertigkeit ermittelt.

Auf der Einrichtung eines Reklamationsrechtes wird der Betriebsrat bestehen. Gestehen Sie ihm dieses Recht zu. Die Praxis zeigt, dass Beschwerdefälle bei Zielvereinbarungen wesentlich seltener sind als bei der früheren tariflichen Leistungszulage. Dies liegt auf der Hand. Räumen Sie dem Mitarbeiter ein Vorschlagsrecht innerhalb seiner persönlichen Ziele ein. Im ersten Jahr werden Sie in einigen Fällen mit Zielen konfrontiert, die keine sind. Der Umgang mit Zielvereinbarungen ist ein Lernprozess bei allen Beteiligten. Dennoch sollten Ziele nie angeordnet werden. Wollen wir nicht im Sinne einer »lernenden Organisation« Mitarbeiter, die sich des Wertes ihrer Tätigkeit bewusst sind? Dann machen wir doch »Betroffene zu Beteiligten« und geben die entsprechenden Hilfestellungen!

Information und Schulung der Mitarbeiter
Der Umgang mit Zielvereinbarungen muss erlernt werden. Dies gilt natürlich für beide Seiten, sowohl für den Mitarbeiter als auch für die zuständige Führungskraft.

Bevor die Zielvereinbarungen im Unternehmen zur Anwendung kamen, erfolgte zunächst eine ausführliche mündliche Information der Mitarbeiter durch Geschäftsführung und Betriebsrat, die anhand eines Beispieles die Zielsetzung und das Vorgehen veranschaulichten.

Anschließend wurden sowohl die Führungskräfte als auch die Mitarbeiter auf die Mitarbeitergespräche zur Zielvereinbarung und zur Überprüfung der Zielerreichung vorbereitet.

Neben grundlegenden Informationen zur Gesprächsführung gehören Zielformulierungen zu den wesentlichen Schulungsaufgaben. Zielformulierungen sollen
⇨ eindeutig und nachvollziehbar,
⇨ anspruchsvoll und erreichbar,
⇨ widerspruchsfrei und
⇨ objektiv messbar sein.

Es ist wichtig, den Beteiligten deutlich zu machen, dass der Umgang mit Zielvereinbarungen eine intensive Kommunikation zwischen Mitarbeiter und Führungskraft erfordert. Gerade zu Beginn sollte der Mitarbeiter auch unterjährig Rückmeldungen über sein Leistungsniveau erhalten, insbesondere wenn erkennbar wird, dass er die geplanten Ziele nicht erreichen wird. Nach einer definierten Zeitperiode, vorgeschlagen werden zwei Vereinbarungsperioden, ist das Rückmeldungsverfahren umzudrehen. Der Mitarbeiter selbst hat den Vorgesetzten frühzeitig zu unterrichten, wenn zum Beispiel externe Störeinflüsse die Zielerreichung behindern, die er selbst nicht beseitigen kann.

Warum drehen wir dies um?

Wir wollen doch den mündigen Mitarbeiter, der uns auch Vorschläge zur ständigen Verbesserung unterbreitet. Dann sollte er doch auch in der Lage sein, den Status seiner Zielvereinbarung jederzeit einzuschätzen. Er kann dies viel besser als die Führungskraft, die mehrere Mitarbeiter betreut und gar nicht alle Detailziele seiner Mitarbeiter präsent haben kann.

Praxisbeispiele

Bisher war immer nur von Zielen oder Zielsetzungen die Rede. Dies wird hier durch den Begriff des Meilensteines erweitert. Gerade bei der propagierten Vereinbarungsperiode von sechs Monaten kommt dem »Meilenstein« eine wesentliche Bedeutung zu. Es gibt Ziele, die nicht innerhalb von sechs Monaten erreicht werden können, dies sind zum Beispiel Umsatzziele oder Einsparungsziele, die sich auf ein Jahr beziehen. In diesen Fällen bietet es sich an Meilensteine zu vereinbaren, allerdings wird empfohlen die Gesamtzielsetzung jeweils zu visualisieren. Die nachstehenden Zielvereinbarungs -beispiele gehen hierauf explizit ein (siehe Kästen).

Praxiserfahrungen

Wie bei allen neuen Projekten oder Reorganisationen läuft nicht alles reibungslos. Wesentliche Erfahrungen aus der Praxis sind nachstehend aufgeführt und kommentiert.
a) Mitarbeiter neigen dazu Ziele zu formulieren, die eigentlich keine sind oder eben leicht zu erreichen sind.
Hier sind ihre Führungskräfte gefragt. Führen hat sehr viel mit fördern und fordern zu tun. Nehmen Sie ihre Führungskräfte in die Pflicht.
b) Im Laufe eines Gespräches zur Feststellung der Zielerreichung eröffnet der Mitarbeiter der Führungskraft, dass eines der vereinbarten Ziele nicht erreichbar gewesen sei, weil sich im Laufe des vergangenen Halbjahres neue Prioritäten herausgebildet haben

Zielvereinbarung und variable Entlohnung

Ziele für Mitarbeiter Einkauf

Mitarbeiter Einkauf	Ziele für 2004		
Ziele	Leistungsniveau	Zielerreichungsgrad	Gewichtung
Reduzierung der Rohlingsstückkosten der Produktgruppe 5 ZH um 2% p.a. Zielwert 2004 48.000 €	– bis 30.6. 22.000 € – bis 31.12. 48.000 €	100% (20/48 T€) 75% (18/45 T€) 50% (15/40 T€)	30%
Reduzierung der Aufwendungen für Betriebsstoff 3869 um 8% durch Lieferantenwechsel. Einsparung 22.000 € p.a.	– bis 30.6. 10.000 € – bis 31.12. 22.000 €	100% (10/22 T€) 75% (9/20 T€) 50% (8/18 T€)	30%
Verkauf nocht mehr benötigter Werkzeuge der Gruppe WZ 100 und 500 mit einem Mindesterlös von 85% des Einstandpreises. Verkaufsvolumen 53.000 €	– bis 30.6. 25.000 € – bis 31.12. 53.000 €	100% (25/53 T€) 75% (22/48 T€) 50% (19/42 T€)	30%
Optimierung der Zahlungsziele durch a) Erlössteigerung Skonto um 1.500 € b) alternativ Verlängerung des Zieles um durchschnittlich 10 Tage bei A u. B-Lieferanten	Zielerreichg. 90% Zieler. 75 %Zieler.	100% 75% 50%	10%
Meilenstein 30.6.: Erlössteigerung Skonto um 750 € und Verlängerung Zahlungsziel bei 50 Lieferanten.			
Bei 100-prozentiger Zielerreichung beträgt die Leistungszulage 8%. Bei teilweiser Realisierung errechnet sich die Leistungszulage über die Wertigkeit der Zielsetzung sowie dem Zielerreichungsgrad. Unterhalb des festgelegten geringsten Leistungsniveaus gilt die jeweilige Zielsetzung als nicht erfüllt.			
_____, den 28.11.2003			

Zielvereinbarung und variable Entlohnung

Ziele für Mitarbeiter Verkauf

Mitarbeiter Verkauf	Ziele für 2004		
Ziele	Leistungsniveau	Zielerreichungsgrad	Gewichtung
Steigerung des Umsatzes in Region 5 durch zusätzliche Aquisition um 115.000 € bei einem Deckungsbeitrag von 19% (Basis: Umsatz in 2003)	– bis 30.6. 50.000 € – bis 31.12. 115.000 €	100% (50/115 T€) 90% (45/105 T€) 80% (40/95 T€)	40%
Umsetzung der Produktneueinführung gemäß Maßnahmenplan Nr. 94 in den Regionen 3–6 mit einem Umsatzziel von 98.000 € in 2004.	– bis 30.6. 36.000 € – bis 31.12. 98.000 €	100% (36/98 T€) 75% (32/90 T€) 50% (28/80 T€)	35%
Realisierung der geplanten Staffelpreis-Anpassung für Produkt xyz in den Regionen 2,3 und 6 um 2,2%. Umsatzeffekt + 18.000 € auf Basis des Planabsatzes für 2004.	– bis 30.6. 8.000 € – bis 31.12. 18.000 €	100% (8/18 T€) 90% (7/16 T€) 80% (6/14 T€)	25%
Bei 100-prozentiger Zielerreichung beträgt die Leistungszulage 8 %. Bei teilweiser Realisierung errechnet sich die Leistungszulage über die Wertigkeit der Zielsetzung sowie dem Zielerreichungsgrad. Unterhalb des festgelegten geringsten Leistungsniveaus gilt die jeweilige Zielsetzung als nicht erfüllt.			
_____, den 28.11.2003			

und er zusätzliche Aufgaben übernommen habe. Dies sei ja gerade ihm, seinem Vorgesetzten, bekannt.

Dies kommt leider häufiger vor und wenn sich beide stur stellen, ist dies dann der Anlass für eine Reklamation über den Betriebsrat. Das Rückmeldungssystem zwischen Führungskraft und Mitarbeiter hat nicht funktioniert. In diesen Fällen bieten sich zwei alternative Lösungsmöglichkeiten an.

Alternative 1: Die Führungskraft vereinbart mit dem Mitarbeiter, dass dieses Detailziel nachträglich aus der Bewertung genommen wird und die Gewichtung der anderen Ziele entsprechend einvernehmlich geändert wird.

Alternative 2: Unter Hinzuziehung des Betriebsrates wird ein Kompromiss geschlossen.

Empfohlen wird in diesen Fällen die Alternative 1, weil diese weniger zeitaufwendig ist und das Verhältnis zwischen Führungskraft und Mitarbeiter nicht leidet. Allerdings ist den Beteiligten klar zu machen, dass dies eine Ausnahme darstellt und das Rückmeldungssystem nunmehr reibungslos in Kraft zu treten hat.

c) Im Laufe einer Zielvereinbarungsperiode kommt der Mitarbeiter zum Vorgesetzten und erläutert, warum ein Ziel nicht mehr zu erreichen ist oder aus Unternehmenssicht durch ein alternatives Ziel zu ersetzen ist.

Das Rückmeldungssystem funktioniert. Stimmen die »Zielvereinbarungspartner« im Bezug auf das Detailziel überein, werden sie ein Alternativziel vereinbaren. Im Zweifelsfall verfährt man wie unter Punkt b aufgeführt (Alternative 1).

d) Die Geschäftsführung stellt fest, dass im Vergleich zu dem vorherigen System der tariflichen Leistungsbeurteilung die Leistungszulage über das System Zielvereinbarung wesentlich höher ausfällt als geplant.

Erfahrungswerte zeigen, dass sich die Leistungszulage im Verhältnis zum vorherigen System nur unwesentlich, das heißt im Bereich von bis zu einem Prozentpunkt verändert. Empfohlen wird, dass bei einer Veränderung von > 0,5 Prozentpunkten eine Analyse pro Führungskraft durchgeführt wird. Seien Sie nicht überrascht, wenn Sie feststellen, dass das Mitarbeiterniveau in definierten Abteilungen oder Bereichen im Wesentlichen hierzu beigetragen hat. Hier gilt der Grundsatz: »Wehret den Anfängen«! Lassen Sie sich von ihrer Führungskraft den Leistungssprung seiner Mitarbeiter nachvollziehbar darstellen. Gegebenfalls besteht ein Nachschulungsbedarf bei ihrer Führungskraft.

Nutzen

Das System Zielvereinbarung wurde erläutert. Wo liegt denn nun der Nutzen dieses Systems, insbesondere im Vergleich zur tariflichen Leistungsbeurteilung?

⇨ Mitarbeiter können sich an Unternehmenszielen und Strategien orientieren und zielgerichtet ihren Beitrag leisten.
⇨ Die Leistung der Mitarbeiter wird objektiv messbar. Die Leistungsbereitschaft steigt.
⇨ Die Leistungsmessung über die Zielerreichung kann unabhängig von der Person des Vorgesetzten erfolgen. Ein Personalwechsel im Führungsbereich führt nicht zu einem Beurteilungsdefizit.
⇨ Die Motivation der Mitarbeiter nimmt zu, da Leistung in Entgelt umgewandelt wird.
⇨ Mit dem System Zielvereinbarung erhalten die Führungskräfte ein Führungsinstrumentarium an die Hand, um Unternehmensziele auf der Zeitachse zielgerichtet umzusetzen.
⇨ Die Unternehmensleitung kann die Führungsqualitäten ihrer Führungskräfte besser beurteilen und ggf. Defizite durch zum Beispiel Schulungen beheben.

Fazit und Ausblick

Die Zielsetzung des Unternehmens II im Bezug auf die tariflichen Mitarbeiter wurde vollständig realisiert. Als »Abfallprodukt« hat man zudem ein Führungsinstrumentarium implementiert, was die Unternehmensleitung nicht mehr missen möchte.

Zwei Empfehlungen sind noch auszusprechen.

Beginnen Sie mit der Implementierung der Zielvereinbarung im AT-Bereich, damit ihre Führungskräfte bereits Erfahrungen mit dem System gesammelt haben, bevor dieses auch im Tarifbereich zur Anwendung kommt.

Legen Sie Wert darauf, dass alle Ziele vollständig erfüllt werden, auch wenn dies erst in der Folgeperiode umgesetzt werden kann. Tun Sie dies nicht, verlieren Sie an Glaubwürdigkeit. Auch aus der Sicht des Mitarbeiters wäre es demotivierend, wenn ein Ziel an Wichtigkeit verlieren würde.

Sicherlich gibt es Ausnahmen hiervon, insbesondere dann, wenn eine Zielsetzung nicht mehr mit den Unternehmenszielen in Einklang steht.

In der Metall- und Elektroindustrie erhält das Instrument Zielvereinbarung durch die Umsetzung des Entgeltrahmenabkommens (ERA) im Zeitraum 1.1.2005–31.12.2008 eine immense Bedeutung. Das vereinbarte neue Tarifrecht sieht vor, dass Arbeiter- und Angestelltentätigkeiten nach dem gleichen Maßstab bewertet und vergütet werden. Das gilt auch für Leistung und Erfolg. Die leistungsabhängige Entlohnung für Arbeiter und Angestellte wird mittels Prämien oder Zielvereinbarungen durchgeführt, wobei den Zielvereinbarungen die größere Bedeutung beigemessen wird. Sicherlich können Sie entgegenhalten, dass fast jedes Projekt unter Zeitdruck implementiert wird.

Auf der anderen Seite werden Sie mir zustimmen, dass gerade Projekte, die auf Erfahrungen basieren, ihre Zeit brauchen. Auch wenn das zukünftige Entgeltrahmenabkommen Übergangslösungen zulassen wird, hat der frühzeitige Einsatz von Zielvereinbarungen seinen Nutzen als Führungsinstrumentarium.

Wolfgang Böddecker, Dipl.-Betrw., Jahrgang 1957, setzte seine praktischen Berufserfahrungen als Vertriebs- und Marketingleiter, kfm. Leiter und Geschäftsführer mittelständischer Unternehmen um und gründete im Jahr 2003 die Unternehmensberatung »Böddecker Consulting«, deren Schwerpunkt die Themen Strategieentwicklung, Reorganisation und Prozessoptimierung, Unternehmenssteuerung, Marketing – Vertrieb und variable Entgeltsysteme sind.

Zusammenfassung

Immer mehr Unternehmen nutzen das System »Zielvereinbarung« sowohl als Führungsinstrumentarium als auch als Motivationsfaktor und Leistungsanreiz. Der Beitrag betont hier die Grundsätze: »Betroffene zu Beteiligten machen« und »den Betriebsrat frühzeitig mit »ins Boot nehmen«. Der Autor stellt heraus, dass der zeitliche Aufwand für das System »Zielvereinbarung« einerseits zeitlich umfangreicher ist, als die tarifliche Leistungsbeurteilung. Andererseits ist der Nutzen auf der Unternehmens- und Mitarbeiterseite überproportional höher. In vielen Fällen lassen sich Zielvereinbarungen kostenneutral umsetzen.

Im Beitrag wird die Wichtigkeit der Eigeninitiative betont: Ob Unternehmen agieren oder reagieren, entscheiden sie letztlich selbst. Wer agiert, beginnt mit der Umsetzung von Zielvereinbarungen und nutzt die Vorteile. Wer reagiert, wartet auf ERA (Entgeltrahmenabkommen) und die Vorgabe zur Umsetzung.

Der Autor empfiehlt: Wer auf Know-how und Erfahrungen bei der Umsetzung zurückgreifen will, setzt spezialisierte Berater ein. Dies ist insbesondere dann von Vorteil, wenn ein unternehmensübergreifender, ganzheitlicher Ansatz gefragt ist und man sich über die Folgen von ERA noch nicht im Klaren ist.

Zielvereinbarungen für tarifliche Mitarbeiter in Service-Teams

In vielen Unternehmen besteht das Bedürfnis, die Mitarbeiter in Abhängigkeit ihres Leistungsergebnisses zu vergüten. Am Beispiel der Modine Neuenkirchen GmbH wird die leistungsbezogene Vergütung auf Grund eines tariflichen Zielentgeltes beschrieben. Ausgangspunkt dafür sind zuvor ausgehandelte Zielvereinbarungen.

In diesem Beitrag erfahren Sie:
- wie die Modine Neuenkirchen GmbH die leistungsbezogene Vergütung von tariflichen Mitarbeitern auf Grund eines tariflichen Zielentgeltes einführt,
- wie dazu mittels Zielvereinbarungen die Mitarbeiter in Service-Teams am Erfolg ihrer Leistung beteiligt werden können,
- wie sich der Prozess der Zielvereinbarung gestalten lässt.

ECKHARD EYER, WERNER KOCH

Das Unternehmen

Die Modine Neuenkirchen GmbH im westfälischen Neuenkirchen gehört zum Modine-Konzern mit über 30 Produktionsstätten weltweit und einem Jahresumsatz von ca. 1,2 Milliarden US $. Bei Modine Neuenkirchen produzieren 140 Mitarbeiter im Automotivbereich Abgaswärmetauscher für Personenkraftwagen und Lastkraftwagen. Im Jahr 2000 stellte das gesamte Unternehmen die Produktion von Buntmetallkühlern für den Bereich Off-Highway auf den Automotivbereich mit Stahlkühlerfertigung um. Das Unternehmen wurde als Ganzes reorganisiert, ein Mehrschichtbetrieb eingeführt und sich so auf die Produktion von Wärmetauschern eingestellt, die dazu dienen, dass Dieselmotoren die EU 4 Norm, die ab 2005 in der EU bei Neuwagen Pflicht ist, erfüllen zu können.

Die Ausgangssituation

Die Modine Neuenkirchen GmbH hat sich in den letzten Jahren zu einem Unternehmen mit zwei unterschiedlich großen Bereichen der Stahlkühlerfertigung entwickelt. Der Produktionsbereich PKW umfasst ca. 90 Prozent des Umsatzvolumens, der für den Bereich LKW etwa 10 Prozent. Der Markt für die Umwelttechnologie ist wachsend. Der kontinuierliche Verbesserungsprozess (KVP) führt zu einer Verbesserung der Wettbewerbsposition, der Sicherung von Arbeitsplätzen und nicht zu einer Bedrohung der vorhandenen Arbeitsplätze. Die Zusammenarbeit von Arbeitern und Angestellten – die in der Vergangenheit zufriedenstellend war – sollte im Rahmen der neuen Arbeits- und Organisationsstrukturen intensiviert und verbessert werden. Die klassische Trennung von Arbeitern im tariflichem Prämienlohn und Angestellten mit tariflicher Leistungszulage aufgrund von Leistungsbeurteilung sollte durchbrochen werden. Die Angestellten, die in Service-Teams als Dienstleister der gewerblichen Mitarbeiter in den Produktionsgruppen zuarbeiten, sollen an ihrem Erfolg, der sich nicht zuletzt in dem Erfolg ihrer innerbetrieblichen Kunden ausdrückt, gemessen werden. Im Bereich PKW sind dabei drei tarifliche Angestellte im Service-Team für die Unterstützung der sechs Arbeitsgruppen zuständig, im Bereich LKW ein Mitarbeiter für zwei Arbeitsgruppen. Der Bereich PKW arbeitet zwei- und dreischichtig, der Bereich LKW ein- und zweischichtig.

ERA-Einführung

Nachdem das Werk im Jahr 2000 komplett umorganisiert wurde (s. Abb. 1) und dabei die Geschäftsprozesse optimiert wurden, stellte sich die Frage der Neueingruppierung der Mitarbeiter nach dem Lohnrahmenabkommen der Metall- und Elektroindustrie in Nordrhein-Westfalen und dem entsprechenden Gehaltsrahmenabkommen. Zu dieser Zeit kündigte sich bereits die Einführung des Entgeltrahmenabkommens (ERA) ab 2004 an und zugleich waren die Verfahren der Arbeitsbewertung zwischen den Tarifvertragsparteien abschließend inklusive der Richtbeispiele verhandelt. Vor diesem Hin-

Organisationsstruktur

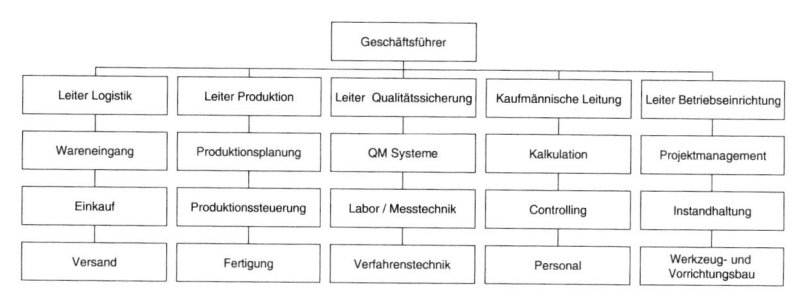

```
                        Geschäftsführer
                              |
   ┌──────────┬──────────────┼──────────────┬──────────────┐
Leiter      Leiter        Leiter         Kaufmännische   Leiter
Logistik    Produktion    Qualitäts-     Leitung         Betriebs-
                          sicherung                      einrichtung

Warenein-   Produktions-  QM Systeme     Kalkulation    Projekt-
gang        planung                                     management

Einkauf     Produktions-  Labor /        Controlling    Instand-
            steuerung     Messtechnik                   haltung

Versand     Fertigung     Verfahrens-    Personal       Werkzeug- und
                          technik                       Vorrichtungsbau
```

Abb. 1: *Organisationsstruktur der Modine Neuenkirchen GmbH*

tergrund entschied sich die Geschäftsführung – gemeinsam mit dem Betriebsrat und dem zuständigen Sekretär der IG Metall –, die Mitarbeiter schon im Jahr 2002/2003 auf Grund ihrer neuen Tätigkeiten nach dem Entgeltrahmenabkommen für die Metall- und Elektroindustrie in Nordrhein-Westfalen einzugruppieren. Des Weiteren wurde beschlossen, den Entgeltrahmentarifvertrag einzuführen, sobald die neuen, den Entgeltgruppen zugeordneten Euro-Beträge vorlägen.

Von November 2002 bis März 2003 wurden die den Mitarbeitern übertragenen Arbeitsaufgaben von Angehörigen der Zentralabteilung »Fertigungsorganisation« beschrieben und analysiert. Eine betriebliche Kommission, bestehend aus Vertretern der Geschäftsleitung und des Betriebsrats, bewerteten die Arbeitsaufgaben nach Maßgabe des Entgeltrahmenabkommens und der tariflichen Richtbeispiele und stellten die Ergebnisse der IG Metall und einem Berater in einem Workshop vor. Gleichzeitig wurde die Datenbasis (neue Vorgabezeiten) für die gewerblichen Mitarbeiter geschaffen, um sie in einer Gruppenprämie nach Leistung und KVP-Erfolg vergüten zu können.

Zielvereinbarungen mit Service-Teams

Es stellte sich die Frage, wie die Mitarbeiter in den Service-Teams am Erfolg ihrer Leistung beteiligt werden können und wie dieser Erfolg zu messen ist. In einem Workshop wurde gemeinsam mit

dem Betriebsrat und einem Sekretär der IG Metall erarbeitet, dass die Mitarbeiter im Service-Team je fünf entgeltrelevante Ziele haben sollen. Folgende vier Ziele sind für alle Mitarbeiter des Service-Teams relevant:
⇨ Arbeitsproduktivität
⇨ Qualität gemessen in Fehlerkosten und
⇨ Qualität gemessen in Reklamationen der Kunden sowie die
⇨ Work in process (gebundenes Kapital im Arbeitsprozess).

Sie wurden um jeweils ein persönliches Ziel ergänzt, sodass trotz Fokussierung des Service-Teams der individuelle Aspekt der Leistungsvergütung nicht verloren geht.

Die Gewichtung der einzelnen Ziele unterschied sich hinsichtlich der Bedeutung und Beeinflussbarkeit der Ziele für den jeweiligen Mitarbeiter. Abbildung 2 und 3 zeigen beispielhaft die Ziele, die in den Zielvereinbarungen zwischen den tariflichen Angestellten und ihrer Führungskraft vereinbart wurden. Die Ziele korrespondierten mit den Leistungszielen bzw. Leistungsprämien der gewerblichen Mitarbeiter. Die gewerblichen Mitarbeiter hatten ein tarifliches Grund-

Mitarbeiter: Leiter Produktion					
Zeitraum: 1.1.-31.12.2003	Bereich: Pkw				
Ziel	Leistungsniveau	Zielerreichungsgrad			
		nicht ausreichend	genügend	gut	sehr gut
Arbeitsproduktivität	92 %	0	1	2	3
Qualität (Fehlerkosten)	3,0 %	0	1	2	3
Qualität (Reklamationen)	300 ppm	0	1	2	3
WIP	XXX EURO	0	1	2	3
Produktivität um 5% erhöhen (Persönliches Ziel)		0	2	4	6

Abb. 2: *Ziele des Produktionsverantwortlichen im Service-Team*

entgelt nach ERA verknüpft mit einer Gruppenprämie in Höhe von maximal 26 Prozent sowie der Option auf einen KVP-Bonus, wenn der kontinuierliche Verbesserungsprozess im jeweils letzten Quartal erfolgreich verlaufen war.

Die Dienstleistungsteams wurden somit an der Arbeitsproduktivität der gewerblichen Mitarbeiter sowie der Qualität, die die gewerblichen Mitarbeiter erarbeiteten, gemessen (Basis der Prämie ist Gutstück pro Anwesenheitsstunde). Sie wurden ergänzt um die von den Service-Teams beeinflussbaren Größen »Work in process« (WIP) und die persönlichen Ziele.

Das Service-Team im Bereich PKW bestand aus einem Produktionsverantwortlichen, dem Materialmanager, dem Logistikmanager und dem Qualitätsmanager. Sie waren durch entsprechende Dienstleistungen für die gewerblichen Mitarbeiter zur Abwicklung des Tagesgeschäfts, aber auch durch die kontinuierliche Unterstützung bei der Verbesserung der Prozesse und Erhöhung der Prozesssicherheit am Erfolg der Gruppen in der Produktion beteiligt. Entsprechendes galt

Mitarbeiter: Leiter Qualitätssicherung					
Zeitraum: 1.1.-31.12.2003	Bereich: Pkw				
Ziel	Leistungsniveau	Zielerreichungsgrad			
		nicht ausreichend	genügend	gut	sehr gut
Arbeitsproduktivität	95 %	0	1	2	3
Qualität (Fehlerkosten)	2,5 %	0	2	4	6
Qualität (Reklamationen)	300 ppm	0	2	4	6
WIP	XXX EURO	0	1	2	3
Qualitätszirkel bis 31.05 einführen und KVP Aktivitäten verdoppeln (Persönliches Ziel)		0	1	2	3

Abb. 3: *Ziele des Qualitätsverantwortlichen im Service-Team*

für das Service-Team LKW, bei dem mehrere Produktgruppen zusammengefasst waren. Der Einkauf erfolgt strategisch von der Europazentrale aus, die Abrufe und das Bestandsmanagement erfolgen dezentral in den Werken durch die Service-Teams.

Tarifliches Zielentgelt für Service-Teams
Die Vergütung der tariflichen Mitarbeiter auf Grund der Zielvereinbarungen wurde dadurch möglich, dass Betriebsrat und IG Metall einer Substitution der bisherigen Leistungszulage (basierend auf einer Leistungsbeurteilung) durch ein Zielentgelt (basierend auf dieser Zielvereinbarung) zustimmte. Die Arbeitnehmervertreter sahen die Chance, bereits vor Einführung von ERA Erfahrungen mit einem nachwirkenden Tarifvertrag, der durch Betriebsvereinbarungen verändert werden kann, zu sammeln und dadurch die sinnvollen Entwicklungen des ERA im Bereich »Variable Vergütung« vorweg zu nehmen.

Prozess der Zielvereinbarung
Angesichts der Vorjahreswerte, der prognostizierten Entwicklung für das neue Geschäftsjahr und der bereits geplanten Maßnahmen zur Verbesserung der Prozesse sowie zu Investitionen im folgenden Jahr werden zwischen der zuständigen Führungskraft und den tariflichen Mitarbeitern die Ziele, Leistungsniveaus und die Gewichtung der einzelnen Ziele vereinbart. Innerhalb des Service-Teams werden die Ziele und ihre Gewichtung offen gelegt und die Service-Team-Ziele den Mitarbeitern in der Produktion kommuniziert. Sie sollen erkennen, dass eine Interessen-Identität zwischen den Produktions-Teams und dem Service-Team besteht und alle Mitarbeiter in dem Bereich »an einem Strang« ziehen.

Der Betriebsrat erhält die – zwischen Management und Service-Teams – vereinbarten Ziele zur Information. Anhand von Kennzahlen über die Produktivität der Mitarbeiter in den Gruppen, der aggregierten Produktivität und der Ermittlung der Zielerreichungsgrade – praktisch online – wissen die Serviceteammitarbeiter jederzeit, wie sie Umlaufvermögen, Qualität und Arbeitsproduktivität gemeinsam mit den Mitarbeitern steuern sollen. Die relativen Kennzahlen sind unabhängig von der Auslastung der Produktion von den Mitarbeitern steuerbar.

Auf Basis der monatlichen Ermittlung der Leistungsniveaus ist das Zielentgelt praktisch monatlich zahlbar. Durch extern bedingte Schwankungen des Zielerreichungsgrades erfolgt bei Modine Neuenkirchen in der Praxis eine Glättung der Kennzahl und damit eine Verstetigung der Zielentgelte. Hierzu wird der Zielerreichungsgrad auf Grund des gleitenden 3-Monats-Schnitts der Leistung der Mitarbeiter ermittelt und entsprechend monatlich entlohnt.

Erste Erfahrungen

Die Modine Neuenkirchen GmbH hat gleich zweimal erfolgreich Neuland beschritten: Zum einen mit der Zielvereinbarung für tarifliche Angestellte in Service-Teams, zum anderen dadurch, dass die meisten Ziele der Dienstleister mit den Zielen der Mitarbeiter in den Produktionsgruppen direkt verknüpft wurden. Im Rahmen des seit 1. Januar 2004 eingeführten ERA wird auf Grund der Erhöhung der Variablen Entgelte für Angestellte das Zielentgelt als Leistungsanreiz noch höher als im Jahr 2003. Die Synchronisation von Prämien und Zielentgelten und die Abkehr von der Beurteilung – die im Unternehmen oft mit dem Makel der Subjektivität belastet war – wurde die normale Zusammenarbeit der tariflichen Angestellten mit den gewerblichen Arbeitnehmern wesentlich verbessert, was sich nicht zuletzt in den Ergebnissen der Gruppen, der Service-Teams und des Unternehmens niederschlägt.

Fazit

Die Modine Neuenkirchen GmbH nutzte eine neue Produktpalette zur Neuorganisation der Fertigung, einer Neueingruppierung nach ERA bereits vor der Gültigkeit von ERA und damit verknüpft einem neuen Zielentgelt für tarifliche Angestellte bereits ein Jahr, bevor der neue Tarifvertrag Gültigkeit hatte. Dies war erfolgreich durch die konstruktive Zusammenarbeit mit Betriebsrat und IG Metall möglich. Das gemeinsame Verständnis, dass die Innovationen von ERA auch vor dem Jahr 2004 sinnvoll einzusetzen sind und die Zusammenarbeit bei der Umsetzung führten das Projekt »Zielentgelt für tarifliche Angestellte« bei Modine Neuenkirchen zum Erfolg.

Eckhard Eyer, Dipl.-Ing., Dipl.-Kfm., Jahrgang 1958, studierte Maschinenbau in Kaiserslautern und Betriebswirtschaftslehre in Mannheim. Er arbeitete bei den SKF Kugellagerfabriken, der G.M. Pfaff AG und von 1989 bis 1997 im Institut für angewandte Arbeitswissenschaft (IfaA) in Köln. Er ist Inhaber der PERSPEKTIVE EYER CONSULTING, Köln, mit den Schwerpunkten: Konzeptionelle Beratung von Unternehmen bei der Entwicklung und Umsetzung von Führungs- und Entgeltsystemen sowie Abschluss von Betriebsvereinbarungen und Haustarifverträgen. 1999 gründete er FAIR – Institut für praktische WirtschaftsMediation, Köln. Er ist Mitherausgeber der Fachbibliothek »Das flexible Unternehmen«.

Werner Koch, Dipl.-Betriebswirt, 47 Jahre alt, ist seit 7 Jahren Geschäftsführer der Modine Neuenkirchen GmbH. Er hat insgesamt 12 Jahre Geschäftsführungserfahrung (immer operativ alleiniger Geschäftsführer). Davor war er Leiter Einkauf und Disposition bei Miele & Cie, Werk Lehrte. Seine Schwerpunkte liegen in Betriebsorganisation, Fertigungstechnik und Personalwesen.

Literatur

[1] EYER, E.; HAUSSMANN, T.: *Zielvereinbarung und variable Vergütung – Ein Leitfaden nicht nur für Führungskräfte*, Wiesbaden: Gabler, Mai 2001

[2] EYER, E.; KOCH, W.: *Innovative Vergütungssysteme und Tarifvertrag – Ein Widerspruch?*, in: Arbeit und Arbeitsrecht, 4/2000, S. 149–151

Zusammenfassung

Die Vergütung von tariflichen Angestellten erfolgt in der Metall- und Elektroindustrie durch das tarifliche Grundentgelt und eine tarifliche Leistungszulage.
In vielen Unternehmen besteht das Bedürfnis, die Arbeitsergebnisse der tariflichen Angestellten ebenso wie die Ergebnisse der gewerblichen Mitarbeiter zu messen und die Mitarbeiter in Abhängigkeit ihres Leistungsergebnisses zu vergüten. Am Beispiel der Modine Neuenkirchen GmbH wird die tarifliche leistungsbezogene Vergütung von Mitarbeitern auf Grund eines tariflichen Zielentgeltes beschrieben. Das Vorhaben des Unternehmens, den Erfolg der tariflichen Angestellten, die als Dienstleister arbeiten, an den Erfolg ihrer Kunden zu koppeln, wurde dabei von den Angestellten und vom Betriebsrat mitgetragen.
Im Kontext der beabsichtigten frühzeitigen Einführung des Entgeltrahmenabkommens (ERA) wurde deshalb bereits bei dem nachwirkenden Gehaltsrahmentarifvertrag eine Zielvereinbarung für tarifliche Angestellte eingeführt, die nach Inkrafttreten von ERA Fortbestand hat. Der Status der Mitarbeiter (Arbeiter oder Angestellter) und damit die tarifliche Vergütung ist zukünftig keine Trennlinie mehr zwischen Dienstleistern und ihren innerbetrieblichen Kunden.

Variable Zielentgelte

Beweglichere Hierarchien und damit eine neue Führungsstruktur sind häufige Teilziele der Reorganisation im Unternehmen. Damit stellt sich auch die Frage, wie Anforderungen, Anreize und das Entgelt der Führungskräfte bestimmt werden sollen.

> In diesem Beitrag erfahren Sie
> - wie trotz einer flacheren Hierarchie durch Boni Leistungsanreize gesetzt werden können,
> - warum bei einer Reorganisation Instrumente geschaffen werden müssen, die Einzelregelungen in ein transparentes Vergütungssystem überführen

Helmut Ruckriegel

Das Unternehmen

Die Klöckner Moeller GmbH ist ein konzernunabhängiges Unternehmen im Bereich der Elektroindustrie und besteht seit ungefähr 100 Jahren. Das Unternehmen entwickelt, fertigt und vertreibt elektrische und elektronische Komponenten und Systeme zur Steuerung und Verteilung von Strom in Niederspannungsbereich (bis 1.000 Volt). Der Umsatz der Firmengruppe lag im Geschäftsjahr 1995/96 bei circa 650 Mill. €. Es werden weltweit etwa 7.000 Mitarbeiter beschäftigt.

Das Unternehmen ist zertifiziert nach DIN/ISO 9001 und in Deutschland einer der wichtigsten Anbieter von Niederspannungsschaltgeräten, speicherprogrammierbaren Steuerungen und Systemen zur Energieverteilung (»Schaltschränke« und Schienensysteme) sowie dem entsprechenden Zubehör. Die Fertigungs- und Montagewerke sowie der Vertrieb waren und sind dezentral organi siert. Das Unternehmen unterliegt den Tarifverträgen der Metall-und Elektroindustrie der jeweiligen Tarifgebiete.

Die Ausgangslage

Seit Mitte der 80er Jahre wurden die ehemals selbständigen Vertriebseinheiten (Unternehmensform in der Regel OHG) und die selbständig bilanzierenden Fertigungswerke (Unternehmensform in der Regel GmbH) in die derzeitige Unternehmensstruktur integriert. Dies war erforderlich, um die Fertigungsabläufe und -kapazitäten zu optimieren und auf Seiten des Vertriebes einen einheitlichen Marktauftritt sicherzustellen.

Bedingt durch diese sukzessiv in den 80er und 90er Jahren vorgenommene Integration mußten auch im personalwirtschaftlichen Bereich Systeme und Orientierungshilfen geschaffen werden, um die Vielfalt an Einzelregelungen in ein transparentes und nachvollziehbares System zu überführen.

Die Zielsetzungen

In Verbindung mit den Reorganisationszielen:
⇨ Verflachung der Hierarchien,
⇨ Einführung eines Systems von Fach- und Führungslaufbahnen,

setzten wir uns folgende Ziele für das Klöckner Moeller-Vergütungssystem:
⇨ Vereinheitlichung der Entgeltgestaltung im außertariflichen Bereich (AT),
⇨ eine anforderungsgerechte Grundvergütung,
⇨ eine leistungsgerechte Vergütung,
⇨ ein die Personalentwicklung förderndes Vergütungssystem,
⇨ Kostenneutralität bei der Umstellung.

Die Meilensteine

Bei der Realisierung gingen wir schrittweise vor (s. Tabelle 1).

Tabelle 1: Arbeitsschritte
– Formulierung des Soll-Zustands der Führungsstruktur
– Konzeption der Bewertungselemente
– Erstellung von Aufgaben- und Funktionsbeschreibungen
– Konzeption des Vergütungssystems
– Bewertung der Funktionen
– Information der AT-Mitarbeiter
– Umsetzung

Formulierung des Soll-Zustands der Führungsstruktur

Zunächst wurden im Herbst 1992 die Führungsorganisation und Hierarchiestufen betrachtet (s. Tabelle 2) und der Soll-Zustand der Führungsstruktur formuliert. Kerngerüst der neuen Struktur ist ein Modell, in dem alle AT-Funktionen innerhalb der AT-Stufen 1 bis 10 eingeordnet werden (s. Tabelle 3):
⇨ Innerhalb der AT-Stufen 1 bis 5 ist es möglich, eine Fach- oder Führungsaufgabe zu übernehmen.

Tabelle 2: Alte Führungsstruktur in der Hauptverwaltung
Geschäfts- oder Zentralbereichsleiter (GBL, ZBL)
Hauptabteilungsleiter (HAL)
Abteilungsleiter (AL)
Gruppenleiter (GL)
Fachbereichsleiter (FBL)
Sachbearbeiter, tariflich (SB)
In den *Vertriebsbereichen* gab es neben anderen beispielsweise noch die Bezeichnung »Vertriebsdirektor«, im *Werksbereich* unter anderem die Bezeichnung »Werksdirektor« und im Bereich der *Hauptverwaltung* im Entwicklungs-, Konstruktions- und Prüfbereich die Bezeichnung »Oberingenieur«.

Tabelle 3: Das neue Vergütungsmodell nach Fach- und Führungsebene

»alt«	»neu«			
	Führungsebene	Fachebene	Berichts-ebene	Entgelt-stufen
Geschäfts- oder Zentralbereichs-leiter (GBL) (ZBL)	obere Führungsebene		I	AT 10
				AT 9
Hauptabteilungs-leiter (HAL)			II	AT 8
				AT 7
	mittlere Führungsebene			AT 6
Abteilungsleiter (AL)		Referatsleiter		AT 5
				AT 4
				AT 3
Gruppenleiter (GL)	untere Führungsebene	Referenten	III	AT 2
				AT 1

⇨ Innerhalb der Stufen 6 bis 10 gibt es per definitionem nur Führungsaufgaben.

⇨ Die AT-Mitarbeiter der Stufen 9 und 10 gehören zum erweiterten Geschäftsführungskreis und nehmen an den regelmäßigen Geschäftsführungsbesprechungen teil.

Oberhalb der AT-Stufe 10 ist die Geschäftsführung angesiedelt, unterhalb der AT-Stufe 1 die jeweils höchste tarifliche Gehaltsgruppe.

> Der Kreis der leitenden Angestellten (gemäß BetrVG) wird gebildet aus allen AT-Mitarbeitern der Stufen 6 bis 10. Diese AT-Mitarbeiter haben in der Regel Gesamtprokura gemäß HGB. Es gibt aber auch Prokuristen in den AT-Stufen 4 bis 5. Dies hat funktionale Gründe: beispielsweise soll das Unternehmen – Qualitätsmanagement, Patentwesen und andere Bereiche betreffend – »standesgemäß« nach außen vertreten werden.

Konzeption eines Bewertungssystems

Nach unserer Analyse der am Markt angebotenen Systeme zur Bewertung von »AT-Stellen« wurde die Entscheidung getroffen, ein eigenes Bewertungssystem zu erstellen und anzuwenden. Dafür waren im wesentlichen folgende Argumente ausschlaggebend:
⇨ Kosten der Einführung,
⇨ Vermeidung der Abhängigkeit (Folgekosten) von einem Beratungsunternehmen,
⇨ Fehlende Transparenz und Nachvollziehbarkeit für die Betroffenen bei den marktgängigen Systemen.

Das Klöckner Moeller Funktionsbewertungssystem hat fünf Anforderungsmerkmale mit jeweils sieben Stufen (s. Tabelle 4):
⇨ Fachkompetenz
⇨ Sozialkompetenz
⇨ Handlungsspielraum
⇨ Führungsverantwortung
⇨ Finanz- und Budgetverantwortung.

Tabelle 4: Funktionsbewertungsschema									
	erforderliche Ausprägung in Stufen gering ⇔ höher								
Kriterien	0	1	2	3	4	5	6	7	Summe
Kenntnisse (Berufsausbildung und -erfahrung, Spezialkenntnisse)									
Sozialkompetenz	–								
Handlungsspielraum	–								
Führungsverantwortung									
Finanz- und Budgetverantwortung									
						Stufenwertzahl:			

Jeder AT-Gehaltsgruppe wurde eine entsprechende Bandbreite an Stufenwertzahlen zugeordnet. In den Kriterien Fachkompetenz, Sozialkompetenz und Handlungsspielraum muß mindestens der Wert »1« erreicht werden, soll es sich um eine »AT-fähige« Aufgabe handeln.

Daher reicht die Bandbreite der Ausprägungen insgesamt von 3 - 35.

Die einzelnen Funktionen werden hinsichtlich der Anforderungsmerkmale analysiert und eingestuft. Die Summe der Einstufungen ergibt die Stufenwertzahl, die der entsprechenden Gehaltsgruppe zugeordnet wird. In einem *Handbuch zur Durchführung von Funktionsbewertungen* ist das Verfahren ausführlich beschrieben.

Erstellung von Aufgaben- und Funktionsbeschreibungen

Um einen Überblick über die AT-Funktionen zu erhalten wurden für alle Funktionen Aufgaben- und Funktionsbeschreibungen erstellt (s. Abb. 1 und 2). Neben Identifikationsdaten werden der Zweck der Funktion und maximal fünf Hauptaufgaben beschrieben. Ergänzt werden diese Angaben durch Kennzahlen wie Führungsspanne (direkt/indirekt), Budgetverantwortung (direkt/indirekt, Umsatz, Kosten) und Angaben zu Unterschriftsberechtigungen, Berichtswegen und wichtigen internen oder externen Kontakten (beispielsweise Kunden, Forschungseinrichtungen, Verbände).

Alle Angaben sind somit in der Regel auf einer Seite zusammenfaßbar. Um die Durchführung der Erstellung von Aufgaben- und Funktionsbeschreibungen klar und einheitlich zu gestalten, wurde eine entsprechendes *Klöckner Moeller-Handbuch* erstellt, das allen Führungskräften zur Verfügung gestellt wurde. Die Angaben wurden durch Interviews eingeholt und von Mitarbeitern der Organisationseinheit »Personal- und Organisationsentwicklung« ausgewertet. Die endgültigen Fassungen der Aufgaben- und Funktionsbeschreibungen wurden mit den Funktionsinhabern und deren Führungskräften verbindlich abgestimmt.

Aufgaben- und Funktionsbeschreibung	
Allgemeine Funktionsdaten Funktionsbezeichnung: Inhaber: Vergütungsstufe:	Ordnungs-Nr.: Organisationseinheit: zugeordnete Org.-Einheit: übergeordnete Org.-Einheit Kostenstelle
Zweck der Funktion: Hauptaufgaben (die 5 wichtigsten; Detailbeschreibungen ggf. auf Seite 2 vornehmen)	
Ausstattung der Funktion Unterstellte Mitarbeiter (direkt/indirekt): Kompetenzen (Unterschriftsregelung): PKW: Nein/Ja, Stufe:	
Finanz-und Budgetverantwortung (in €) Umsatz: Investitionen: Anlagewerte:	Gesamtbudget: Gemeinkosten: Personalkosten: Sonstiges:
Kontakte (bitte nur **wichtige** Org.-Einh., Firmen, Institutionen, u.ä. benennen) intern: extern:	
Berichtswege Der Funktionsinhaber berichtet an: An den Funktionsinhaber berichten:	

Abb. 1: *Aufgaben- und Funktionsbeschreibung*

Aufgaben- und Funktionsbeschreibung

Allgemeine Funktionsdaten Funktionsbezeichnung: **Leiter Vertriebsregion X** Inhaber: Vergütungsstufe:	Ordnungs-Nr.: Organisationseinheit: zugeordnete Org.-Einheit: übergeordnete Org.-Einheit Kostenstelle

Zweck der Funktion:
Steuerung und Koordination des Vertriebs in der Region X zur Erreichung der mit dem Vertriebsleiter Deutschland vereinbarten Umsatz-, Deckungs-, Investions- und Budgetziele sowie Sicherung und Ausbau der erreichten Marktposition in der Region.
Hauptaufgaben (die 5 wichtigsten; Detailbeschreibungen ggf. auf Seite 2 vornehmen)
1. Umsetzung der Vertriebsstrategie in der Region. Vertretung der Vertriebsregion nach außen sowie Akquisition und Betreuung ausgewählter Kunden und Projekte.
2. Marktorientierte Führung der Vertriebsregion und der angeschlossenen Vertriebsbüros durch Vereinbarung von Zielen mit den Büroleitern über Umsatz, Deckungsbeitrag, Investionen, Vertriebsergebnis, Absatzziele, Absatzwege und Sicherstellung von bürointernen Funktionen.
3. Regelmäßige Durchführung von Soll/Ist-Abgleichen (Budget- und Zielvereinbarungen) und Einleitung von Maßnahmen zur Korrektur bei Zielabweichungen.
4. Koordination der Vertriebsaktivitäten (Direktvertrieb, indirekter Vertrieb) in der Region. Verhandlung von Rahmenverträgen, Prüfung und Genehmigung von Konditionsvereinbarungen gemäß interner Richtlinien.
5. Führung und Entwicklung der Mitarbeiter sowie Koordination, Delegation und Kontrolle der operativen Aufgaben; Sicherstellung der Einhaltung der Vorschriften und Gesetze im Bereich Arbeitssicherheit und Umweltschutz sowie Einhaltung der internen Qualitätsstandards gemäß QS-Handbuch

Ausstattung der Funktion
Unterstellte Mitarbeiter (direkt/indirekt):
Kompetenzen (Unterschriftsregelung):
PKW: Nein/Ja, Stufe:

Finanz- und Budgetverantwortung (in €)

Umsatz: Investitionen: Anlagewerte:	Gesamtbudget: Gemeinkosten: Personalkosten: Sonstiges:

Kontakte (bitte nur **wichtige** Org.-Einh., Firmen, Institutionen, u.ä. benennen)
intern:
extern:

Berichtswege
Der Funktionsinhaber berichtet an:
An den Funktionsinhaber berichten:

Abb. 2: *Beispiel für die Beschreibung einer Funktion*

Konsequenzen für die Personalentwicklung

Neben dem Zweck der Abgrenzung von Aufgaben und Funktionen untereinander und der Bewertung von Funktionen können aus Aufgaben- und Funktionsbeschreibungen Anforderungsprofile abgeleitet werden. Diese Profile sind nützlich für:
⇨ Personalmarketing/-beschaffung
⇨ Mitarbeiterbeurteilung
⇨ Potentialbeurteilung

> **Leitfragen zur Beschreibung der Hauptaufgaben:**
> - Warum gibt es diese Funktion überhaupt?
> - Was würde geschehen, wenn es diese Funktion oder Tätigkeitsinhalte nicht gäbe?
> - Paßt die Funktion zu den Unternehmenszielen?
>
> Wichtig ist diese Beschränkung, um an die wirklich wichtigen Angaben zu kommen und »Romanschreiber« und »Geschichtenerzähler« zu disziplinieren.

⇨ Für die Personalbeschaffung soll sowohl eine Aufgaben- und Funktionsbeschreibung als auch ein differenziertes Anforderungsprofil vorhanden sein. Die Praxis zeigt aber, daß dies nicht immer der Fall ist und daß
so manche Fehlbesetzung hätte vermieden werden können, wenn das, worauf es in der speziellen Aufgabe wirklich ankommt, deutlich genug beschrieben worden wäre.
⇨ Das Mitarbeitergespräch und die
-beurteilung kann meist deutlich optimiert werden, wenn die Anforderungen und die Erwartungen an den Funktionsinhaber bekannt und formuliert sind. Neben dem vergangenheitsbezogenen Aspekt der Leistungsbeurteilung soll in einem guten Mitarbeitergespräch auch für die Zukunft eine Zielvorgabe/-orientierung vereinbart werden. Und das geht nur, wenn alle Beteiligten wissen, was eigentlich aktuell und in Zukunft geleistet werden soll.
⇨ Wenn es darum geht, mit Mitarbeitern die Laufbahn- und Karrierewege auszuloten, muß eine Potentialbeurteilung vorgenommen

werden (gleich mit welchen Hilfsmitteln dies geschieht). Diese bezieht sich immer auf übergeordnete Aspekte (zum Beispiel »Führungseigenschaften«), aber auch auf unternehmensspezifische Gegebenheiten (zum Beispiel »Führungseigenschaften bei Klöckner Moeller«). Daher gilt festzustellen, welche Fähigkeiten und Fertigkeiten vorhanden sind oder in Zukunft noch aktiviert werden können. Besonders aussagekräftig und nachvollziehbar wird dies, wenn ein Mitarbeiter mit mehreren Profilen anderer verglichen werden kann. Neben Erkenntnissen, die das Unternehmen (Führungskräfte sowie die Personalentwicklung) gewinnt, gelangt möglicherweise auch der Mitarbeiter zu neuen Einsichten. Denn nur, wenn er Vergleichsmöglichkeiten hat, unterschiedliche Anforderungen kennt, kann er sich selbst realistisch einschätzen und effektiv seinen persönlichen Weg beschreiten.

Für die »Karriereplanung« ist nicht in erster Linie die Personalentwicklung (oder sonstige Personen) zuständig, sondern der Mitarbeiter selbst. Aufgabe der Personalentwicklung ist es, die notwendigen Verfahren, Instrumente und Hilfsmittel bereitzustellen, Einsichten zu fördern, den Prozeß zu moderieren und nur bei Fehlentwicklungen – dann aber rechtzeitig – einzugreifen.

Konzeption eines Vergütungssystems

Das Klöckner Moeller-Vergütungssystem (s. Tabelle 5) umfaßt die Elemente
- Grundgehalt,
- leistungsorientierte Prämie,
- statusbezogene PKW-Regelung.

Für jede AT-Vergütungsstufe wurde ein Gehaltsband festgelegt, das heißt Minimal- und Maximalwerte zwischen denen sich die tatsächlichen Grundgehälter bewegen sollen. Die Gehaltsbänder überlappen sich und werden nach oben hin breiter (s. Abb. 3).

> Bestandteile des Standard-AT-Arbeitsvertrages sind ein Zusatzurlaub von drei Tagen pro Jahr, der Einschluß in eine Gruppenunfallversicherung, eine verlängerte Entgeltfortzahlung im Krankheitsfall und eine bessere Berücksichtigung im betrieblichen System der Altersversorgung im Vergleich zu tariflichen Mitarbeitern. Die Normalarbeitszeit beträgt 40 Stunden pro Woche. Mit dem Grundgehalt sind Mehr,- Spät-, Nacht-, Sonn- und Feiertagsarbeit abgegolten.

Tabelle 5: Vergütungssystem			
AT-Stufe	Prämie in Prozent des Grundgehalts (bei Zielerreichungsgrad: 100%)		PKW-Stufe
	Hauptverwaltung	Vertrieb	
1	5	20	—
2	5	20	—
3	10	20	II
4	10	20	II
5	10	20	III
6	15	20	III
7	15	20	IV
8	15	20	IV
9	20	—	V
10	20	—	V

⇨ Das Vergütungssystem startet mit einem *Grundentgelt,* daß deutlich über den Entgelten der jeweils höchsten Tarifstufen liegt.
⇨ *Prämie:* Der Zielerreichungsgrad kann zwischen 80 und 120 Prozent liegen. Bei einem Zielerreichungsgrad von 80 Prozent oder weniger entfällt die Prämie. Sie kann bei einem Zielerreichungsgrad von 120 Prozent maximal verdoppelt werden. Die Höhe der Prämie orientiert sich jeweils zur Hälfte am Gesamtergebnis des Unternehmens und am jeweiligen Bereichsergebnis (Tabelle 6).
⇨ *PKW-Regelung:* Die AT-Mitarbeiter in der Hauptverwaltung, denen aufgrund der AT-Stufe ein PKW zugeordnet ist, können zwischen dem Fahrzeug und einem Geldbetrag wählen. Die Fest-

Flexible AT-Entgelte bei Klöckner Moeller

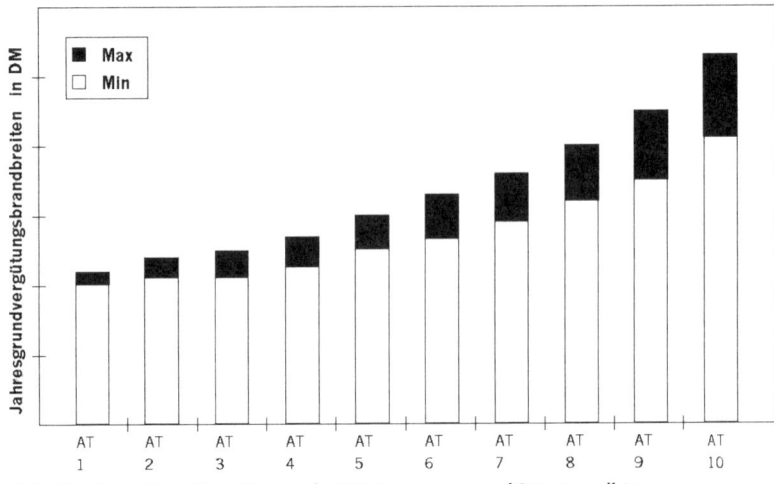

Abb. 3: *Beispiel zur Aktualisierung der Prämienausgangs- und Prämienendleistung*

legung wird dann für einen längeren Zeitraum getroffen. Für den Vertrieb besteht eine abgewandelte Regelung, die aber dieser Systematik im Prinzip entspricht.

Bei den Fahrzeugen ist eine bestimmte (Sicherheits-) Mindestausstattung vorgeschrieben (ABS, Airbag, 4-türig, u.a.). Die Versteuerung des geldwerten Vorteils erfolgt entsprechend der jeweils gültigen gesetzlichen Regelungen.

Bewertung

Für die Durchführung der Bewertung wurde ein *Klöckner Moeller-Bewertungshandbuch* erstellt, in dem die Bewertungsmaßstäbe und -kriterien beschrieben sind, damit auch im Verfahren ungeübte Personen schnell und eindeutig informiert und eingearbeitet werden können.
⇨ Die AT-Funktionen wurden durch die Organisationseinheit »Personal- und Organisationsentwicklung« bewertet und mit der Personalleitung abgestimmt.

Tabelle 6: Prämienbeispiel	
Unternehmensbezogener Zielerreichungsgrad	115%
Bereichsbezogener Zielerreichungsgrad	90%
Zielerreichungsgrad insgesamt (gemittelt)	102,5%
Prämie: AT-Stufe 3-5, Hauptverwaltung (s. Tabelle 5)	11,25%

⇨ Im nächsten Schritt wurden die Bewertungen allen Geschäftsführern vorgestellt und erläutert. Hier ergab sich in Einzelfällen ein geringer Korrekturbedarf. Die sodann erstellte Gesamtbewertung und -übersicht wurde nochmals der Geschäftsführung zur Freigabe vorgelegt.

⇨ Danach wurden die Bewertungen dem Betriebsrat und dem Sprecherausschuß vorgestellt. Da beide Gremien frühzeitig über die Arbeitsschritte informiert und in die Durchführung eingebunden waren, gab es hier nur noch einen minimalen Klärungsbedarf.

Für das gesamte System »Laufbahn- und Vergütungsmodell« liegen eine Betriebsvereinbarung und eine Richtlinie (Vereinbarung zwischen Sprecherausschuß der leitenden Angestellten und der Geschäftsführung) vor, in denen das Vorgehen und die Instrumente ausführlich beschrieben sind.

Information der AT-Mitarbeiter

Die Information erfolgte im Frühjahr 1995 in zwei Schritten:

⇨ Alle AT-Mitarbeiter der AT-Stufen 6 bis 10 erhielten eine Gesamtübersicht über alle AT-Funktionen und Informationen über alle Gehaltsbänder.

⇨ Die AT-Mitarbeiter der Stufen 1 bis 5 erhielten die Übersichten sowie Gehaltsbänder zu den AT-Stufen 1 bis 5.

Beigefügt waren jeweils die Texte der Richtlinie oder der Betriebsvereinbarung.

Umsetzung

Nach der Herausgabe der Informationen gab es rege Diskussionen («daß die Stelle von XY AT-3 sein soll, kann doch wohl nicht wahr sein...»), aber nur sehr wenige Proteste. Die Einsprüche kamen überwiegend deshalb zustande, weil einige Funktionen im Laufe der Jahre – meist »schleichend« – in der Bedeutung deutlich reduziert worden waren, mit den Funktionsinhabern aber offensichtlich nicht rechtzeitig und klar genug darüber gesprochen wurde. Die Funktionsinhaber waren nunmehr überrascht, wie wenig ihre Funktion im Unternehmen noch wert ist. Diese »Altfälle« wurden entsprechend der Übergangsregelungen (Betriebsvereinbarung, Richtlinie) sozialverträglich geklärt, sofern keine entsprechend hochwertige Funktion übertragen werden konnte.

Bei einigen Funktionen im Vertrieb konnten erst verspätet die Zuordnungen zu den AT-Entgeltgruppen vorgenommen werden, da dort noch einige organisatorische Veränderungen durchgeführt wurden (und werden).

Resümee

Nach nunmehr zwei Jahren Erfahrung mit der Beschreibung und Bewertung von AT-Funktionen kann folgendes
Resümee gezogen werden:
⇨ Das unternehmensspezifisch entwickelte System zur Bewertung der Funktionen hat sich als praktikabel erwiesen. Durch die Einfachheit und Transparenz ist es im wesentlichen von den Betroffenen akzeptiert worden.
Denn es gibt nun keine Zweifel mehr darüber, ob eine Funktion im Tarif- oder im AT-Bereich (und dann mit welcher Wertigkeit) anzusiedeln ist. Auch die in der Vergangenheit vielfach vorhandene Unsicherheit über die Höhe von AT-Vergütungen oder vertraglicher Zusatzleistungen besteht nun nicht mehr.
Gleichzeitig konnte auch der »Druck von unten« abgefangen werden, daß also Tarifmitarbeiter die Gunst der Stunde der Reor-

ganisation nutzen wollten, um aus Statusgründen AT-Angestellte werden zu wollen.
⇨ Auch die Forderung, bestehende Gehaltsstrukturen »einzufangen«, gleichzeitig Perspektiven aufzuzeigen, aber keinen Kostenschub im Bereich der Grundgehälter zu verursachen, konnte erfüllt werden. In einigen Bereichen wurden zwar teilweise deutliche individuelle Gehaltssteigerungen vorgenommen, die Mehrzahl der AT-Angestellten war und wird aber sowohl im internen als auch im externen Vergleich angemessen entgolten.
Die Erhöhung der Gehaltssumme im AT-Bereich insgesamt durch Ausweitung der AT-Prämienberechtigten (beispielsweise früher tariflich bezahlte »Gruppenleiter«), war eine zielkonforme und von der Geschäftsführung akzeptierte Maßnahme.
⇨ Es konnte erreicht werden, daß die Hierarchie um zwei Ebenen (Hauptabteilungsleiter, Fachbereichsleiter) reduziert wurde.
Um die Effektivität und Effizienz der Fachabteilungen zu erhöhen, wurden die Kontrollspannen (direkt berichtende Mitarbeiter) der früheren Abteilungsleiter deutlich reduziert. Dies konnte erreicht werden, in dem die früheren – tariflich eingestuften – Gruppenleiter Fach- und Führungsverantwortung für ihr Team erhielten (dieser Prozeß dauert noch an).
Darüber hinaus wurde überflüssige Tätigkeitsbezeichnungen oder Funktionen entfernt oder »eingefroren« (zum Beispiel: Werksdirektor, Vertriebsdirektor, Oberingenieur). Die alten Bezeichnungen (Bereichsleiter, Abteilungsleiter und so weiter) wurden übrigens grundsätzlich zugunsten hierarchiefreier gänzlich aufgegeben: Statt »Abteilungsleiter Motorschutzschalter, Hauptabteilung Schaltgeräte, Geschäftsbereich Komponenten« heißt es nunmehr einfach »Leiter Motorschutzschalter«.
⇨ Von den ersten Überlegungen über die Konzeptions-, Recherche- und Entwicklungsphase bis hin zur Durchführungs- und Einführungsphase, ist ein Zeitraum von circa 2,5 Jahren vergangen. Insgesamt ist in dieser Zeit ein Aufwand von etwa »zwei Mannjahren« allein im Personalbereich entstanden. Hinsichtlich der Kosten

muß natürlich noch der Klärungs- und Abstimmungsaufwand in den Fachbereichen und in den Entscheidergremien berücksichtigt werden.
⇨ Unabhängig von der Frage, ob ein Unternehmen ein Bewertungsmodell für AT-Angestellte einführen will, hat sich gezeigt, daß die Anfertigung von Aufgaben- und Funktionsbeschreibungen auf jeden Fall sinnvoll ist, um Schnittstellen zu klären und Aufgaben klarer zuordnen zu können (s. Abb. 4).

Ausblick
Trotz der insgesamt positiven Ergebnisse prüfen wir ständig, ob und gegebenenfalls wie das System weiter optimiert oder vereinfacht werden kann. Die Frage ist dabei, ob die zur Zeit bestehende Differenzierung in zehn AT-Stufen nicht zu fein ist. Da das Unternehmen auch in Zukunft einem ständigen Wandel in Organisation und Funktionen unterworfen sein wird, führt dies möglicherweise zu hohem Pflegeaufwand im Bewertungssystem. Dieser ist zwar heute nicht sehr hoch, unser Ziel ist es aber auch für die Zukunft, administrative Aufgaben – auch im Personalbereich – auf ein Mindestmaß zu reduzieren.

Fazit
Zur Beantwortung der »Gretchenfrage«:
»Hat es sich gelohnt und würden Sie denn Aufwand wieder betreiben«, können wir sagen:
»Ja, es hat sich gelohnt, der Aufwand ist zu rechtfertigen. – Wir würden heute aber einiges besser machen (s. Ausblick).«

Flexible AT-Entgelte bei Klöckner Moeller

Aufgaben

Personalstruktur —— Qualifikationen

Stellenstruktur — Stellen, Stellentypen

Aufgaben- und Funktionsbeschreibungen
- Planstellen
- Tätigkeitsbezeichnungen
- Anforderungsprofile

Organisationsstruktur — Organisationseinheiten, Kostenstellen

Funktionen

Personalpolitik / Grundsatzfragen
- Stellenbewertung
- Gehaltssystematik
- Leistungsbeurteilung
- MbO

Personalcontrolling
- Personalbemessung, -planung, -bedarf

Personalmarketing
- Personalbeschaffung intern / extern

Personalentwicklung
- Karriereplanung
- Job rotation
- Nachwuchsgruppen
- Trainee-Programme

Ausbildung

Weiterbildung

Organisationsentwicklung

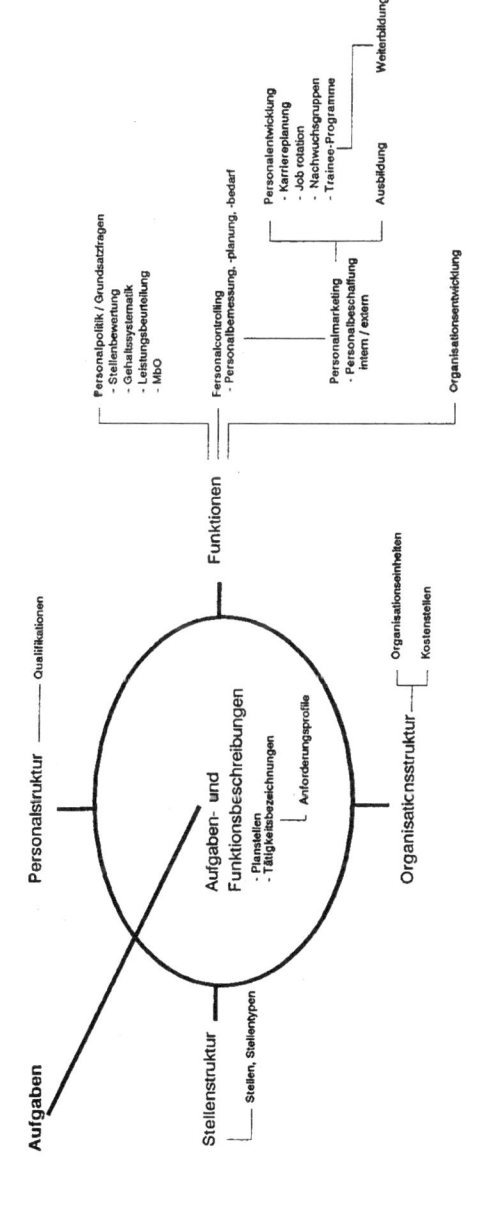

Abb. 4: *Aufgaben- und Funktionsbeschreibungen und ableitbare Funktionen*

Zusammenfassung
Der Beitrag beschreibt die Voraussetzungen und
– in vereinfachter Form – die Arbeitsschritte bei der
Einführung eines Laufbahn- und Vergütungsmodells
im AT-Bereich.
Als wesentliche Merkmale sind zu beachten:
⇨ Jedes neue Laufbahn- und Vergütungsmodell
muß die »Altverhältnisse« berücksichtigen, muß
gleichzeitig Perspektiven aufzeigen und soll keine
finanziellen Mehrbelastungen erzeugen.
⇨ Im Bereich der Entgeltgestaltung soll eine stärker
leistungsorientierte Vergütung bei gleichzeitiger
Herstellung von Transparenz und »Bezahlungsge-
rechtigkeit« realisiert werden.
⇨ Im Bereich der Laufbahngestaltung sollen Perspektiven aufgezeigt werden, um die Personalent-
wicklungsarbeit und hier insbesondere die Karrie-
re- und Laufbahnberatung zu systematisieren.
⇨ Grundlage für ein AT-Stufenmodell ist immer ein
Ranking- oder
Bewertungsmodell. Dieses Modell muß einfach
handhabbar und für die betroffenen transparent
und nachvollziehbar sein.
⇨ Hilfreich ist es zunächst, »flächendeckend« Aufga-
ben- und Funktionsbeschreibungen für alle AT-
Funktionen in einem Unternehmen zu erstellen.
⇨ Zu beachten ist, daß jede Entgeltsystematik im
Bereich der nichtleitenden AT-Angestellten mit
dem Betriebsrat und im Bereich der leitenden
Angestellten (gemäß BetrVG) mit dem Sprecher-
ausschuß abgestimmt werden muß.

Gruppenprämie und Bonus

Weil Gruppenarbeit den Aufgaben- und Verantwortungsbereich der Mitarbeiter erweitert, bedarf es Vergütungsstrukturen, die sowohl den Beitrag der Gruppe als auch das Engagement des Einzelnen bei der Erreichung der Ziele honorieren.

In diesem Beitrag erfahren Sie:
- warum Besitzstandswahrung bei der Einführung eines neuen Entgeltsystems förderlich ist;
- wie man durch eine Gewichtung von Gruppen- zu persönlicher Prämie Prioritäten setzen kann;
- wie man eine Leistung der Gruppe, die über das vereinbarte Ziel hinaus erreicht wurde, als Bonus entgelten kann.

HANS KRUG

Ausgangslage

Der anhaltende Kostendruck im Gesundheitswesen führte zu der Notwendigkeit, den im Vergleich zu anderen Produktionsstandorten erheblich höheren Arbeitskosten in Deutschland durch Veränderungen in der Arbeitsorganisation, flexiblere Arbeitszeiten und einer damit einhergehenden deutlichen Steigerung der Produktivität zu begegnen.

Die Erhaltung der internationalen Wettbewerbsfähigkeit mit den Ziel, die Kostenführerschaft für die in Deutschland hergestellten Produkte zu erreichen, war damit das Leitmotiv für die seit 1995 erfolgte Einführung von Gruppenarbeit im Rahmen verschiedener Pilotprojekte am Stammsitz des Unternehmens B. Braun Melsungen AG. Die Implementierung eines innovativen und leistungsgerechten

> **Das Unternehmen**
> Die B. Braun Melsungen AG ist eines der führenden Unternehmen im Bereich der medizinischen Versorgung. Der auf allen wichtigen Märkten vertretene B. Braun Konzern verfügt über Fertigungsstandorte in Deutschland, Europa, Asien sowie Nord- und Südamerika.
> Weltweit sind in der Unternehmensgruppe rund 27.000 Mitarbeiter beschäftigt.

Entgeltsystems wurde dabei als unverzichtbarer Bestandteil der neuen Arbeitsorganisation betrachtet.

Das bisherige Entlohnungssystem basierte auf dem jeweiligen tariflichen Grundentgelt und einer darauf bezogenen *Mengenprämie* von 30 Prozent. Eine geringere Anzahl der rund 4.200 Beschäftigten am Standort Melsungen arbeitete im Zeitakkord, der bei einer Vorweganhebung von 10 Prozent in der Spitze bei 145 Prozent Zeitgrad lag, was einem Akkordsatz von 35 Prozent – bezogen auf das Grundentgelt – entspricht.

Als Maßnahme zur Begrenzung des Lohnkostenanstieges wurden Prämie und Akkord im Jahre 1996 entdynamisiert und die entsprechenden Geldbeträge damit als Fixbeträge festgeschrieben.

Rahmenbedingungen und Anforderungen

Mit Beginn der flächendeckenden Einführung von Gruppenarbeit in den Produktionsbereichen wurde das bisherige Entlohnungssystem durch ein den Anforderungen der Gruppenarbeit adäquates Entgeltsystem abgelöst. Entscheidend für die Akzeptanz der Gruppenarbeit und das neue Entgeltsystem war die frühzeitige Einbindung des Betriebsrates und dessen Mitwirkung in den verschiedenen Projektgruppen. So konnte bereits wenige Monate nach dem Abschluß einer *Rahmenbetriebsvereinbarung* über die Einführung von Gruppenarbeit bei der B. Braun Melsungen AG eine Vereinbarung über das neue Entgeltmodell erzielt werden.

Aufgrund der weiteren Automatisierung der Fertigungsabläufe und der zunehmenden Integration vor- und nachgelagerter Tätigkeiten in die Gruppen hatte sich das bisherige Entgeltsystem als nicht mehr zeitgemäß erwiesen. Die mit der Einführung von Gruppenarbeit einhergehende Ausweitung des Aufgaben- und Verantwortungsbereiches (job enlargement, job enrichment) der einzelnen Teammitglieder erfordert *eine neue Kultur der Zusammenarbeit* und Vergütungsstrukturen, die sowohl den Beitrag der Gruppe als auch das Engagement des Einzelnen bei der Erreichung quantitativer und qualitativer Ziele angemessen berücksichtigen.

Die Einführung und Umsetzung sollte für die Mitarbeiter in Bezug auf den erreichten *Besitzstand* neutral sein, das heißt der einzelne Mitarbeiter verliert bei gleicher Leistung kein Geld, kann jedoch bei entsprechendem Engagement im Rahmen der individuellen Bewertung mehr verdienen als heute.

Im Sinne der Wettbewerbsfähigkeit, Standort- und Arbeitsplatzsicherung wird für das heutige Entgelt mehr Leistung gefordert.

Die wesentlichen Anforderungen an ein solches Entlohnungssystem sind:
⇨ Einfachheit im Aufbau, für den Mitarbeiter verständlich und nachvollziehbar;
⇨ Leistungsorientierung, sowohl in Bezug auf die Gruppe als auch individuell;
⇨ Flexibilität;
⇨ Honorierung von KVP- beziehungsweise Problemlösungsverhalten;
⇨ Produktivitätssteigerungen führen nicht automatisch zu höheren Mehrverdiensten.

Das neue Entgeltsystem

Das neue Entgeltsystem setzt sich aus drei Entgeltkomponenten (s. Abb. 1) zusammen:
⇨ Tarifentgelt;
⇨ Gruppenprämie;
⇨ Persönliche Zulage.

Beim Einstieg in das neue Entgeltsystem wird der bisherige Geldbetrag für Prämie, Akkord- oder Zeitlohn in die beiden neuen Kompo-

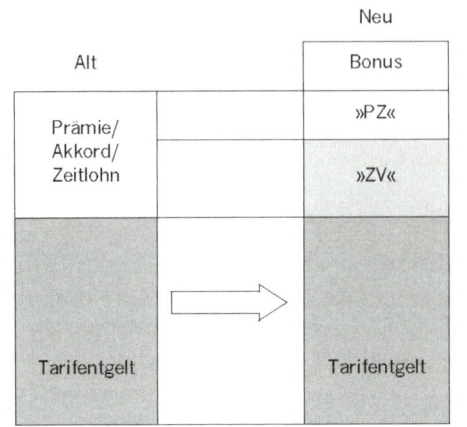

Alt	Neu	
		Bonus — Einmalzahlung für die Mehrleistung in einer Zielvereinbarungsperiode
Prämie/ Akkord/ Zeitlohn	»PZ«	Persönliche Zulage — Ergebnis der individuellen Bewertung
	»ZV«	Gruppenprämie entsprechend dem Grad der Zielerreichung
Tarifentgelt	Tarifentgelt	Eingruppierung nach den fachlichen Anforderungen des Arbeitsplatzes auf der Basis des Bundesentgelttarifvertrages der Chemischen Industrie

Abb. 1: *Aufbau und Komponenten des Entgeltsystems*

nenten Gruppenprämie (ZV) und Persönliche Zulage (PZ) aufgeteilt, und zwar im Verhältnis 70 (ZV) zu 30 (PZ) Prozent.

Das bedeutet, bei der Übernahme in das neue Entgeltsystem und im Probelauf behält jeder Mitarbeiter das bisherige Entgelt. In einer *Schattenrechnung* während des Probelaufes mit Probebewertung wird jedem Mitarbeiter individuell die Veränderung aufgezeigt. Wirksame Veränderungen können sich erst im Echtbetrieb durch die Gruppenprämie (je nach Zielerreichung) und die Persönliche Zulage (nach individueller Bewertung) ergeben.

Grundentgelt

Das tarifliche Grundentgelt beziehungsweise die Eingruppierung wird bestimmt durch die fachlichen Anforderungen einer Aufgabe. Grundlage für die anforderungsgerechte Eingruppierung ist eine *summarische Arbeitsbeschreibung* des Arbeitsplatzes auf der Basis des Bundesentgelttarifvertrages für die Chemische Industrie.

Wesentliches Merkmal zur Eingruppierung ist die Beherrschung der Aufgabe/Tätigkeit. Eine Aufgabe wird beherrscht, wenn vier Voraussetzungen erfüllt sind:
⇨ der Mitarbeiter fachlich qualifiziert ist;
⇨ der Mitarbeiter die Aufgabe selbständig erledigt;
⇨ die Leistung erreicht wird;
⇨ die Qualität erreicht wird.

Gruppenprämie

Mit den Gruppen werden *Ziele und Kennzahlen* vereinbart (s. Abb. 2). Durch Verbesserungen im KVP-Prozeß wird vom derzeitigen Ist-Stand schrittweise ein höherer Stand, eine realistische Dauerleistungsgrenze, erreicht. Auf diese Weise werden ein oder mehrere Leistungsparameter optimiert (zum Beispiel: Maschinennutzung, Qualität, Ausschuß, Kosten oder anderes). Die Dauer einer *Zielvereinbarung* beträgt in der Regel sechs Monate. Die Gruppen verfolgen permanent ihre Leistungsentwicklung während einer Zielvereinbarungsperiode

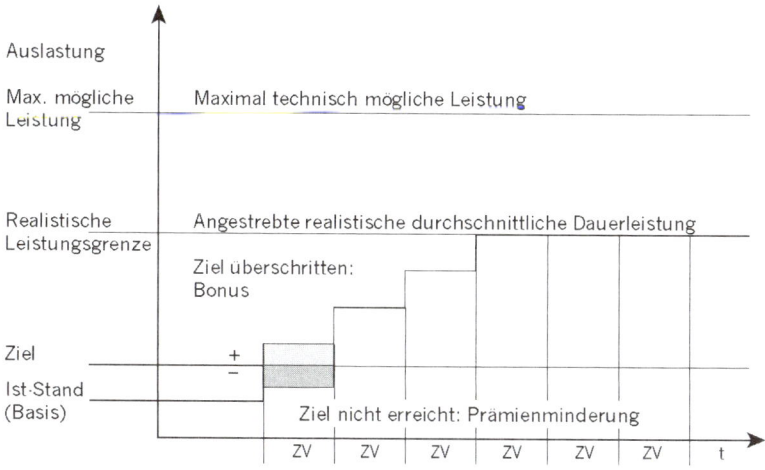

Abb. 2: *Ziele und Zielvereinbarungen*

und stellen sie in geeigneter Form (Tabellen, Diagramme und so weiter) dar, um immer einen Überblick über den aktuellen Leistungsstand zu haben.

Ein Controlling-System für die Effekte der Gruppenarbeit und für den erreichten Leistungsstand der Gruppen befindet sich zur Zeit im Aufbau.

Basis für eine neue Zielvereinbarung ist das Ergebnis der vorangegangenen Periode. Bei Nichterreichen eines Zieles bleibt das alte Ziel die Basis für die nächste Zielvereinbarung. Bei Übertreffen eines Zieles werden 50 Prozent der mehr erreichten Leistung als Basis für die neue Zielvereinbarung angerechnet (s. Abb. 3).

Ziel übertroffen	+	Bonus/Einmalzahlung	50 % der mehr erreichten Leistung werden für die neue Basis angerechnet
Vereinbartes Ziel		vereinbarte Prämie	Erreichtes Ziel ist die Basis für das neue Ziel
Ziel nicht erreicht	−	Prämienminderung entsprechend Zielerreichung	Vereinbartes Ziel bleibt die Basis für das neue Ziel
Ausgangsbasis			

Abb. 3: *Zielvereinbarung, Gruppenprämie, Bonus*

Nach Erreichen eines Zieles beziehungsweise Optimieren eines Parameters wird unter Beibehaltung des erreichten hohen Leistungsstandes ein anderer Parameter auf dem gleichen Wege verbessert. Auf diese Weise wird eine Anlage oder Arbeitssystem systematisch schrittweise optimiert.

Nach Erreichen eines gesamthaft optimierten hohen Leistungsstandes kann dieser als *Dauerzielvereinbarung* festgeschrieben werden – bis technische Veränderungen, neue Anlagen oder andere Einflüsse den Ablauf von Verbesserungen durch Zielvereinbarungen neu in

Gang setzen. Davon bleibt der KVP-Prozeß als permanente Aufgabe unberührt.

Die Höhe der Gruppenprämie ergibt sich aus dem Grad der Zielerreichung (s. Abb. 4). Das heißt, wird ein vereinbartes Ziel zu 100 Prozent erreicht, beträgt auch die Gruppenprämie 100 Prozent des

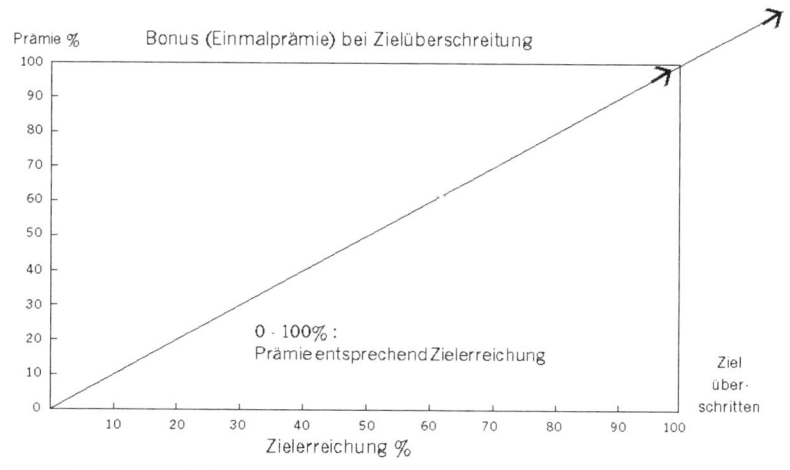

Abb. 4: *Gruppenprämie*

Geldbetrages. Wird ein Ziel nicht erreicht, so entspricht die Gruppenprämie auch dem Grad der Zielerreichung (80 Prozent Zielerreichung bedeutet ebenfalls 80 Prozent Prämie). Die Verteilung der Gruppenprämie ist relativ gleich, das heißt für alle Mitarbeiter in einer Entgeltgruppe ist die Prämie gleich hoch.

Wird ein Ziel überschritten, wird die in der Zielvereinbarungsperiode erbrachte Mehrleistung der Gruppe als *Bonus* in Form einer Einmalprämie entgolten.

Basis für die Berechnung des Bonus sind die gegenüber der Planung gesenkten Fixkosten. Dieser Betrag wird geteilt, 50 Prozent erhält die Gruppe, 50 Prozent das Unternehmen.

Der Verteilerschlüssel innerhalb der Gruppe ist die Arbeitszeit des einzelnen Gruppenmitgliedes.

Persönliche Zulage

Der individuelle Einsatz und das Engagement in der Gruppe sowie die Mitwirkung im KVP-Prozeß werden nach einem Bewertungsschema (s. Tabelle 1) festgestellt und führen über ein Punktesystem zu einer Persönlichen Zulage, einem individuellen Anreiz im gewerblichen Bereich.

Tabelle 1: Das Bewertungsschema für die individuelle Zulage
Eigenverantwortung – Arbeitssicherheit – Wirtschaftlichkeit – Selbständigkeit
Flexibilität – Fachlich – Zeitlich
Zusammenarbeit in der Gruppe – Teamfähigkeit – Informationsverhalten

Mit der individuellen Bewertung erfolgt *eine verhaltensmäßige Bewertung* eines einzelnen Mitarbeiters im Hinblick auf seinen Einsatz für den Gruppenerfolg.

Die Bewertung der Mitarbeiter wird einmal pro Zielvereinbarungsperiode durchgeführt und ist Aufgabe der disziplinarischen Vorgesetzten, in der Regel der Meister.

Es ist nicht ausschließlicher Zweck der Bewertung, den Geldbetrag für diese Entgeltkomponente zu finden, sondern im Rahmen der *Personalentwicklung* mit den Mitarbeitern auch über Stärken und Schwächen/Defizite zu sprechen und gegebenenfalls Maßnahmen einzuleiten mit dem Ziel, den Einzelnen zu stärken und damit eine Gruppe leistungsfähiger zu machen.

Zusammenfassung

Mit dem neuen Entgeltsystem steht ein Führungsinstrument zur Verfügung, welches den Anforderungen der Gruppenarbeit und den Zielen des Unternehmens einerseits, sowie den Interessen der Mitarbeiter andererseits gerecht wird. Die individuelle Leistung der Mitarbeiter wird verbunden mit erfolgreicher Gruppenarbeit, das heißt dem Erreichen von Zielen und den damit verbundenen Leistungssteigerungen für das Unternehmen.

⇨ Das Tarifentgelt honoriert die fachlichen Anforderungen eines Mitarbeiters am Arbeitsplatz;
⇨ Die Gruppenprämie die Leistung der Gruppe nach erreichter Stückzahl, Qualität et cetera;
⇨ Der individuelle Beitrag eines Mitarbeiters wird durch die individuelle Bewertung und die sich daraus ergebende Persönliche Zulage anerkannt.

Eine Leistung, die über das vereinbarte Ziel hinaus erreicht wurde, wird der Gruppe als Bonus in Form einer Einmalzahlung entgolten.

Die sich aus der Leistung und Bewertung ergebenden Geldbeträge werden den Mitarbeitern als feste Entgeltbestandteile in den folgenden sechs Monaten (nächste Zielvereinbarung) gezahlt. Daraus ergibt sich für die Mitarbeiter eine überschaubare Einkommenskonstanz als Vertrauensvorschuß des Unternehmens mit den Anreiz, sich auch wieder für die neuen Ziele zu engagieren.

Die persönliche Bewertung und das Verfolgen konkreter Ziele fordert von den Vorgesetzten intensive Gespräche mit den Mitarbeitern. Dazu muß sich auch das Führungsverhalten der Vorgesetzten wandeln. Sie sind künftig Betreuer und Berater der Gruppen. Dies bedarf einer zielorientierten Führung und intensivem Dialog mit den Mitarbeitern.

> Voraussetzung für eine erfolgreiche Einführung und ist eine umfassende Schulung aller Mitarbeiter und der Führungskräfte sowie eine frühzeitige Einbeziehung des Betriebsrates in alle Maßnahmen.

Prämien

Prämienlohn
von Klaus-Detlev Becker

Wertschöpfungsprämie und flexible Arbeitszeit
von Eckhard Eyer

Neckermann: Leistungsentlohnung in der Logistik
von Alexis Lamaye

Pensumlohn bei Gruppenarbeit in der Logistik
von Claus Rehschuh

Prämienlohn

Der Prämienlohn gewährt Mitarbeitern planmäßig ein zusätzliches Leistungsentgelt zum anforderungsabhängigen Grundlohn. Dabei werden die Mitarbeiter darauf eingestimmt, durch intelligente Organisation und persönliche Leistungsentfaltung die Ergebnisse ihrer Arbeit zu steigern.

In diesem Beitrag erfahren Sie:
- welche Formen des Prämienlohns existieren,
- wie Prämienlohn gestaltet wird,
- welche Aspekte bei Gruppenprämien zu beachten sind.

KLAUS-DETLEV BECKER

Begriff des Prämienlohns

Im Rahmen heutiger organisatorischer Veränderungen und Personalführungskonzepte werden den gewerblichen Mitarbeitern als Arbeitsaufgabe nicht mehr nur Fertigungsfunktionen, sondern gleichzeitig planende, steuernde und dispositive Funktionen übertragen. Damit verbunden geht die Zahl akkordfähiger Arbeitsplätze immer mehr zurück (vgl. Akkord, übernächster Abschnitt). Zugenommen hat hingegen der Anteil der Prämienentlohnung. Eine Studie des Fraunhoferinstituts [1] weist für Unternehmen mit Gruppenarbeit aus, dass 31 Prozent im Prämienlohn arbeiten, in den Betrieben ohne Gruppenarbeit sind es 17 Prozent.

Unter Prämienlohn wird ein Entlohnungsgrundsatz verstanden, bei dem zu einem anforderungsabhängigen Grundlohn planmäßig ein zusätzliches, von einer objektiv und materiell feststellbaren Leistung

abhängiges Entgelt – die Prämie – gewährt wird. Dabei werden außer der vom Menschen beeinflussbaren Mengenleistung auch noch andere Leistungskennzahlen einzeln oder in Kombination zugrunde gelegt [2]. Das betrifft Kennzahlen, wie zum Beispiel
⇨ Qualität der Arbeit bzw. der Produkte etc.,
⇨ Auslastung der Maschinen und Anlagen,
⇨ Zeitaufwand für die Erfüllung der Arbeiten,
⇨ Durchlaufzeit von Aufträgen
⇨ Einhaltung von Terminen,
⇨ erreichte Produktivität,
⇨ Senkung der Gemeinkosten.

Auf Grund des bei zeitgemäßen Formen der Arbeitsorganisation wachsenden Einflusses der Mitarbeiter auf den betrieblichen Wertschöpfungsprozess werden zunehmend betriebswirtschaftliche Kennzahlen angewendet.

Mit Hilfe des Entlohnungsgrundsatzes »Prämienlohn« werden die Mitarbeiter darauf orientiert, durch intelligentere Organisation und persönliche Leistungsentfaltung bzw. Einflussnahme die Leistungsergebnisse ihrer Arbeit zu steigern, an deren Verbesserung dem Unternehmen aus wirtschaftlichen Gründen besonders gelegen ist. Im Gegensatz zum Akkordlohn, bei dem die Erreichung einer maximalen Mengenleistung im Vordergrund steht, strebt man beim Prämienlohn eine optimale Leistung im Schnittpunkt von Mensch, Maschine und Material an. Im Vergleich mit der Akkordentlohnung bietet die Prämienentlohnung somit die Möglichkeit einer Anpassung der leistungsbezogenen Entlohnung an differenzierte betriebliche Zielsetzungen.

Der Begriff »Prämie« wird in der betrieblichen Praxis für die unterschiedlichsten Arten von Geldzuwendungen verwendet. So spricht man unter anderem von Treueprämien, Erfolgsprämien, Meisterprämien, Aktions- oder Leistungsprämien. Sofern es sich bei dieser Art der Prämien um zusätzliche, meist freiwillige und oft auch nur einmalige Geldzuwendungen handelt, haben diese nichts mit der

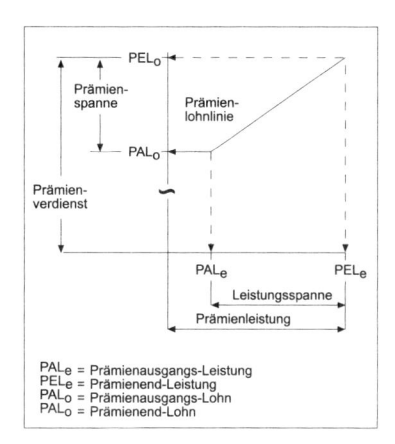

Abb. 1: *Grundbegriffe des Prämienlohnes [3]*

PAL$_e$ = Prämienausgangs-Leistung
PEL$_e$ = Prämienend-Leistung
PAL$_0$ = Prämienausgangs-Lohn
PEL$_0$ = Prämienend-Lohn

in den Tarifverträgen (zum Beispiel Metall- und Elektro-Industrie) geregelten Prämienentlohnung zu tun. Ebenso werden die Begriffe »Bonus« und »Prämie« häufig synonym verwandt, obwohl folgende wesentliche Unterschiede bestehen:

⇨ Die Prämienentlohnung ist in den meisten Tarifverträgen – zumindest in denen der Metall- und Elektro-Industrie – mehr oder weniger detailliert geregelt. Zur Lohnkomponente »Bonus« bestehen hingegen keine tarifvertraglichen Regelungen.

⇨ Beim Entlohnungsgrundsatz »Prämienlohn« handelt es sich um eine regelmäßige (monatliche) Vergütung, deren Modalitäten in Betriebsvereinbarungen festgeschrieben sind. Der Bonus hingegen ist meist eine einmalige Vergütung (Sonderzahlung), die sich zum Beispiel am Unternehmenserfolg, Geschäftsergebnis, Umsatz oder besonderen einmaligen Aktivitäten orientierte.

Merkmale des Prämienlohns

Der Prämienlohn ist hinsichtlich Zahl, Art und Kombinationsmöglichkeiten seiner Bezugsmerkmale eine vielfältig gestaltbare Lohnform. Er weist – unabhängig von verschiedenen Prämienformen – gleiche Merkmale auf, an denen er zu erkennen ist (s. Abb. 1).

Prämienlohn

Die Prämienausgangsleistung entspricht der Soll-Leistung, zum Beispiel
⇨ der Normalleistung des Mitarbeiters,
⇨ einer normalen Betriebsmittelnutzung,
⇨ einem als unvermeidlich angesehenen »normalen« Ausschuss.

Die Prämienausgangsleistung beinhaltet ein betrieblich definiertes, quantitativ genau bezeichnetes Leistungsergebnis. Ist das tatsächliche Leistungsergebnis höher bzw. besser als die Prämienausgangsleistung, so steigt das Entgelt durch die entsprechend der Prämienlohnlinie zu zahlende Prämie. Die Bestimmung der Prämienausgangsleistung ist die wichtigste, gleichzeitig aber auch die schwierigste Aufgabe, die es beim Aufbau einer Prämienentlohnung zu bewältigen gilt.

Der Prämienverdienst besteht aus zwei Teilen, dem Prämienausgangslohn und der leistungsabhängigen, variablen Prämienspanne (Prämie). In den Tarifverträgen (zum Beispiel der Metall- und Elektro-Industrie) gibt es unterschiedliche Aussagen zum Prämienausgangslohn (PALo). Im Tarifgebiet Nordwürttemberg-Nordbaden ist festgelegt: »Der Prämienausgangslohn ist der Tariflohn«. Im Tarifgebiet Nordrhein-Westfalen ist – ohne einen Bezug zu einem Geldbetrag herzustellen – geregelt: »Die Prämienausgangsleistung wird mit dem Prämienausgangslohn abgegolten«. In diesem Falle ist der Prämienausgangslohn in einer Betriebsvereinbarung festzulegen.

Die Prämienendleistung (PELe) wird häufig auch als obere Leistungsgrenze, Prämienhöchstleistung und Prämienendpunkt bezeichnet. Beim Prämienlohn kommt es nicht so sehr auf eine Höchstleistung des Mitarbeiters an, sondern vielmehr auf ein Verhalten, das allen zu beachtenden Unternehmenszielen – zum Beispiel optimale Mengenleistung, Einhaltung der Qualitätskriterien, Minderung der Kosten – am besten gerecht wird. Es muss deshalb von Fall zu Fall unter Beachtung aller möglichen Auswirkungen sehr sorgfältig geprüft werden, bei welchem Leistungsniveau auf die Dauer das wirtschaftliche Optimum ohne Vernachlässigung der Interessen der Arbeitnehmer eintritt. Der Prämienendlohn ist der in der Regel betrieblich festgelegte Geldbetrag, der für das Erreichen der Prämienendleistung gezahlt wird.

Der Bereich zwischen der Prämienausgangsleistung und der Prämienendleistung wird als Leistungsspanne bezeichnet. Sie stellt den Leistungsbereich dar, der mit unterschiedlich hohen Prämien entlohnt werden soll. Wurden bei einer Mengenprämie zum Beispiel 250 Stück als Prämienausgangsleistung ermittelt und liegt die Prämienendleistung bei 300 Stück, so ergibt sich eine Leistungsspanne von 50 Stück. Bevor man festlegt, mit welchen Geldbeträgen die in dieser Leistungsspanne liegenden Leistungsergebnisse prämiert werden sollen, ist zu überlegen, welche Leistungsergebnisse innerhalb der Leistungsspanne jeweils unterschiedliche Prämien erhalten sollen.

Die Prämienlohnlinie ist in zahlreichen Modifikationen denkbar und richtet sich nach Prämienart, Einflussfaktoren und betriebsspezifischen Erfordernissen. Sie soll zwischen den Schnittpunkten »Prämienausgangslohn/-leistung« und »Prämienendlohn/-leistung« stets so verlaufen, dass eine sinnvolle Anreizwirkung entsteht (vgl. Abb. 2).

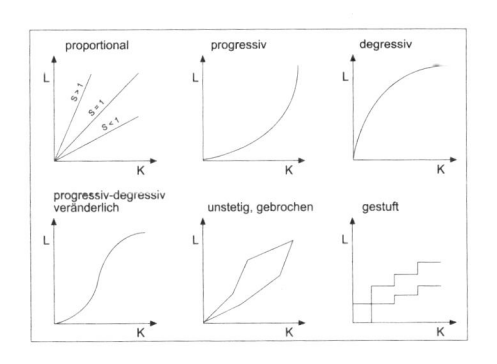

Abb. 2: *Beispiele für Lohnlinienverläufe [4]*

Die häufigsten Lohnverläufe sind auf Grund ihrer Verständlichkeit und Überschaubarkeit der lineare Verlauf, bei dem der Lohn im Leistungsbereich gleichmäßig steigt und fällt und der gestufte Verlauf, bei dem der Lohn im Leistungsbereich bei Erreichen festgelegter Stufenpunkte steigt und fällt.

Prämienformen
Der Prämienlohn ist flexibel gestaltbar und kann den Bedürfnissen der Betriebe oder auch bestimmter Fertigungsbereiche, Gruppen- oder einzelner Arbeitsplätze angepasst werden. Je nach Art des Einflusses, den der/die Mitarbeiter auf das Leistungsergebnis ausüben soll(en), bieten sich folgende Prämienformen an:
⇨ *Mengenprämien*, sie werden angewendet, wenn der Mengenausstoß erhöht oder Fertigungs und Montagezeiten reduziert werden sollen.
⇨ *Qualitätsprämien*, sie werden eingesetzt, wenn die Produkte oder der Service des Hauses verbessert werden sollen.
⇨ Mit *Nutzungsprämien* wird eine optimale zeitliche und kapazitive Nutzung der Maschinen und Anlagen verfolgt.
⇨ *Ersparnisprämien* dienen dazu, Roh-, Hilfs- und Betriebsstoffe sowie Werkzeuge optimal auszunutzen bzw. einzusparen.
⇨ *Termintreueprämien* dienen dazu, die Termineinhaltung, seien es Kundenwunschtermine oder bestätigte Termine, zu fördern.
⇨ *Kombinierte Prämien* werden eingesetzt, wenn mehrere Bezugsmerkmale – zum Beispiel Mengenausstoß erhöhen und Produktqualität verbessern – miteinander kombiniert werden sollen. Bezugsmerkmale des Arbeitsergebnisses und des Arbeitsverhaltens können auch kombiniert werden. Im Falle eines kombinierten Prämiensystems hat sich bewährt, nicht mehr als drei Merkmale und nur solche Komponenten zu kombinieren, die auf jeden Fall objektiv nachprüfbar und zumindest zum Teil auch quantifizierbar sind.

In einigen Tarifgebieten der Metall- und Elektroindustrie, so zum Beispiel in Hessen, Rheinland-Rheinhessen, Pfalz und Saarland, ist neben den tariflich fixierten Entlohnungsgrundsätzen »Zeitlohn, Akkordlohn und Prämienlohn« eine so genannte Zusatzprämie tariflich geregelt, deren Leistungskennzahlen die vorgenannten Lohnformen sinnvoll ergänzen können. Bei dieser Zusatzprämie handelt es sich um keine eigenständige Prämie, sondern um eine der zuvor beschriebenen Prämienarten. In der betrieblichen Praxis wird zum Beispiel bei »Gruppenarbeit« häufig zum Zeitlohn mit Leistungszulage eine Zusatzprämie in Form der »Produktivitätsprämie« oder der »Gemeinkostenersparnisprämie« angewendet.

Gestaltungsaspekte
Die Bestimmung der geldlichen Höhe der verschiedenen Prämien bzw. Gesamtlöhne hängt von unterschiedlichen tariflichen und firmenspezifischen Gegebenheiten ab. In der Metall- und Elektro-Industrie im Tarifgebiet »Nordwürttemberg-Nordbaden« gilt es zum Beispiel zu beachten, dass der erreichte Verdienst im Mittel über 130 Prozent der Tariflohnsumme aller im Prämienlohn beschäftigten Mitarbeiter eines Betriebes liegen muss. Für die Größe der Lohnspanne gibt es keine allgemeingültige Festlegung. Sie sollte jedoch so bemessen sein, dass genügend Anreiz für eine Mehrleistung entsteht.

Prämien werden entweder in Prozent des Tariflohnes (dynamisiert) oder in festen Geldbeträgen vereinbart. Der prozentuale Bezug der Prämienspanne zum Tariflohn bewirkt, dass die Prämie bei jeder tariflichen Lohnerhöhung mitwächst und die Anreizwirkung nicht verloren geht. Ist hingegen ein fester Geldbetrag vereinbart, so ist die Prämienspanne in angemessenen Zeitabständen zu überprüfen und ggf. neu zu vereinbaren. Aus Kostengründen ist es zweckmäßig, die Prämie auf den tariflichen Grundlohn zu beziehen, gleichgültig, welche Höhe eine ggf. freiwillige übertarifliche Zulage aufweist. Gehen übertarifliche betriebliche Zulagen in den Prämienausgangslohn ein, so wird leistungsunabhängig ein Einkommen abgesichert, das über dem Tariflohn liegt.

Die Prämienentlohnung eignet sich als Individualprämie, mit der das Leistungsergebnis des Einzelnen honoriert werden kann, wie auch als Gruppenprämie.

Gruppenprämie
Bei Gruppenarbeit tritt die Gesamtleistung der Gruppe in den Vordergrund, die zweckmäßig durch ein gruppenbezogenes Leistungsent-

Prämienlohn

$$\text{Produktivitätskennzahl} = \frac{\text{Gutteile} \times \text{Vorgabezeit} + \text{Zeitbudget für Gemeinkostentätigkeit}}{\text{Anwesenheitszeit}}$$

Abb. 3: *Errechnen der Produktivität bzw. Arbeitsproduktivität*

gelt honoriert werden sollte. Gruppenprämien bieten einen großen Gestaltungsspielraum bei gleichzeitig engem Zusammenhang von Gruppenleistung und Lohn. Voraussetzung ist allerdings, dass die Datenbasis mit einem vertretbaren Aufwand zu ermitteln und zu pflegen ist, die Leistungsergebnisse messbar sind und der Zusammenhang von Gruppenleistung und Lohn für die Gruppe nachvollziehbar ist [5].

Bei Gruppenprämien lassen sich die Leistungsziele als komplexe Kennzahl und in Form kombinierter Kennzahlen an das Entgelt binden. Als komplexe Ziele bewähren sich technische und ökonomische Kennzahlen, die eine vielfältige Einflussnahme der Gruppe auf das Ergebnis anregen, zum Beispiel die Produktivität der Gruppe oder die Senkung der Fertigungsstückkosten. Produktivitätsprämien sind auf eine Erhöhung der Produktivität bei Gruppenarbeit gerichtet. Die Ermittlung der Prämie erfolgt häufig auf der Grundlage der produzierten Anzahl an Gutstücken bezogen auf die Anwesenheitszeit der Gruppenmitglieder zum Beispiel nach der Formel (siehe Abb. 3).

Die Vorgabezeit beinhaltet die Vorgabezeiten für die akkordfähigen Tätigkeiten. Als Gutstück werden alle verkaufsfähigen Teile gewertet. Das Zeitbudget für Gemeinkostentätigkeit geht als vorgegebene unveränderliche Konstante in die Formel ein und umfasst Zeiten für zum Beispiel Gruppengespräch, Disposition, Wartung und Instandhaltung. Durch den Ausweis eines Zeitbudgets für Gemeinkostentätigkeiten wird die Gruppe darauf orientiert, diese für das Zusammenwirken der Arbeitsgruppe notwendige Zeit auch zu nutzen. Die Anwesenheitszeit erfasst die Zeit der Gruppenmitglieder ab Einmeldung in die Kostenstelle, bereinigt mit Korrekturfaktoren, zum Beispiel durch Faktor für Leistungsgeminderte, Faktor für AZUBI, Betriebsstörung und Stromausfall. Das Zusammenspiel von Leistung im Zähler und Anwesenheitszeit im Nenner bewirkt, dass die Gruppe daran interessiert sein wird, bei geringeren Aufträgen auch Arbeitskräfte an andere Gruppen abzugeben bzw. Gleitzeitregelungen zu nutzen [6].

Einzelleistung bei Gruppenprämien
Bei Gruppenprämien muss die Frage beantwortet werden, wie groß der Anteil des Einzelnen daran sein soll und wie der Beitrag des Einzelnen zum Gruppenergebnis erfasst werden kann. Möglichkeiten der Verteilung von Gruppenprämien auf die Gruppenmitglieder sind folgende drei Varianten:
⇨ die absolut gleiche Verteilung,
⇨ die relativ gleiche Verteilung und
⇨ die Verteilung nach der Leistung des Einzelnen.

Eine relativ oder absolut gleiche Verteilung des von der Gruppenleistung abhängigen Entgelts ist unter dem Aspekt möglich, dass bereits entsprechend der übertragenen Arbeitsaufgabe ein unterschiedlicher Leistungsbeitrag des Einzelnen zum Gruppenergebnis entgolten wird. Andererseits ist die Mehrzahl der Arbeitsgruppen auch bei gleichen Arbeitsaufgaben und Entgeltgruppen von ihrem Leistungsniveau her nicht homogen. Um bei Anwendung nur eines von der Gruppenleistung abhängigen Entgeltbestandteils einen Anreiz für einen dauerhaft hohen individuellen Leistungsbeitrag zum Gruppenergebnis zu schaffen, ist es zweckmäßig, das durch die Gruppe erarbeitete Leistungsentgelt nach der individuellen Leistung zu verteilen. Dazu ist eine Leistungsbeurteilung geeignet. Als Beurteilungsverfahren empfiehlt sich, ein einfaches, auf die Gruppenarbeit zugeschnittenes, betriebliches Beurteilungsverfahren zu entwickeln. Dabei hat sich die Anwendung von nicht mehr als drei bis vier kausalen Beurteilungsmerkmalen mit drei Beurteilungsstufen bewährt. Da der Vorgesetzte bei einem hohen Autonomiegrad der Gruppe die Leistung des einzelnen Mitarbeiters nicht mehr beurteilen kann, ist in den Betrieben zunehmend geregelt, dass die Beurteilung durch die Gruppe selbst vorgenommen wird. Es sollte dabei aber gewährleistet sein, dass die

Prämienlohn

Gruppe durch einen Gruppenexternen moderiert wird, um ein systematisches, faires Vorgehen zu gewährleisten (Siehe »Erfolg durch die Kombination von Selbst- und Fremdbeurteilung«).

Eine weitere Möglichkeit den individuellen Leistungsbeitrag zum Gruppenergebnis zu honorieren besteht darin, neben der Gruppenprämie einen Bestandteil für die individuelle Leistung anzuwenden, zum Beispiel den Zeitlohn mit Leistungszulage neben der Gruppenprämie. Hierbei ist eine absolut und relativ gleiche Verteilung der Gruppenprämie sinnvoll. Der individuelle Leistungsbeitrag zum Gruppenergebnis wird im Rahmen der tariflichen Leistungsbeurteilung bewertet und mit der Leistungszulage honoriert.

Einführung von Prämienlohn

Bei den tariflichen Bestimmungen zur Prämienentlohnung gibt es zum Beispiel in der Metall- und Elektro-Industrie von Tarifgebiet zu Tarifgebiet unterschiedliche Regelungen. So sind vornehmlich Fragen der Prämienlohngestaltung geregelt, wie zum Beispiel Wahl der Prämienart, Festlegungen zu den Komplexen »Leistung und Lohn« unter anderem m. In einigen Tarifgebieten enthalten die Tarifverträge sehr detaillierte und abschließende Regelungen, in anderen Tarifgebieten besteht größerer Spielraum bei der Prämienlohngestaltung. Insofern ist die Rechtslage für die Betriebe – in Bezug auf die unterschiedlichen Tarifverträge – sehr verschieden.

Die Anwendung von Prämienlohn ist in einer Betriebsvereinbarung zu regeln. Je nach Umfang der tarifvertraglichen Festlegungen zum Prämienlohn müssen die Betriebsvereinbarungen unterschiedliche Detailliertheitsgrade haben. Beinhaltet der Tarifvertrag bereits abschließende Festlegungen, zum Beispiel zum Prämienausgangslohn oder zur Beanstandung bzw. Änderung der Prämienleistung, so können diese in der Betriebsvereinbarung entfallen.

Klaus-Detlev Becker, Dr., Institut für angewandte Arbeitswissenschaften, Köln

Literatur

[1] FRAUNHOFERINSTITUT SYSTEMTECHNIK- UND INNOVATIONSFORSCHUNG (HRSG.), LAY, G.; RAINFURTH, C.: *Königsweg »Prämie«!? – Verbreitung und Ausgestaltung von Entlohnungskonzepten in der Produktion. Mitteilung aus der Produktion – Innovationserhebung Nr. 13, August 1999*

[2] REFA: *Methodenlehre der Betriebsorganisation (MLBO), Teil: Entgeltdifferenzierung*, Carl Hanser Verlag, München 1987, S. 39 ff.

[3] IFAA (HRSG): *Zeitgemäße Entgeltformen. Grundlagen, Rahmenbedingungen, Beispiele*, Köln, Wirtschaftsverlag Bachem 1996, S. 28

[4] REFA: *Methodenlehre der Betriebsorganisation (MLBO), Teil 5: Entgeltdifferenzierung*, Carl Hanser Verlag, München 1987, S. 18

[5] BECKER, K.; FREMMER, H.: *Zeitgemäße Entgeltsysteme, Baustein 23, Postgraduales Studium Personalentwicklung an der Technischen Universität Chemnitz – Zwickau*, Köln 1995, S. 61

[6] BECKER, K.; EYER, E.: *Grundlagen der Entgeltgestaltung bei Gruppenarbeit*, in: Antoni C. H.; Eyer, E.; Kutscher, J.: *Das Flexible Unternehmen, Arbeitszeit, Gruppenarbeit, Entgeltysteme*, Düsseldorf 2004, Kapitel 06.01

Wertschöpfungsprämie und flexible Arbeitszeit

Die Geschäftsführung eines Unternehmens möchte eine leistungsorientierte Vergütung einführen, um die Wettbewerbsfähigkeit zu erhalten. Die Belegschaft ist skeptisch. Mit Hilfe eines Mediators wird eine gemeinsame Lösung erarbeitet: Die Arbeitszeit soll flexibler und das Entgelt leistungsgerechter werden.

In diesem Beitrag erfahren Sie:
- welche Konflikte auftreten können, wenn ein leistungsorientiertes Entgelt eingeführt wird,
- welcher Zusammenhang zwischen Leistungsentgelt und flexibler Arbeitszeit besteht,
- wie sich die Wertschöpfung und flexible Arbeitszeit miteinander verknüpfen lassen,
- wie durch Wirtschaftsmediation eine gemeinsame Lösung möglich wird.

ECKHARD EYER

Ausgangssituation

Ein mittelständisches Unternehmen der Metall- und Elektroindustrie hatte Ende der neunziger Jahre eine überdurchschnittliche Umsatzentwicklung bei sinkenden Renditen. Das Unternehmen, das in Nordrhein-Westfalen Holzbearbeitungsmaschinen herstellt und an einem Standort in China Komponenten fertigt, sah zwar auch die Entwicklung, unterstellte aber einen branchenüblichen Trend. Ein Benchmarking ergab jedoch, dass dieser Trend nicht branchenüblich war – das wies auf »hausgemachte« Probleme hin.

Material- und Organisationsfluss optimieren

Eine Analyse des Material- und Informationsflusses, die anschließende Umstellung von Werkstatt- auf Prozessorganisation und das Zusammenführen von Hand- und Kopfarbeit im Team sowie die Integration von Dienstleistungsfunktionen und -mitarbeitern in die Produktionsteams führten zu einer erheblichen Steigerung der Produktivität. Es zeigte sich aber auch, dass durch die organisatorischen Veränderungen bei weitem nicht alle Potenziale ausgeschöpft wurden.

Die schwankende Auftragslage in Verbindung mit einer fehlenden Arbeitszeitflexibilisierung führte zu erhöhten Kosten für das Unternehmen. Bei Auftragsmangel erhielten die gewerblichen Mitarbeiter trotz fehlender Arbeit jeweils den Akkorddurchschnittsverdienst als Entgelt, die Angestellten ein konstantes Gehalt. Bei hohem Arbeitsanfall leisteten die Mitarbeiter bereitwillig Überstunden, die mit den entsprechenden Zuschlägen vergütet wurden. Dies führte zu Kosten für das Unternehmen, die keineswegs in einem angemessenen Verhältnis zum erzielten Ergebnis standen.

Konfliktsituation
Auf die Anregung des Steuerberaters, einen höheren Leistungsanreiz für die Mitarbeiter durch Einführung eines neuen Leistungsentgeltes oder einer Erfolgsbeteiligung zu schaffen, erklärten die beiden geschäftsführenden Gesellschafter, dass sie zwar mit dem Akkordlohn unzufrieden wären, aber nicht daran dächten, vor dem Betriebsrat die Gewinne offen zu legen und die Mitarbeiter auf diese Weise am Erfolg zu beteiligen. Ein neues Leistungsentgelt für Arbeiter und Angestellte sei sinnvoll und werde benötigt.

Der Betriebsrat war mit dem Akkordlohn zufrieden, die Mitarbeiter wussten, wie sie zu ihrem Geld kamen und das Image der Firma war weltweit exzellent. Höhere Preise seien mit der Qualität zu rechtfertigen. Der Betriebsrat sah deshalb den Standort in Deutschland nicht in Gefahr. Im Übrigen konnte man die Arbeitsplätze in Deutschland durch eine Mischkalkulation mit den preiswerten Komponenten und Baugruppen des chinesischen Unternehmensteils der Firma subventionieren. Schließlich wurde das Geld für die Investitionen in China zuvor in Deutschland verdient.

Die Geschäftsführung wollte den Standort in Deutschland mittelfristig nicht mit Gewinnen in China subventionieren. Auch am

Standort Deutschland ist eine bessere Nutzung der vorhandenen Ressourcen und eine ausreichende Flexibilität notwendig, wenn der Standort mittelfristig nicht zur Disposition stehen soll.

Lösungsweg: Wirtschaftsmediation als Alternative zu Stillstand und Einigungsstelle

Die Alternativen, die sich anboten, waren entweder das Problem auf sich beruhen zu lassen und abzuwarten, bis die wirtschaftliche Lage auch den Betriebsrat zum Handeln zwingen würde – oder eine Problemlösung mit Hilfe einer Einigungsstelle zu erzielen.

Da ersteres nicht gewünscht war, wurde ein Vergütungsberater zu Rate gezogen. Es stellte sich heraus, dass es gar nicht so einfach sein würde, einen Antrag an die einzurichtende Einigungsstelle zu formulieren. Der fehlende Leistungsanreiz war nämlich nur der eine Teil des Problems, der andere Teil war eine nicht vorhandene flexible Arbeitszeit. Ein ausgefeiltes Entlohnungssystem, das als Leistungsanreiz für die Mitarbeiter dient, ist – bei stark schwankender Auftragslage – nur dann wirklich erfolgreich, wenn es mit einem flexiblen Arbeitszeitsystem verbunden wird. Üblicherweise setzt sich jedoch eine Einigungsstelle nur mit einem Thema auseinander: entweder Leistungsentgelt oder Arbeitszeit. Zwei parallele Einigungsstellen, die »zu verzahnen« sind, war – bei möglicherweise zwei verschiedenen Vorsitzenden der Einigungsstelle – aussichtslos.

Der Vergütungsberater riet daher der Unternehmensleitung, zur Lösung des Problems die Wirtschaftsmediation einzusetzen. Mit Hilfe eines neutralen Mediators, der die Probleme der Arbeitszeit- und Entgeltgestaltung kennt und somit im ganzheitlichen Gestaltungsprozess aufgrund seiner fachlichen Kenntnisse und Mediationskompetenz sowie Erfahrungen vermittelt, kann eine gemeinsam von allen Betriebsparteien getragene Lösung erarbeitet werden. Im Mediationsprozess gibt es – im Gegensatz zur Einigungsstelle – keine einschränkenden inhaltlichen und formalen Verfahrensvorschriften. Sollte dieser Weg nicht zum Erfolg führen, so könnte die Einigungsstelle – mit den beschriebenen Problemen – als ultima ratio immer noch angerufen werden.

Mediationsprozess
Der angefragte Wirtschaftsmediator mit Erfahrungen als Entgelt- und Arbeitszeitgestalter führte vor der Annahme des Auftrages je ein Gespräch mit der Geschäftsführung, dem Betriebsratsvorsitzenden und dem Vorsitzenden des Akkordausschusses. Er klärte sie über die Ziele der Mediation und die Vorgehensweise im Einzelnen auf, ließ sich die Konfliktsituation erläutern und überzeugte sich von der Bereitschaft beider Betriebsparteien, in eigener Verantwortung eine tragfähige Lösung zu erarbeiten, bei der gegebenenfalls beide Seiten »Federn lassen müssen«.

Die Ausgangspositionen der Konfliktparteien stellten sich wie folgt dar:
    Die Geschäftsleitung strebte eine leistungsmotivierende Entgeltlösung an. Auf den Akkordlohn und ein starres Gehalt wollte sie jedoch in Zukunft verzichten. Der Akkordlohn erforderte mit seinen auf Hundertstel Minuten genauen Vorgabezeiten einen hohen Verwaltungsaufwand, führte zu Scheingenauigkeiten und bot trotz des Etiketts »Leistungslohn« keinen (ausreichenden) Leistungsanreiz, außerdem sollten auch die Angestellten einen Leistungsanreiz bekommen. Eine Gewinnbeteiligung wurde ausgeschlossen, alternativ erschien aber eine Umsatzbeteiligung realisierbar.

Der Betriebsrat wollte den Akkordlohn mit den vertrauten Vorgabezeiten beibehalten und sich nicht auf Bilanzkennzahlen, in deren Ermittlung und Gestaltung er keinen Einblick hatte, einlassen. Er sah zwar ein, dass eine gewisse zeitliche Flexibilität notwendig sei, aber diese war aus seiner Sicht durch die Überstunden ausreichend gegeben.
    Nach der Klärung der Ausgangssituation und ihrer unterschiedlichen Wahrnehmung, die offen ausgesprochen und in Gegenwart

Wertschöpfungsprämie

qualitative Phase
- Ziele
- Interessen
-

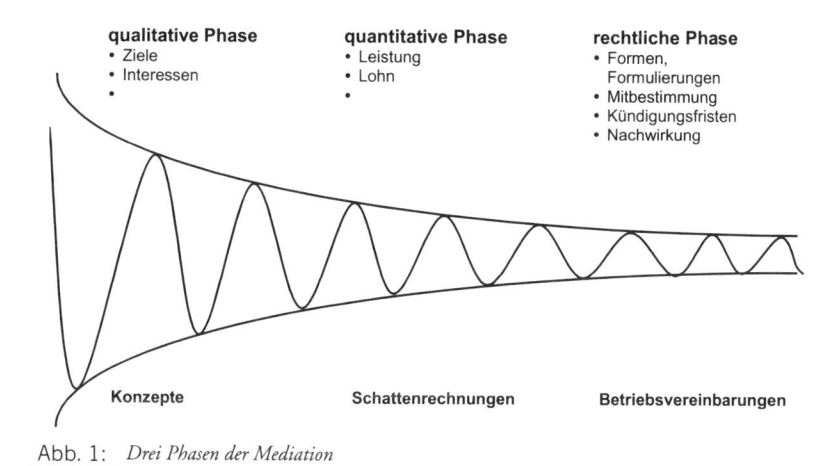

quantitative Phase
- Leistung
- Lohn
-

rechtliche Phase
- Formen, Formulierungen
- Mitbestimmung
- Kündigungsfristen
- Nachwirkung

Konzepte   Schattenrechnungen   Betriebsvereinbarungen

Abb. 1: *Drei Phasen der Mediation*

der jeweils anderen Partei erläutert wurde, durchlief der Mediationsprozess drei Phasen (siehe Abb. 1), in denen die Themen Arbeitszeit und Entlohnung parallel und miteinander verzahnt besprochen wurden. Damit wurde man den auftretenden Interdependenzen gerecht.

Qualitative Phase

In der qualitativen Phase wurde mit Hilfe des erfahrenen Mediators gemeinsam ein Entlohnungskonzept erarbeitet, das so nur schwerlich in einer Einigungsstelle mittels eines Spruches erreicht worden wäre.

In einem inhaltlichen Exkurs konnte der Mediator zunächst die Übereinstimmung über den folgenden Sachverhalt erreichen: Arbeitsplätze sind nur so lange sicher, wie mit ihnen Werte geschaffen werden. Die Werte und damit die Wertschöpfung müssen ausreichend sein. Das heißt: Werden mit diesen Arbeitsplätzen keine Werte geschaffen, die höher sind als deren Kosten, dann führt dies zu Arbeitsplatzabbau.

Der Mediator erarbeitete mit den Betriebsparteien das Verständnis für die Wertschöpfung. Wertschöpfung lässt sich definieren als Differenz des Nettoumsatzes und der Nettovorleistungen, die die Teams beziehen. Der Mediator erläuterte, dass sich die Wertschöpfung im vorliegenden Fall als Basis für den Aufbau einer Leistungsentlohnung anbot. Die Wertschöpfung sei besser geeignet als der Umsatz, weil die Umsätze in den deutschen Standorten des Unternehmens steigen würden – auch bei verstärktem Zukauf von Komponenten aus dem chinesischen Werk und bei einer verstärkten Verlagerung des letzten Teils der Komponentenproduktion nach China sowie der Beibehaltung der Endmontage in Deutschland wegen des »Made in Germany«.

Der Wirtschaftsprüfer des Unternehmens zeigte als Gutachter die Möglichkeit auf, anhand der in der Buchhaltung vorhandenen Größen Nettoerlös und Nettovorleistungen die Wertschöpfung zu ermitteln. Er machte die Erfassung dieses Wertes für den Betriebsrat transparent und konnte so dessen Vorbehalte bezüglich einer Manipulierbarkeit ausräumen. Er erläuterte außerdem, wie groß das Timelag zwischen Einkauf und Verkauf ist und welche Auswirkungen es auf die Kennzahl »Wertschöpfung je Arbeitsstunde« hat.

Im Mediationsprozess wurde erarbeitet, welche Möglichkeiten bestehen, die Wertschöpfung mit dem Leistungsentgelt zu verknüpfen. Da der Nettoumsatz immer nur beim Verkauf der Maschinen entsteht und nicht täglich mehrere Maschinen das Werk verließen, waren von Monat zu Monat starke Schwankungen der Leistung und des Leistungsentgeltes zu erwarten. Um die Auszahlung des Leistungsentgeltes zu verstetigen, wurde die Wertschöpfungskennzahl im gleitenden Dreimonatsdurchschnitt ermittelt. Das heißt zum Beispiel, die Wertschöpfungsprämie im April errechnet sich auf der Basis Januar bis März, die im Mai auf der Basis Februar bis April.

Quantitative Phase

Vom Controlling wurde dann beispielhaft für das vorausgegangene Jahr das erarbeitete Entlohnungssystem in Schattenrechnungen simuliert. Damit wurde allen Beteiligten klar, was gewesen wäre, wenn im vorausgegangenen Jahr das Entgeltsystem schon gegolten hätte. Sowohl das monatliche Verhältnis von Output (Wertschöpfung in EURO) zu Input (Arbeitszeit der Mitarbeiter – Arbeiter und Angestellte – in dem Bereich) als auch das Verhältnis von Output zu Input wurden im gleitenden Dreimonatsdurchschnitt herausgearbeitet.

Es zeigte sich, dass die Wertschöpfung je Arbeitsstunde dann besonders hoch war, wenn genügend Arbeit vorhanden war. Für eine stetig hohe Wertschöpfung pro Arbeitsstunde ist eine bedarfsgerechte

Entgeltaufbau

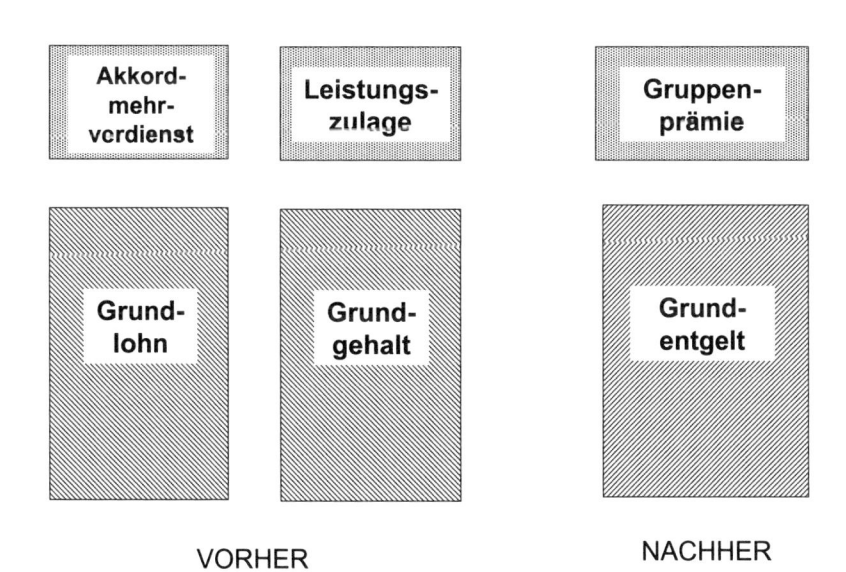

Abb. 2: *Entgeltaufbau vorher und nachher*

Personaleinsatzplanung erforderlich. Das heißt: In dem neuen Leistungsentgeltsystem würden die Mitarbeiter nur dann ein ausreichendes Leistungsentgelt verdienen, wenn sie als Gruppe ihre Anwesenheitszeit bedarfsorientiert steuern.

Die Sinnhaftigkeit der Zusammenhänge war evident, flexible Arbeitszeit wurde politisch möglich, ebenso, sie in einem bestimmten Rahmen zu vereinbaren.

Daraus ergab sich für das Leistungsentgeltsystem, dass es zum einen an der Gruppenleistung anknüpfen sollte. Zum anderen sollte nicht die reine Mengenleistung der gewerblichen Mitarbeiter und die Vorgabezeit im Vordergrund stehen – wie bisher beim Akkordlohn –, sondern die Wertschöpfung und die Anwesenheitszeit aller Mitarbeiter (das heißt Arbeiter und Angestellte in dem Team) sollte als Basis gewählt werden. Den Entgeltaufbau im Unternehmen vorher und nachher zeigt Abbildung 2. Arbeitsplanung und -vorbereitung waren ebenso wie der Meister – als Dienstleister – an dem »gleichen Erfolg« beteiligt wie die gewerblichen Mitarbeiter und profitierten gemeinsam, wenn die entsprechende Wertschöpfung pro Stunde vorlag.

Rechtliche Phase

Der Wertschöpfungsprämie für Arbeiter und Angestellte stand der Tarifvertrag der Metall- und Elektroindustrie nicht im Wege. Zwar sieht der Tarifvertrag nur im gewerblichen Bereich Prämien vor, aber aufgrund des gekündigten Lohn- und Gehaltsrahmentarifvertrages, zum Zeitpunkt der Erarbeitung des neuen Leistungsentgeltsystems, war es möglich, aufgrund der »nur« noch nachwirkenden Tarifverträge eine rechtlich korrekte Betriebsvereinbarung abzuschließen, die die tariflichen Leistungszulagen der Angestellten und die Akkordmehrverdienste der gewerblichen Arbeitnehmer ersetzte. Für die Ermittlung der Gruppenprämie wurde vom Mediator eine Betriebsvereinbarung entworfen, die von den Betriebs- und Tarifvertragsparteien juristisch geprüft, genehmigt und abgeschlossen wurde.

Fazit

Es gelang durch die Gruppenprämie für Arbeiter und Angestellte, die an der betriebswirtschaftlichen Kennzahl »Wertschöpfung je Arbeitsstunde« anknüpfte, eine Wertschöpfungsprämie zu erarbeiten. Die bedarfsorientierte Nutzung der flexiblen Arbeitszeit und das unternehmerische Denken der Mitarbeiter wurden gefördert und zugleich das Betriebsergebnis verbessert. Der Datenerfassungsaufwand wurde minimiert. Durch den Einsatz der Wirtschaftsmediation konnten die Themen »Leistungsentgelt« und »Arbeitszeit« miteinander verknüpft werden. Das Unternehmen hatte nicht den Spruch einer Einigungsstelle, sondern eine gemeinsam erarbeitete und getragene Betriebsvereinbarung durchgesetzt. Durch die so erreichte Steigerung der Wettbewerbsfähigkeit entschieden sich die Betriebsparteien für den Standort Westfalen – die Arbeitsplätze und das Einkommen der Mitarbeiter konnten langfristig gesichert werden.

Eckhard Eyer, Dipl.-Ing., Dipl.-Kfm., Jahrgang 1958, studierte Maschinenbau in Kaiserslautern und Betriebswirtschaftslehre in Mannheim. Er arbeitete bei den SKF Kugellagerfabriken, der G.M. Pfaff AG und von 1989 bis 1997 im Institut für angewandte Arbeitswissenschaft (IfaA) in Köln. Er ist Inhaber der PERSPEKTIVE EYER CONSULTING, Köln, mit den Schwerpunkten: Konzeptionelle Beratung von Unternehmen bei der Entwicklung und Umsetzung von Führungs- und Entgeltsystemen sowie Abschluss von Betriebsvereinbarungen und Haustarifverträgen. 1999 gründete er FAIR – Institut für praktische WirtschaftsMediation, Köln. Er ist Mitherausgeber der Fachbibliothek »Das flexible Unternehmen«.

Literatur

[1] EYER, E.: *Wirtschaftsmediation – der Weg zur Lösung manifester Konflikte im Unternehmen*, in: Knauth, P.; Wollert, A.: Human Resource Management, Loseblattwerk, Köln: Deutscher Wirtschaftsdienst, September 2000, Kapitel 8.20

[2] EYER, E.: *Wirtschaftsmediation – Alternative zu Stillstand und Einigungsstelle*, in: Der Arbeitgeber 12/2002, S. 12 – 14

[3] EYER, E.: *Wirtschaftsmediation – eine Aufgabe für Betriebsräte. Teil 1: Individualrechtliche Aspekte*, in: Arbeitsrecht im Betrieb 1/2003, S. 20–25

[4] EYER, E.: *Wirtschaftsmediation – eine Aufgabe für Betriebsräte. Teil 2: Kollektivrechtliche Aspekte*, in: Arbeitsrecht im Betrieb 2/2003, S. 98–103

[5] QUINTING, R.: *Der Mediationsprozess – Schritt für Schritt zur Einigung*, in: Eyer, E. (Hrsg.) Report Wirtschaftsmediation – Krisen meistern durch professionelles Konflikt-Management, Düsseldorf: Symposion Publishing, 2001, S. 57–64

Zusammenfassung
Ein ausgefeiltes Entlohnungssystem, das als Leistungsanreiz für die Mitarbeiter dient, ist – insbesondere bei stark schwankender Auftragslage – nur dann wirklich erfolgreich, wenn es mit einem flexiblen Arbeitszeitsystem verbunden wird. Der Wirtschaftsmediator ist hierbei hilfreich als Katalysator bei der Gestaltung neuer Entgelt- und Arbeitszeitsysteme und sichert, durch die Art und Weise des Zustandekommens der Konfliktlösung, deren Nachhaltigkeit. Im Vordergrund steht die Wertschöpfung je Stunde zur Messung der Leistung eines Teams – statt Menge und Zeit. Damit ist ein wichtiger Indikator für die Attraktivität der Arbeitsplätze am Standort kommunizierbar. Außerdem soll eine bedarfsorientierte Arbeitszeitflexibilität zur optimalen (Selbst-) Steuerung des Personaleinsatzes belohnt werden. Arbeiter und Angestellte in Teams werden aufgrund ihrer gemeinsamen Wertschöpfung je Arbeitsstunde belohnt, die Differenzierung der Entgeltsysteme wird – wenigstens beim Leistungsentgelt – aufgehoben.

Neckermann: Leistungsentlohnung in der Logistik

Die Neckermann Versand AG steigerte mit der Einführung von Prämienlohn die Leistung der Mitarbeiter in der Logistik erheblich. Dieser Beitrag zeigt, wie diese Verbesserung mit Hilfe einer Kombination von Prämie und Freizeitangebot erreicht werden konnte.

In diesem Beitrag erfahren Sie:
- wie Sie durch Prämien- und Freizeitangebote Anreize zur Steigerung der Arbeitsleistung schaffen können,
- wie Sie Leistungszeitvorgaben nach dem MTM-Verfahren ermitteln,
- wie Sie das Leistungsentlohnungssystem in einer Betriebsvereinbarung fixieren können.

Alexis Lamaye

Zielsetzung der Leistungsentlohnung

Das Leistungsentlohnungssystem der Neckermann Versand AG zielt darauf ab, durch Prämien- und Freizeitangebote Anreize zur Steigerung der Arbeitsleistung zu schaffen. Seit 1985 wurde kontinuierlich an der sukzessiven Einführung in den mengenbewegenden Funktionen innerhalb der Logistik gearbeitet. Lediglich Kleinstfunktionen, die mit ein bis zwei Mitarbeitern besetzt waren, wurden ausgenommen. Zur Erreichung der Zielsetzung wird den Beschäftigten zusätzlich zum tariflichen Grundlohn die Erarbeitung einer leistungsabhängigen Prämie ermöglicht. Das Leistungsentlohnungssystem trägt zu einer leistungsgerechten Entlohnung bei und sichert die Wirtschaftlichkeit der logistischen Abwicklung.

MTM-Verfahren
Leistungsbezogene Prämien setzen Leistungszeitvorgaben voraus, die für jeden einzelnen Arbeitsablauf eine Soll-Leistung festlegen. Bei der Neckermann Versand AG werden diese Leistungszeitvorgaben nach dem MTM-Verfahren (methods-time-measurement) ermittelt. Die MTM-Methode verfolgt zwei grundlegende Ziele:
⇨ Erarbeitung der Arbeitsmethode, die zur kürzesten Ausführungszeit führt;
⇨ Anwendung der optimalen Arbeitsmethode durch entsprechende Arbeitsplatzgestaltung.

Das in den vierziger Jahren des 20. Jahrhunderts in den USA erprobte und seitdem ständig weiterentwickelte MTM-Verfahren ist ein Verfahren, um Bewegungsabläufe in Grundbewegungen zu gliedern. Jeder Grundbewegung sind Normzeitwerte zugeordnet, die in ihrer Höhe durch die erfassten Einflussgrößen (vor-) bestimmt sind.
Die Definition verdeutlicht die Beschränkung des MTM-Verfahrens auf manuelle Abläufe. Das MTM-Verfahren ist bei geistigen Tätigkeiten nicht anwendbar, wenn die dabei auftretenden Entscheidungen mehr als Ja-Nein-Entscheidungen verlangen.
Vorteile des MTM-Verfahrens liegen darin, dass durch die vorbestimmten Normzeitwerte
⇨ Arbeitsmethoden und Ausführungszeiten bereits festgelegt und simuliert werden können, bevor die Arbeitsaufgabe erstmalig durchgeführt wird;
⇨ keine Leistungsgradbeurteilung notwendig ist;
⇨ gerade bei der leistungsabhängigen Lohndifferenzierung (leistungsschwache versus leistungsstarke Mitarbeiter, Früh- versus Spätschicht et cetera) eine sachbezogenere Diskussion möglich ist als bei Verfahren, die stärker die Zeitmessung »mit der Stoppuhr« in den Vordergrund stellen.

Bei Arbeitsablaufuntersuchungen wurde festgestellt, dass 80 bis 85 Prozent aller Tätigkeitsabläufe aus fünf Grundbewegungen bestehen:

⇨ *Hinlangen*: Bewegen der Hand zu einem Gegenstand;
⇨ *Greifen*: einen Gegenstand unter Kontrolle nehmen;
⇨ *Bringen*: Bewegen eines Gegenstands mit der Hand;
⇨ *Fügen*: In- oder Aneinanderfügen von Gegenständen;
⇨ *Loslassen*: Aufheben der Kontrolle über einen Gegenstand.

Neben diesen fünf Grundbewegungen dienen Bewegungen der Hand (zum Beispiel: Drehen), Fuß- und Beinbewegungen sowie die Verlagerung des Oberkörpers (zum Beispiel: Bücken) zur Beschreibung von Bewegungsabläufen. Das Greifen einer Flasche ist beispielsweise schneller zu erledigen als das Greifen von lose liegenden Nägeln.

Die jeder Bewegung zugeordneten Zeitwerte sind in ihrer Höhe abhängig von jeweils spezifischen Einflussgrößen. Verdeutlicht werden kann dieser Aspekt sehr anschaulich an der Grundbewegung »Greifen«. Abhängig von der Lage und Beschaffenheit des Gegenstandes sind unterschiedlich lang dauernde Griffe notwendig. Allein das Aufnehmen eines Gegenstandes differenziert sich folgendermaßen:

⇨ *Der Zufassgriff*: Greifen eines allein liegenden Gegenstands durch einfaches Schließen der Finger.
⇨ *Der Ankantgriff*: Greifen eines sehr kleinen oder sehr flachen Gegenstand (zum Beispiel: ein Blatt Papier) macht eine zusätzliche Fingerbewegung notwendig.
⇨ *Der Abrollgriff*: Auch das Greifen eines zylindrischen Gegenstands, dessen Lage an einer Seite zu einer Behinderung führt (zum Beispiel: mehrere Bleistifte in Stiftablage) macht eine zusätzliche Fingerbewegung notwendig.

Weitere Griffarten wie das *Nachgreifen* (Bleistift aufnehmen und in der Hand in Schreibposition bringen) oder der *Auswahlgriff* (Greifen eines Nagels aus einer Packung mit vielen durcheinander liegenden Nägeln) seien hier nur exemplarisch genannt.

Die diesen Bewegungen zugeordnete Normzeit ist in einer sogenannten *MTM-Normzeitwertkarte* hinterlegt. Die Zeitwerte sind beim MTM-Verfahren in der Zeiteinheit 1/100.000 Stunden, dies entspricht einer TMU (Time measurement Unit), festgelegt. Die folgende Tabelle 1 zeigt die Umrechnung von TMU:

Tabelle 1: Normzeitwerte – Umrechnung von TMU

TMU	Sekunden	Minuten	Stunden
1	0,036	0,0006	0,00001
27,8	1	–	–
1666,7	–	1	–
100000	–	–	1

Das Öffnen eines Paketes in einer MTM-Analyse nach dem sogenannten Standard-Daten-Verfahren in Sekunden umgerechnet zeigt die Beispielanalyse in Tabelle 2.

Die ermittelte Gesamtzeit entspricht der Leistung eines mittelgut geübten Menschen, die er ohne Arbeitsermüdung auf Dauer (7,5 beziehungsweise acht Stunden pro Tag) erbringen kann, das heißt, diese Zeit ist *die normale Leistung (*100 Prozent) einer Leistungszeitvorgabe.

Leistungsentlohnung in der Logistik (LES)

Eckdaten

Leistungszeitvorgaben werden in den mengenbewegenden Funktionen der Logistik der Neckermann Versand AG seit 1985 sukzessive eingeführt. Schwerpunktmäßig geht es um die Bereiche Wareneingang, Warenbereitstellung, Päckchen packen (Kommissionierung), bis hin zum Warenausgang. Voraussetzungen für die Einsetzung von Leistungszeitvorgaben sind möglichst konstante Arbeitsabläufe, verbunden mit stabilen Mengengerüsten. Stark schwankende Mengen erhöhen den Analysieraufwand erheblich.

Auch werden für Kleinstgruppen keine Leistungszeitvorgaben erstellt. (Beispiel: die Hemdenfaltmaschine, die von einem Mitarbeiter

Leistungsentlohnung in der Logistik

Tabelle 2: MTM-Analyse (Beispielanalyse)						
Nr.	Beschreibung	Code	Zeit (in Sekunden)	Anzahl	Häufigkeit	Gesamt-Zeit (in Sekunden)
1	Gehen zum Arbeitstisch	KVS	0,612	3	1,000	1,836
2	Paket aufnehmen	ALZ05	0,288	1	1,000	0,288
3	Paket ausrichten	PUZ15	0,324	1	1,000	0,324
4	Messer aufnehmen	ALE30	0,612	1	1,000	0,612
5	Messer zum Klebeband des Pakets	PLE45	0,936	1	1,000	0,936
6	Klebestreifen einschneiden	GKK	0,396	3	1,000	1,188
7	Längsstreifen aufschneiden	PLE30	0,756	1	1,000	0,756
8	Messer zum Klebeband rechts	PLE15	0,576	1	1,000	0,576
9	Klebeband rechts aufschneiden	PLE30	0,756	1	1,000	0,756
10	Messer zum Klebeband links	PLE30	0,756	1	1,000	0,756
11	Klebeband links aufschneiden	PLE30	0,756	1	1,000	0,756
12	Messer ablegen	PUE45	0,612	1	1,000	0,612
13	Kartondeckel an der Längsseite aufnehmen	AMZ30	0,792	1	1,000	0,792
14	... und auffalten	PUZ15	0,324	1	1,000	0,324
15	Kartondeckel an der Breitseite aufnehmen	ALZ30	0,612	1	1,000	0,612
16	... und auffalten	PUZ15	0,324	1	1,000	0,324
	Summe					11,448

bedient wird, ist unter wirtschaftlichen Gesichtpunkten nicht ernsthaft in Leistungszeitvorgaben zu integrieren.)

Leistungszeitvorgaben werden sowohl für Einzelprämien als auch – bei Arbeitsabläufen, in denen der Arbeitsprozess von einem Team gestaltet wird – für Gruppenprämien erstellt.

Die Mitarbeiter haben sich mit ihrem Arbeitsvertrag verpflichtet, die normalen Mengenstandards (100 Prozent Normalleistung nach der MTM Vorgabe) zu erreichen. Die Leistungserbringung darüber hinaus – und damit die Teilnahme am Leistungsentlohnungssystem LES – ist freiwillig.

Da die Neckermann Versand AG den Tarifverträgen des Einzelhandels unterliegt, ist ein Leistungsentlohnungssystem zum jetzigen Zeitpunkt nur als On-Top-Paket oberhalb des tariflichen Mindestanspruchs umsetzbar. Wobei anzumerken ist, dass, bei geänderter Tarifbasis, andere Formen durchaus denkbar und praktikabel wären.

Die Mitarbeiter haben die Möglichkeit, sich die Prämie monatlich wahlweise als Geld- oder Freizeitprämie auszahlen zu lassen. Darüber hinaus besteht auch die Möglichkeit, den Auszahlungsmodus von Monat zu Monat zu ändern. Circa 61 Prozent der Beschäftigten wählen zurzeit die Geldprämie, 39 Prozent der Mitarbeiter die Freizeitprämie.

Die Einbindung der Arbeitnehmervertretung bei Einführung des Systems versteht sich unter mitbestimmungsrechtlichen Gesichtspunkten einerseits von selbst. Andererseits ist die frühzeitige Hinzuziehung und aktive Mitarbeit des Betriebsrats beziehungsweise einzelner Betriebsratsmitglieder von eminenter Bedeutung für die Umsetzung innerhalb des Betriebes und die Akzeptanz bei den Beschäftigten.

Einführung von Leistungszeitvorgaben

Für die Erstellung und Pflege von Leistungszeitvorgaben ist bei der Neckermann Versand AG das LES-Team zuständig. Ursprünglich im

Personalwesen angesiedelt, ist dieses, aus vier Mitarbeitern bestehende Team der Versandadministration, einer Stabsfunktion innerhalb des Bereichs Logistik, zugeordnet. Der Grund für die »Umhängung« liegt in der Sachnähe zu den Abläufen und einer optimaleren Einbindung in den Gesamtprozess.

Die logistischen Fachabteilungen erteilen dem LES-Team den Auftrag, eine neue Leistungszeitvorgabe zu erstellen oder auch zu überarbeiten. Die MTM-Vorgabe wird in engster Kooperation mit den zuständigen Fach- und Führungskräften erstellt.

Nach Festlegung des Einführungstermins wird im LES-Ausschuss des Betriebsrates die Arbeitnehmervertretung über die Inhalte und Leistungsanforderungen der LES-Vorgabe informiert. Einige Mitglieder des Betriebsrates sind in MTM ausgebildet, sodass eine Diskussion »auf gleicher Augenhöhe« möglich und von Arbeitgeberseite auch bezweckt ist. Fragen oder divergierende Einschätzungen können somit in sachlicher Art und Weise geklärt werden. Nach der Information des Betriebsratsausschusses über Inhalte und Leistungsanforderungen der LES-Vorgabe wird die Vorgabe für einen Zeitraum von sechs Monaten im Betrieb getestet.

Die genaue Nachverfolgung der Leistungsgradentwicklung und der regelmäßige Abgleich von Vorgabe und tatsächlichen Bewegungsabläufen und Mengengerüsten sind die entscheidenden Merkmale dieser Phase. Sollte die Notwendigkeit zur Überarbeitung einer Vorgabe bestehen, so wird diese aus dem Test genommen und die Mitarbeiter erhalten eine Durchschnittsprämie auf Basis der alten Vorgabe. Somit werden Gehaltseinbußen bei den Beschäftigten (in der Testphase) vermieden.

Bei erfolgreichem Test wird die Vorgabe mit Zustimmung des Betriebsrates festgeschrieben.

Bereits während des Tests wird die Tagesleistung der Mitarbeiter im LES-Programm erfasst, die Leistungszeitgrade auf Tages- und Monatsebene berechnet und die Prämie mit den Monatslohn ausgezahlt beziehungsweise als Zeitprämie auf dem Zeitkonto gutgeschrieben (s. Tabelle 3).

Tabelle 3: Einführung von Leistungszeitvorgaben bei NVAG
Arbeitsauftrag durch Fachabteilung an LES-Team zur Erstellung einer Vorgabe
Erstellung MTM-Vorgabe und Übergabe an Fachabteilung
Information an Betriebsrat über sechsmonatigen Test der neuen beziehungsweise überarbeiteten Vorgabe
Sechsmonatiger Test
Überarbeitung oder Festschreibung der Vorgabe mit Zustimmung des Betriebsrates
Bereits ab Test: Erfassung der Tagesleistung im LES-Programm und Berechnung des Leistungszeitgrad auf Tages- und Monatsebene
Auszahlung Prämie mit Monatslohn oder Zeitgutschrift auf Zeitkonto

Prämienregelungen

Das Regelwerk des Leistungsentlohnungssystems ist im Anhang der Betriebsvereinbarung in einer *Sachgebietsanweisung* fixiert. Die wichtigsten Regelungen sind im Folgenden dargestellt:

⇨ Für alle Funktionen der Logistik existiert *eine einheitliche Prämien- und Freizeittabelle mit einer linearen Prämienlinie* (s. Tabelle 4) vom minimalen Zeitgrad von 101 Prozent (3,58 Euro) bis zum maximalen Zeitgrad von 140 Prozent (207,07 Euro).

⇨ Bei Neueinführung einer Vorgabe wird *ein sogenannter Einführungszuschlag* gewährt: Im Einführungsmonat der Vorgabe erhalten die Mitarbeiter einen Zuschlag von zehn Prozentpunkten, im Folgemonat fünf Prozentpunkte zusätzlich zum erreichten Leistungsgrad. Diese Einführungszuschläge haben sich in der Vergangenheit positiv auf die Akzeptanz bei den Beschäftigten ausgewirkt.

⇨ Bei bezahlter ganztägiger oder stundenweiser *Abwesenheit* erhalten die Mitarbeiter für die Dauer der Abwesenheit die aus ihrer Durchschnittsleistung der letzten drei Monate ermittelte Prämie.

Tabelle 4: Prämientabelle Leistungsentlohnungssystem Logistik				
Zeitgrad (in Prozent)	monatliche Prämie (in DM)	monatliche Prämie (in Euro)	monatliche Prämie in Freizeit	
			(Stunden)	(Tage)
100	-	-	-	-
101	7,00	3,58	0,3	0,04
102	14,00	7,16	0,7	0,09
103	21,00	10,74	1,0	0,13
104	28,00	14,32	1,3	0,18
105	35,00	17,90	1,7	0,22
106	42,00	21,47	2,0	0,27
107	49,00	25,05	2,3	0,31
108	56,00	28,63	2,7	0,36
109	63,00	32,21	3,0	0,40
110	70,00	35,79	3,3	0,44
111	78,00	39,88	3,7	0,49
112	86,00	43,97	4,0	0,55
113	94,00	48,06	4,5	0,60
114	102,00	52,15	4,9	0,65
115	110,00	56,24	5,2	0,70
116	121,00	61,87	5,8	0,77
117	132,00	67,49	6,3	0,84
118	143,00	73,11	6,8	0,91
119	154,00	78,74	7,3	0,98
120	165,00	84,36	7,8	1,05
122	191,00	97,66	9,1	1,21
123	204,00	104,30	9,7	1,29
124	217,00	110,95	10,3	1,38
125	230,00	117,60	10,9	1,46
126	245,00	125,27	13,8	1,84
127	260,00	132,94	12,4	1,65

Tabelle 4: Prämientabelle Leistungsentlohnungssystem Logistik (Fortsetzung)				
Zeitgrad (in Prozent)	monatliche Prämie (in DM)	monatliche Prämie (in Euro)	monatliche Prämie in Freizeit (Stunden)	(Tage)
128	275,00	140,61	13,1	1,74
129	290,00	148,27	13,8	1,84
130	305,00	155,94	14,5	1,93
131	315,00	161,06	15,0	2,00
132	325,00	166,17	15,5	2,06
133	335,00	171,28	15,9	2,12
134	345,00	176,40	16,4	2,19
135	355,00	181,51	16,9	2,25
136	365,00	186,62	17,4	2,31
137	375,00	191,73	17,8	2,38
138	385,00	196,85	18,3	2,44
139	395,00	201,96	18,8	2,50
140	405,00	207,07	19,3	2,57

⇨ Auch die sogenannten Ausfallzeiten, das sind vorwiegend *vom Mitarbeiter nicht zu verantwortende Arbeitsunterbrechungen* (zum Beispiel: technische Störungen der Fördertechnik) und arbeitgeberseitig angewiesene Abstellungen in Tätigkeiten ohne Leistungsentlohnungssystem, werden mit dem Drei-Monats-Durchschnittszeitgrad abgegolten. Somit wird auch ein flexibler Mitarbeitereinsatz innerhalb der gesamten Logistik gewährleistet.

⇨ *Schwangere Mitarbeiterinnen* sind nicht in das Leistungsentlohnungssystem eingebunden. Sie erhalten nach Abgabe des Schwangerschaftsattestes die aus ihrer Durchschnittsleistung der letzten drei Monate vor Eintritt der Schwangerschaft ermittelte Prämie.

⇨ *Schwerbehinderte* können sich auf eigenen Wunsch von der Teilnahme am Leistungsentlohnungssystem befreien lassen.

Kennzahlen und Wirtschaftlichkeitsbetrachtung

Von 2.284 Mitarbeitern der Logistik waren im Jahr 2002 insgesamt 1.497 Mitarbeiter in das Leistungsentlohnungssystem integriert. Dies entspricht einem Beteiligungsgrad von gut 65 Prozent. Es wurden Prämien in einer Gesamthöhe von 1.765 TEUR ausgezahlt: Durchschnittlich erhält jeder Mitarbeiter im Monat eine Prämie von 98,02 Euro. Gemessen am Monatsgesamtentgelt machte die Prämie einen Anteil von etwa 5,2 Prozent aus.

Der durchschnittliche Leistungszeitgrad innerhalb der Logistik lag im Jahr 2000 bei 121,4 Prozent (Normalleistung 100 Prozent) die Gesamtprämienaufwendungen beliefen sich in diesem Kalenderjahr auf 4.127,77 TDM.

Nach den Erkenntnissen der MTM-Gesellschaft kann davon ausgegangen werden, dass vor der Einführung von Prämienlohn die Ausgangsleistung der Mitarbeiter bei circa 85 Prozent läge. Um die tatsächlich erreichte Leistung von 121,4 Prozent zu schaffen, wäre ein höherer Personalkostenaufwand (durch Einstellung zusätzlicher Mitarbeiter) von circa 31.136,3 TDM nötig gewesen.

Selbst bei einer Ausgangsleistung von 100 Prozent lägen die zusätzlichen Personalkosten immer noch bei 15.260,3 TDM.

Zusammenfassend lässt sich somit feststellen, dass die Einführung eines Leistungsentlohnungssystems nach den zuvor beschriebenen Grundsätzen zu einer *erheblichen Produktivitätssteigerung* unter denkbar wirtschaftlichen Gesichtspunkten geführt hat.

Ausblick

Neben der Installation von neuen Leistungszeitvorgaben und der Überarbeitung von bestehenden Leistungszeitvorgaben wird das LES-Team immer mehr bereits in die Planungsphasen von neuen oder zu optimierenden logistischen Abläufen mit Planungs- und Entscheidungsanalysen hinsichtlich der Gestaltung neuer Arbeitsplätze unter wirtschaftlichen und ergonomischen Aspekten einbezogen.

Ein Augenmerk wird auch auf die Ausfallzeiten gerichtet werden. Im Vordergrund muss stärker als bisher das Prinzip der Prämiengewährung nur bei wirklich erbrachter prämienrelevanter Arbeitsleistung stehen.

Wie bei allen kontinuierlichen Veränderungsprozessen ist auch das Leistungsentlohnungssystem den sich ändernden oder zu ändernden Gegebenheiten in Form eines »atmenden« Systems anzupassen.

Alexis Lamaye, Jahrgang 1954, ist seit Januar 2000 Personaldirektor der Neckermann Versand AG in Frankfurt. Nach einem Studium der Rechtswissenschaften arbeitete er in leitenden Funktionen des Personalbereichs zunächst in einem Großunternehmen der Systemgastronomie (sieben Jahre) und anschließend in einem Handelskonzern des stationären Einzelhandels (zehn Jahre).

Zusammenfassung

Das Leistungsentlohnungssystem der Neckermann Versand AG zielt darauf ab, durch Prämien- und Freizeitangebote Anreize zur Steigerung der Arbeitsleistung zu schaffen. Leistungsbezogene Prämien setzen Leistungszeitvorgaben voraus. Diese werden nach dem MTM-Verfahren ermittelt. Leistungszeitvorgaben werden in den mengenbewegenden Funktionen der Logistik seit 1985 sukzessive eingeführt. Schwerpunktmäßig geht es um die Bereiche Wareneingang, Warenbereitstellung, Päckchen packen (Kommissionierung), bis hin zum Warenausgang. Leistungszeitvorgaben werden sowohl für Einzelprämien als auch für Gruppenprämien erstellt.

Die Teilnahme am Leistungsentlohnungssystem ist freiwillig. Die Mitarbeiter haben die Möglichkeit, sich die Prämie monatlich wahlweise als Geld- oder Freizeitprämie auszahlen zu lassen. Darüber hinaus besteht auch die Möglichkeit, den Auszahlungsmodus von Monat zu Monat zu ändern. Circa 61 Prozent der Beschäftigten wählen zurzeit die Geldprämie, 39 Prozent der Mitarbeiter die Freizeitprämie.

Gut 65 Prozent der Mitarbeiter in der Logistik waren im Jahr 2002 in das Leistungsentlohnungssystem integriert. Gemessen am Monatsgesamtentgelt machte die Prämie durchschnittlich einen Anteil von etwa 5,2 Prozent aus.

Pensumlohn bei Gruppenarbeit in der Logistik

Vielfach wird die Einführung eines leistungsbezogen Entgelts im Logistik- und Lagerbereich als schwierig und unwirtschaftlich angesehen. Zudem wird der für eine Entlohnung notwendige Erfassungsaufwand als zu groß eingeschätzt. Dass es aber einfache Lösungen gibt, zeigen die Erfahrungen der Friedrich Grohe AG.

In diesem Beitrag erfahren Sie:
- wie Sie Flexibilität und Gruppenleistung bei geringem Aufwand für ein Entlohnungsmodell stimulieren können,
- welche Einflussfaktoren und -größen für die Entlohnung im Logistikbereich wichtig sind,
- welche Produktivitätsfortschritte erreicht wurden

Claus Rehschuh

Ausgangslage

Wenn Reaktions- und Lieferbereitschaft am Markt immer wichtiger werden, erfordert dies auch von den Mitarbeitern ein hohes Maß an Flexibilität und Einsetzbarkeit. Um dahin gehend im Logistikzentrum (s. Kasten und Abb. 1) einen signifikanten Fortschritt zu erzielen, sind Gruppenarbeit, »Flexible Arbeitszeit« und eine ergebnisorientierte Entlohnung notwendig. Ohne das Zusammenspiel dieser drei Komponenten ist ein dauerhafter Erfolg schwer aufrecht zu erhalten. Über unsere positiven und negativen Erfahrung bei Gruppenarbeit, die wir 1995 eingeführt haben, soll an dieser Stelle nicht berichtet werden, sondern über die erfolgreiche Einführung unsers Entgeltmodells.

Um die Komplexität des Logistikzentrums darzustellen, ist es notwendig, dieses mit einigen Kennzahlen (s. Tabelle 1) vorzustellen.

> **Das Unternehmen**
> Die Grohe Gruppe ist ein führenden Anbieter wassertechnologischer Gesamtlösungen und gehört zu den drei größten Sanitärarmaturenherstellern weltweit.
> Hohe Funktionalität, wegweisendes Design und ökologische Ausrichtung unserer Produkte sind Grundprinzipien des Handelns.
> Produziert wird an verschiedenen Standorten im In- und Ausland. Der Versand der Ware, erfolgt im Wesentlichen über unser zentrales Logistikzentrum am Standort Hemer.
> www.grohe.de

Abb. 1: *Logistikzentrum*

Über viele Jahre erfolgte der Versand unserer Ware aus einer angemieteten Halle. Die Mitarbeitervergütung der circa 80 gewerblichen Mitarbeiter erfolgte im Prämienlohn.

1990 wurde am Standort Hemer, in Anbindung an das Werk, ein eigenes Logistikzentrum mit einer Investitionssumme von circa 18 Millionen Euro gebaut. Die Installation der technischen Ausstattung wurde 1993 abgeschlossen. In dieser Übergangszeit erfolgte die Entlohnung der gewerblichen Mitarbeiter auf Basis der eingefrorenen Prämien, es wurde also ein *Festlohn* gezahlt.

Pensumlohn bei Gruppenarbeit

Tabelle 1: Kennzahlen des Logistikzentrums		
Hochregallager	Palettenplätze	11.952
	Vollautomatische Regalbediengeräte	4
	Doppelspiele pro Stunde	27
	Maximale Geschwindigkeit (m/min)	160
	Maximale Ein-/ Auslagerungen (Paletten pro Stunde)	104
Packplätze	Palettenpackstraße	1
	Karton- und Kistenpackstraßen (mit je 20 Packplätzen)	4
	Postkommissionier- und Packanlage	1
Kommissionierlager	Gitterboxplätze	3.024
	Kleinteileplätze	4.830
Rampen	Wareneingang	3
	Warenausgang (ausgestattet für jede mögliche Art von Transportfahrzeugen)	6
Baudaten (qm)	Überbaute Fläche	10.264
	Geschossfläche	19.694
	davon Hochregallager (23 m hoch)	1.565
	Kommissionierlager	8.699
	Packhalle	5.184
	Versandhalle	3.200
	Büro/Sozialräume	1.046
Personal	Anzahl gewerblicher Mitarbeiter	86
	Schichten mit versetzter Arbeitszeit	2
	Betriebszeit	6:00–17:00 Uhr
Output (Stück/Jahr)	Holzpaletten	18.000
	Gitterboxen	72.000
	Versandkartons	334.000
	Pakete	192.000
	Lieferscheinpositionen	1.350.000
	Tonnage (t)	27.000
	Anzahl Lieferscheinpositionen oder Pick (kann aus 1 bis n Produkten mit gleicher Produktnummer bestehen)	1.200.000

255

Die Umsätze des Unternehmens entwickelten sich in den folgenden Jahren erfreulich positiv. Mit dem Umsatz wurde natürlich auch entsprechend mehr Personal im Logistikzentrum benötigt. Trotz Optimierung von Organisation und Abläufen, wurde keine weitere Umsatz- oder Tonnagesteigerung pro Mitarbeiter erzielt. Die Motivation der Mitarbeiter hinsichtlich Leistung und Flexibilität war eindeutig verbesserungsbedürftig.

Die ersten Überlegungen zur Verbesserung dieser Situation gingen in Richtung Gewinn-/ Ergebnisbeteiligung. Nach Überprüfung der Einflussfaktoren (s. Abb. 2), kamen wir aber schnell zu dem Ergebnis, dass dieses Modell für die *gewerblichen Mitarbeiter* keine Basis der Entlohnung sein könnte, da die äußeren Einflüsse sich zu stark auf das wirtschaftliche Ergebnis auswirken. Die sich hieraus ergebende Entscheidung hieß: Einführung von Gruppenarbeit mit *Gruppenprämie*.

Gewinnbeteiligung

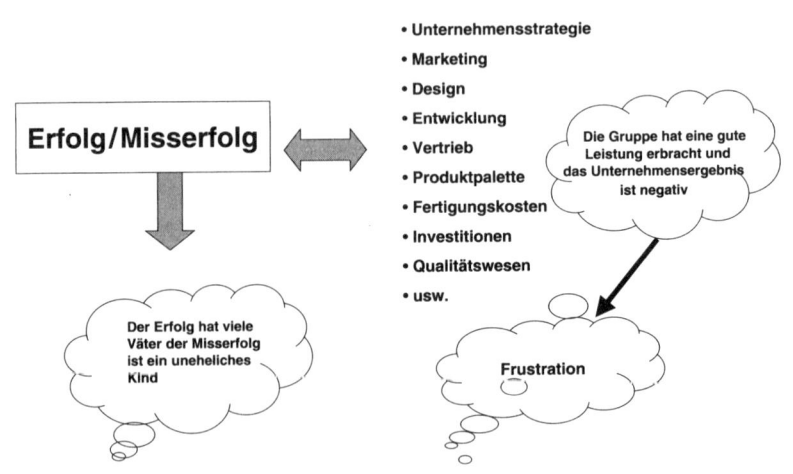

Erfolg/Misserfolg ⇔
- Unternehmensstrategie
- Marketing
- Design
- Entwicklung
- Vertrieb
- Produktpalette
- Fertigungskosten
- Investitionen
- Qualitätswesen
- usw.

Der Erfolg hat viele Väter der Misserfolg ist ein uneheliches Kind

Die Gruppe hat eine gute Leistung erbracht und das Unternehmensergebnis ist negativ

Frustration

Abb. 2: *Gewinnbeteiligung und Gruppenarbeit*

Alte Personalstruktur	Gruppe I	Wareneingang und Kommissionierung
	Gruppe II	Packer, LKW- und Postversand

Neue Personalstruktur

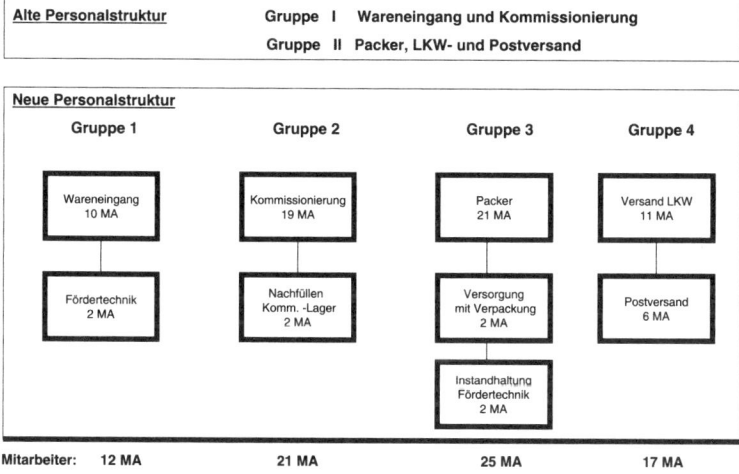

Gruppe 1	Gruppe 2	Gruppe 3	Gruppe 4
Wareneingang 10 MA	Kommissionierung 19 MA	Packer 21 MA	Versand LKW 11 MA
Fördertechnik 2 MA	Nachfüllen Komm.-Lager 2 MA	Versorgung mit Verpackung 2 MA	Postversand 6 MA
		Instandhaltung Fördertechnik 2 MA	
Mitarbeiter: 12 MA	21 MA	25 MA	17 MA

Abb. 3: *Personalstruktur des Logistikzentrums*

Vorgehensweise bei der Einführung der Prämienentlohnung

Nachdem die Zielsetzungen der Prämienentlohnung definiert waren (s. Tabelle 2), wurden die bereits täglich oder monatlich ermittelten Kennzahlen erfasst und über einen Zeitraum von zwölf Monaten ausgewertet (zum Beispiel: Umsatz; Tonnage Export/Inland; Anzahl Kundenaufträge; Bestellpositionen; Anwesenheitsstunden; Überstundenquote; Anzahl Kartons, Paletten, Gitterboxen und Paletten). Ziel der Auswertungen war die Prüfung, in wieweit bereits vorhandene Kennzahlen, für eine Entlohnung nutzbar gemacht werden können.

Im nächsten Schritt wurde das Logistikzentrum neu strukturiert. Die beiden Leitungsfunktionen für die obere und untere Ebene des Logistikzentrums blieben zwar erhalten, es erfolgte jedoch eine Aufteilung in vier Kostenstellen (statt bisher einer). Die Lagermitarbeiter wurden entsprechend aufgeteilt (s. Abb. 3).

Im nächsten Schritt wurde über einen mehrmonatigen Zeitraum die neben der Haupttätigkeit alle anfallenden Nebentätigkeiten und Störungen per Selbstaufschreibung erfasst. Durch diese Aufschreibun-

Tabelle 2: Vorgehensweise
Zielsetzung des Entlohnungssystems definieren
⇨ Flexibilität der Mitarbeiter anheben
⇨ Schaffung attraktiver Arbeitsplätze mit entsprechenden Verdienstmöglichkeiten
⇨ Unterstützung von Gruppen und Teamarbeit
⇨ Personalbemessung ermöglichen
⇨ Geringer Aufwand für die Lohndatenerfassung
⇨ Rationalisierung/Verbesserung der Kostensituation
Erfassung aller bereits anfallenden EDV-Daten
⇨ Umsatz
⇨ Anwesenheitsstunden
⇨ Lohn- und Lohnnebenkosten
⇨ Tonnage
⇨ Bestell-/Lieferscheinpositionen (Pick)
Segmentierung des Logistikzentrums
⇨ Einführung von Kostenstellen und Störzeiterfassung
⇨ Zuordnung der Mitarbeiter auf die Kostenstellen
Personal- und Arbeitsorganisation
⇨ Durchführung von Arbeits- und Ablaufstudien
⇨ Erstellung von Arbeitsplatzbeschreibungen/Anforderungsprofilen
⇨ Springerausbildung und Erstellen einer Einsetzbarkeitsmatrix
Arbeits- und Zeitstudien erstellen
⇨ Durchführung von Tages- und Verteilzeitstudien
⇨ Ermittlung der wesentlichen Einflussgrößen
⇨ Bildung von Planzeitwerten
Entlohnung
⇨ Entwicklung des Entlohnungsmodells unter Einbeziehung von Vorgesetzten und Betriebsrat
⇨ Berücksichtigung der Ergebnisse aus den Arbeitsstudien
⇨ Erstellung und Abschluss einer Betriebsvereinbarung
⇨ Tägliche Lohndatenerfassung (Online)
Ergebnis
⇨ Ausstoß- und Umsatzsteigerung pro Mitarbeiter von circa 30 Prozent

gen wurden erstmals die Störungen, Wartezeiten, EDV-Ausfallzeiten und so weiter sichtbar. Hieraus ergab sich auch der erste Optimierungs-/Rationalisierungsansatz: Die Gründe für Störungen, Ausfall- und Wartezeiten wurden analysiert und mit gezielten Maßnahmen reduziert.

Alle Arbeitsplatzbeschreibungen wurden überarbeitet. Dabei wurden notwendige Lohngruppenanpassungen durchgeführt.

Je nach Auftragsanforderung wurden Mitarbeiter zeitweilig in anderen Gruppen eingesetzt. Wie wir aus Aufschreibungen wussten, lag die Leistung dieser Mitarbeiter bei circa 50 bis 60 Prozent gegenüber der Stammbesatzung.

Um die personelle Flexibilität als auch die Leistung zu steigern, wurden *zehn Prozent der Mitarbeiter als Springer ausgebildet*. Diese werden nach einer erfolgreicher Ausbildungszeit von 18 Monaten – je nach Bedarf – in allen Gruppen eingesetzt. Das Leistungsergebnis

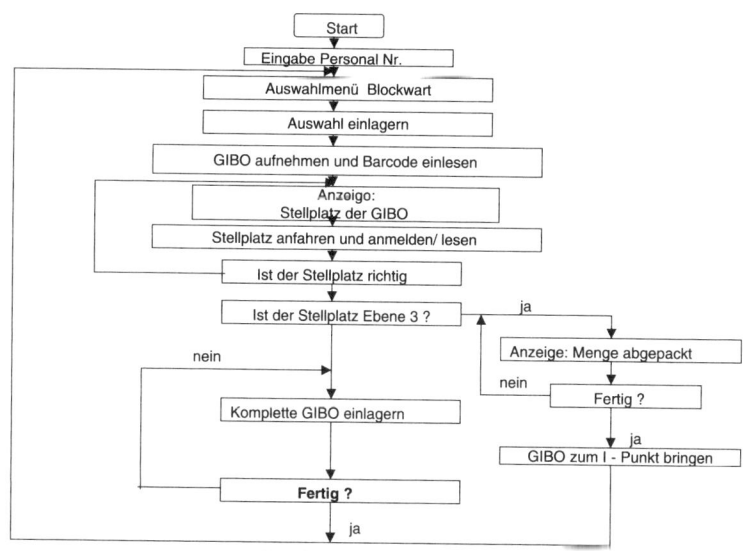

ABB. 4: *Ablaufschema »Ein- und Umlagern im Kommissionierlager«*

entspricht dem der Stammmannschaft. Ihre tarifliche Eingruppierung erfolgte in Lohngruppe 6.

Die Kostenstellenverrechnung der Springer erfolgt in den Gruppen, in denen sie tätig sind. Ist ein Springer in einem Abrechnungszeitraum in mehreren Gruppen zum Einsatz gekommen, so erhält er neben seiner Grundvergütung, den jeweiligen Prämienanteil, aus den einzelnen Gruppen in denen er tätig war.

Zwecks Optimierung der Arbeitsabläufe und zur Ermittlung der wesentlichen Einflussgrößen für die Prämienentlohnung wurden nun die technischen und organisatorischen Abläufe ermittelt und schematisch dargestellt. Exemplarisch (Tätigkeit des Nachschubversorgers im Kommissionierlager) stellt dies Abbildung 4 dar.

Die in den einzelnen Bereichen durchgeführten *Multimomentstudien* bestätigten, was wir vermutet hatten. Die Mitarbeiter beanspruchten gegenüber den im Hause üblichen fünf Prozent persönlicher Verteilzeit einen erheblich höheren Prozentsatz. Dass dieser Anteil wahrscheinlich zu hoch war, damit hatten wir gerechnet, da im gesamten Bereich des Logistikzentrums aus sicherheitstechnischen Gründen, ein absolutes Rauchverbot besteht. Die in Anspruch genommene persönliche Verteilzeit (tp) lag aber weit über zehn Prozent. Das Fehlverhalten hatte sich scheinbar über einen längeren Zeitraum (eingefrorener Lohn) entwickelt.

Tabelle 3: Einflussfaktoren und -größen für die Entlohnung

Gruppe	Bereich	Einflussgröße
1	Wareneingang	Tonnage/Stunde
2	Kommissionierer	Pick pro Stunde (Anzahl Bestell-/Lieferpositionen)
3	Packer	Minuten pro Karton, Minuten pro Kiste, Minuten pro Palette
4	Versand (LKW)	Min/Karton, Min/Kiste, Min/Palette

Der Zeitanteil, der die üblichen fünf Prozent persönlicher Verteilzeit überschritt, wurde bei der Festlegung der Prämienausgangsleistung und der Schattenrechnung für die spätere Prämienentlohnung berücksichtigt.

Für die einzelnen Gruppen wurden nun die Einflussfaktoren und -größen für die Entlohnung ermittelt (s. Tabelle 3).

Entlohnung und Lohnaufbau

Der *Grundlohn* richtet sich nach dem jeweiligen Anforderungsprofil des Arbeitsplatzes (summarische Bewertung). Darauf aufbauend wird eine außertarifliche Zulage (Marktzulage) gezahlt.

Tabelle 4: Beispielrechung Pensumlohn		
Leistungsstufe	Kennwert	Pensumlohn (Euro pro Stunde)
1	0,800–0,849	0,83
2	0,850–0,879	1,94
3	0,880–0,900	2,50
4	0,901–0,950	3,07
Kennwert: Anzahl gepackter Kartons mal 4,06 Minuten plus Anzahl Gitterboxen mal 2,83 Minuten im Abrech-nungszeitraum; dividiert durch die Anwesenheitsminuten der Gruppe im Abrechnungszeitraum		

Die zu zahlende *Prämie* richtet sich nach der mit der Gruppe vereinbarten Leistungsstufe (Pensumlohn). Unter *Pensumlohn* versteht man einen Festlohn in Abhängigkeit von einer Soll-Leistung: Mit der Gruppe wird eine bestimmte Leistung vereinbart, und dafür wird ein entsprechender Lohn gezahlt. Ein Beispiel zeigt Tabelle 4. In der Regel gibt es vier Leistungsstufen, die jeweils in Fünf-Prozent-Sprüngen aufeinander aufbauen (s. Abb. 5). Die Leistungsstufen haben wir im Wesentlichen aus folgenden Gründen eingeführt:
⇨ Nicht alle Gruppen sind gleich leistungsfähig. Diese können sich hinsichtlich Leistung und Prämie selbst einstufen (vereinbaren). Das Unternehmen hat den Vorteil einer sauberen Planungsbasis hinsichtlich Stückzahl, Leistung und Lohnstückkosten. Eine Verbesserung der Gruppe (Wechsel in eine höhere Leistungsstufe) ist turnusmäßig möglich.

Pensumlohn bei Gruppenarbeit

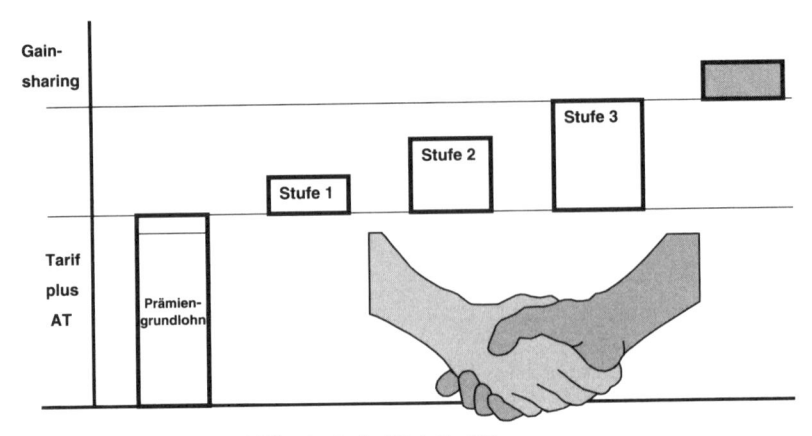

Abb. 5: *Gainsharing-Modell bei der Grohe AG & Co. KG*

⇨ Die Prämienstufen haben eine Bandbreite von fünf Prozent. Diese deckt zum einen den Anspruch einer Leistungsvorgabegenauigkeit von 95 Prozent ab, zum anderen können hierüber Schwankungen in Organisation, Sendungsstruktur und Anlieferungszuständen von Material abgedeckt werden.

Grundsätzlich erhalten alle Gruppenmitglieder die gleiche Prämie. Die Lohndifferenzierung ergibt sich allein aus den unterschiedlichen Lohngruppen der Mitarbeiter.

Als *Prämienberechnungs- und Abrechnungszeitraum* werden jeweils die beiden voran gegangenen und der laufende Monat zur Lohnabrechnung heran gezogen. Dies erfolgt, um die sich aus den Schwankungen von Teile- und Sendungsstruktur ergebenden Einflüsse, zu glätten.

Die Lohnformel ist immer die gleiche, nur die jeweiligen Einflussparameter unterscheiden sich (s. Tabelle 5). In den Lohnformeln werden unter dem Begriff »*Faktor für Nebentätigkeiten*« *(FNT)* alle sonstigen Arbeiten abgedeckt. Das gilt auch für KVP- oder Kaizen-Sitzungen und alle Arten von Störungen und Wartezeiten. Geht die Wartezeit in Ausnahmefällen über eine Stunde pro Mitarbeiter und

Tag hinaus, so wird nur der Anteil, der über eine Stunde hinaus geht, im Durchschnitt bezahlt.

Tabelle 5: Lohnformeln		
Tätigkeit	Lohnformel	
Waren-eingang	(vereinnahmte Tonnen pro Monat) × FNT / Anwesenheitsstunden der Gruppe pro Monat	= Tonnen pro Stunde
Kommisio-nierer	(Pick pro Monat) × FNT / Anwesenheitsstunden der Gruppe pro Monat	= Pick pro Stunde
Packer und Versand	(erarbeitete Vorgabezeit pro Monat) × FNT / Anwesenheitsstunden der Gruppe pro Monat	= Kennwert (KW)

Gainsharing wird bei uns im Hause als Beteiligungsmodell für Gruppenarbeit im gewerblichen Bereich eingesetzt. Es dient der Förderung von KVP und Kaizen. Die Mitarbeiter werden aus den im Rahmen von Gruppenarbeit, KVP und Kaizen erzielten wirtschaftlichen Fortschritten – sprich Rationalisierungen (ohne Investitionen) – beteiligt. Sie erhalten ähnlich wie beim »Betrieblichen Vorschlagswesen«, einen Erfolgsanteil von 50 Prozent aus der erzielten Jahreseinsparung aus Lohn und Lohnnebenkosten. Das Gainsharing kommt erst nach Überschreiten der obersten Prämienstufe zum Tragen. Die Vorgehensweise ist in Abbildung 5 dargestellt. Die Prämienstufen- und Gainsharing-Regelung findet in allen Gruppen des Logistikzentrums als auch des Werkes Anwendung.

Bei Einstieg in die Gruppenentlohnung wird mit den Mitarbeitern eine Leistungsstufe vereinbart. Dementsprechend erhalten sie neben ihrem nach dem Anforderungsprofil festgelegtem Grundlohn, die der vereinbarten Leistungsstufe entsprechende Prämie. *Solange sich die Gruppe in der vereinbarten Leistungsstufe bewegt, erhält sie ihre Prämie: Leistung und Lohn sind vereinbart und stehen somit für den laufenden Monat fest.*

Davon abweichend können sich folgende Szenarien entwickeln:
⇨ *Die Gruppe überschreitet die vereinbarten Leistungsstufe:* Die Mehrleistung wird bezahlt. Erfolgt dies drei Mal hintereinander, so erfolgt die Einstufung in die nächst höhere Prämienstufe.
⇨ *Die Gruppe überschreitet die Prämienstufe 4 (Obergrenze):* Die Mehrleistung wird bezahlt. Dies ist jedoch auf drei Monate befristet. Danach kommt das Gainsharing (Gewinnbeteiligung) zum Tragen. Die Leistungsvorgabe wird um fünf Prozent angehoben und die sich daraus ergebende Lohn- und Lohnnebenkosteneinsparung wird zu 50 Prozent an die Gruppe ausgeschüttet, die anderen 50 Prozent verbleiben im Unternehmen.
⇨ *Regelung bei Unterschreitung der vereinbarten Leistung:* Wird der Kennwert der vereinbarten Leistungsstufe einen Monat nicht erbracht, dann wird im Gruppengespräch analysiert, woran dieses lag. Dies können innere als auch äußere Einflüsse sein. Die Gruppe erhält jedoch die Prämie der vereinbarten Leistungsstufe. Wird die vereinbarte Leistung im Folgemonat wiederum nicht erbracht, so erfolgt die Einstufung in die nächst niedrigere Prämienstufe. Diese Stufe gilt dann als neu vereinbart. Um wieder in die nächst

```
W020125     Praemie Logistikzentrum Kommissionierer                12.08.2002/17:18
=================================================================================
   Praemien Monat/Jahr : 06 /02
2.VM :Picks =    114691  /Std.=    2955,75!1.VM :Picks=    98998 /Std.=   2511,50
      Std.Tag    Picks   Pi/Std Praemie     !     Std.Tag    Picks   Pi/Std Praemie
  1.    0,00       0                    EUR!17.    139,00    5197    37,39   2,86 EUR
  2.    0,00       0                    EUR!18.    126,25    5047    39,98   3,07 EUR
  3.  115,75    4265     36,85   2,86 EUR!19.    115,75    4507    38,94   3,07 EUR
  4.  122,75    5011     40,83   3,32 EUR!20.    135,75    5233    38,55   3,07 EUR
  5.  134,75    5275     39,15   3,07 EUR!21.     86,25    3337    38,69   3,07 EUR
  6.  149,00    5865     39,37   3,07 EUR!22.      7,25       0                 EUR
  7.    0,00       0                    EUR!23.      0,00       0                 EUR
  8.   50,00    2018     40,37   3,32 EUR!24.    141,25    5816    41,18   3,32 EUR
  9.    0,00       0                    EUR!25.    147,00    5538    37,68   2,86 EUR
 10.  144,00    4770     33,13   2,12 EUR!26.    151,50    5415    35,75   2,61 EUR
 11.  117,50    4622     39,34   3,07 EUR!27.    132,50    5316    40,13   3,32 EUR
 12.  139,25    5091     36,57   2,61 EUR!28.    130,75    4868    37,24   2,86 EUR
 13.  132,00    5039     38,18   2,86 EUR!29.     55,00    1907    34,63   2,37 EUR
 14.  135,75    5338     39,33   3,07 EUR!30.      0,00       0                 EUR
 15.   55,50    1948     35,10   2,37 EUR!31.      0,00       0                 EUR
 16.    0,00       0                    EUR!SUM  2664,50  101423
 PICKS/STD:    38,75   PRAEMIE : 3,07 EUR/h >> PRAEMIE INCL. AUFZAHLUNG :   0,00 EUR
 F3=Ruecksprung    F6=Drucken von(01) bis(12)    F11=Verwalten  Pgm-Nr.:
 H: NUR ANZEIGE MOEGLICH                                                      2.00
```

Abb. 6: *Leistungsdatenerfassung der Kommissionierer*

höhere Prämienstufe aufzusteigen, muss diese drei Monate hintereinander wieder erreicht werden. Bei Unterschreitung der Prämienstufe 1 wird der Prämiengrundlohn bezahlt.

Vor Einführung der Prämien wurden die Mitarbeiter entsprechend geschult und informiert. Nur die Lohnmodelle finden bei den Mitarbeitern Akzeptanz, die sie auch verstehen und nachvollziehen können.

Den Mitarbeitern wurde klar und deutlich mit auf den Weg gegeben, wo das Unternehmen Einflussmöglichkeiten und Verbesserungspotenzial sieht:
➪ Reduzierung der persönlichen Verteilzeit auf fünf Prozent beziehungsweise 20 Minuten pro Schicht;
➪ Verbesserung der Arbeitsabläufe (KVP-Sitzungen);
➪ Wartezeiten vermeiden;
➪ Auflösung der Arbeitsteilung;
➪ Nicht nur das Ergebnis des Einzelnen, sondern das Gruppenergebnis zählt;
➪ Bei nicht ausreichender Auftragslage gehen Gruppenmitglieder in andere Gruppen oder beenden die Arbeitszeit;
➪ Spezialkenntnisse Einzelner werden für die Gruppe nutzbar gemacht;
➪ Arbeitsabläufe analysieren und optimieren (KVP/Kaizen) und so weiter.

Die Leistungsdaten der Gruppen werden täglich »online« verwaltet (s. Abb. 6). Die Gruppenmitglieder haben die Möglichkeit, an einem Bildschirm-Terminal ihre täglichen und kumulativen Leistungsdaten abzufragen. *Ein solches oder ähnliches Instrument ist notwendig, damit die Gruppen frühzeitig auf Leistungsschwankungen reagieren können. Nur damit ist die vereinbarte Gruppenleistung sicherzustellen.*

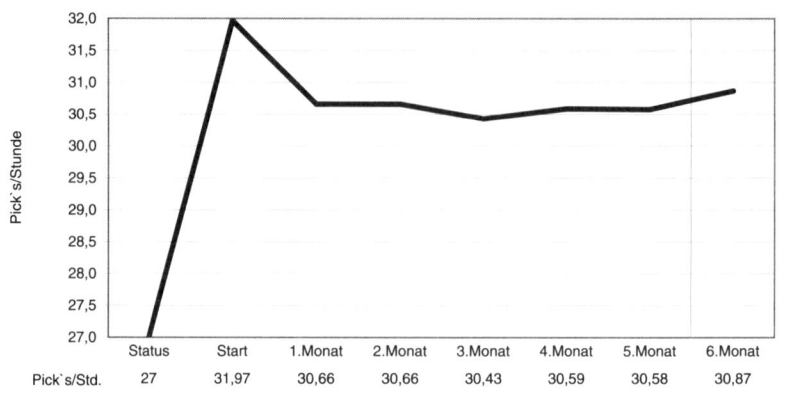

Abb. 7: *Entwicklung der Leistung der Kommissionierer*

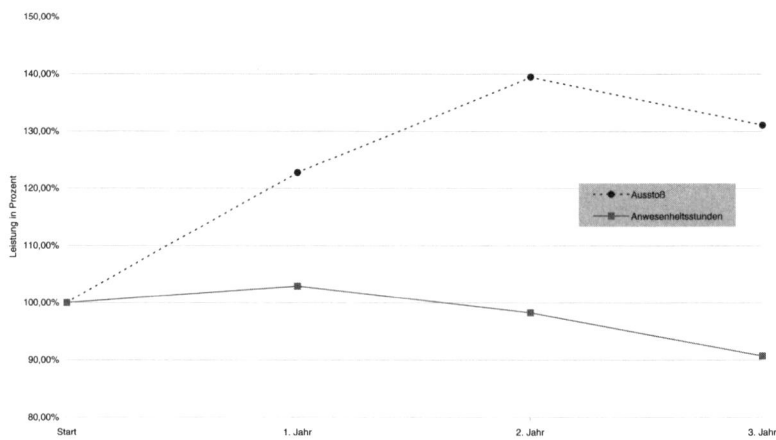

Abb. 8: *Entwicklung von Ausstoß- und Anwesenheitsstunden im Logistikzentrum (gewerbliche Mitarbeiter)*

Entwicklungen und Ergebnisse

Wie aus Abbildung 7 zu entnehmen ist, stieg die Leistung der Kommissionierer von 27 auf 31,97 Pick pro Stunde im Folgemonat und stabilisierte sich dann auf 30,6 Pick pro Stunde. Dies ist eine kurzfristige Leistungssteigerung von 17 Prozent. 2002 liegen wir bereits bei 38 Pick pro Stunde. Die Entwicklung der anderen Gruppen verlief ähnlich.

Abbildung 8 zeigt, dass sich nach Einführung von Gruppenarbeit und Prämienentlohnung alle leistungsrelevanten Kennzahlen deutlich nach oben entwickelten. *Im Durchschnitt stieg Ausstoß und Umsatz pro Mitarbeiter um circa 30 Prozent.*

Die im Vorfeld durchgeführten Wirtschaftlichkeitsberechnungen unter der Annahme einer Leistungssteigerung von 20 Prozent wurde um zehn Prozentpunkte übertroffen.

Zusammenfassung

⇨ Die Entlohnung löst nicht ihre technischen und organisatorischen Probleme. Sie ist vielmehr nur ein Hilfsmittel für Führung und Motivation der Mitarbeiter.

⇨ Gruppenarbeit, KVP, Kaizen und Gainsharing sind keine Selbstläufer, sie bedürfen der Pflege und der Unterstützung aller am Prozess beteiligten.

⇨ Leistungsdaten werden nicht nur für die Entlohnung benötigt, sie sind vielmehr für die Kapazitäts-, Personal- und Kostenrechnung notwendig.

⇨ Lohnsysteme müssen einfach und von jedem Mitarbeiter nach-vollziehbar sein.

⇨ Leistungskennzahlen der Gruppen müssen für die Mitarbeiter sichtbar gemacht werden und zwar in täglicher als auch in kumulierter Darstellung.

⇨ Aufbau und Datenerfassung für Lohnsysteme müssen möglichst wirtschaftlich sein.

⇨ Vorgesetzte und Betriebsrat sind möglichst früh in die Überle-gungen mit einzubeziehen.

⇨ Es wurde eine Ergebnisverbesserung von circa 30 Prozent erreicht, die Zielsetzung wurde also um zehn Prozentpunkte übertroffen.

⇨ Die Flexibilität und Zufriedenheit der Mitarbeiter ist gestiegen.

⇨ Auch Lohnsysteme müssen gepflegt und den geänderten Anforderungen und Organisationen angepasst werden.

Erfolgsbeteiligung

Globus – Mitarbeiterbeteiligung im Einzelhandel
von GERNOT KOCH

Aktienoptionspläne richtig gestalten
von ROLF DREES

Globus – Mitarbeiterbeteiligung im Einzelhandel

Eine erfolgreiche Personalpolitik setzt die immaterielle Beteiligung der Mitarbeiter voraus. Ihr Fundament ist das Vertrauen in das eigene Unternehmen. Das folgende Beispiel eines Einzelhandels-Konzerns zeigt, wie wichtig eine umfassende Mitarbeiterinformation bei der Einführung von Mitarbeiterbeteiligungen ist.

> **In diesem Beitrag erfahren Sie:**
> - welche immatriellen Komponenten der Mitarbeiterbeteiligung existieren,
> - wie Mitarbeiterbeteiligung eingeführt wird,
> - welche Erfahrungen die Unternehmensgruppe Golbus mit Mitarbeiterkapitalbeteiligung gesammelt hat.

GERNOT KOCH

Problemstellung

Noch vor zehn oder fünfzehn Jahren galt der Einzelhandel in Deutschland als personalpolitisches Entwicklungsland: Moderne Systeme der Personalführung, insbesondere auch das Thema Mitarbeiterbeteiligung, waren weitgehend unbekannt und wurden kaum umgesetzt.

Heute gehört dies der Vergangenheit an. Jedes Einzelhandelsunternehmen, das sich in der extrem harten Wettbewerbssituation im deutschen Handel Chancen zum Überleben ausrechnet, hat mittlerweile erkannt, dass Kundenorientierung gerade im Einzelhandel der Schlüssel zum Erfolg ist – und dass Kundenorientierung im Einzelhandel nur über die im Verkauf tätigen Mitarbeiter vermittelt werden kann. Wenn die Mitarbeiter nicht motiviert sind, nicht gerne für ihr Unternehmen arbeiten und dem Kunden nicht aufgeschlossen und

> **Das Unternehmen Globus**
>
> Die Unternehmensgruppe Globus St. Wendel ist das zehntgrößte Unternehmen im deutschen Lebensmitteleinzelhandel. Es betreibt SB-Warenhäuser, Baufachmärkte sowie Elektromärkte und beschäftigt im In- und Ausland über 23.000 Mitarbeiter. Globus liegt im »Deutschen Kundenbarometer«, der umfassendsten Untersuchung zum Thema Serviceorientierung und Kundenzufriedenheit in der Bundesrepublik Deutschland, seit acht Jahren auf Platz 1. Das Unternehmen führt dieses Ergebnis auf eine langjährige mitarbeiterorientierte Unternehmenspolitik zurück, bei der das Thema Mitarbeiterbeteiligung in immaterieller und materieller Hinsicht im Vordergrund steht.

freundlich gegenübertreten, dann ist jedes Bemühen um Kundenorientierung umsonst – mit anderen Worten: Kundenorientierung setzt Mitarbeiterorientierung voraus.

Immaterielle Mitarbeiterbeteiligung

Wenn von Mitarbeiterbeteiligung gesprochen wird, denkt man im Allgemeinen zunächst an die materielle Komponente, also die Beteiligung der Mitarbeiter am Kapital und am Ertrag des Unternehmens. Die materielle Beteiligung ist jedoch für sich alleine wenig sinnvoll, wenn nicht im Unternehmen die wichtigsten Komponenten der immateriellen Beteiligung umgesetzt sind; auch diese Erkenntnis hat sich heute weitestgehend durchgesetzt, wenngleich sie nicht immer in ausreichendem Maße umgesetzt wird.

Die erfolgreiche Einführung einer materiellen Mitarbeiterbeteiligung setzt in hohem Maße Vertrauen der Mitarbeiter in ihr eigenes Unternehmen voraus; dieses Vertrauen entsteht nur dann, wenn vernünftig mit den Mitarbeitern kommuniziert wird, wenn die Mitarbeiter gut informiert sind, sie selbständig arbeiten können und überall, wo es möglich ist, an Entscheidungen in ihrem eigenen Arbeitsbereich beteiligt werden. Information, Kommunikation und Beteiligung an Entscheidungen – dies sind die wichtigsten Komponenten der immateriellen Mitarbeiterbeteiligung und zugleich Voraussetzung für die erfolgreiche Einführung einer materiellen Beteiligung.

Information der Mitarbeiter

Information ist die erste Komponente der immateriellen Mitarbeiterbeteiligung: Nur der Mitarbeiter, der weiß welche Ziele sein Unternehmen hat und wie er diese erreichen will, kann ein »beteiligter« Mitarbeiter sein. Information in einem Wirtschaftsunternehmen hat wiederum zwei Aspekte:

Zum einen die grundlegende Information über die Grundsätze und Ziele des Unternehmens. Dies setzt klare und allen Mitarbeitern bekannte Unternehmensgrundsätze voraus. Das Problem hierbei liegt weniger in der Aufstellung, sondern vielmehr in dem »Rüberbringen« und dem Umsetzen solcher Grundsätze. Broschüren und Seminare sind ein Mittel hierzu, aber das Allerwichtigste ist, dass die Vorgesetzten eine in den Grundsätzen festgeschriebene Unternehmenskultur tatsächlich vorleben.

Der zweite Aspekt der Information: Die Mitarbeiter müssen wissen, wie die aktuelle Situation im Unternehmen ist, welche Veränderungen geplant sind und welche neuen Dinge auf sie zukommen werden. Hierzu können heute die verschiedensten Medien eingesetzt werden: Von der klassischen Mitarbeiterzeitschrift über Videos und CD-ROMs oder die Information über Internet und betriebliche elektronische Infosysteme. Über allen diesen Methoden sollte man allerdings das älteste und nach wie vor effizienteste System der Mitarbeiterinformation nicht vergessen, das ohne Elektronik, E-Mail oder Internet auskommt: Nämlich das persönliche Gespräch zwischen Mitarbeiter und Vorgesetztem. Dies kann auch durch den Einsatz noch so moderner Technik nicht ersetzt werden.

Mitarbeitergespräche als Führungsinstrument

Ein zweiter Aspekt der immateriellen Beteiligung: Die Kommunikation mit dem Mitarbeiter. Natürlich ist der Übergang zwischen Information und Kommunikation fließend – wo kommuniziert wird, wird auch informiert und vice versa.

Um vernünftig mit den Mitarbeitern kommunizieren zu können, ist es wichtig, die Vorstellungen der Mitarbeiter über ihr Unternehmen und die Ansprüche, die sie an das Unternehmen stellen, möglichst genau zu kennen. In kleinen Unternehmen kennt der Chef seine Mitarbeiter persönlich und weiß, was sie denken und was sie wollen; in Großunternehmen ist dies nicht so einfach. Mit einem System regelmäßiger Mitarbeiterbefragungen jedoch kann auch ein Großunternehmen sich hierüber sehr genaue Informationen verschaffen.

Ein weiteres Mittel der Kommunikation sind die bei Globus seit langem eingeführten Mitarbeiter-Jahresgespräche: Jede Führungskraft im Unternehmen führt einmal im Jahr mit jedem ihrer Mitarbeiter ein strukturiertes Gespräch mit einem bestimmten Inhalt und hält dieses Gespräch in einem Protokoll fest. Dies wird im gesamten Unternehmen so gehandhabt, von der Unternehmensspitze bis zu dem Mitarbeiter, der auf dem Parkplatz die Einkaufswagen zusammenschiebt. Auf diese Weise muss sich jede Führungskraft einmal im Jahr intensiv mit jedem seiner Mitarbeiter auseinandersetzen. Natürlich ist dies nicht der einzige Zweck dieser Gespräche – denn die Kommunikation zwischen Führungskräften und Mitarbeitern muss ein regelmäßiger Dialog auch außerhalb der formellen Mitarbeitergespräche sein.

Inhalt der Mitarbeiterjahresgespräche sind Verbesserung der beiderseitigen Zusammenarbeit, Ermittlung des Weiterbildungsbedarfs, aber insbesondere eine Zielvereinbarung, mit der konkrete und möglichst messbare Ziele für die Arbeit des Mitarbeiters im kommenden Jahr vereinbart werden. Diese Zielvereinbarung dient auch dem Transport der Unternehmensziele von oben durch das Unternehmen hinweg: Der Geschäftsleiter eines SB-Warenhauses vereinbart seine Ziele mit dem für ihn zuständigen Geschäftsführer und gibt diese Ziele dann in einer Zielvereinbarung an seine Abteilungsleiter weiter. Die Ziele der Abteilungsleiter fließen ein in die Zielvereinbarung der

Verkäufer usw. Auf diese Weise werden die Unternehmensziele durch das gesamte Unternehmen transportiert.

Mitwirkung der Mitarbeiter

Der wichtigste Aspekt der immateriellen Mitarbeiterbeteilung aber ist die Beteiligung der Mitarbeiter an Entscheidungen in ihrem Arbeitsbereich. Hierfür bestehen eine Reihe von Möglichkeiten: Bei Globus arbeiten wir mit einem System von Arbeitskreisen, in denen jeweils die Mitarbeiter der Koordination – das ist die Unternehmenszentrale – mit Fachkräften unserer Verkaufshäuser zusammenarbeiten. Es gibt über 40 solcher ständig tagender Arbeitskreise für alle möglichen Bereiche: In erster Linie natürlich für die einzelnen Warenbereiche; hier wird zum Beispiel über die Sortimente in den einzelnen Warengruppen entschieden. Daneben gibt es aber auch Arbeitskreise etwa für die Themen Warenwirtschaft, Umwelt, Personalfragen und für vieles andere mehr. Im Unterschied zu ähnlichen Einrichtungen anderer Unternehmen sind diese Arbeitskreise jeweils berechtigt, auf ihrem eigenen Fachgebiet verbindliche Entscheidungen zu treffen.

Beteiligung an Entscheidungen heißt aber nicht ausschließlich die Beteilung an Management-Entscheidungen. Auch in anderen Bereichen sollen die Mitarbeiter mitentscheiden: zum Beispiel beim Thema Arbeitszeit.

Was die Arbeitszeiten betrifft, hat der Handel als Arbeitgeber ein schlechtes Image: Die Öffnungszeiten der Läden bedingen Arbeitszeit auch an den Samstagen und abends. Um diesbezügliche Probleme abzubauen, bemühen wir uns, gerade auch bei Entscheidungen über die Lage der Arbeitszeit die Mitarbeiter mit einzubeziehen. In einem System der bei Globus praktizierten »teamorientierten Jahresarbeitszeit« wird vom Unternehmen bzw. von den Abteilungsleitern der SB-Warenhäuser festgelegt, wie viele Stunden, über das Jahr verteilt, in einzelnen Abteilungen eines Betriebes benötigt werden. Innerhalb dieser Vorgaben entscheiden dann die Mitarbeiter in kleinen Teams von sechs bis zehn Personen darüber, welche Mitarbeiter zu welchen Zeiten arbeiten – jeweils für eine Woche oder auch für einen Monat im Voraus. Problemfälle und Überschneidungen werden mit einem von den Mitarbeitern gewählten »Zeitkoordinator« entschieden. Auf diese Weise können die Mitarbeiter auch Abweichungen von der regelmäßig vereinbarten Arbeitszeit einbringen; oder es kann ein Mitarbeiter, der bereit ist, im November und Dezember bis zu zehn Stunden täglich zu arbeiten, dafür im Juni oder Juli ein oder zwei Wochen zusätzlichen Urlaub nehmen. Diese Möglichkeit, die eigene Arbeitszeit mitzubestimmen, wird von den Mitarbeitern und auch bei den Betriebsräten sehr positiv gesehen.

Personalentwicklung als Element einer partnerschaftlichen Personalpolitik

Natürlich gehören zur immateriellen Mitarbeiterbeteiligung, insbesondere wenn dieser Begriff weiter gefasst wird, auch weitere Komponenten, zum Beispiel unter dem Stichwort »Chancen für die Mitarbeiter«. Jeder Mitarbeiter muss wissen, dass er die Chance und die Möglichkeit hat, sich im Unternehmen weiterzuentwickeln, wenn er das wünscht und die Voraussetzungen dazu mitbringt. Dies bedingt wiederum Systeme der Personalentwicklung und Weiterbildung – und kann im gegebenem Zusammenhang nicht weiter vertieft werden.

Es kann nicht oft genug betont werden, dass all diese Komponenten der immateriellen Mitarbeiterbeteiligung noch wichtiger sind als die materielle Mitarbeiterbeteiligung am Kapital und am Ergebnis des Unternehmens. Letzten Endes sind sie sogar Voraussetzung für die Einführung einer materiellen Beteiligung. Ich sehe deshalb die materielle Beteiligung als das i-Tüpfelchen der Mitarbeiterbeteiligung: Sind die immateriellen Komponenten nicht gegeben, wird eine materielle Beteiligung für sich allein nicht den gewünschten Erfolg der Motivation und der Bindung der Mitarbeiter an das Unternehmen bringen. Sind die immateriellen Voraussetzungen jedoch gegeben, so kann die materielle Beteiligung ein weiterer Bestandteil eines in sich geschlossenen Systems der partnerschaftlichen Personalpolitik sein. Anders gesagt: Ich sehe die materielle Beteiligung als den Schlussstein der Mitarbeiterbeteiligung, der erst dann gesetzt werden kann, wenn die wesentlichen Punkte der immateriellen Beteiligung realisiert sind.

Einführung der Mitarbeiterbeteiligung
Wenn die Voraussetzungen gegeben sind und die Einführung der materiellen Mitarbeiterbeteiligung in einem Unternehmen geplant wird, so stellt sich zunächst die Frage: Welches System soll gewählt werden?

Vom Mitarbeiterdarlehen bis zur Belegschaftsaktie bieten sich die unterschiedlichsten Modelle an; sie sind zunächst einmal abhängig von der Rechtsform des Unternehmens und den Möglichkeiten, die sich daraus ergeben. Die Unternehmen der Globus-Gruppe haben durchweg die Rechtsform der GmbH & Co. KG. Von daher scheiden zum Beispiel Belegschaftsaktien oder GmbH-Anteile für die Mitarbeiter aus. So hat sich primär die Frage gestellt: Wollen wir das System der Mitarbeiterdarlehen oder die stille Beteiligung?

Wir haben die Form der stillen Beteiligung deshalb gewählt, weil sie von der Rechtsform und auch emotional – das spielt eine nicht zu unterschätzende Rolle – eine stärkere Einbindung in das Unternehmen signalisiert. Nach der Rechtslage zum Zeitpunkt der Einführung mussten Mitarbeiterdarlehen durch Bankbürgschaften abgesichert werden – für stille Beteiligungen war eine solche Absicherung für den Fall des Unternehmenskonkurses nicht vorgesehen. Im Hinblick auf das insoweit höhere Risiko einer stillen Beteiligung haben wir damals auch die Mitarbeiter mit einbezogen: Wir haben einen willkürlich ausgewählten Kreis von Mitarbeitern der unterschiedlichsten Hierarchiestufen nach Darstellung der Rechts- und Sachlage gefragt, welche Form der Mitarbeiterbeteiligung ihnen lieber wäre – mit dem Ergebnis, dass sich die große Mehrheit nicht für das Darlehen, sondern für die stille Beteiligung ausgesprochen hat.

Ein weiterer Punkt, der bei der Einführung zu beachten ist: Es geht in der Regel nicht ohne qualifizierte Berater, da im Unternehmen das erforderliche Know-how nicht vorhanden ist. Selbstverständlich ist, dass nicht nur die Personalabteilungen, sondern auch die Rechts- und Steuerbereiche des Unternehmens von vornherein eingebunden werden müssen – das gleiche gilt auch für die Wirtschaftsprüfer und Steuerberater. Wir haben uns insbesondere auch der Beratung der AGP – Arbeitsgemeinschaft für Partnerschaft in der Wirtschaft – bedient, die sicherlich das stärkste Kompetenzzentrum zum Thema Mitarbeiterbeteiligung in Deutschland ist.

Wer eine Mitarbeiterbeteiligung in seinem Unternehmen einführen will, muss Geduld haben und darf sich von zunächst bescheidenen Anfangserfolgen nicht entmutigen lassen. Auch ein vergleichsweise einfaches Modell wie das der stillen Beteiligung ist für die meisten Mitarbeiter in hohem Maße erklärungsbedürftig; von daher ist es besonders wichtig, dass zu diesem Thema eine intensive Kommunikation mit den Mitarbeitern stattfindet. Für die Beteiligung muss in-

Globus-Gruppe
Beteiligungsmodell PLUS
1000

· Zielgruppe:	· alle Mitarbeiter des Unternehmens
· Rechtsform:	· Stille Beteiligung an der jeweiligen Betriebsgesellschaft
· Einlage:	· bis zu 3 Anteilen pro Jahr zu je 187,50 € 20 % der Einlagen waren vom Unternehmen getragen
· Ausschüttung:	· Kapitalmarktzins zusätzlich 0 – 3 % je nach Erfolg des Betriebes
· Beteiligt:	· 10.897 MA = 63,92 % der berechtigten MA (11/01)
· Gesamteinzahlungs-summe	· rund 22,3 Mio. €
· Verzinsung:	· durchschnittlich 8,5 % pro Jahr

Abb. 1: *Das Beteiligungsmodell »PLUS 1000«, Quelle: Globus St. Wendel*

tensiv geworden werden, es müssen verständlich gestaltete Broschüren entwickelt werden, Informationsstunden durch die Personalabteilung durchgeführt werden usw. Die Bedeutung des Informationsbedarfes den Mitarbeitern gegenüber wird vielfach unterschätzt.

Zielgruppengerechte Beteiligungsmodelle
Wir haben bei Globus zunächst ein Modell eingeführt, welches für die Gesamtheit der Mitarbeiter bestimmt war und die Möglichkeit bot, an den Vergünstigungen der Vermögensbildung teilzunehmen. Dieses Modell, genannt »Plus 1000«, ist – wie in Abbildung 1 gezeigt – ausgestaltet:

Kurze Zeit darauf haben wir ein zweites Modell, genannt »PLUS 2000«, eingeführt, welches insbesondere für die Führungskräfte bestimmt war. Dieses Modell ließ erheblich höhere Beträge für die Mitarbeiterbeteiligung zu und bot in stärkerem Maße den Beteiligten

Globus-Gruppe
Beteiligungsmodell PLUS 2000

· Zielgruppe:	· In erster Linie Führungskräfte, aber auch andere MA, die sich mit höheren Beträgen bei Globus beteiligen wollen.
· Rechtsform:	· Stille Beteiligung an der Globus Holding
· Mindesteinlage pro Jahr:	· € 500,-- maximal € 50.000,--
· Ausschüttung:	· Ausschüttungen mit stärkerer unternehmerischer Komponente: Kapitalmarktzins + Zusatzverzinsung je nach Erfolg der Gruppe; in schlechten Jahren entfällt eine Verzinsung der Einlagen; in Jahren mit bescheidenem Umsatzwachstum und mit schlechter Umsatzrendite wird der am Kapitalmarktzins orientierte Basiszins gekürzt.
· Beteiligt:	· 1033 MA (11/01), überwiegend Führungskräfte
· Einlagen:	· rund 14,4 Mio. € (11/01)
· Verzinsung:	· zwischen 3,75 % und 13,5 %

Abb. 2: *Das Beteiligungsmodell »PLUS 2000«, Quelle: Globus St. Wendel*

je nach dem Erfolg des Unternehmens – Chancen und Risiken. Während »PLUS 1000« – gerichtet an die Gesamtheit der in unseren SB-Warenhäusern, Baumärkten und Elektromärkten tätigen Mitarbeiter – eine stille Beteiligung jeweils an dem Betrieb ermöglicht, in dem sie arbeiten, ist »PLUS 2000« eine überbetriebliche Beteiligung an dem Unternehmen Globus. Insbesondere den Führungskräften sollte damit auch verdeutlicht werden, dass sie letzten Endes nicht nur für den Erfolg ihres einzelnen Betriebes, sondern für den Erfolg der gesamten Gruppe arbeiten. Dieses zweite Modell ist im Einzelnen wie in Abbildung zwei gezeigt ausgestaltet.
Die Einbindung der Mitarbeiter erfolgt über von den Mitarbeitern gewählte Partnerschaftsausschüsse.

Eine weitere Form der materiellen Mitarbeiterbeteiligung besteht bei Globus in Form von hauseigenen geschlossenen Immobilienfonds. Wenn in der Vergangenheit neue Häuser eröffnet wurden – SB-Warenhäuser, Baumärkte, auch das Verwaltungsgebäude der Gruppe in St. Wendel – so wurde dies, soweit steuerlich sinnvoll und möglich, gelegentlich über selbstaufgelegte geschlossene Immobilienfonds finanziert. Diese Fonds wurden den Mitarbeitern zu besonders günstigen Bedingungen angeboten. In den vergangen Jahren wurden insgesamt acht solcher Fonds aufgelegt. Diese Beteiligungsform ist in erster Linie – infolge der steuerlichen Vorteile bei einer hohen Steuerprogression – für das Management interessant. Dementsprechend beträgt der Mindest-Beteiligungsbetrag EUR 5.113,–. Der erste Fond dieser Art wurde noch zögerlich aufgenommen; die letzten Fonds waren regelmäßig binnen 14 Tagen ausgebucht. Die Änderung der steuerlichen Voraussetzungen hat zur Folge, dass Fonds in dieser Art zur Zeit nicht mehr aufgelegt werden; es wird derzeit nach einer steuerlich ebenso interessanten Nachfolgeregelung gesucht.

Erfahrungen mit zwölf Jahren Mitarbeiterkapitalbeteiligung

Es wurde bereits festgestellt, dass jegliche Form der materiellen Mitarbeiterbeteiligung für die Mitarbeiter in hohem Maße erklärungsbedürftig ist und dass es einige Zeit benötigt, bis solche Systeme im Unternehmen und bei den Mitarbeitern fest verankert sind. Heute – 12 Jahre nach der Einführung des ersten Modells – sind bei Globus zirka 64 % der teilnahmeberechtigten Mitarbeiter im Inland in der einen oder anderen Form materiell an ihrem Unternehmen beteiligt. Wir halten diese Zahl – auch im Hinblick auf die (für den Handel verhältnismäßig geringe Fluktuation) von etwa zehn % – für sehr positiv, nachdem die Beteiligungsquote in den ersten Jahren bei etwa 20 bis 30 % lag. Wir haben damals auch untersucht, welche Faktoren zu einem höheren oder niedrigeren Beteiligungsgrad führen; allgemein kann gesagt werden, dass der Beteiligungsgrad umso niedriger sein wird

⇨ je größer und anonymer das Unternehmen ist. In einem kleineren Betrieb, in dem der Chef seine Mitarbeiter noch persönlich kennt, ist sicherlich schneller ein hoher Beteiligungsgrad zu erreichen;

⇨ je größer die Zahl der Teilzeitbeschäftigten und insbesondere die der sogenannten 325-€-Kräfte (geringverdienende Aushilfskräfte) ist. Besonders die letztgenannten Mitarbeiter sind weit weniger in das Unternehmen integriert als die vollzeitbeschäftigten Mitarbeiter und werden dementsprechend weniger bereit sein, ihr erspartes Geld im Unternehmen zu investieren;

⇨ je größer die Zahl weiblicher Beschäftigter ist. Trotz aller weiblicher Emanzipation in den vergangenen Jahrzehnten ist in vielen Familien der Umgang mit dem Familieneinkommen und die Anlage des ersparten Geldes in erster Linie noch Männersache;

⇨ je geringer das Engagement der Führungskräfte für ein solches Modell ist.
Wenn die Führungskräfte – und das gleiche gilt auch für die Betriebsräte – nicht voll hinter einem solchen Modell stehen, so ist die Umsetzung sehr schwierig.

Nachdem einige dieser Punkte – Größe des Unternehmens, Zahl der weiblichen Beschäftigten – auch für Globus zutreffen, sind wir mit der erreichten Beteiligungsquote sehr zufrieden. (Im Gegensatz zu vielen anderen Handelsunternehmen spielt das Thema 325-€-Kräfte bei Globus eine geringe Rolle, nachdem unter fünf % der Beschäftigten auf dieser Basis arbeiten.)

Insgesamt haben derzeit 10.897 Mitarbeiter einen Betrag in Höhe von 36,7 Mio. EUR in ihr Unternehmen investiert (ohne Globus-Immobilienfonds).

Mitarbeiterkapitalbeteiligung aus Sicht der Unternehmensleitung, Mitarbeiter und Banken
Die Einführung und Umsetzung eines Systems der materiellen Mitarbeiterbeteiligung bedeutet einen nicht unerheblichen Aufwand für das Unternehmen. Zurecht wird deshalb die Frage gestellt: Welchen Nutzen bringt ein solches System letztendlich?

Zunächst einmal spricht der oben genannte Betrag der gesamten Einlage der Mitarbeiter für sich. Dieser Betrag kann zum wirtschaftlichen Eigenkapital des Unternehmens gerechnet werden; die Einlagen der Mitarbeiter bei Globus belaufen sich derzeit auf etwa 12,7 % des wirtschaftlichen Eigenkapitals und sind damit eine nicht unbedeutende Stärkung der Eigenkapitalbasis des Unternehmens.

Wichtiger noch erscheint mir der »immaterielle Effekt der materiellen Mitarbeiter-Beteiligung«. Wir gehen davon aus, dass das Interesse der Mitarbeiter an ihrer Arbeit und die Bindung an ihren Betrieb deutlich höher sind, wenn sie an diesem Betrieb auch materiell beteiligt sind. Natürlich ist dieser Effekt schwer messbar; immerhin wissen wir über die von uns regelmäßig durchgeführten Mitarbeiterbefragungen, dass bei Globus der Zufriedenheitsgrad der Mitarbeiter mit ihrem Unternehmen hoch und – soweit uns Vergleichszahlen aus anderen Unternehmen bekannt sind – deutlich höher ist als in vergleichbaren Unternehmen. Auch Krankheitszahlen und Fluktuationswerte liegen deutlich unter dem Durchschnitt der Branche. Bei alledem ist natürlich zu berücksichtigen, dass weitere Faktoren auf diese Werte einwirken – ganz besonders auch die Elemente der immateriellen Mitarbeiterbeteiligung, deren Auswirkungen – wie wiederholt festgestellt wurde – in noch erheblicherem Maße für den Zufriedenheitsgrad der Mitarbeiter maßgeblich sind.

Besonders wichtig erscheint mir, dass inzwischen auch von dritter Seite erfolgreiche Systeme der Mitarbeiterbeteiligung als wichtige Komponente für den Erfolg eines Unternehmens betrachtet werden. In zwei von deutschen Großbanken durchgeführten Untersuchungen über die SB-Warenhausbranche wurde speziell für Globus die materielle Mitarbeiterbeteiligung als ein Erfolgsfaktor des Unternehmens anerkannt – wie die Deutsche Bank bereits im Jahre 1996 in einem Branchenreport über die Beteiligungsmodelle von Globus schrieb (vgl. Abb. 3).

> **Die Deutsche Bank schrieb bereits im Jahre 1996 in einem Branchenreport bezüglich der Beteiligungsmodelle von Globus:**
>
> »Wir halten diese verschiedenen Modelle zur finanziellen Beteiligung von Mitarbeitern am Unternehmensergebnis für einen der ganz wesentlichen Erfolgsfaktoren von Globus. Auf dieser Basis fällt es dem familiengeführten Management leicht, wichtige Unternehmensgrundsätze relativ einfach auf allen Ebenen umzusetzen: Kundenorientierung, Mitarbeitermotivation, dezentrale Organisation, fairer Umgang mit Geschäftspartnern, Umweltmanagement, Kostenbewusstsein, Ertrags- und Rentabilitätsorientierung und Wachstumspolitik.«

Eine solche Einschätzung hat sicherlich einen deutlich positiven Effekt für die Beurteilung von Bonität und Kreditwürdigkeit eines Unternehmens. Von daher erscheint es nur konsequent, wenn – wie dies vielfach gefordert wird – erfolgreiche Systeme der Mitarbeiterbeteiligung im Rahmen von »Basel 2« bei der Bewertung der Kreditwürdigkeit eines Unternehmens mit berücksichtigt werden.

Aktienoptionspläne richtig gestalten

Viele Aktienoptionspläne tragen nicht dazu bei, die Manager zu mehr Leistung anzuspornen und den Unternehmensgewinn zu steigern. Drei Grundregeln stellen sicher, dass solche Optionspläne zum gewünschten Ergebnis führen.

In diesem Beitrag erfahren Sie:
- warum zahlreiche Optionspläne sich als viel zu teuer und wenig zielführend erwiesen haben,
- welche Bedingungen unbedingt erfüllt werden müssen, damit Aktienoptionspläne die Interessen der Manager mit denen der Eigentümer wirkungsvoll synchronisieren,
- welche weiteren Qualitätsmerkmale gute Aktionsoptionspläne aufweisen sollten.

ROLF DREES

Grundregeln für Optionspläne werden kaum beachtet

Als Ende der 90er Jahre die ersten Aktienoptionspläne (AOP) starteten, galten sie als Wundermittel zur Steigerung des Shareholder-Value. Inzwischen hat der Wind gedreht. Zahlreiche Programme erweisen sich als viel zu teuer und wenig zielführend. Denn wenn Manager Aktienoptionen erhalten und später ausüben, erhöht dies die Kosten und reduziert die Gewinne. Einer Studie der amerikanischen Investmentbank Merrill Lynch zufolge wären die Gewinne der Unternehmen der größten 500 US-Unternehmen bei Berücksichtigung der Optionskosten im Jahr 2001 um rund 20 Prozent niedriger ausgefallen, bei den Unternehmen an der Technologiebörse NASDAQ sogar um fast 40 Prozent. *Die meisten Programme kollidieren auf diese Weise mit den Interessen der Aktionäre.*

Viele Programme haben sich aus Sicht der Aktionäre in ihr Gegenteil verkehrt. Die Programme tragen nicht dazu bei, die Manager zu mehr Leistung anzuspornen und den Unternehmensgewinn zu steigern. Vielmehr absorbieren die Programme selbst einen erheblichen Teil der Unternehmensgewinne. Da die Auszahlungen an die Begünstigten erst bei der Ausübung der Option – und damit zeitverzögert – erfolgen und die komplexen Modalitäten vielen Aktionären schwer verständlich sind, wurde den Programmen in der Vergangenheit selten widersprochen.

Inzwischen nimmt das Problembewusstsein stark zu. Denn auch in Deutschland genügen nach einer Studie von Union Investment nur wenige Optionsprogramme von DAX-Unternehmen angemessenen Qualitätsstandards. Mehr noch: Seit dem Union Investment im Jahr 2002 die Programme erstmals untersuchte, haben mehrere DAX-Gesellschaften die Optionsprogramme noch weniger ehrgeizig gestaltet. Die Programme verletzen die Interessen der Aktionäre damit noch stärker.

Die Interessen von Management und Eigentümern harmonisieren

Traditionell orientiert sich die Vergütung der Manager an der Unternehmensgröße. Die Vorstandsmitglieder eines Unternehmens mit

---

Der Aktienkurs als Indikator für den Unternehmenserfolg

Ungeachtet der täglichen Kursausschläge ist der Aktienkurs der praktikabelste Maßstab, ein Unternehmen zu bewerten. Die Marktteilnehmer stellen Tag für Tag die geschäftlichen Perspektiven einer Gesellschaft auf den Prüfstand. Der Börsenkurs tastet sich also täglich an den »wahren« Wert eines Unternehmens heran. Interpretationsbedürftige Größen, die den Zielen des Top-Managements flexibel angepasst werden können, sind dagegen weniger geeignet, die Qualität eines Unternehmens zu messen. Auch die Buchwerte erlauben keine ausreichenden Schlüsse auf die langfristigen geschäftlichen Perspektiven einer Aktie. *Wer die Überzeugung teilt, dass Märkte eher Recht haben als bilanzkosmetische Retuschen oder bloße verbale Zukunftsversprechen, erkennt, dass der Aktienkurs ein guter Erfolgsmaßstab sein kann.*

mehr als einhunderttausend Beschäftigten erhalten typischerweise eine höhere Vergütung als die Vorstände eines Unternehmens mit nur eintausend Mitarbeitern.

Die Aktionäre dagegen sind nicht an der Größe des Unternehmens, sondern an der Wertsteigerung ihrer Aktien interessiert. Mit einem am Aktienkurs ausgerichteten Vergütungssystem kann *dieser klassische Principal-Agent-Konflikt* beseitigt werden, da sich das Management (Agent) die Ziele der Anteilseigner (Principal) stärker selbst zu eigen macht (s. Kasten).

Damit Aktienoptionspläne die Interessen der Manager mit denen der Eigentümer wirkungsvoll synchronisieren, müssen aber mehrere Bedingungen unbedingt erfüllt werden. Insbesondere gilt es, Missbrauchsmöglichkeiten einen Riegel vorzuschieben. Hierbei gilt es insbesondere drei Grundregeln streng zu beachten.

Ehrgeizige Ziele setzen

Wird der Ausübungspreis beispielsweise zu niedrig angesetzt, erhalten Spitzenmanager neben ihrem fixen Salär unangemessen hohe zusätzliche Vergütungen. Das kann nicht im Interesse der Aktionäre sein. Daher gilt es, »die Trauben hoch zu hängen«: Eine jährliche Mindestrendite sollte den risikolosen Zins zuzüglich einer Risikoprämie übersteigen.

Angesicht der Zinsen der Bundesanleihen von derzeit rund vier Prozent und einer realistischerweise dreiprozentigen Risikoprämie für Aktionäre ist aktuell die Hürde für die jährliche Kurssteigerung bei sieben Prozent anzusetzen (s. Tabelle 1). Aktienoptionspläne sollten den Managern also erst dann zusätzliche

Tabelle 1: Renditeziel absolut	
Rendite in Prozent p.a.	Bewertung (Note)
> 8	1
6–8	2
4–6	3
2–4	4
< 2	5

Einnahmen erbringen, wenn »ihre« Aktie die Sieben-Prozent-Hürde nennenswert überspringt. *Von den 30 DAX-Mitgliedern genügt mit Adidas leider nur ein einziges Unternehmen dem Sieben-Prozent-Kriterium.*

Dagegen begnügt sich ein Dutzend und damit mehr als ein Drittel der DAX-Gesellschaften mit nahezu lächerlich niedrig angesetzten Mindestrenditen von weniger als drei Prozent jährlich. Besonders unrühmlich agieren Infineon und DaimlerChrysler. Hier genießen die Manager üppige Vorteile aus Optionen, wenn die Aktie eine Rendite von weniger als 0,7 beziehungsweise weniger als zwei Prozent erbringt!

Nur überdurchschnittliche Erfolge honorieren

Der Kurs einer Aktie hängt neben der Qualität des Managements auch von der gesamtwirtschaftlichen Entwicklung und der Tendenz des gesamten Aktienmarktes ab. Der Ausübungspreis darf daher nicht im luftleeren Raum definiert werden. Das bedeutet, *dass die Aktienoptionen erst dann ausgeübt werden dürfen, wenn die Aktie die Wertentwicklung der meisten konkurrierenden Unternehmen übertrifft.*

Hierzu sollten vorzugsweise geeignete Branchenindizes herangezogen werden (s. Tabelle 2). Auf diese Weise lassen sich »Windfall-Profits« (unverdiente Vorteile) aus einer nationalen Börsenhausse oder durch den Rückenwind eines Branchenbooms vermeiden. Noch besser: Das Unternehmen definiert selbst einen Korb wichtiger Wettbewerber und misst die Entwicklung der eigenen Aktie hieran.

In der Untersuchung der Optionspläne der DAX-Gesellschaften ist leider festzustellen, *dass ein Drittel der Unternehmen auf einen relativen Renditevergleich ganz verzichtet.* Neben DaimlerChrysler, der Deutschen Bank, der Deutschen Telekom und Siemens verstoßen auch Altana, Epcos, Fresenius, Infineon, Linde und Volkswagen gegen dieses Prinzip. Denn die Manager können die Vorteile der Optionen auch genießen, wenn »ihre« Aktie weit hinter der Kursentwicklung der Wettbewerber zurückbleibt. Darüber hinaus sind bei vielen DAX-Gesellschaften, die einen Vergleichsmaßstab nennen, die Hürden eher symbolischer Natur. So muss die Aktie der Allianz lediglich an fünf Tagen die Entwicklung des EuroStoxx-Price Index 600 übertreffen.

Tabelle 2: Renditeziel relativ	
Benchmarking	Bewertung (Note)
Sinnvolle unternehmensspezifische Benchmarks (abhängig von den Ausübungsbedingungen)	1 oder 2
Standardindex als Benchmark (abhängig von den Ausübungsbedingungen)	3 oder 4
keine Benchmarks	5

Tabelle 3: Bilanzielle Auswirkungen	
Bilanzielle Auswirkungen	Bewertung (Note)
Expense Verfahren	1
Mark to Market	2
APB25/FAS123 (je nach Kommunikation)	3 oder 4
Lediglich Verwässerung bei Ausübung	5

Kosten ausweisen

Aktienoptionspläne werden von den meisten Unternehmen noch nicht angemessen bilanziert. Die Begründung: »Die Kosten seien nicht kassewirksam.« Diese Argumentation überzeugt nicht. Aktienoptionen sind Gegenstand von Personalverhandlungen. Hier wird bekanntlich hart um die Zahl der Optionen gefeilscht. Aktienoptionen sind also offensichtlich ein wichtiger Gehaltsbestandteil. Gehälter sind Kosten. Und die Kosten gehören in die Gewinn- und Verlustrechnung, da andernfalls die tatsächliche Gewinnsituation des Unternehmens verschleiert wird (s. Tabelle 3).

Der legendäre US-Investor Warren Buffett hat dies anschaulich beschrieben. Buffett: »Fast alle Vorstände erklärten ihren Aktionaren, die

Aktienoptionspläne

Optionen sind kostenlos.« Buffett weiter: »Berkshire Hathaway (die Holding-Gesellschaft von Warren Buffett) verkauft den Vorständen gerne Versicherungen, Teppiche und andere Güter im Tausch gegen den Wert Ihrer Optionen. Alles läuft ohne cash. Aber glauben Sie wirklich, Ihre Gesellschaft hätte keine Kosten, wenn sie die Optionen gegen Teppiche eintauscht?« Leider hat beispielsweise auch SAP den Pfad der Tugend verlassen und in der letztjährigen Hauptversammlung beschließen lassen, auf den Ausweis der Kosten zu verzichten. Union Investment hat mit den uns anvertrauten Stimmrechten gegen diesen Vorschlag votiert. Es wäre wünschenswert, wenn auch andere Investoren sich für einen transparenten Ausweise der Kosten einsetzen.

Qualitätsmerkmale guter Aktionsoptionspläne
Über diese drei Essentials hinaus sollten gute Aktionsoptionspläne weitere Qualitätsmerkmale aufweisen.

Langfristige Ausrichtung

Aktionäre sind typischerweise an einer nachhaltigen Wertsteigerung ihrer Aktien interessiert. Anreizsysteme mit Aktienoptionsplänen sind daher längerfristig auszurichten. Die Optionen sollten also nicht vor einer Frist von fünf Jahren ausgeübt werden dürfen. Und auch nach der Ausübung sollten die Aktien noch mindestens zwei Jahre gehalten werden.

Leider können die Begünstigten bei DaimlerChrysler wie auch bei zahlreichen weiteren DAX-Optionsplänen, ihre Optionen schon nach nur zwei Jahren ausüben. Solch kurze Fristen stehen für eine »Take the money an run-Mentalität«. Hier sind wesentlich längere Wartefristen geboten.

Darüber hinaus gilt es, Zufälligkeiten bei Start- und Ausübungszeitpunkt vorzubeugen. Wer beispielsweise im Tief eines Konjunkturzyklus oder bei Sanierungsfällen mit außergewöhnlich niedrigen

Aktienkursen startet, darf diese Kursdellen nicht als Ausgangsbasis verwenden. Eine Alternative sind längerfristige Durchschnittskurse, die einen Zeitraum von mehreren Monaten abdecken.

Auch für die Ausübung der Optionen sind Durchschnittskurse empfehlenswert. Auf diese Weise wird der Versuchung vorgebeugt, kurz vor der Ausübung große Erfolge vorzutäuschen. Beispielsweise könnte ein Vorstand, der in Kürze ausscheidet, im Interesse seiner persönlichen Vergütung ein unangemessenes Window-Dressing betreiben, um den Aktienkurs zum Ausübungszeitpunkt künstlich nach oben zu treiben. Die danach einsetzende Enttäuschung und ein wieder sinkender Aktienkurs würden hingegen seinem Nachfolger angeheftet.

Sofern längerfristige Durchschnittskurse gewählt werden, bedeutet dies im Umkehrschluss, dass Spitzenkräfte auch nach ihrem Ausscheiden an den von ihnen begründeten Erfolgen teilhaben sollten.

Gezielter Einsatz der Optionen

Selbstverständlich steigern im Idealfall alle Beschäftigte den Wert »ihres« Unternehmens. Gleichwohl üben nur vergleichsweise wenige Manager einen markanten unternehmerischen Einfluss aus. Aktienoptionsprogramme sollten daher nicht mit der Gießkanne, sondern gezielt auf die wichtigen Entscheidungsträger konzentriert werden.

Unterhalb des Top-Managements sind aktienkursorientierte Anreize gleichwohl sinnvoll. Hier sind traditionelle Belegschaftsaktien besser geeignet und auch einfacher im Handling. Zu den Pionieren einer breiten Beteiligung der Beschäftigten zählt beispielsweise die amerikanische Citibank. Dort informieren Monitore in den Fluren die Mitarbeiter über den aktuellen Wert »ihrer« Aktie. Auf diese Weise wird in der gesamten Belegschaft das Bewusstsein geschärft, wie sehr sie durch ihre Leistung zum Unternehmenserfolg beitragen.

Eigeninvestment

Aktienoptionen bieten ihren Empfängern eine einseitige Chance. Der Empfänger kann nur gewinnen. Der Aktionär trägt aber das volle unternehmerische Risiko. Steigt die Aktie, profitiert der Besitzer der Option. Fällt die Aktie, hat die Option zwar keinen Wert. Das Risiko des Besitzers der Option bleibt aber eng begrenzt. Es ist daher geboten, dass die Empfänger auch einen angemessenen Eigenanteil leisten.
Die Optionen sollten also nicht nur »on top« gewährt werden. Hierzulande agiert beispielsweise die Lufthansa vorbildlich. Die Lufthansa-Manager erhalten Aktien ihrer Airline mit einem Rabatt von 20 Prozent, müssen also 80 Prozent der Lufthansa-Aktien aus eigener Tasche bezahlen. Zugleich erhalten sie eine Option, die nur dann zu einer zusätzlichen Vergütung führt, wenn sich die Lufthansa-Aktie besser entwickelt als die Aktien wichtiger Wettbewerber. Dieses Modell hätte mehr Nachahmer verdient.

Deckelung

Aktienoptionen bieten theoretisch ein unbegrenztes Aufwärtspotenzial. Wenn für die Aktienkursentwicklung gilt: »the sky is the limit«, können auch die Optionen nahezu unbegrenzt an Wert gewinnen. Da die Manager aber kein unternehmerisches Risiko tragen, gilt es auch das maximale Potenzial zu begrenzen. Aus diesem Grund sollten Aktienoptionsprogramme grundsätzlich eine Wertobergrenze aufweisen.

Die Untersuchung von Union Investment
In der Untersuchung der Aktienoptionspläne der DAX-Gesellschaften bildeten die drei Essentials (absolutes Renditeziel, relatives Renditeziel, Bilanzierung) das Grundgerüst. Ein ehrgeiziges absolutes sowie ein adäquates relatives Renditeziel gingen jeweils mit einem Gewicht von 30 Prozent in das Gesamturteil ein. Eine angemessene Berück-

sichtigung der Kosten in der Gewinn- und Verlustrechnung gewichtete Union Investment mit weiteren 20 Prozent. Inwieweit weitere Qualitätsmerkmale berücksichtigt wurden, ging gleichfalls mit 20 Prozent in die Studie ein.

Besser kein Aktienoptionsplan als ein schlechter

Sofern die drei Grundregeln eingehalten und weitere Qualitätsmerkmale beachtet werden, können Aktienoptionspläne den Interessengegensatz zwischen den Eigentümern und den Beschäftigten auflösen. Hierbei darf der Blick auf die gesamten Bezüge nicht verloren gehen. Bei einer hohen variablen Vergütung durch Aktienoptionen sind die fixen Gehaltsbestandteile konsequenterweise etwas niedriger anzusetzen. Wer zugleich unsere Einschätzung teilt, dass Aktienoptionspläne langfristig die Führungskräfte zu größerer Leistung anspornen, und damit der gesamte an die Eigentümer und die Beschäftigten verteilbare Kuchen größer wird, kann auch akzeptieren, dass die Führungskräfte durchschnittlich etwas höhere Gesamtbezüge erhalten. Gleichwohl muss missbräuchlicher Selbstbedienung durch kurzfristige Ergebnis-Kosmetik oder wenig ehrgeizige langfristige Zielvorgaben ein Riegel vorgeschoben werden. Damit gilt: Besser kein Aktienoptionsplan als ein schlechter.

Aktuelle Veränderungen: Zahlreiche Optionsprogramme weiter verschlechtert

Bereits im Sommer 2002 hatte Union Investment erstmals in einer Studie die Aktienoptionspläne der DAX-Gesellschaften untersucht. Das Ergebnis enttäuschte auf ganzer Linie. Zahlreiche Optionspläne wiesen weder ein adäquates absolutes noch ein angemessenes relatives Renditeziel auf. Die Programme hatten damit weitgehenden Selbstbedienungscharakter.

Aktienoptionspläne

Zwölf Monate später im Juni 2003 nahm die Fondsgesellschaft die Anreizsysteme nochmals unter die Lupe und analysierte, inwieweit die Programme zum Vorteil oder Nachteil der Aktionäre verändert wurden (s. Abb. 1). Das Ergebnis war abermals enttäuschend. Die Aktienoptionsprogramme von E.On, Henkel, Infineon und RWE erwiesen sich als noch weniger ehrgeizig als im Jahr zuvor. So verlängerte Henkel die Laufzeiten der Optionen von drei auf fünf Jahre, ohne das Renditeziel zu erhöhen. Damit reduziert sich die Ausübungshürde für die notwendige absolute Kurssteigerung von jährlich 3,2 Prozent auf lediglich 1,9 Prozent. Als enttäuschend erwiesen sich auch die Änderungen bei Infineon. Bereits im Vorjahr war die Hürde für Infineon mit 20 Prozent in sieben Jahren sehr niedrig und entsprach lediglich einer Rendite von 2,6 Prozent jährlich. Mit dem aktuellen Optionsprogramm sank die Hürde auf fünf Prozent in sieben Jahren, was ein Renditeziel von lediglich 0,7 Prozent jährlich bedeutet. Das Modell von E.On zeigt gleichfalls ein deutlich geringeres Renditeziel.

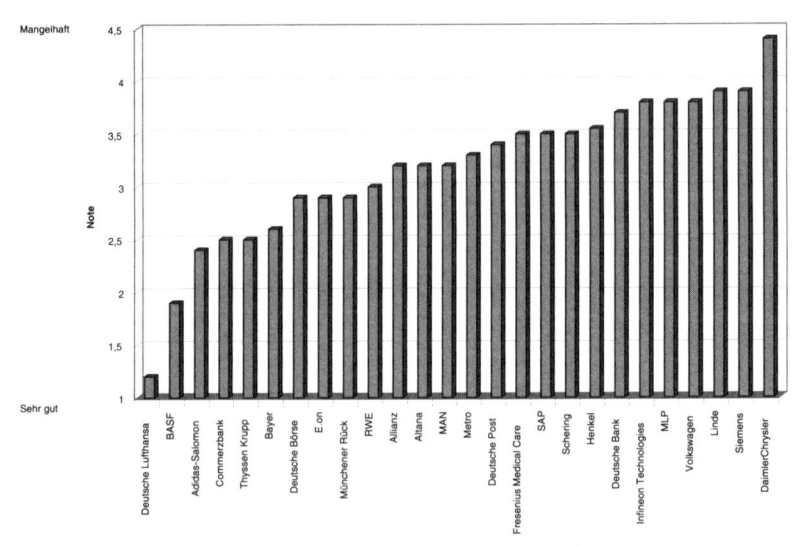

Abb. 1: *Rating der Aktienoptionspläne der DAX-Unternehmen im Jahre 2003 (Union Investment)*

So senkte der Energieversorger die Hürde für die notwendige absolute Kurssteigerung von 20 Prozent innerhalb von sieben Jahren auf zehn Prozent, was einer jährlichen Wertentwicklung von lediglich 1,5 Prozent entspricht.

Verbesserungen bei Deutscher Bank und Deutscher Post

Die Optionsprogramme der Deutschen Bank und der Deutschen Post weisen gegenüber der Untersuchung des vergangenen Jahres immerhin Verbesserungen auf. Die Deutsche Bank vereinfachte ihr bislang sehr kompliziertes Programm. Für die Bank spricht, dass der Vorstandsvorsitzende Josef Ackermann dem Repricing abschwor. Allerdings weist das Programm nach wie vor erhebliche Mängel auf. So scheut die Bank weiterhin den Vergleich mit einem repräsentativen Index. Die Begünstigten profitieren damit auch dann von den Aktienoptionen, wenn die Deutsche Bank-Aktie hinter der Entwicklung der Branche zurückbleibt. Und das obwohl der Vorstand der Deutschen Bank tagtäglich den Vergleich mit internationalen Wettbewerbern im Munde führt.

Das Optionsprogramm der Deutschen Post bewertet Union Investment positiver als noch im Vorjahr. Vorteilhaft wirkte sich hier aus, dass die Deutsche Post die Kosten des Programms als Personalaufwand berücksichtigt. Allerdings bemängelt Union Investment weiterhin die niedrigen Hürden für die notwendige absolute Rendite.

Deutsche Telekom und Degussa verzichten auf ihr Programm

Positiv ist dagegen, dass die Deutsche Telekom und der ehemalige DAX-Wert Degussa ihre Aktienoptionsprogramme abschaffen. So verkündete der Vorstandsvorsitzende der Telekom, Kai Uwe Ricke, im Januar 2003 den Verzicht auf das zuvor auch von Union Investment heftig kritisierte Optionsprogramm. Angesichts eines Aktien-

Aktienoptionspläne

kurses von zehn Euro war die Hürde einer lediglich 20-prozentigen Kurssteigerung in zehn Jahren auf zwölf Euro als Erfolgsmaßstab nicht mehr vermittelbar. Mit der fehlenden Benchmark und einem unzureichenden Bilanzausweis war das Aktienoptionsprogramm der Telekom ungenügend und das exakte Gegenteil eines anspruchsvollen Anreizsystems.

Degussa verzichtete auf das Optionsprogramm, da nur noch sieben Prozent der Aktien am Markt gehandelt werden und der Kurs der marktengen Aktie wenig aussagekräftig ist. Auch diese Maßnahme ist für die Aktionäre begrüßenswert.

Damit handeln beide Gesellschaft entsprechend der Quintessenz von Union Investment: »Besser kein Optionsplan als ein schlechter.«

Zusammenfassung
Als Ende der 90er Jahre die ersten Aktienoptionspläne starteten, galten sie als Wundermittel zur Steigerung des Shareholder-Value. Inzwischen hat der Wind gedreht. Zahlreiche Programme erweisen sich als viel zu teuer und wenig zielführend. Damit Aktienoptionspläne die Interessen der Manager mit denen der Eigentümer wirkungsvoll synchronisieren, müssen mehrere Bedingungen unbedingt erfüllt werden. Insbesondere gilt es, Missbrauchsmöglichkeiten einen Riegel vorzuschieben. In der Untersuchung der Aktienoptionspläne der DAX-Gesellschaften bilden die drei Essentials (absolutes Renditeziel, relatives Renditeziel, Bilanzierung) das Grundgerüst. Sofern die drei Grundregeln eingehalten und weitere Qualitätsmerkmale beachtet werden, können Aktienoptionspläne den Interessengegensatz zwischen den Eigentümern und den Beschäftigten auflösen.

Neue Entgeltsysteme in der Dienstleistungspraxis

Leistungsbeurteilung im Öffentlichen Dienst
von Udo Steinort

**Innovative Vergütungssysteme
in der öffentlichen Verwaltung**
von Bernd Adamaschek

Monetäre Leistungsanreize im öffentlichen Sektor
von Peter Krauss-Hoffmann

Analytische Arbeitsbewertung statt Personenbewertung
von Eckhard Eyer

Personalentwicklung und Führung in sozialen Einrichtungen
von Gaby Frömbgen, Josef Grandjean, Christof Schenkel-Häger, Therese Schneider

Mitarbeiterführung und Leistungsvergütung im Pflegeheim
von Ann-Kristin Eschenberg, Eckhard Eyer

Leistungsvergütung in einem Caritas-Altenheim
von Eckhard Eyer

**Das neue Bewertungs- und Entgeltsystem
der Deutschen Telekom**
von Dietmar Frings

Variable Vergütung von Tarifmitarbeitern im Bankensektor
von Nicole Böhmer

Leistungsbeurteilung im Öffentlichen Dienst

Leistungsbeurteilungen von Beamten werden mit merkmalsorientierten Verfahren durchgeführt. Die Ergebnisse sind unbrauchbar – haben aber Folgen; und beschäftigen gerne die Gerichte. Die Umsetzung von »Leistungsorientierung« im öffentlichen Dienst verläuft bisher schleppend und uneinheitlich. Im Tarifbereich geht man nun neue Wege.

In diesem Beitrag erfahren Sie:
- warum die Einführung monetärer Leistungsanreize die Beurteilungspraxis gleich mit ändern sollte,
- welche gewerkschaftlichen Lösungsansätze entwickelt wurden,
- wie eine zugleich ergebnisorientierte und kooperative Beurteilung tarifvertraglich und betrieblich umgesetzt werden kann.

UDO STEINORT

Kontroverse um Leistungsbeurteilung

Mitarbeitermotivation und Anreizsystemen wird zu Recht ein hoher Stellenwert für die Modernisierung des öffentlichen Sektors beigemessen. Abseits des Theorienstreits über die tatsächlichen Wirkungen materieller und nicht-materieller Anreize werden in der Praxis regelmäßig mehrere Ansätze verfolgt. Zu diesen gehören neben arbeitsorganisatorischen Maßnahmen, von der Enthierarchisierung über die ganzheitliche Aufgabenbearbeitung bis hin zu mehr Arbeitszeitsouveränität, vor allem auch erweiterte Qualifizierungsangebote und die zusätzliche Honorierung von Leistungen mittels Zulagen und Prämien (s. Kasten, S. 2).

Mit der Einführung leistungsabhängiger Elemente in die bestehenden Vergütungssysteme gewinnt eine altbekannte Kontroverse weiter an Brisanz. In ihrem Mittelpunkt steht die Frage: *Sind die in Unter-*

> **Andere wichtige Aspekte der Reformdiskussion**
> Der Beitrag konzentriert sich auf die Bewertungsproblematik im Hinblick auf leistungsabhängige Entgeltelemente. Andere wichtige Aspekte der Reformdiskussion zu Beurteilungen, wie zum Beispiel geeignete Verfahren der Potenzialanalyse, Vorgesetztenfeedback oder gleichstellungspolitische Anforderungen, bleiben daher unberücksichtigt. Für einen umfassenden Überblick zu Konzepten und Praxiserfahrungen sei an dieser Stelle auf die Literaturangaben verwiesen [6].

nehmen und Verwaltungen eingesetzten Beurteilungsverfahren eine sachgerechte Grundlage zur Leistungsbewertung und -differenzierung? Die Antworten, die bislang innerhalb des öffentlichen Dienstes gegeben wurden, fallen sehr unterschiedlich aus. Die im Folgenden dargestellten Beispiele stehen für zwei divergierende Lösungswege:

⇨ Die aktuellen besoldungsrechtlichen Regelungen basieren auf der klassischen Variante. Als Grundlage der Zulagen- und Prämienvergabe dienen hier herkömmliche Beurteilungen und damit weitgehend unbestimmte Kriterien und Leistungsstandards.

⇨ Demgegenüber werden im Tarifbereich neue Wege beschritten. Der zwischen den Allgemeinen Ortskrankenkassen und der Gewerkschaft ÖTV vereinbarte Zulagentarifvertrag kombiniert ergebnisorientierte mit kooperativen Ansätzen. Zielvereinbarungen und Mitarbeitergespräche gewährleisten über eine methodisch vertretbare Leistungsdifferenzierung hinaus die Chance, eine neue, auf erweiterte Verantwortungsspielräume und Interessenausgleich aufbauende Betriebskultur zu entwickeln.

Die klassische Variante

Beurteilungswesen – ein erster Blick

Obwohl die Personalbeurteilung im öffentlichen Dienst seit langem fest etabliert ist, handelt es sich keineswegs um ein für alle Beschäftigten verbindliches Reglement. *Wenn Verwaltungen Personal beurteilen, werden in der überwiegenden Zahl der Fälle ausschließlich die Leistungen, Eignungen und Befähigungen von Beamten beurteilt.* Die Trennlinie verläuft traditionell zwischen den verschiedenen Statusgruppen. Eine Beurteilung von Angestellten, die beispielsweise in Kommunen den größeren Teil des Personals ausmachen, bleibt – auch bei identischen Tätigkeiten – weitgehend die Ausnahme. Diese Besonderheit lässt sich zurückführen auf die im öffentlichen Dienst unterschiedlich ausgestalteten Beschäftigungsverhältnisse. Während Beurteilungen im Beamtenbereich überragende Bedeutung besitzen als Entscheidungsgrundlage über den Zugang zu öffentlichen Ämtern, erfolgen Eingruppierung und Vergütung der Angestellten über tarifvertraglich vereinbarte Tätigkeitsmerkmale.

Daher lässt sich die Qualität eines Beurteilungsverfahrens nur zum Teil anhand methodischer Gütekriterien, betriebswirtschaftlicher Kosten- und Nutzenerwägungen oder innerhalb eines zeitgemäßen Führungskonzeptes darstellen. *Einen gleichwertigen Maßstab für Praktiker bilden nach wie vor rechtliche Aspekte,* vorrangig die Frage nach der formalen Justitiabilität von Beurteilungen vor dem Hintergrund des grundgesetzlich verankerten Prinzips der Bestenauslese (Art. 33 Abs. 2 GG). Die Anforderung »*Gerichtsverwertbarkeit*« stellt sich insbesondere in Konkurrentenstreitverfahren. Wenn unterlegene Bewerber von der Möglichkeit Gebrauch machen, Beförderungsentscheidungen gerichtlich überprüfen zu lassen, stehen Beurteilungskonzepte mit auf dem Prüfstand. – Ein Umstand, der bereits in mehreren Kommunen dazu führte, betriebliche Weiterentwicklungen von Auswahlverfahren aufzugeben und zu streng formalisierten Beurteilungen zurückzukehren.

Gleichbedeutend mit der Ausrichtung von Beurteilungen auf Auswahlentscheidungen und den rechtlichen Rahmenbedingungen sind nicht zuletzt auch organisationskulturelle Aspekte. *Die Beurteilung erweist sich als typisches Instrument einer auf strengen formalen Prinzipien fußenden, von Recht und Gehorsam geprägten hierarchischen Verwaltung [9]* Der im öffentlichen Dienst fest verankerte Begriff »Beurteilungs-

> **Competencies: Vom der Merkmals- zur Verhaltensorientierung**
>
> Merkmals- oder eigenschaftsorientierte Modelle unterstellen, dass Menschen situationsübergreifend beispielsweise »teamfähig« sind. Diese »Charakterfestigkeit« ist aber offenbar eine Fiktion, auch wenn sie sich als Alltagspsychologie breitester Beliebtheit erfreut (beispielsweise im Glauben an das Horoskop). Faktisch hängt das konkrete Verhalten von Menschen stark von der Situation ab. Und diese sind recht unterschiedlich: wer in dem einen Team zur Höchstform aufläuft, bekommt in einem anderen »die Krise«. Auch die Anforderungen an »Verhandlungsgeschick« unterscheiden sich deutlich, ob man nun mit einem Parksünder um das »Knöllchen« verhandelt oder mit einem Investor um die Industrieansiedlung.
>
> Die Beurteilung konkreten Verhaltens ist demgegenüber offenbar wesentlich aussagekräftiger. Was muss jemand in bestimmten Situationen tun, damit die Kollegen, die Kunden sagen, das war »gut«? Und welche Bedingungen, welche Unterstützung braucht er dafür von der gesamten Organisation? Man kann somit erfolgskritische Situationen beschreiben und das erwartete Verhalten, das nötig ist, um erfolgreich diese Situationen zu meistern. Ebenso den notwendigen organisatorischen Rahmen. Dann entsteht eine Liste von Competencies, nämlich von gezeigten Fähigkeiten, Wissen und Verhaltensweisen, die für die Aufgabenerfüllung in einer Funktion wichtig sind.
>
> Auf der Basis von Competencies lässt sich das gesamte Personalmanagement ergebnisorientiert konzipieren.
>
> Thomas Webers

wesen« ist hier besonders aufschlussreich. Nicht der Werkzeugcharakter von Verfahren oder die vertretbare Mittel-Zweck-Relation stehen im Vordergrund, sondern weit mehr als in Wirtschaftsunternehmen die Institution als solche, das Regelwerk und seine detaillierte Umsetzung in Dienststellen und Betrieben.

Problemfelder

Leistung entsteht erst durch ein Urteil [1]. In Wirtschaft und Verwaltung hat sich mit *merkmalsorientierten Einstufungsverfahren* (s. Kasten, S. 4) ein Verfahrenstyp nahezu flächendeckend durchgesetzt. Die Leistungsbeurteilung erfolgt danach anhand eines Sets verbindlich vorgegebener Kriterien und einer Bewertungsskala mit in der Regel fünf bis sieben Ausprägungsstufen.

Was leistet die Beurteilung? Die in den letzten Jahren formulierte Kritik (s. Tabelle 1) beschränkt sich nicht nur auf technische Aspekte, sondern schließt die Wechselwirkungen von Prämissen, Funktionen, Verfahrenskonstruktion und Durchführungsbedingungen mit ein. Im Mittelpunkt stehen drei miteinander verbundene Problemfelder:
⇨ die Verfahrensanlage und ihre betriebliche Ausgestaltung,
⇨ die Konsequenzen für Beurteilende und Beurteilte sowie
⇨ veränderte Anforderungen an die Beurteilung im Kontext der Verwaltungsmodernisierung.

Tabelle 1: Kritik an der merkmalsorientierten Leistungsbeurteilung

Rationalitätsdefizite des Verfahrens
⇨ Zielüberfrachtung
⇨ Kriterienunschärfe
⇨ Bezugs- und Maßstabunsicherheit
⇨ Abstrakter Leistungsbegriff

Akzeptanzdefizite bei der Durchführung
⇨ Rollenkonflikte
⇨ Beurteilungsfehler: »Schwarzer Peter« für Vorgesetze
⇨ Intransparentes Urteil

Anforderungen der Verwaltungsmodernisierung
⇨ Komplexe Funktionszusammenhänge
⇨ Zielvereinbarung und kooperative Führung
⇨ Mehrdimensionale Beurteilung

Rationalitätsdefizite des Verfahrens
Verwaltungen tendieren dazu, die Verfahren mit dem gesamten potentiellen Zielspektrum, wie zum Beispiel Leistungskontrolle, Potenzialanalyse, Personalführung, Personalauswahl und Förderung, zu überfrachten. Grundsätzlich sollen mehrere, teilweise inkompatible Ziele (Schwachstellenanalyse im Rahmen des Führungsprozesses oder Datenbasis für Beförderungen) gleichzeitig verfolgt werden. Angesichts der vorrangigen Ausrichtung auf interindividuelle Vergleiche geraten jedoch die anderen Beurteilungsziele aus dem Blickfeld. Mit anderen

Tabelle 2: Beurteilungskriterien: Leistungen und Befähigungen – Richtlinien des Landes Sachsen-Anhalt, 1992
Persönlichkeitsmerkmale
Auffassungsgabe
Urteilsfähigkeit
Verhandlungsgeschick
Organisatorische Fähigkeiten
Belastbarkeit
Zuverlässigkeit
Führung von Mitarbeitern*
Arbeitsweise
Selbständigkeit, Initiative
Einsatzbereitschaft
Entscheidungsfindung*
Arbeitsgüte
Gründlichkeit
Qualität
Rechtmäßigkeit der Entscheidungen
Terminwahrung
Kenntnisse
Fachwissen
Spezialkenntnisse*
Ausdrucksfähigkeit
mündlich
schriftlich
Soziales Verhalten
Zusammenarbeit mit Gleichgestellten
Zusammenarbeit mit Vorgesetzten
Verhalten gegenüber Publikum*
* Angaben soweit erforderlich

Worten: *Auf den Einsatz der Beurteilung als Führungsinstrument wird verzichtet.*

Mit dienstlichen Beurteilungen wird neben der Beurteilung vergangener Leistungen auch eine Bewertung zukünftiger Entwicklungspotentiale vorgenommen. Auf eine klare Unterscheidung der Dimensionen wird indes verzichtet. Kriterien der Leistungsbeurteilung sind daher in der Regel persönlichkeitsbezogene Eigenschaftskonstrukte mit keinem oder nur sehr eingeschränktem Aufgabenbezug. *Dies führt zu exakten Urteilen über unklare und interpretierbare Anforderungen* (s. Tabelle 2)!

Das Ziel einer möglichst objektiven und damit gerechten Fundierung von Personalentscheidungen wirft Bezugs- und Maßstabsprobleme auf, die in keinem Verfahren hinreichend gelöst werden können. Trotz aller Generalisierung bleiben die individuellen Sichtweisen der Beurteilenden und insbesondere ihre Wertmaßstäbe die bestimmenden Faktoren. Fazit: Die Vergleichbarkeit von Beurteilungen ist nicht gegeben, sie wird nur als *Prämisse des Systems* vorausgesetzt. Jeder hat implizit seine eigene »Lesebrille« auf der Nase, weil er sich etwas anderes unter zum Beispiel »Verhandlungsgeschick« vorstellt. Scheinbar objektive Beurteilungsinstrumente kaschieren nur, dass man in der Praxis häufig »Äpfel mit Birnen« vergleicht [11].

Die individuelle Zuschreibung von Leistung steht im Mittelpunkt. Jedoch durchlaufen die Kriterien einen Abstraktionsprozess, in dem sie sich von den tatsächlichen Aufgaben, aber auch von den durchaus situationsabhängigen, unterschiedlichen Bedingungen der Leistungserstellung, wie zum Beispiel Arbeitsorganisation, Informationsfluss, technische Voraussetzungen und Führungsverhalten, entfernen. Eine Analyse dieses situationsabhängigen Kontextes unterbleibt. Somit bleibt letztendlich unklar, was die Beteiligten unter »erfolgreichem Verhalten« in der Praxis verstehen.

Akzeptanzdefizite bei der Durchführung
Die diffuse Zielsetzung der Beurteilung führt unausweichlich zu Rollenkonflikten der Beurteilenden, denn es sollen gegensätzliche und damit konflikträchtige Ziele mit ein und demselben Verfahren verfolgt werden.
⇨ *Mitarbeiter* erwarten eine auf ihre Arbeit bezogene individuelle, situationsbezogene Rückmeldung,
⇨ *Organisationen* benötigen möglichst generalisierbare Fakten zur Vorbereitung von Auswahlentscheidungen.

Eine weitere Belastung der Zusammenarbeit ist zu erwarten, wenn die Bewertungen in der sogenannten Zweitbeurteilung anhand festgelegter *Verteilungsvorgaben* nachträglich korrigiert werden.

Vorgesetzte stehen vor dem Problem, innerhalb eines streng formalisierten Beurteilungssystems die Rolle der »nie versiegenden Fehlerquelle« zugewiesen zu bekommen (s. Kasten). Die alltäglichen Abweichungen vom Konzept »Einheitlicher Beurteilungsmaßstab« werden als Beurteilungs-»Fehler« interpretiert und den Beurteilenden angelastet. Dass Vorgesetzte nicht automatisch auch kompetente Beurteiler sind und oftmals auch strategische Überlegungen die Beurteilung dominieren, wer wollte es bestreiten. Problematisch ist vielmehr, dass der Entstehungszusammenhang von Leistung, Wahrnehmung

> **Beurteilungsgrundsätze – Richtlinien des Landes Hessen, 1996**
>
> **1. Grundsätze**
>
> 1.1 Dienstliche Beurteilungen dienen als Grundlage für personen- und sachgerechte Personalentscheidungen und als ein Mittel der Personalführung. Als solche haben sie erhebliche Bedeutung für die Leistungsfähigkeit der Verwaltung und für die Verwirklichung des Leistungsgrundsatzes in der Verwaltung. Die Beurteilungen sollen ein zutreffendes Bild der Eignung, Befähigung und Leistung der Beurteilten geben. Sie erfüllen ihren Zweck nur, wenn sie frei von sachfremden Erwägungen, objektiv und unvoreingenommen erfolgen.
>
> 1.2 Die wahrheitsgetreue, gleichmäßige, differenzierte und gerechte Beurteilung ist Voraussetzung für die Vergleichbarkeit der Beurteilten untereinander. Sie erfordert von den Beurteilten ein hohes Maß an Verantwortungsbewußtsein, Einfühlungsvermögen und Gewissenhaftigkeit. Unrichtige, insbesondere zu gute Beurteilungen benachteiligen mittelbar die ordnungsgemäß Beurteilten. Die Tatsache, daß die Beurteilung dem Beurteilten zu eröffnen ist, darf nicht dazu führen, einen milden Maßstab anzulegen.
>
> (...)
>
> 1.5 Der Förderung einheitlicher Bewertungsmaßstäbe dienen außer den unter Nr. 5 geregelten Verfahren *[insbesondere wird empfohlen, eine zu große Beurteilungsnähe zu vermeiden, die Erstbeurteilung sollte in der Regel nicht durch unmittelbare Vorgesetzte erfolgen; desweiteren Zweitbeurteilung zur Anwendung gleicher Beurteilungsmaßstäbe, im Vorfeld durchzuführende Beurteilerkonferenzen zur Koordination der Beurteilungsmaßstäbe; US]* auch Fortbildungsveranstaltungen für Beurteilende.
>
> (...)

und Beurteilung konsequent ausgeklammert wird, dass nicht darüber gesprochen wird, dass hier einem weltfremden Ideal gehuldigt wird. Die Regel wird so zur Ausnahme gemacht [10]. Die Führungskraft ist in diesem scheinbar »wertneutralen Spiel« der Störfaktor.

Die aktive Teilnahme der Beurteilten beginnt traditionell erst dann, wenn eine Beurteilung abgeschlossen vorliegt – bei deren Eröffnung, die von Beschäftigten auf Grund fehlender Einflussmöglichkeiten als *Entgegennahme eines Urteils* verstanden wird. In letzter Zeit ist jedoch der Trend zu beobachten, zumindest zu Beginn und in der Mitte der mehrjährigen Beurteilungsperioden Mitarbeitergespräche durchzuführen. Diese Regelungen erhöhen die *Transparenz* von Leistungsanforderungen und -standards und bieten Beurteilten die Chance, ihre Sichtweise im Vorfeld der Bewertung einzubringen.

Anforderungen der Verwaltungsmodernisierung
Neue Steuerungs- und Führungskonzepte stellen veränderte Anforderungen. Begriffe wie »Output-Orientierung«, »dezentrale Verantwortungseinheiten« und »Produkt« bezeichnen *komplexere Funktionszusammenhänge, in denen die an Persönlichkeitsmerkmalen ausgerichtete formalisierte Leistungsbeurteilung überflüssig geworden ist.* Erforderlich sind flexibel einsetzbare, entwicklungsorientierte und auf die zunehmenden Kooperationserfordernisse ausgerichtete Führungsinstrumente.

Mit der seit Mitte der 90er Jahre forcierten Einführung von Mitarbeitergesprächen mit dem Baustein Zielvereinbarung wird sowohl der modernen Steuerungslogik als auch der sehr viel älteren Forderung nach *kooperativer Führung* entsprochen. Dieses *Nebeneinander von traditionellen und ergebnisorientierten Konzepten* – obwohl sicherlich eine wichtige Etappe auf dem Weg zu einer Reform des Beurteilungswesens – kann sich in der Praxis als problematisch erweisen. Da es bei der Leistungsdifferenzierung, also Bewertung und daraus abgeleiteten Entscheidungen, weiterhin einzig und allein auf die Beurteilung ankommt, *erhält das jährliche Mitarbeitergespräch von Vorgesetzten und Mitarbeitern mitunter den Stellenwert einer vergleichsweise folgenlosen Veranstaltung zugewiesen* [8].

Verwaltungen werden künftig über ein sehr viel dichteres Netz aus Beurteilungsverfahren, Mess- und Bewertungsmethoden verfügen. Charakteristisch für diese Entwicklung sind nicht nur kürzere Intervalle, sondern vor allem die Erweiterung der Top-Down-Perspektive zu einer *mehrdimensionalen Betrachtungsweise durch Gleichgestellten- und Vorgesetztenbeurteilungen sowie Kundenbefragungen.*

Dienstrechtsreformgesetz
Das *Leitmotiv des Dienstrechtsreformgesetzes* aus dem Jahr 1997 ist die Stärkung der *Leistungsorientierung* im öffentlichen Dienst. Insbesondere leistungsbezogenen Dienstaltersstufen, Zulagen und Prämien, den sogenannten materiellen Anreizen, wird eine vorrangige Bedeutung beigemessen. Die Änderungen der §§ 27 und 42a des Bundes-

Tabelle 3: Leistungsanreize für Beamtinnen und Beamte nach Dienstrechtsreformgesetz 1997			
Formen	Leistungszulage	Leistungsprämie	Leistungsstufen
Ausgestaltung	maximal 7% des Anfangsgrundgehaltes, Quotierung auf 10% der Beschäftigten in Besoldungsgruppe A, für einen befristeten Zeitraum, widerrufbar bei Leistungsabfall, Ermächtigung zum Erlass von Rechtsverordnungen durch Bund und Länder, Gewährung im Rahmen besonderer haushaltsrechtlicher Regelungen	maximal ein Anfangsgrundgehaltes, Quotierung auf 10% der Beschäftigten in Besoldungsgruppe A, enger zeitlicher Zusammenhang zur erbrachten Leistung, Gewährung im Rahmen besonderer haushaltsrechtlicher Regelungen	Reduzierung der Dienstaltersstufen an maximal 10, schnellerer Aufstieg frühstens nach der Hälfte der Zeit, Hemmung und Streckung bei unterdurchschnittlicher Leistung, Abweichungen in kleinerern Dienststellen möglich, keine aufschiebende Wirkung von Widerspruch und Anfechtungsklage, Ermächtigung zum Erlass von Rechtsverordnungen durch Bund und Länder
Anforderungen	herausragende besondere Leistung	herausragende besondere Leistung	herausragende besondere Leistung
Verfahren	aktuelle Leistungsfeststellung	aktuelle Leistungsfeststellung	aktuelle Leistungsfeststellung

besoldungsgesetzes sehen unter anderem die Verringerung der Dienstaltersstufen vor, das leistungsabhängige Vorrücken beziehungsweise den Verbleib in den Stufen, die personenbezogene Quotierung von Zulagen und Prämien auf zehn Prozent der Beschäftigten sowie die kostenneutrale Handhabung der einzelnen Elemente (einen Überblick über die Regelungen gibt Tabelle 3).

Die Einführung dieser Reforminstrumente in Bund und Ländern verläuft bisher schleppend und uneinheitlich. Bis Ende 1999 nutzen mit Bayern und Rheinland-Pfalz lediglich zwei Bundesländer die Möglichkeiten in vollem Umfang aus. Im Regelfall wurde die Leistungsvergütung
⇨ aus finanziellen Gründen ausgesetzt,
⇨ der Erlass entsprechender Verordnungen verschoben oder
⇨ im Rahmen der Haushaltskonsolidierung noch nicht geplant.

Gefordert sind herausragende besondere Leistungen. Bestimmungen darüber, in welchen Verfahren diese festgestellt werden sollen, sucht man im Gesetzestext vergebens. Auf den ersten Blick eröffnen sich damit beachtliche Freiräume, zumindest im Hinblick auf leistungsabhängige Vergütungselemente Alternativen zur dienstlichen Beurteilung zu erproben. Auf die im Ergebnis eher widersprüchlichen Vorstellungen weist Siegfried Mauch hin [8]: In der amtlichen Begründung zum Gesetzestext wird zum einen dazu aufgefordert, mit unterschiedlichen Verfahren zu operieren. Gleichzeitig soll die Stärkung des Leistungsprinzips über eine stärkere Differenzierung in der Beurteilungspraxis erfolgen. *Experimente ja, so müsste man kommentieren, aber nicht bei der dienstlichen Beurteilung.* Folgende Umsetzungsstrategien sind zu beobachten:
⇨ Die Vergabe von Leistungsstufen, Zulagen und Prämien wird ausschließlich an das bestehende Beurteilungswesen gekoppelt.
⇨ Der aktuelle Richtlinienentwurf eines Stadtstaates sieht im Grundsatz eine ergebnisorientierte Bewertung vor. Auf die notwendigen Verfahrensschritte zur Definition und Kommunikation der Anforderungen, also auf die Einführung von Mitarbeitergesprächen, wird jedoch verzichtet.
⇨ Es wird auf jegliche Regelung verzichtet.

Diese knappe Skizze verdeutlicht, dass die unter Stichworten wie Leistungsorientierung und Leistungsgerechtigkeit entwickelten Anreizformen bislang nicht dazu genutzt wurden, die instrumentellen

Defizite der Beurteilungspraxis im öffentlichen Dienst zu diskutieren oder gar zu beheben:
⇨ Das beabsichtigte Ziel, die individuelle Leistungsbereitschaft der Beschäftigen zu sichern und zu steigern, bleibt damit untrennbar verbunden mit den zuvor beschriebenen systemimmanenten Mängeln der Beurteilung, wie zum Beispiel der Zielüberfrachtung, der Kriterienauswahl und des einheitlichen Bewertungsmaßstabes.
⇨ Die Folge ist eine methodisch fragwürdige und intransparente Honorierung von Leistungen. Es erscheint mehr als fraglich, ob Zulagen und Prämien überhaupt positive Effekte entfalten können, wenn deren Vergabe einer argumentativen Überprüfung entzogen bleibt.
⇨ Weiterhin werden Motivation, Führung und Beurteilung als voneinander getrennte Themen behandelt. Die notwendige Integration dieser Aspekte innerhalb eines Personalmanagementkonzeptes unterbleibt.
⇨ Eine systematische Verknüpfung der leistungsabhängigen Vergütung mit anderen Reformansätzen, wie beispielsweise Dezentralisierung oder Qualitätsmanagement, wird nicht angestrebt. Wie bereits Beispiele aus den Kommunen verdeutlichen, wird Leistungsvergütung isoliert und vorrangig unter dem Gesichtspunkt kurzfristig wirksamer Kosteneinsparungen praktiziert [12].

Gewerkschaftliche Ansätze

Reform des Beurteilungswesens

Die seit Anfang der 80er Jahre geführte innergewerkschaftliche Debatte zum Beurteilungswesen bewegte sich zwischen Extremen. Aus den negativen Erfahrungen in den Dienststellen wurden zwei gegensätzliche Strategien abgeleitet:
⇨ hier die strikte Ablehnung jeglicher Beurteilungsverfahren für alle Personengruppen,

⇨ dort die von pragmatischen Überlegungen geleitete Forderung, bestehende Verfahren mit dem Ziel einer verbesserten gerichtlichen Nachprüfbarkeit zu überarbeiten.

Beide Positionen haben sich als problematisch erwiesen. Während die prinzipielle Zurückweisung praktisch folgenlos geblieben ist, zwang die angestrebte Objektivierung der Beurteilung in erster Linie zu einer weiteren Formalisierung und führte damit zur Verstetigung einer unzureichenden betrieblichen Praxis.

Mit dem 1992 initiierten Projekt »Reform des Beurteilungswesens« wird ein neuer Weg zwischen radikaler Ablehnung und skeptischer Duldung aufgezeigt [4]. Die grundsätzlichen und umsetzungsspezifischen Probleme lassen sich nicht durch wenige Korrekturen, wie zum Beispiel die Aktualisierung des Kriterienkataloges, lösen. Vielmehr ist ein *Perspektivenwechsel* erforderlich. Ziel ist es, eine Beurteilungspraxis zu etablieren, die sich ihrer Möglichkeiten und Grenzen bewusst ist.

Beurteilungen bleiben in jedem Fall konfliktträchtig. Sie müssen es sein, da sie mit einer Vielzahl unterschiedlicher Interessen (der Personalabteilung, der Vorgesetzten, der Beurteilten, der Personalvertretungen ...) verbunden sind, unabhängig davon, in welchem Verfahren Beurteilung realisiert wird. *So besteht die eigentliche Herausforderung darin, das komplexe Spannungsfeld aus Organisations-, Gruppen- und Individualinteressen aufzudecken und geeignete Problemlösungen in einem kooperativen Prozess zu erarbeiten.* Insofern beschränkt sich die Reform des Beurteilungswesen nicht auf die technischen Aspekte von Verfahren, sondern entspricht einer *Rationalitätsreform der gesamten Organisation*. Weg von der Inszenierung der klassischen Leistungsbeurteilung, hin zu einer lebendigen Diskussion darum, was Leistung ist und wie sie erbracht werden soll.

Der gewerkschaftliche Ansatz bedient sich zweier konzeptioneller Vorarbeiten, der aufgabenorientierten [1] und der kooperativen [2] Beurteilung:

⇨ *Aufgabenorientierung* betont die methodischen Voraussetzungen, die bei einer Beurteilung von Leistung erfüllt sein müssen.
⇨ *Kooperation* legt den Schwerpunkt auf notwendige Durchführungsregeln.

Beide Aspekte bedingen einander. Die einzelnen Bausteine im Überblick:

⇨ *Differenzierung nach Beurteilungszielen:* Ein sachgerechtes Beurteilungswesen erfordert die klare Abstimmung von Beurteilungszielen und Instrumenten. Zu unterscheiden ist zwischen vergangenheitsbezogener Leistungsbeurteilung und der zukunftsbezogenen Einschätzung von Entwicklungspotenzialen. Zum anderen zwischen den verschiedenen Funktionen der Leistungsbeurteilung. Soll die Leistungsbeurteilung zur individuellen Qualifizierung eingesetzt werden, sind andere Verwendungen, wie zum Beispiel die Entgeltdifferenzierung, auszuschließen.

⇨ *Ergebnisorientierung:* Leistungsbeurteilung setzt einen überprüfbaren Bezugsrahmen (Wie soll Leistung inhaltlich definiert werden?) und transparente Bewertungsstandards (Wie soll zwischen Leistungen differenziert werden?) voraus. Aus den jeweiligen Aufgaben abgeleitete Zielvereinbarungen sind geeignet, beide Aspekte in einer methodisch vertretbaren Beurteilung zusammenzuführen. Aufgaben- und Zielorientierung ermöglichen es zudem, den sich verändernden Anforderungen sowie den situativen Bedingungen der Leistungserstellung zu entsprechen und die Beurteilung zu einem steuerungsrelevanten Führungsinstrument zu entwickeln.

⇨ *Kooperation:* Dieser Baustein setzt dem bisherigen Leitbild der Objektivität ein Verständnis von Beurteilungen entgegen, das auf Verständigung und demokratische Kontrolle setzt. Die Subjektivität der Beteiligten, ihre Interessen, Einstellungen und Sichtweisen sollen nicht länger als schädliche Abweichungen von einer sinnvollen Norm behandelt werden, sondern als unausweichliche – zumal produktive – Voraussetzungen der Leistungserstellung. Ein geeignetes Instrument zur durchgängigen Absicherung des kooperativen

Öffentlicher Dienst: Leistungsbeurteilung

Differenzierung nach den jeweiligen Zielsetzungen
- Trennung von Leistungsbeurteilung und Potenzialanalyse
- Entwicklung und Einsatz spezifischer Instrumente zur regelmäßigen Leistungsüberprüfung, zur individuellen Qualifizierung, zur Vergabe von Zulagen und Prämien, zur Personalauswahl ...
  ⇨ *Leistungsbeurteilung als Instrument kooperativer Führung*

Methoden
- Aufgaben- und Ergebnisbezug der Leistungsbeurteilung
- hinsichtlich der beurteilungsrelevanten Sachverhalte
- hinsichtlich der Bewertungsstandards
  ⇨ *Zielvereinbarungen als Grundlage der Leistungsbeurteilung*

Durchführung
- Subjektivität anerkennen
- Vereinbarunsspielräume
- durchgängige Absicherung des kooperativen Ansatzes durch betriebliche Kommissionen
  ⇨ *Zielvereinbarungen als Elemente einer »neuen Betriebskultur«*

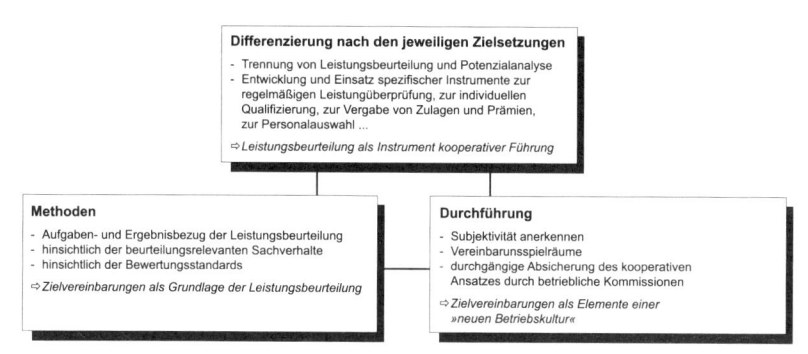

Abb. 1: *Anforderungsprofil der Leistungsbeurteilung*

Ansatzes im gesamten Verfahren sind paritätisch besetzte Kontrollkommissionen.

Zielvereinbarungen

Im Zentrum steht die Anbindung der Leistungsbeurteilung an das Konzept »ergebnisorientierte Führung«. Der gemeinsame Bezugspunkt ist die Zielvereinbarung. Gleichbedeutend zur Steuerungsebene ist die in der Vereinbarung von Leistungs- und Kooperationszielen angelegte Handlungsebene. Zielvereinbarungen bezeichnen hier die konkrete Verständigung zwischen Vorgesetzten und Mitarbeitern sowohl über die bisherige als auch über die zukünftige Zusammenarbeit. Neben die Ergebnisorientierung tritt die Kooperation als zentrales Merkmal der Arbeitsbeziehungen und Leistungsprozesse (s. Abb. 1). Auf dieser Verknüpfung basieren auch die Reformüberlegungen der Kommunalen Gemeinschaftsstelle für Verwaltungsvereinfachung (KGSt) zur Beurteilung [7].

Natürlich sind Zielvereinbarungen angesichts ihres breit gefächerten Verwendungsspektrums auch im öffentlichen Dienst längst keine Novität mehr [3]. Zahlreiche Kommunal- und Landesverwaltungen haben in den letzten Jahren Mitarbeitergespräche vorrangig unter den

Aspekten »Neue Steuerung«, Verbesserung der Kommunikation und Personalentwicklung verbindlich eingeführt. Jedoch wurde bislang zwischen einer kontinuierlichen Leistungssteuerung auf der Grundlage von Zielvereinbarungen und einer formalen Leistungsbeurteilung strikt unterschieden. Über die Ursachen dieses Widerspruchs soll an dieser Stelle nicht spekuliert werden. Festzuhalten bleibt, dass damit auf eine methodisch vertretbare und für Beschäftigte akzeptable Leistungsdifferenzierung verzichtet wird.

Tarifpolitische Position

Der außerordentliche Gewerkschaftstag der ÖTV 1994 hat an leistungsbezogene Vergütungselemente mehrere Bedingungen geknüpft [5]. Diese sollen nur als schmale Marge im Verhältnis zur Gesamtvergütung, auf der Grundlage von Tarifverträgen, von paritätisch besetzten Kommissionen, nach durchschaubaren Kriterien vergeben werden können. Insbesondere können Zulagen und Prämien nur Bestandteile eines reformorientierten Maßnahmenbündels sein, das auch die Hierarchie und die Arbeitsorganisation umfasst.

Diese Beschlusslage ist im Tarifsekretariat der Gewerkschaft ÖTV operationalisiert und weiter ausdifferenziert worden. Übertragen auf das Anforderungsprofil der Leistungsbeurteilung ergibt sich folgende Grundstruktur:
⇨ *Differenzierung nach Beurteilungszielen:* eindeutige Abgrenzung zur dienstlichen Beurteilung; Leistungsdifferenzierung nur im überobligatorischen Bereich, das heißt auf freiwilliger Basis;
⇨ *Methode:* Ausschluss des herkömmlichen Beurteilungswesens; in Zielvereinbarungen festgelegte quantifizierbare und überprüfbare Indikatoren zur Leistungs- beziehungsweise Erfolgsmessung;
⇨ *Durchführung:* Vertrag statt Anordnung; Anwendung abhängig von Dienstvereinbarungen; Kontrolle durch paritätische Gremien, wie zum Beispiel Kriterienkommissionen und betriebliche Kom-

missionen zur Entscheidung in Konfliktfällen; Einbau solidarischer Elemente.

Praxisbeispiel: AOK-Zulagentarifvertrag

Elemente
Der Tarifvertrag zur Zahlung leistungs- und erfolgsorientierter Zulagen an Beschäftigte der AOK und ihrer Verbände aus dem Jahr 1995 differenziert zwischen drei Zulagenformen (s. Tabelle 4):
⇨ Erfolgszulage,
⇨ Betriebsprämie und
⇨ Projektzulage.

Die daraus entstehenden zusätzlichen Aufwendungen dürfen maximal fünf Prozent der Gehaltssumme der jeweiligen AOK nicht überschreiten. Der Anteil von Erfolgs- und Projektzulagen darf maximal 30 Prozent der Vergütung betragen. Ein Betrag in Höhe von 15 Prozent der jährlichen Erfolgszulagensummen wird jedoch in gleichen Teilen an alle Beschäftige ausgezahlt.

Die Anwendung des Tarifvertrages und damit die praktische Ausgestaltung von Erfolgszulagen und Betriebsprämien sind in Dienstvereinbarungen zu regeln. Es wird ein Rechtsanspruch begründet, Zulagenzahlungen sind somit keine Kann-Leistungen. Wenn einem Beschäftigen eine Zielvereinbarung im Sinne des Tarifvertrages angeboten wird, muss diese allen Beschäftigen mit gleichartigen Tätigkeiten angeboten werden.

Ebenen
Der Tarifvertrag sieht die Bildung von zwei paritätisch besetzten Gremien vor:
⇨ Die *Kriterienkommission* hat die Aufgabe, die tarifvertraglichen Bestimmungen fortlaufend zu konkretisieren und praktische Umsetzungshilfen zu erarbeiten.

Öffentlicher Dienst: Leistungsbeurteilung

Tabelle 4: Tarifvertrag zur Zahlung leistungs- und erfolgsorientierter Zulagen an Beschäftigte der AOK und ihrer Verbände im Überblick

Formen	Erfolgszulage	Betriebsprämie	Projektzulage
Personenkreis	einzelne Presonen oder Gruppen	alle Beschäftigeten	Beschäftigte, denen ganz oder teilweise Aufgaben in einem Projekt übertragen wurden
Voraussetzungen	Zielvereinbarung nach den von der Kriterienkommission aufgestellten Grundsätzen; Zielspektrum: Akquisition, Haltearbeit, Wirtschaftlichkeit/Kostensteuerung/Funktionsfähigkeit	zu Beginn eines Geschäftsjahres durch den Arbeitgeber definierter Betriebserfolg; in einer Dienstvereinbarung wird festgestellt, ob eine Betriebsprämie ausgelobt wird	Kriterienkommission stellt Grundsätze für die Bemessung der Zulage auf
Höhe	abhängig vom Grad der Zielerreichung nach Punkte bewertung	zu gleichen Teilen an alle Beschäftigten	nach dem jeweiligen Anteil am Projekt
Zahlung	monatlich, jedoch frühestens drei Monate nach Beginn des Zielvereinbarungszeitraumes	einmalig	monatlich für die Dauer der Projektarbeit
solidarische Komponente	alle Beschäftigte erhalten 15% der Erfolgszulagensumme eines Jahres zu gleichen Teilen als Einmalzahlung		

⇨ *Betriebliche Kommissionen* beraten Beschäftige über Zielvereinbarungen und entscheiden in Konfliktfällen. Zu den Gremien im einzelnen (s. Abb. 2):

Die *Kriterienkommission* setzt sich aus je sechs Vertretern der Arbeitgeber und der Arbeitnehmer zusammen. Sie erarbeitet Grundsätze für die Vereinbarung von Zielen und deren Bemessung für Entgeltzahlungen (s. Kasten) sowie Umsetzungshilfen für die Zahlung von Zulagen. Außerdem macht sie Vorschläge für die Definition des betriebswirtschaftlichen Erfolges für die Zahlung von Betriebsprämien sowie erarbeitet Grundsätze für die Bemessung von Projektzulagen. Ihre Beschlüsse fasst sie mit Mehrheit, die jeweils die Mehrheit der Kommissionsmitglieder der einzelnen Parteien umfassen muss.

Die Beschlüsse der Kriterienkommission sind quasi tarifvertragliche Normen. Jene können den Tarifvertrag nicht ändern, durch sie können jedoch an die Tarifvertragsparteien Ergänzungen heran getragen werden (Nachträge zum Tarifvertrag). Die Beschlüsse gelten unmittelbar für die erforderlichen Dienstvereinbarungen. Sie gelten ebenso wie die Regelungen des Tarifvertrages automatisch, falls diese in abgeschlossen Dienstvereinbarungen nicht eingehalten werden.

Betriebliche Kommissionen werden für jede AOK gebildet und entsprechend der Wahlperiode der Personalvertretung. Sie setzen sich aus je drei Vertretern der Arbeitgeber und der Arbeitnehmer der jeweiligen AOK zusammen und beraten Beschäftigte hinsichtlich Zielver-

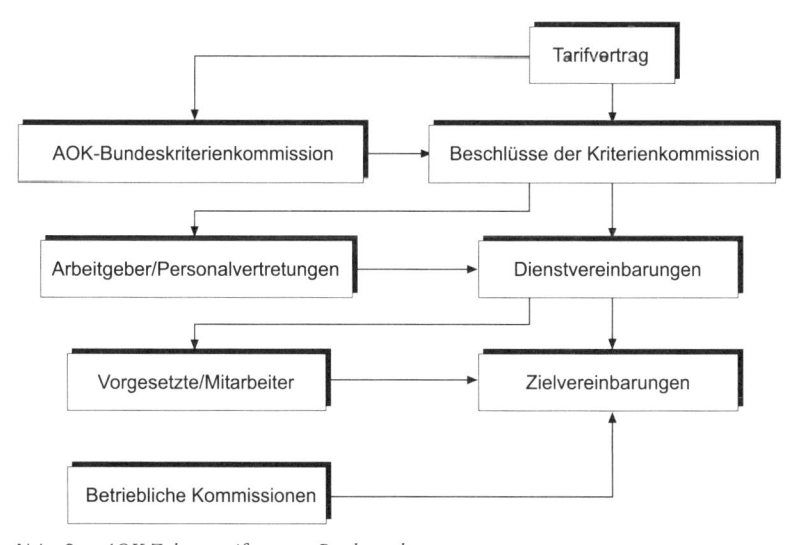

Abb. 2: *AOK Zulagentarifvertrag – Regelungsebenen*

einbarungen. Zudem entscheiden sie auf Antrag im Streitfall über die Vergabe von Erfolgs- und Projektzulagen. Sie fassen ihre Beschlüsse mit Mehrheit der abgegebenen Stimmen, wobei Stimmenthaltung als Ablehnung zählt, bei Stimmengleichheit gibt es keinen Einigungszwang.

> **AOK-Zulagentarifvertrag – Grundsätze zur Vereinbarung von Zielen**
> 1. Zielvereinbarungen bilden die notwendige Grundlage für die Zahlung von Leistungs- und Erfolgszulagen (im weiteren Erfolgszulagen) gemäß § 3 des Tarifvertrages zur Zahlung leistungs- und erfolgsorientierter Zulagen (ZulTV).
> 2. Zielvereinbarungen dienen der Motivation der Beschäftigten und beschreiben leistungs- und erfolgsbezogen individuelle und konkrete Beiträge von Beschäftigten/Beschäftigtengruppen zum Unternehmenserfolg.
> 3. Im Sinne des Zulagentarifvertrages sind Zielvereinbarungen zusätzliche und insoweit ergänzende Vereinbarungen zum Arbeitsvertrag. Die Rechtsbeziehungen des Arbeitsverhältnisses richten sich weiterhin nach dem BAT/AOK, BAT/AOK-O beziehungsweise MTO II. Das Nichterreichen der für die Zahlung von Erfolgszulagen maßgeblichen Ziele hat auf die Ansprüche und Verpflichtungen aus dem Arbeitsvertrag keinen Einfluss, da die Zulagenzielvereinbarung nur im Zusammenhang mit besonderen Leistungen und Erfolgen (§ 3 Abs. 1 ZulTV) vereinbart wird.
> 4. Beide Seiten, also Arbeitgeber wie Beschäftigte, müssen bei der Vereinbarung von Zielen einen Vereinbarungsspielraum haben.
> 5. Vereinbarte Ziele müssen insbesondere
>   ⇨ strategiebezogen sein, das heißt sie müssen einen direkten oder indirekten Beitrag zur Unternehmensstrategie beziehungsweise Zielsetzung leisten;
>   ⇨ die Unternehmensstrategie durch überobligatorische Aufgabenerfüllung unterstützen;
>   ⇨ anspruchsvoll sein, das heißt im Zusammenhang mit besonderen Leistungen und Erfolgen stehen;
>   ⇨ realistisch sein, das heißt dem persönlichen und sachlichen Leistungsvermögen entsprechen;
>   ⇨ akzeptiert werden, das heißt von Beschäftigten und Vorgesetzten voll angenommen und weder vom Vorgesetzten noch vom Beschäftigten erzwungen sein;
>   ⇨ überprüfbar sein, das heißt messbar und durch objektive Kriterien feststellbar;
>   ⇨ abgestimmt sein, das heißt im Einklang mit allen am Zielvereinbarungsprozess beteiligten Bereichen stehen.
> 6. Zielvereinbarungen sind Maßstab für die Messung von Leistungen und Erfolgen (vgl. Präambel Abs. 3. § 3 Abs. 2 ZulTV). Um Maßstab sein zu können, müssen Zielvereinbarungen objektiv messbare Kriterien für die Leistungs- und Erfolgsmessung enthalten.

7. Zielvereinbarungen können mit allen Beschäftigten und Beschäftigtengruppen abgeschlossen werden.Bietet der Arbeitgeber einer Person eine Zielvereinbarung an, ist er verpflichtet, allen weiteren in der Organisationseinheit Beschäftigten eine entsprechende Zielvereinbarung anzubieten, sofern diese Personen identische Aufgaben wahrnehmen.
8. Der Abschluss von Zielvereinbarungen ist freiwillig. Es besteht kein Einigungszwang. Beschäftigte haben das Recht, sich von der betrieblichen Kommission über Zielvereinbarungen beraten zu lassen (§ 7 Abs. 4 ZulTV).
9. Zielvereinbarungen sind schriftlich aufgrund eines Mitarbeitergespräches zu vereinbaren (vgl. Präambel Abs. 3 ZulTV). Je ein Exemplar wird den Partnern der Zielvereinbarung ausgehändigt.
10. Sollten im Laufe des Zielvereinbarungszeitraums Umstände eintreten, die eine Modifizierung der Zielvereinbarung notwendig machen, ist eine Anpassung an die veränderten Verhältnisse einvernehmlich möglich.Die Beschäftigten haben auch in diesem Fall das Recht, sich von der betrieblichen Kommission beraten zu lassen.Kommt eine Einigung nicht zustande, gilt die bisherige Zielvereinbarung weiter.
11. Am Ende des Zielvereinbarungszeitraums ist ein Zielerreichungsgespräch zu führen. In diesem Gespräch werden die Erreichungsgrade der vereinbarten Ziele einvernehmlich festgestellt.Wird ein Einvernehmen nicht erzielt, entscheidet auf Antrag die betriebliche Kommission über den Zielerreichungsgrad zur Bemessung der Zulagenhöhe und die Vergabe (§ 7 Abs. 4. ZulTV).
12. Die Beteiligungs- und Informationsrechte der Personalvertretungen nach den jeweils gültigen Personalvertretungsgesetzen sind zu beachten.

Regionale Dienstvereinbarung

Im folgenden soll näher auf die Zulagenpraxis eingegangen werden. Als Vorlage dient die für den *AOK-Bezirk Baden-Württemberg* geltende Dienstvereinbarung (s. Kasten). Die Darstellung beschränkt sich auf zwei Fragestellungen:
⇨ Mit welchen Unternehmenszielen werden Zulagen verknüpft?
⇨ Welche Regelungen sind hinsichtlich Bewertung und Zulagenhöhe vorgesehen?

Leistungs- und Erfolgsziele

Die Wettbewerbssituation der gesetzlichen Krankenkassen hat sich in den letzten Jahren nachhaltig verändert. Gesetzesänderungen bewirkten erhöhte Mitgliederfluktuationen von denen die Allgemeinen Ortskrankenkassen in besonderem Maße betroffen sind.

> **Die Allgemeinen Ortskrankenkassen**
> ⇨ 17 Landesverbände
> ⇨ 1.827 Geschäftsstellen
> ⇨ 66.406 Mitarbeiter (Stand: 1998)
> ⇨ ca. 20 Millionen Mitglieder, davon AOK-West: 15,6 Millionen, AOK-Ost: 4,5 Millionen; (Stand: Januar 2000)
> Quelle: www.aok.de

Das von der Kriterienkommission erarbeitete Zielspektrum wird im vorliegenden Beispiel nicht ausgeschöpft. Erfolgszulagen an einzelne Beschäftigte oder Teams sind vorrangig für die Bereiche »Mitgliedergewinnung« und »Mitgliederhaltearbeit« vorgesehen. Erfolgszulagen für andere Ziele sind möglich, eine inhaltliche Bestimmung wird nicht vorgenommen. Detaillierte Regelungen liegen für folgenden Personenkreis vor:
⇨ Außendienstmitarbeiter im Bereich Mitgliedergewinnung (Versichertenberater, Betriebsberater, Gesundheitspartnerberater);
⇨ Mitarbeiter in kundennahen Bereichen (Geschäftsbereich Kunden und Vertrieb, Teammitglieder im Bereich Mitgliederhaltearbeit);
⇨ Geschäftsstellenleiter und Bereichsleiter im Geschäftsbereich Kunden und Vertrieb;
⇨ alle anderen Beschäftigten für Akquisitionen außerhalb der üblichen Arbeitszeit und außerhalb der Geschäftsräume beziehungsweise für erfolgreiche Bestandssicherung.

Bewertung
Die Bemessung der Erfolgszulage für Außendienstmitarbeiter regelt sich über die Zuweisung eines Punktwertes je Neuakquisition im Rahmen der individuellen Zielvereinbarung (Fünf Punkte je Neumitglied). Bis zu einem Schwellenwert von 25 Prozent des festgelegten Zieles, jedoch bis zu höchstens 30 neuen Mitgliedern, werden keine Punkte zugewiesen. Für jedes über die Zielerreichung gewonnene Mitglied wird ein weiterer Punkt vergeben. Eine zusätzliche Bonusregelung richtet sich nach dem jeweiligen Zielerreichungsgrad.

Tabelle 5: AOK-Zulagentarifvertrag – Fallbeispiel: Muster zur Berechnung der individuellen Erfolgszulage für Geschäftsbereichsleiter Kunden und Vertrieb und Geschäftsstellenleiter

Zielvereinbarung	Individuelle Vereinbarung der Sollzahlen in den Bereichen ⇨ Mitgliedergewinnung ⇨ Begrenzung der Mitgliederverluste ⇨ Jeweils für die Zielgruppen: Angestellte, Studenten, Auszubildende, Arbeiter	
Zielerreichungsgrade	Abgleich von Soll- und Ist-Zahlen	
Berechnung des Gesamt-Zielerreichungsgrades	Als Summe der Zielerreichungsgrade aus ⇨ Mitgliedergewinnung (Gewichtungsfaktor 5/7) ⇨ Begrenzung der Mitgliederverluste (Gewichtungsfaktor (2/7)	
Bewertung	Zielerreichungsgrad in Prozent	Punkte
	≥ 115	210
	≥ 105 – < 115	180
	≥ 100 – < 105	150
	≥ 85 – < 100	120
	< 85	0
Zulagenhöhe	Ein Punktwert beträgt 20 €; die jährliche Erfolgszulage beträgt mindestens 2.400 €, maximal 4.800 €.	

Zudem ist eine interne Verrechnung von Punkten je Neumitglied (inklusive Abwerbung) vorgesehen. Sogenannte Adressgeber, wie zum Beispiel Betreuungsbeauftragte und Telefonspezialisten, sind in diese Regelung mit einbezogen.

Im Bereich Bestandssicherung sind Erfolgszulagen an Teams möglich. Voraussetzung ist eine Vereinbarung, in der die Sollzahlen pro Geschäftsstelle in den jeweiligen Zielgruppen festgelegt werden. Der Zielerreichungsgrad ergibt sich aus dem Abgleich mit den tatsächlichen Mitgliederverlusten durch Wahl einer anderen Krankenkasse. Bei der Zuweisung von Punkten nach dem jeweiligen Zielerreichungsgrad werden fünf Stufen unterschieden. Der Schwellenwert liegt beispielsweise für Teammitglieder im Bereich Mitgliederhaltearbeit bei mindestens 97 Prozent der vereinbarten Sollzahl. Die Punktwerte betragen im Bereich Mitgliederhaltearbeit zehn Mark, im Bereich Neuakquisition 20 Mark und für Geschäftstellenleiter und sonstige Mitarbeiter 40 Mark (s. Tabelle 5).

15 Prozent der Erfolgszulagensumme werden an alle Beschäftigen, die keine Zielvereinbarung im Sinne des Tarifvertrages abschließen konnten, zu gleichen Teilen vergeben, die keine Zielvereinbarung im Sinne des Tarifvertrages abschließen konnten. Auszubildende erhalten einen Anteil von 50 Prozent. Geringfügig Beschäftigte sind von der Regelung ausgenommen.

Praktische Erfahrungen

Die Ablösung herkömmlicher Beurteilungskonzepte durch Zielvereinbarungen ist noch keineswegs Bestandteil der Unternehmenskultur geworden. Insbesondere die kooperative Ausgestaltung, also die Vereinbarung zwischen Vorgesetzten und Mitarbeitern, bedarf weiterhin der Absicherung. Ein geeignetes Instrument sind die in der Kriterienkommission entwickelten Grundsätze zur Vereinbarung von Zielen. Diese gewährleisten Vereinbarungsspielräume auf den verschiedenen Hierarchieebenen und verhindern, dass in Zielvereinbarungen lediglich ein eher symbolisches Commitment über feststehende Vorgaben erzielt wird.

Obwohl für den Zulagentarifvertrag das Prinzip der Zusätzlichkeit gilt, bleibt die Leistungsmessung nicht ohne Auswirkungen auf das Normalarbeitsverhältnis. Sollen für Neuakquisitionen Zulagen gezahlt werden, müssen auch die obligatorischen Zielgrößen, also der Standard, bestimmt, messbar und kontrollierbar werden.

Die verschiedenen Regelungsebenen haben sich als sinnvoll erwiesen. Bislang arbeitet die Kriterienkommission einstimmig und gestaltet fortlaufend den Inhalt und die Anwendung der tariflichen

Bestimmungen. Mit der Entscheidung, die Anwendung des Tarifvertrages von Dienstvereinbarungen abhängig zu machen, wuchs den Personalvertretungen eine neue, mitgestaltende Rolle zu, die sie angenommen haben.

Die betrieblichen Kommissionen waren bisher noch nicht mit Zielvereinbarungen oder Zahlungen befasst. Das deutet darauf hin, dass sowohl die Zielfindung als auch die Vereinbarungspraxis die Akzeptanz der Beteiligten finden. Eine regelmäßige Verlagerung von Konflikten, die einer Entwertung des Verfahrens entsprechen würde, findet nicht statt.

Udo Steinort, Projektmitarbeiter, Bundesbeamtensekretariat, Hauptvorstand Gewerkschaft ÖTV, Stuttgart

Literatur

[1] BECKER, F. G.: *Grundlagen betrieblicher Leistungsbeurteilungen. – Leistungsverständnis und -prinzip, Beurteilungsproblematik und Verfahrensprobleme,* Stuttgart, 1992

[2] BREISIG, T.: *Personalbeurteilung, Mitarbeitergespräch, Zielvereinbarungen. – Grundlagen, Gestaltungsmöglichkeiten und Umsetzung in Betriebs- und Dienstvereinbarungen,* Frankfurt am Main, 1998

[3] BREISIG, T.: *Entlohnen und Führen mit Zielvereinbarungen. – Orientierungs- und Gestaltungshilfen für Betriebs- und Personalräte sowie für Personalverantwortliche,* Frankfurt am Main, 2000

[4] GEWERKSCHAFT ÖTV (HRSG.): *Reform des Beurteilungswesens. – Thesenpapier,* Stuttgart, 1993

[5] GEWERKSCHAFT ÖTV (HRSG.): *Tarifpolitisches Programm,* Stuttgart, 1997.

[6] KLAGES, H.; STEINORT, U.; UNLAND, H. (HRSG.): *Reform des Beurteilungswesens – Workshop – Konzepte, Projekte, Perspektiven,* Baden-Baden, (in Vorbereitung)

[7] KOMMUNALE GEMEINSCHAFTSSTELLE FÜR VERWALTUNGSVEREINFACHUNG (HRSG.): *Personalführung. – Teil 1; Leistungsermittlung. – Ermittlung von Leistung in einer ergebnisorientierten Verwaltung,* Köln, 1999

[8]   MAUCH, S.: *Zielorientiertes Führen – Ein Umsetzungsmodell für die öffentliche Verwaltung; Eine alternative Wegbeschreibung zu mehr Effizienz und Effektivität in der öffentlichen Verwaltung, Düsseldorf, 1999*

[9]   MEHDE, V.: *Das dienstliche Beurteilungswesen vor der Herausforderung des administrativen Modernisierungsprozesses*, in: Zeitschrift für Beamtenrecht, 7/1998, S. 229–236

[10] SCHETTGEN, P.: *Arbeit, Leistung, Lohn. – Analyse- und Bewertungsmethoden aus sozio-ökonomischer Perspektive, Stuttgart, 1996*

[11] STEINORT, U.: *Soll die Personalbeurteilung gerecht sein?*, in: VOP, 1/1995, S. 32–37

[12] TONDORF, K.: *Leistungszulagen als Reforminstrument? – Neue Lohnpolitik zwischen Sparzwang und Modernisierung, Berlin, 1997*

Web-Sites

www.kgst.de
Die Kommunale Gemeinschaftsstelle zu Verwaltungsvereinfachung (KGSt) ist die mitgliedsstärkste kommunale Fachorganisation. Die KGSt ist überparteilich. Zu ihren Aufgaben gehört die Beratung ihrer Mitglieder in allen Fragen der Führung, Steuerung und Organisation, kurz, des Verwaltungsmanagements. Sie ist Initiator und Promotor des zur Zeit in vielen Kommunen laufenden Reformprozesses.

www.oetv.de
Die Gewerkschaft Öffentliche Dienste, Transport und Verkehr (ÖTV) versteht sich als Dienstleistungsgewerkschaft im DGB. Sie ist Tarifvertragspartei im öffentlichen Dienst.

www.aok.de
Die Allgemeinen Ortskrankenkassen (AOK) ist die größte gesetzliche Krankenversicherung in Deutschland.

www.hfv-speyer.de
Der Deutschen Hochschule für Verwaltungswissenschaften Speyer obliegt die Ausbildung von Angehörigen des Öffentlichen Dienstes (Referendaren), die Fortbildung von Führungskräften im öffentlichen Bereich und die Forschung über rechtliche, wirtschaftliche und gesellschaftliche Probleme internationaler, staatlicher und kommunaler Verwaltungen.

Zusammenfassung

Die Kernaussage dieses Beitrages lautet: Die Beurteilung ist bereits Element eines Anreizsystems. Ob die Einführung leistungsabhängiger Vergütungselemente tatsächlich zu positiven Steuerungseffekten und zu höherer Motivation führen kann, hängt nicht zuletzt von der Qualität der Leistungsbeurteilung ab.
Die in Wirtschaft und Verwaltung verwendeten merkmalsorientierten Beurteilungsverfahren erweisen sich als ungeeignete Basis. Allgemeine Merkmalskataloge mit eigenschaftsbezogenen Kriterien und unbestimmte Bewertungsstandards lassen daher eine eher beliebige Leistungsdifferenzierung mit beträchtlichen Folgekosten für die Zulagenpraxis erwarten: Intransparenz, willkürliche Vergabe, Nasenprämien.
Am Beispiel eines Zulagentarifvertrages der Allgemeinen Ortskrankenkassen werden die Konzeption eines Alternativkonzeptes und Umsetzungsmöglichkeiten auf der tarifvertraglichen und betrieblichen Ebene des Öffentlichen Dienstes vorgestellt.

Innovative Vergütungssysteme in der öffentlichen Verwaltung

Böse Zungen könnten behaupten, der Titel dieses Beitrages sei bereits ein Widerspruch in sich: Noch gelten die Grundsätze der Beamtenbesoldung und des Bundesangestelltentarifs (BAT), also Vergütungssysteme, denen eher der Ruf vorauseilt, innovations- und leistungsfeindlich zu sein.

> **In diesem Beitrag erfahren Sie:**
> - warum es flexible Vergütungssysteme in der öffentlichen Verwaltung so schwer haben,
> - welche Schwierigkeiten innovative Ansätze begleiten.

BERND ADAMASCHEK

Zu viele Details

In der Tat haben Kritiker leichtes Spiel, wenn sie die Szene in Bund, Ländern und Gemeinden analysieren. Viel hat sich bis heute nicht bewegt: Auch die erst kürzlich ergangene Dienstrechtsreform hat zukunftsträchtige Schritte nur halbherzig vollzogen. Kritisch wird unter anderem gesehen, dass einerseits durch die Fülle von Detailregelungen die Flexibilität und Experimentiermöglichkeit der öffentlichen Arbeitgeber bis zur Unpraktikabilität eingeschränkt wird (zum Beispiel durch die Kontingentierung auf 10 Prozent und dann auch noch nach Laufbahngruppen geordnet), dass andererseits wichtige Probleme vollkommen ungelöst bleiben, wie zum Beispiel die Fragen nach Prozess und Inhalten der Beurteilungen, nach Sicherstellung der Gleichbehandlung unterschiedlicher Beschäftigungsgruppen etc. Viele sprechen von einer »Reformruine«, die auf der operativen Ebene auf

Grund der Unsicherheiten und Einschränkungen eher Blockaden erzeugt, als dass sie ein hilfreicher Schritt in die richtige Richtung wäre.

Neue Steuerung
Dabei sind die Voraussetzungen, Leistung und finanzielle Honorierung miteinander zu verbinden, selten so günstig gewesen wie heute. Alle reden von der »Neuen Steuerung«. Damit meint man: Dezentralisierung, Schaffung kleiner organisatorischer Einheiten, ergebnisorientierte Steuerung, Kontraktmanagement etc. Diese Elemente schaffen mehr als je zuvor Transparenz für eine objektive Leistungsbeurteilung. Der Paradigmenwechsel von der bisherigen Binnensicht (Strukturen, Prozesse, Verhaltensweisen) zu einer ergebnisorientierten Betrachtung (Zielerreichung, Kontrakterfüllung, Einhaltung des vorgegebenen Ressourcenrahmens etc.) bietet eine neue und bessere Basis für eine differenzierte und gerechte Mitarbeiterbeurteilung und eine daran anknüpfende leistungsorientierte Entlohnung.

Daher versuchen viele Verwaltungen, die sich mit der Verwaltungsmodernisierung auf der Basis Neuer Steuerungsmodelle beschäftigen, auch im Hinblick auf innovative Vergütungssysteme neue Wege zu gehen, die allerdings wenig Ähnlichkeit mit den Instrumenten haben, wie sie in der Dienstrechtsreform vorgeschlagen wurden. Hier haben sich insbesondere die Kommunen hervorgetan, weil sie im Gegensatz zu Bund und Ländern die Verwaltungsebene sind, die sich bisher auch am meisten mit der Neuen Steuerung befasst haben. So werden in Offenbach die Mitarbeiter bei Stelleneinsparungen an der eingesparten Gehaltssumme beteiligt, in Heidelberg gewerbliche Mitarbeiter für Einsparungen mit Prämien belohnt. Die meisten dieser Versuche sind umstritten und manchmal auch risikoreich: So hätten die Aufsichtsbehörden beinahe die Führungsspitze der Stadt Detmold in Regress genommen, weil sie bei einer managementbedingten Haushaltsverbesserung um über 4 Mio. € den Mitarbeitern eine Prämie von 50 € pro Kopf (insgesamt ca. 400.000 €) ausgeschüttet hatte. Die Mitarbeiter mussten schließlich den gutgemeinten »Leistungsanreiz« zurückzahlen.

Öffentliche Verwaltung

Die Situation im öffentlichen Sektor hält daher mehr offene Fragen als Antworten bereit:
⇨ Wie soll Leistung beurteilt werden?
⇨ Welche dieser Leistungen sind einer besonderen Vergütung würdig?
⇨ Sollen Individuen oder das Team honoriert werden?
⇨ Aus welchem Topf soll dies finanziert werden?
⇨ Wer trifft die in diesem Zusammenhang notwendigen Entscheidungen?

Kein Modell hat bisher auf diese Fragen eine vollständige, geschweige denn befriedigende Antwort bereit. Einen relativ umfassenden Entwurf und damit eine vorläufige Antwort auf die oben genannten Fragen hat die Bertelsmann Stiftung mit der Stadt Gütersloh erarbeitet. An diesem Konzept sollen im folgenden Probleme und Lösungswege des öffentlichen Sektors beispielhaft erläutert werden:

Leistungsbeurteilung
Die Einschätzung der Leistung erfolgt über die Vergleichsdaten im sogenannten Interkommunalen Leistungsvergleich, den die Bertelsmann Stiftung mit einer Vielzahl von Kommunen entwickelt hat. Dabei wird auf ein sogenanntes 4-Ziele-System abgehoben, in dem die
⇨ Erfüllung des spezifischen Leistungsauftrags,
⇨ Kundenzufriedenheit,
⇨ Mitarbeiterzufriedenheit,
⇨ Wirtschaftlichkeit

für jede Verwaltungsabteilung (Produktgruppe) abgebildet sind. In regelmäßigen Berichten sind zu diesen Zielkategorien Kennzahlen mehrerer an einem Leistungsvergleichsring teilnehmenden Kommunen zusammenzutragen. Dabei zeigt sich sehr schnell, wer in welcher Zielkategorie an der Spitze bzw. am Ende der Leistungsskala liegt.

Honorierung der Leistung
Als »Leistung« kann in diesem System die Aufrechterhaltung bisher erreichter (guter) Ergebniswerte bzw. die Verbesserung weniger guter Werte vergütet werden. Hierbei handelt es jeweils um eine »besondere«, durch die Verantwortlichen als besonders wichtig erachtete Leistung. Der Rückgriff auf den Vergleich enthebt die Verwaltung auch der schwierigen und möglicherweise unlösbaren Aufgabe, eine sogenannte »Normalleistung« zu definieren, um dann die besonders zu honorierende »Spitzenleistung« festzulegen.

Bei der Frage, ob nur Leistungen honoriert werden können, die unmittelbar zu finanziellen Verbesserungen (Einsparungen, Mehreinnahmen) führen, hat man sich hier entschieden, auch Verbesserungen einzubeziehen, die in Qualitätssteigerungen bestehen (zum Beispiel effektivere Zielerreichungen, geringere Fehlerquoten, erhöhte Kundenzufriedenheit etc.). Ausgangspunkt ist die Überlegung, dass es ein Gebot der Gerechtigkeit sei, die Honorierung im Prinzip auch für Leistungen zu öffnen, die nicht unmittelbar in einer Erhöhung der Wirtschaftlichkeit münden. Neben der Ungerechtigkeit gegenüber den Mitarbeitern, deren Bemühungen um die Qualitätsverbesserung ebenso anerkennenswert sind, wie die Erfolge bei der Erhöhung von Wirtschaftlichkeit, könnte ansonsten auch eine Schlagseite in der Verwaltungssteuerung eintreten, bei der die Einsparung im Vordergrund stehen und die Qualität der Arbeit vernachlässigt würde: Billiger ist nicht immer besser!

Problematisch bleibt in diesem Zusammenhang weiterhin, welche im Interkommunalen Leistungsvergleich aufgedeckten Stärken (= Spitzenpositionen) bzw. Schwächen Anlass für die Gewährung von Prämien bzw. Zulagen sein sollen. Dies ist von Kommune zu Kommune verschieden, je nachdem in welcher Situation welche Leistung besonders wichtig erscheint: Hat die Kommune Image-

> **Stand der Umsetzung**
>
> Über diese Inhalte liegt eine unterschriftsreife Dienstvereinbarung auf den Schreibtischen der Stadt Gütersloh. Allerdings ist das Verfahren zwischen die Fronten der Arbeitgeber- und Arbeitnehmerverbände geraten: Streitfragen wie paritätische Mitbestimmung im Einzelfall, Dienstvereinbarung oder Tarifvertrag als Vereinbarungsebene etc. haben bisher die Umsetzung verhindert.
> An vielen dieser Punkte ist eine Annäherung nicht in Sicht. Dies gilt nicht nur für den Fall Gütersloh, sondern für viele Projekte in der Bundesrepublik.
> So werden konkrete Ergebnisse dieses leistungsorientierten Vergütungssystems und vieler anderer Pilotversuche noch auf sich warten lassen. Theoretische Entwürfe werden nicht weiterführen, wenn in der Praxis nicht Erfahrungen mit einer neuen, ergebnisorientierten Leistungsbeurteilung und Honorierung, der dazu gehörenden Finanzierung und der Abklärung der damit verbundenen Streitfragen gesammelt werden. Nur ein solches Vorgehen kann die »Anwendungslücke« schließen, die die Kluft zwischen Theorie und Praxis in diesem und vielen anderen Feldern der derzeitigen Modernisierungsbewegung in der öffentlichen Verwaltung kennzeichnet.

probleme, müssen möglicherweise die Schwächen im Zielfeld »Kundenzufriedenheit« vorrangig aufgearbeitet werden; ist die Kommune hochverschuldet, kann die Verbesserung der Wirtschaftlichkeit ein dringlicheres Ziel sein: Es handelt sich also um Entscheidungen, die von der konkreten Situation der Kommune abhängig sind, die daher von Ort zu Ort und auch dort eventuell von Zeitpunkt zu Zeitpunkt anders ausfallen können.

Zielgruppe

Die Leistungsmessung im Leistungsvergleich ermöglicht derzeit noch nicht die Individualisierung der erfolgsrelevanten Beiträge einzelner Mitarbeiter. Insofern bleibt das beschriebene System bei der Honorierung des gesamten (für die Produktgruppe verantwortlichen) Teams stehen. So sehr die individuelle Leistungsvergütung gewünscht werden mag, so ist die Teamlösung häufig auch von Vorteil: Einerseits kommt man hiermit den Personalvertretungen entgegen, die aus vielerlei Gründen die Individualisierung kritisch sehen (zum Beispiel »Wir wollen keine Konkurrenz von Einzelkämpfern«), andererseits hat in funktionierenden Teams die allen zukommende Leistungshonorierung einen hohen Solidarisierungs- und damit auch Motivationseffekt.

Finanzquellen
Es ist klar, dass leistungsabhängige Entlohnung nicht durch zusätzliche Haushaltsmittel sichergestellt werden kann. Daher muss der finanzielle Spielraum prinzipiell durch Einsparungen bzw. Mehreinnahmen geschaffen werden. So werden im Modell Bertelsmann Stiftung/Stadt Gütersloh erfolgsabhängige Zahlungen im Prinzip nur als Folge von Verbesserungen der Wirtschaftlichkeit geleistet (40 Prozent des Ergebnisses an die Mitarbeiter). Dies gilt zunächst für die Einheiten, die auf dem Felde der Wirtschaftlichkeit managementbedingte Erfolge nachweisen. Damit sind allerdings noch nicht die Prämien und Zulagen finanziert, die für qualitative Verbesserungen ausgeschüttet werden sollen. Hierfür steht ein Ausgleichsfond zur Verfügung, in den 25 Prozent der vorgenannten Wirtschaftlichkeitsverbesserungen einfließen. Aus diesem Fond erfolgt die Honorierung der qualitativen Leistungssteigerungen. Insofern schüttet die Verwaltung 65 Prozent der Wirtschaftlichkeitsverbesserungen an die Mitarbeiterschaft aus, während sie 35 Prozent zur Verbesserung der allgemeinen Haushaltssituation einbehält.

Entscheidungsträger
Eine der umstrittensten Fragen ist: »Wer trifft die Entscheidung, die im Zusammenhang mit leistungsorientierter Bezahlung erforderlich werden?« Während die Arbeitgeberseite darauf beharrt, dass dies in der Führungsverantwortung des Managements liegt, befürchten gewerkschaftlich orientierte Vertreter, dass Leistungsentgelt nach »Gutsherrenart« verteilt werde, was zu Ungerechtigkeiten führen könnte. Einig sind sich beide Lager, dass es einer höchstmöglichen Einbindung der Mitarbeiterschaft und des Personalrates bedarf, wobei im Prinzip die Einrichtung paritätisch besetzter Kommissionen kompromissfähig zu sein scheint. Im vorliegenden Fall sind die Grundsätze des Entlohnungsmodells der Entscheidung einer paritätisch besetzten

Öffentliche Verwaltung

Kommission überantwortet worden, während die Entscheidungen im Einzelfall (Definition der konkreten, honorierbaren Ziele, Zielvereinbarungen etc.) eine Angelegenheit des Managements bleibt: Die Entscheidungen werden zwar unter Beteiligung des Personalrates vorbereitet, sie werden jedoch von der Verwaltungsführung getroffen.

Interview: Innovative Vergütung in der öffentlichen Verwaltung

Kostendruck auf der einen Seite, steigende Anforderungen auf der anderen – auch in der öffentlichen Verwaltung wird nach geeigneten Möglichkeiten und Wegen gesucht, flexible und leistungsorientiere Elemente in das Vergütungssystem aufzunehmen. Beachtliche Vorarbeit hat bereits die Stadt Gütersloh geleistet. Helmut Sandbothe ist Personalleiter der Stadt Gütersloh.

Welche Erwartungen verknüpfen Sie mit einer leistungsorientierten Vergütung innerhalb der Stadtverwaltung?
Dem öffentlichen Vergütungssystem wird vorgehalten, Leistung nicht honorieren zu können. Dieser Vorwurf ist sicherlich weitgehend berechtigt. Von Leistungsanreizen verspreche ich mir eine Motivationssteigerung der Mitarbeiter und vor allen Dingen eine gerechtere Vergütung der unterschiedlich leistungsfähigen Mitarbeiter. Dabei verkenne ich nicht eine mögliche Demotivation bei Leistungsschwächeren. Letztendlich sollte die Verwaltung bei leistungsgerechter Bezahlung insgesamt wirtschaftlicher Arbeiten können.

Welche leistungsabhängigen Elemente könnten Sie sich bei Beamten und Angestellten vorstellen?
Die Stadt Gütersloh hat bereits vor längerer Zeit Richtlinien erarbeitet, die sich an den Grundsätzen eines Modellprojektes der Bertelsmann-Stiftung »Grundlagen einer leistungsfähigen Kommunalverwaltung« orientiert. Als Ersatz für die Wettbewerbsmöglichkeiten in der Privatwirtschaft dienen interkommunale Vergleiche als Messlatte für Leistungskriterien. Hierbei werden die Wirtschaftlichkeit, die Kundenzufriedenheit, die einwandfreie Aufgabenerfüllung und die Mitarbeiterzufriedenheit als Vergleichskriterien herangezogen. Da sich inzwischen viele interkommunale Vergleichsringe gebildet haben, liegt Vergleichsmaterial durchaus vor.

Auf welche geeigneten Messsysteme für »Mehrleistung« wollen Sie zurückgreifen?
Messsystem würde bei unseren Richtlinien zunächst die Stellung im interkommunalen Vergleich sein. Gute Platzierungen zu halten oder zu erreichen und eine Verbesserung der wirtschaftlichen Situation, sollen belohnt werden.

Setzten Sie auf quantitative Größen wie Einsparungen, Geschwindigkeit und Reklamationsquoten?
Da die von Ihnen genannten Größen die Stellung im interkommunalen Vergleich beeinflussen, kann man diese Frage sicherlich bejahen.

Öffentliche Verwaltung

Helmut Sandbothe, Personalleiter der Stadt Gütersloh: »Letztendlich sollte die Verwaltung bei leistungsgerechter Bezahlung insgesamt wirtschaftlicher Arbeiten können.«

Lässt sich auch eine »verbesserte Qualität« bewerten?
In vielen Bereichen unserer Verwaltung werden regelmäßig Kundenbefragungen durchgeführt. Hierbei werden u.a. Noten für Wartezeiten, Freundlichkeit der Mitarbeiter und vorhandene Fachkenntnisse bewertet. Insoweit lässt sich auch eine »verbesserte Qualität« bewerten.

Orientieren Sie sich an der Arbeit von Individuen oder Teams?
Unsere Richtlinien sehen beide Möglichkeiten vor. Die Auswertung des interkommunalen Vergleichs zielt eher auf Teamleistungen ab. Wir haben aber ausdrücklich auch die Honorierung besonderer Einzelleistungen vorgesehen.

In welcher Form können Verwaltungen vergüten?
Um Mitarbeitern in allen Verwaltungszweigen unabhängig von der Möglichkeit wirtschaftlicher Einsparungen die Chance zur Leistungsbezahlung zu öffnen, haben wir vorgesehen, wirtschaftliche Einsparungen teilweise in einen Fonds einzuzahlen, der für Leistungsvergütungen verwendet werden kann. Im Rahmen der Vergleichskriterien sollen Zielvereinbarungen abgeschlossen werden mit der Möglichkeit, bei Erreichen oder teilweisem Erreichen der Ziele Leistungsprämien zu zahlen.

Vor welchen juristischen Restriktionen stehen Sie?
Das Besoldungsrecht sieht für Beamte inzwischen die Zahlung von Leistungsprämien und Leistungszulagen vor. Allerdings ist diese Regelung nicht ohne weiteres auf unsere Richtlinien übertragbar. Tarifliche Regelungen fehlen bisher.

Wie aufgeschlossen zeigen sich denn die beteiligten Tarifparteien?
Beide Parteien zeigen sich im Grunde aufgeschlossen für leistungsbezogene Vergütungssysteme. Die Gewerkschaften wollen jedoch ein weitgehendes Mitspracherecht der Personalräte bis hin zum Einzelfall erreichen. Hierdurch wird eine flexible Handhabung erschwert oder behindert. Daher will die Arbeitgeberseite die Personalräte nur bei der Erarbeitung der Grundsätze beteiligen. An diesem Widerspruch sind bisher tarifliche Vereinbarungen gescheitert. Unsere Richtlinien können aus diesem Grund bisher in der Praxis nicht eingesetzt werden.

Thomas Tjiang

Monetäre Leistungsanreize im öffentlichen Sektor

Das Problem der unzureichenden Leistungsanreize öffentlicher Entgeltsysteme ist bekannt. Und doch lässt sich eine stetige Reformbewegung nachzeichnen. Entscheidend erschweren bislang die eher rudimentären Ansätze der Leistungsbeurteilung eine leistungsorientierte Vergütung im öffentlichen Dienst.

> **In diesem Beitrag erfahren Sie:**
> - welche personalwirtschaftlichen Defizite die Entlohungskonzepte BAT und BBesG aufweisen,
> - warum monetäre Anreizsysteme zum wesentlichen Erfolgsfaktor eines modernen öffentlichen Dienstes werden können,
> - dass im öffentlichen Dienst bereits zahlreiche Ansätze für die Vergabe leistungsorientierter Entgeltbestandteile existieren, deren Umsetzung aber nur schleppend erfolgt.

PETER KRAUSS-HOFFMANN

Einführung

In der Privatwirtschaft wurden in der letzten Dekade zunehmend Entgeltsysteme etabliert, die der individuellen Leistung der Beschäftigten und nicht mehr ausschließlich den Kriterien der Arbeitsbewertung verpflichtet sind.

Auch im privatisierten Sektor des öffentlichen Dienstes, beispielsweise bei Post, Bahn und Telekommunikation, gelang die schrittweise Abkehr von einem öffentlich charakterisierten Bezahlungssystem (s. Kasten), das Funktions- und Leistungskriterien nicht in ausreichendem Maße neben Statusaspekten wie Alter, Familienstand oder Dienstjahre berücksichtigte.

Schon diese Beispiele belegen, dass die öffentliche Hand die Entgeltmodelle der ehemals öffentlich getragenen Unternehmen offensichtlich als nicht geeignet ansah, um den aktuellen Erfordernissen

> **Beispiele für die schrittweise Abkehr von einem Bezahlungssystem, das Statusaspekte wie Alter, Familienstand oder Dienstjahre berücksichtigt**
>
> Das neue Bewertungs- und Bezahlungssystem (NBBS) der Deutschen Telekom AG, das zum 1. Juli 2001 den bis dahin noch gültigen öffentlich geprägten Tarifvertrag für die Angestellten der Deutschen Bundespost (TV Ang) für den Konzernbereich ablöste, belegt eindrucksvoll die marktorientierte Dynamik der Entgeltsysteme im privatisierten Bereich des öffentlichen Dienstes bei gleichzeitiger adäquater Berücksichtigung wohlerworbener Besitzstände der übergeleiteten Mitarbeiter und Mitarbeiterinnen.
>
> www.dpg.org/vl_info/spezial_vl_infos/vl_info_tk_5_6.html
>
> Auch bei der Deutschen Bahn AG wurden bereits im Kontext der Bahnreform zwischen den Sozialpartnern tarifliche Regelungen erarbeitet, die eine deutliche Abkehr von der öffentlich-rechtlichen Vergangenheit des Unternehmens darstellen. Der Entgelttarifvertrag für Arbeitnehmer verschiedener Unternehmen des DB-Konzerns (KonzernETV) enthält zum Beispiel für Fach- und Führungskräfte der oberen vier Entgeltgruppen (AT1 – AT4) variable Entgeltbestandteile, die auf der Basis der individuellen Leistung vergeben werden. Bei den anderen elf Entgeltgruppen (E1 – E11) wird jedoch eine fest fixierte Grundvergütung, die sich in Entgeltstufen aufgliedert, gezahlt. Daneben können aber leistungs- und qualifikationsbezogene Zulagen auf der Basis des Zulagentarifvertrages für die Arbeitnehmerin/den Arbeitnehmer der DB AG (ZTV) gewährt werden. Des Weiteren liegen inzwischen Tarifverträge vor, die explizit weitere materielle Anreizsysteme zur konsequenten Modernisierung personalwirtschaftlicher Rahmenbedingungen bieten.
>
> www.gdba.de

von Dienstleistungsunternehmen unter Wettbewerbsdruck gerecht zu werden.

Gestützt wird diese Annahme durch die aktuelle Entwicklung im Verkehrs- und Versorgungssektor, der im folgenden noch thematisiert wird. Auch in diesen – zum Teil bereits ehemals – öffentlichen Unternehmen findet eine Abkehr von Tarifverträgen mit BAT-Anlehnung statt, weil diese Tarifbindungen die – auch personalpolitische – Dynamik dieser Märkte nach der Privatisierung und Liberalisierung nicht mehr abbilden.

Ein Blick zurück

Das Problem der unzureichenden Leistungsanreize öffentlicher Entgeltsysteme selbst, ist erstaunlicherweise älter als die Privatisierungs- und Liberalisierungsdebatte der 90er Jahre. Bereits in den frühen 70er Jahren kritisierte beispielsweise eine eigens dafür konstituierte »Studienkommission für die Reform des öffentlichen Dienstrechts« die Entgeltmodelle der öffentlichen Hand:

⇨ An der Angestelltenvergütung auf der Basis des Bundes-Angestelltentarifvertrags (BAT) monierte man zum Beispiel die unzureichende Orientierung an den individuellen Voraussetzungen bei der Eingruppierung und das Fehlen eines Bewertungssystems für die Zuweisung der Tätigkeitsmerkmale zu den Vergütungsgruppen. Insgesamt beurteilte die Kommission, dass die Bezahlungsregelungen zu pauschal typisiert seien.

⇨ An der Beamtenbesoldung bemängelte die Kommission eine zu geringe Verbindung zwischen Funktion und Bezahlung und verdeutlichte so das Problem, dass unterschiedliche Funktionen oft nach der gleichen Besoldungsgruppe oder Beamte in gleichen Funktionen nach unterschiedlichen Besoldungsgruppen alimentiert werden. Ein Missstand, der oftmals zu Unzufriedenheit und Neid innerhalb der Organisationseinheiten führt und damit die Leistung der Gesamteinheit reduziert. Nahezu provokant stellte die Kommission des weiteren fest, dass der absolute Besitzstand hinsichtlich der erreichten Besoldungsgruppe sowie das – inzwischen zum Teil abgestellte – Fehlen leistungsorientierter Bezahlungselemente dazu führe, dass vom Bezahlungssystem unzureichende Leistungsanreize ausgehen.

Insgesamt folgerte die Kommission, dass das in erster Linie an Bildungsabschlüssen orientierte Bezahlungssystem des öffentlichen Dienstes durch ein System abzulösen sei, das ausschließlich an der Funktion und der in diesem Rahmen erbrachten Leistung ausgerichtet werden müsse [2].

Die mit diesen Ergebnissen beschriebene *wenig leistungsorientierte, dafür aber besitzstandsorientierte Ausrichtung der Entgeltsysteme im öffentlichen Dienst* hat – von einigen Leistungsanreizsystemen abgesehen – noch bis zum heutigen Tage Bestand.
Um diese Entwicklung zu verstehen, muss man die Grundlagen der Entgeltfindung im öffentlichen Dienst kennen.

Rechtliche Grundlagen der Vergütung und Besoldung im öffentlichen Dienst

Insgesamt ist *das Ziel der Entlohnung im öffentlichen Dienst, eine relative Lohngerechtigkeit* zu erzielen. Das heißt, der Arbeitgeber beziehungsweise Dienstherr ist darum bemüht, dass der einzelne Mitarbeiter im Vergleich zu anderen Beschäftigten, die ähnlich qualifiziert sind, angemessen und arbeitsplatzbezogen vergütet oder besoldet wird.

Zur Zeit findet im öffentlichen Dienst *die analytische Arbeitsbewertung als Instrument der Entgeltfindung* und Entgeltdifferenzierung Anwendung. Gegenstand der Arbeitsbewertung ist immer die Beurteilung und Ermittlung der Anforderungen, die ein Arbeitssystem an die Arbeitspersonen stellt. Die Bewertung im öffentlichen Dienst aber erfolgt personenunabhängig.

Angestelltenvergütung

Für die Angestellten im öffentlichen Dienst ist *die summarische Methode der Arbeitsbewertung* Grundlage für die Entgeltgestaltung, weil sich der BAT am Lohngruppen- beziehungsweise Gehaltsgruppenverfahren orientiert. Bei diesem Verfahren werden die Arbeitsplätze mit dem annähernd gleichen Schwierigkeitsgrad einer zuvor definierten Anforderungsstufe, die durch die Lohngruppe ausgedrückt wird, zugeordnet. Die inhaltliche Definition der einzelnen Gruppen mit vergleichbaren Anforderungen erfolgt im Sinne einer abstrakten Beschreibung einzelner Anforderungen. Positiv an dieser Methode ist, dass dieses Verfahren relativ leicht und wirtschaftlich angewandt werden kann. Nachteilig wirkt sich das für den betroffenen Mitarbeiter oftmals nur schwer nachvollziehbare System der Einordnung des individuellen Arbeitsplatzes in einzelne Lohngruppen aus.

Die vom Arbeitgeber im Rahmen des Arbeitsvertrages übertragene Tätigkeit stellt die entscheidende Eingruppierungsgrundlage dar. Die Tätigkeitsmerkmale als Grundlage der Eingruppierung der Angestellten im öffentlichen Dienst orientieren sich ausschließlich nach den Tätigkeitsmerkmalen der Vergütungsordnung (Anlage 1a/1b BAT).

Die konkrete Bemessung des individuellen Leistungsbeitrags der Mitarbeiter kann jedoch eigentlich nur durch eine Leistungsbewertung am Arbeitsplatz erfolgen. Nur dann findet eine personenabhängige Bewertung statt, die sich von der personenunabhängigen Ausrichtung des BAT deutlich unterscheiden würde.

Folgerichtig könnte daraus eine Abstimmung der Leistung der Arbeitsperson mit der Höhe des Entgelts, wie es in der Privatwirtschaft beim leistungsorientierten Entgelt schon zahlreich geschieht, nur erfolgen, wenn der BAT durch eine personenabhängige Bewertung als Erweiterungskomponente ergänzt würde.

Beamtenbesoldung

Im Zusammenhang mit der Beamtenbesoldung kann an dieser Stelle nur kurz darauf verwiesen werden, dass die bisherigen Friktionen (zum Beispiel: Stellenobergrenzen, Eingangs- und Beförderungsämter) die leistungsgemäße Ausgestaltung der Besoldung zur Zeit eher erschweren.

Später werde ich noch in diesem Kontext die Reformansätze des Besoldungsstrukturreformgesetzes aufgreifen, dass zur Zeit erst als Entwurf des BMI vorliegt.

Zeitlohn im öffentlichen Dienst

Betrachtet man aber zusätzlich die zur Zeit übliche Entgeltform des Zeitlohns im öffentlichen Dienst, dann fällt auf, dass vorab eine weitere Änderung erfolgen muss.

Bei dem Entlohnungssystem des Zeitlohns wird der Mitarbeiter nach seiner »gebrauchten« Zeit beziehungsweise seiner »beruflich genutzten Zeit« bezahlt. *Bei dem reinen Zeitlohn gilt allein die Anwesenheit und die Arbeitsausführung als Leistungskriterium.* Der Zeitlohn bezieht sich damit prinzipiell auf die Anwesenheit des Mitarbeiters und nicht auf die Arbeitsleistung. Beim reinen Zeitlohn besteht für die Mitarbeiter nur durch die Lohnsatzdifferenzierung, die sich aus der Arbeitsschwierigkeit ergibt, ein Leistungsanreiz. Im öffentlichen Dienst kommt der Grad der Arbeitsschwierigkeit in den unterschiedlichen Besoldungsgruppen (für Beamte) und die Vergütungsgruppen (für Angestellte) zum Ausdruck.

Generell kann kritisch festgestellt werden, *dass der reine Zeitlohn im Normalfall keinen Anreiz für eine Mehrleistung bietet, da die individuelle Mehrleistung einer Arbeitsperson nicht honoriert wird.* Lediglich der Zeitlohn mit Leistungszulage bietet in diesem Kontext Gestaltungspotenziale. Bei einem reinen Zeitlohn kann die Interdependenz von Lohn und Leistung als zu gering angesehen werden, da Zeitlohn im Extremfall psychologisch als Lohn erlebt werden kann, der ohne Leistung gezahlt wird [7].

Personalbeurteilung

Grundlage einer leistungsorientierten Entgeltzahlung ist neben der Arbeitsbewertung der Arbeitsplätze oder Dienstposten eine entsprechende Personalbeurteilung, die der Vorgesetzte in regelmäßigen Zeitabständen als systematische und planmäßige Beurteilung von Mitarbeitern vornehmen soll. Synonym wird häufig auch der Begriff der Leistungsbeurteilung verwandt [1].

Im öffentlichen Dienst ist die Leistungsbeurteilung zur Zeit aber tradierten Vorstellungen öffentlicher Institutionen unterworfen:

⇨ *Die Beurteilung der Angestellten* im öffentlichen Dienst ist nicht gesetzlich oder tarifvertraglich geregelt. Der Bundesangestelltentarifvertrag (BAT) trifft in diesem Kontext keine explizite Regelung, sondern betont in § 13 lediglich die Frage des »rechtlichen Gehörs« [13]. Aus diesem Mitbestimmungsrecht der Personalvertretung leitet das Bundesarbeitsgericht das Recht des Arbeitgebers ab, die bei ihm beschäftigten Mitarbeiter zu beurteilen. Das Vorgehen lehnt sich in der Verwaltungspraxis dann an das Procedere der Beamtenbeurteilung an [18]. In öffentlichen Unternehmen besteht zusätzlich die Option des Abschlusses entsprechender Betriebsvereinbarungen, die sich mit dem Bereich der Personalbeurteilung befassen.

⇨ *Die Beurteilung des Beamten* stellt eine Feststellung des Dienstvorgesetzten auf der Grundlage der §§ 40 bis 41a Bundeslaufbahnverordnung (BLV) dar. Die Beurteilung soll sich explizit auf die geistige Veranlagung, charakterliche Eigenschaften, den Bildungsstand, die Arbeitsleistung, das soziale Verhalten und die konkrete Belastbarkeit beziehen [15].

Betrachtet man diese zentrale Grundlage der effektiven Personalsteuerung dezidierter, so fällt auf, *dass die implizite Multifunktionalität – die dienstliche Beurteilung des Beamten fungiert als Beförderungs- und Entlohnungsstrategie und zur Bewährungsfeststellung – dieses personalwirtschaftliche Instrument zur Leistungsmessung und Potenzialanalyse eindeutig überfrachtet.*

Dieser Eindruck verstärkt sich noch, wenn man die Beurteilungspraxis der Beamten in der Verwaltungsrealität exakter fokussiert. So erfolgt zur Zeit die dienstliche Beurteilung nach dem *Grundsatz der Statusamtsbezogenheit* [9].

Damit stehen – aus der Sicht des unternehmerisch agierenden Personalmanagements mag das befremdlich erscheinen – nicht die Aufgaben des konkreten Dienstpostens als Beurteilungsmaßstab im

Mittelpunkt, sondern die Anforderungen des statusrechtlichen Amtes und die Leistungen der Beamten in derselben Laufbahn- und Besoldungsgruppe im Fokus.

Diese eher rudimentären personalwirtschaftlichen Beurteilungsansätze erschweren neben der bereits dargelegten eher indirekt personenbezogenen Ausrichtung der Arbeitsplatz- oder Dienstpostenbewertung eine leistungsorientierte Vergütung im öffentlichen Dienst entscheidend.

Leistungsorientiertes Entgelt für Angestellte im öffentlichen Sektor
Nach dieser bisher zum Teil eher ernüchternden Bestandsaufnahme der konzeptionellen Basis der Entgeltmodelle der öffentlichen Hand möchte ich im folgenden die bisherigen konstruktiven Ansätze referieren, um so die prinzipiellen Gestaltungsoptionen aufzublenden.

Ansatzpunkte im BAT

Im Geltungsbereich des BAT kann dem Angestellten gemäß § 24 BAT auf Zeit eine persönliche Zulage gezahlt werden, wenn er vorübergehend eine Arbeit ausübt, deren Tätigkeitsmerkmale einer höheren Vergütungsgruppe entsprechen. Generell zielen diese Zulagen aber wieder nicht auf die individuelle Leistungsfähigkeit und Leistungsbereitschaft ab, sondern fokussieren erneut ausschließlich die formalen Anforderungen an das Tätigkeitsfeld. Lediglich im Bewährungsaufstieg gemäß § 23a BAT und im Fallgruppenaufstieg gemäß § 23b BAT liegen gewisse leistungsorientierte Merkmale vor.
⇨ Beim *Bewährungsaufstieg* hat sich der Angestellte jedoch automatisch bewährt, wenn er den Anforderungen an seine Tätigkeit gewachsen war. Da es sich quasi um eine tarifautomatische Höhergruppierung handelt, ist der Aspekt der Leistungsorientierung zu gering ausgeprägt.

⇨ Beim *Fallgruppenaufstieg* handelt es sich ebenfalls nicht um einen direkt leistungsbezogenen Anstieg des Entgelts, da die veränderten Tätigkeitsmerkmale einen Aufstieg in der Vergütungsordnung mit sich bringen. Selbstverständlich kann und wird in den meisten Fällen der »Aufstieg«, der sich auch in veränderten Tätigkeitsmerkmalen manifestiert, aufgrund der individuellen Leistungsfähigkeit und Leistungsbereitschaft des Angestellten erfolgen. Als ein Beispiel für ein leistungsorientiertes Entgelt kann dieser Modus aber nicht bezeichnet werden.

Ein wichtiger Aspekt zur Gewährung eines monetären Anreizes ist *das sogenannte »Ältermachen« gemäß § 27c BAT*, bei dem einem Mitarbeiter durch Vorweggewährung der nächsten Dienstaltersstufe innerhalb der gleichen Vergütungsgruppe ein Entgeltzuschlag zugestanden werden kann [13]. Dieser Ansatz zur Gewährung zusätzlicher monetärer Leistungen ist positiv zu bewerten.

Insgesamt enthält der BAT zur Zeit kaum ausreichende Elemente zur Bereitstellung monetärer Leistungsanreize. Stattdessen ist weiterhin festzuhalten, dass sich dieses Entgeltsystem fast ausschließlich an sozialen Kriterien – zum Beispiel dem Alter und dem Familienstand – orientiert und Leistungskomponenten in unzureichendem Maße berücksichtigt.

Die Leistungsfähigkeit wird nur indirekt berücksichtigt, indem davon ausgegangen wird, dass die Tätigkeitsmerkmale, die eine Einordnung in die Vergütungsgruppe der Angestellten bedingen, eine erhöhte Leistung voraussetzen.

Ansätze, das Entgeltsystem um leistungsorientierte Elemente zu ergänzen

Es ist ferner zu betonen, dass die Sozialpartner bereits den Versuch unternommen haben, diesem Manko Abhilfe zu schaffen. Auf der Basis des Gesamtwerks des BAT liegen zum Beispiel schon zahlreiche

Tarifabschlüsse und Richtlinien oder Vereinbarungen vor, die das Entgeltsystem im öffentlichen Dienst sinnvoll um leistungsorientierte Elemente ergänzen.

Tarifabschlüsse und Richtlinien oder Vereinbarungen
Seit Oktober 1995 existiert zum Beispiel ein Zulagentarifvertrag für die Beschäftigten innerhalb der Allgemeinen Ortskrankenkassen (AOK). Diesem Abschluss kam im Hinblick darauf, dass die Vergütung bei den Ortskrankenkassen als Körperschaft des öffentlichen Rechts mit dem BAT korrespondiert, eine Vorbildfunktion zu. Der Zulagentarifvertrag der AOK stellt einen Konsens dar, der zum einen das Tarifwerk des öffentlichen Dienstes aus der Arbeitgeberperspektive sinnvoll um eine Leistungskomponente ergänzt und zum anderen den Arbeitnehmervertretungen zahlreiche Sicherheiten und Möglichkeiten bietet, um den Mitarbeitern eine solche Orientierung sukzessive näher zu bringen.

Auch in den sonstigen Bereichen des öffentlichen Sektors, die seinerzeit noch nicht dem zunehmenden Wettbewerbsdruck bei parallel ansteigenden Anforderungen an die Dienstleistungsorientierung der Belegschaft ausgesetzt waren, strebte die Vereinigung kommunaler Arbeitgeberverbände (VKA) die Einführung von Leistungszulagen und Leistungsprämien an. Dazu konzipierte die Arbeitgeberseite *eine Richtlinie der VKA zur Gewährung von Leistungszulagen und Leistungsprämien vom November 1995*, die bis zum heutigen Tage gilt, da zur Zeit noch keine bezirkliche Regelung zur Gewährung leistungsorientierter Entgeltbestandteile in BAT-Anlehnung vorliegt.

Zwar existiert seit 1996 der *Rahmentarifvertrag über die Grundsätze zur Gewährung von Leistungszulagen und Leistungsprämien (TV-L)* für dessen Ausgestaltung der Zulagentarifvertrag der AOK von wesentlicher Bedeutung war. Der TV-L definiert als Rahmentarifvertrag jedoch nur die Grundsätze für die auf bezirklicher Ebene zu vereinbarenden tariflichen Regelungen. Die konkrete Ausgestaltung der leistungsorientierten Vergütung, speziell die problematischen Themen der Bewertung der Arbeitsleistung und des Beurteilungsverfahrens, blieben damit in dieser Rahmenvereinbarung ausgespart und oblag der Abstimmung zwischen den Mitgliedsverbänden (zum Beispiel: dem KAV NW) und den Arbeitnehmervertretungen auf bezirklicher Ebene.

Im Juni 1997 kam es zu einer teilweisen Konkretisierung durch den »Tarifvertrag zur Gewährung von Leistungszulagen und Leistungsprämien in kommunalen Verwaltungen und Betrieben im Lande Sachsen-Anhalt (TV-LZ/LP-LSA)«, der auf bezirklicher Ebene die bisher einzige Vereinbarung darstellt. Die konkreten Regelungen für die Vergabe der monetären Anreize bedürfen weiterhin einer erneuten Abstimmung durch eine nachfolgende Ebene, das heißt durch die kommunalen Arbeitgeber und den Betriebs- oder Personalräten vor Ort.

Die neuralgischen Aspekte der Leistungsbemessung und der Beurteilung verlagerten die Tarifpartner dadurch auf die nächste betriebliche Ebene, da an dieser Stelle der neuralgische Punkt liegt, der einen Konsens erschwert.

Zu einer Einigung über dieses Thema im Rahmen des BAT ist es bisher – wie bereits angeklungen ist – nicht gekommen, da die Arbeitgeber ihr bisheriges Alleinentscheidungsrecht bezüglich der Vergabe nicht aufgeben wollten und die Arbeitnehmervertretung auf eine eindeutige Besitzstandswahrung insistierte. Vielmehr bestand die nachvollziehbare Ansicht, dass leistungsorientierte Entgeltkomponenten ausschließlich als »Mehrvergütung« für eine geleistete Mehrarbeit gezahlt werden sollten. Ein solches Modell »100 Prozent plus X« ist aber aus personalwirtschaftlicher Sicht – besonders vor dem Hintergrund der gewünschten Personalkostenreduzierung zur Senkung der Staatsquote – nicht zu realisieren.

Alternative: Spartentarifvertrag
Da man in diesem Bereich keine Ergebnisse erzielte, kann man inzwischen sogar davon sprechen, *dass eine sukzessive Abkehr vom übergreifend wirksamen Charakter des BAT im öffentlichen Sektor erkennbar ist.*

Beispielsweise im Versorgungsbereich, wo durch die Liberalisierung und teilweise Privatisierung neue, auch personalpolitische Probleme, auf die bisher monopolistisch ausgerichteten öffentlichen Versorgungsunternehmen zukommen. Hier kam es in diesem Zusammenhang zu einer deutlichen Dynamisierung der öffentlichen Tarifvertragssysteme, die zum Beispiel auch im Wegfall der »Unkündbarkeit« gemäß § 53.3 BAT mit Überleitungsschutz zum Ausdruck kommt.

Dieser Punkt belegt eindeutig die personalpolitische Dynamik, die durch die Liberalisierung und Privatisierung von Teilen des öffentlichen Sektors Einzug hielt und auch Beispielcharakter für andere Bereiche hat. Der im Dezember 2000 von den Sozialpartnern unterzeichnete Tarifvertrag Versorgungsbetriebe (TV-V) trägt besonders zu einer entgelttechnischen Flexibilisierung bei.

Die Veränderungen beschränken sich aber nicht auf diesen Bereich; auch im Öffentlichen Personennahverkehr (ÖPNV), der bisher häufig durch die als Monopolanbieter positionierten Versorgungsbetriebe quersubventioniert wurde, stehen die Zeichen auf Veränderung.

Ein auf die Bedürfnisse der öffentlichen Mobilitätsunternehmen zugeschnittener Spartentarifvertrag Nahverkehrsbetriebe – in NRW ist dies der TV-N NRW – soll auch hier eine entsprechende personalwirtschaftliche Flexibilisierung erreichen, die durch den BAT in der derzeitigen Form nicht abgebildet wird. Entsprechende Tarifverträge in anderen Bundesländern – so zum Beispiel in Brandenburg – sind bereits unterzeichnet oder nach Auskunft der Kommunalen Arbeitgeberverbände »unterschriftenreif«. Eine Differenzierung in länderspezifische Spartentarifverträge erfolgte aufgrund regional begründeter Unterschiede in den Entgelten.

Die Vorteile dieser neuen Tarifverträge im Hinblick auf die Gewährung leistungsorientierter Entgeltbestandteile sind leicht erkennbar:

⇨ Der TV-V beispielsweise enthält eine ausdrückliche Regelung zu Leistungszulagen und Leistungsprämien in § 6 Abs. 5 bis 7.

⇨ Leistungszulagen werden tarifvertragsgemäß auf der Basis einer betrieblichen Vereinbarung vergeben, die durch eine paritätisch besetzte Kommission aus Arbeitgeber- und Arbeitnehmervertretern besetzt wird. Der Beschwerdeweg ist ebenso auf diese Weise gesichert. Für die Vergabe von Leistungsprämien gilt ein analoges Procedere.

Diese Regelung scheint nun zunehmend Akzeptanz auf Arbeitgeber- und Arbeitnehmerseite zu finden, denn der TV-N NRW greift in § 7 Abs. 5 bis 7 analoge Regelungen auf.

Reformbereitschaft der Sozialpartner

Diese Vergabe von leistungsorientierten Entgeltbestandteilen im öffentlichen Sektor stellt prinzipiell aber keinesfalls ein Novum dar, da die Beteiligten diesbezüglich auf eine langjährige »Tradition« zurückgreifen können.

So existieren beispielsweise Regelungen über leistungsorientierte Entgeltbestandteile, zum Beispiel für Arbeiterinnen und Arbeiter in kommunalen Bereichen, für Angestellte in Versorgungsbetrieben, für Angestellte im Schreib- und Fernschreibdienst bei Bund und Ländern, für Mitarbeiter in Kernforschungseinrichtungen, für Beschäftigte anderer Körperschaften des öffentlichen Rechts [17].

Daneben bieten die bereits durchgeführten Pilotprojekte in Kommunen des Landes NRW zahlreiche Ansatzpunkte für eine zukunftsorientierte Ausrichtung der Entgeltgestaltung auf BAT-Basis, die in den Spartentarifverträgen für den Versorgungs- und Nahverkehrsbereich bereits zum Teil Eingang fanden.

Insgesamt kann daher für den Bereich der Angestelltenvergütung festgestellt werden, *dass die Sozialpartner sich schrittweise aufeinander zu bewegen.*

In diesem Zusammenhang ist es erwähnenswert, dass besonders die Arbeitnehmervertreter durch ihre Bereitschaft, auf zentrale Besitzstände (zum Beispiel der Wegfall der betriebsbedingten »Unkündbarkeit« gemäß § 53.3 BAT) zu verzichten, einen wichtigen Beitrag zur marktorientierten Ausrichtung der Beschäftigungsbedingungen leisten.

Zusammenfassend bleibt daher zu sagen, dass die Angestelltenvergütung mit den neuen materiellen Anreizsystemen im öffentlichen Sektor langsam – aber sicher – zukunftsorientiert ausgerichtet wird.

Materielle Leistungsanreize in der Beamtenbesoldung

Ähnlich wie bei der Angestelltenvergütung kann man bei der Beamtenbesoldung inzwischen ebenfalls auf eine gewisse »Tradition« bei der Vergabe leistungsorientierter Entgeltbestandteile zurückgreifen. Bei der Bundesbahn existierten ebenso wie bei der Post und der Bundesbank Regelungen zur Gewährung von Leistungszulagen beziehungsweise Leistungsprämien. Durch *die Postleistungszulagenverordnung*, die im Kontext der Postreform I 1989 entstand, gewann das bis zu diesem Zeitpunkt eher zurückhaltend genutzte personalwirtschaftliche Instrument zunehmend an Bedeutung. Es wurden dazu vier verschiedene Formen der Leistungszulage etabliert:
⇨ Zulage für besondere Leistungsgüte/Arbeitsqualität;
⇨ Zulage für besonderen wirtschaftlichen Erfolg;
⇨ Zulage für Vertriebserfolge;
⇨ Zulage für Arbeitsquantität/Menge.

Eine modifizierte Form dieser Verordnung aus dem Jahre 1996 gilt bis zum heutigen Tage für die Postbeamten [6]. Bis zur Dienstrechtsreform des Jahres 1997 beschränkte der Gesetzgeber insgesamt dieses Instrument auf die – inzwischen mit Ausnahme der Bundesbank – privatisierten großen Bundesunternehmen. Mit der Einführung der Leistungsprämien und Leistungszulagen durch das Reformgesetz wurde dieses interessante Anreizinstrument für Beamte (s. Kasten) somit erstmals für den gesamten öffentlichen Dienst maßgeblich und durchbrach den beschränkten Bereich der öffentlichen Unternehmen.

> **Anreize für Beamte?**
>
> Diese auf Initiative der Länder eingeführte Regelung ist, wenn man die Grundlagen des Berufsbeamtentums betrachtet, eigentlich bemerkenswert:
> Bei den Beamten und deren Verbänden besteht bekanntlich die Möglichkeit der Tarifverhandlung nicht, da der Gesetzgeber einseitig – wenn auch nicht frei von den Einflüssen der Interessenverbände – die Besoldung gesetzlich festlegt. Beamte werden nach dem Alimentationsgrundsatz besoldet und versorgt. Der Beamte verpflichtet sich dafür gemäß Bundesbeamtengesetz (§ 54 BBG) zur Hingabe in seinem Beruf.
> Das Berufsbeamtentum ist insofern von der Logik her betrachtet mit der Verpflichtung zur Erbringung der maximalen Leistung verbunden. Die Frage darf daher gestellt werden, ob denn dann überhaupt noch Anreize nötig oder möglich sind.
> Die bereits erwähnte Studienkommission griff den Aspekt der Leistungsanreize auf und betonte die Notwendigkeit zusätzlicher Formen der Leistungszulagen für kleine Kreise von Bediensteten [3]. Dieser Ansatz erscheint logisch nachvollziehbar und wird durch die gängige motivationstheoretische Forschung, so zum Beispiel durch das Modell des motivischen Verhaltens in Organisationen von Lutz von Rosenstiel, gestützt. Dieses Modell verfolgt die Annahme, dass Zusammenhänge zwischen dem Motivpotenzial (Anreiz) und dem Leistungsverhalten bestehen [14].
> Selbstverständlich werden Kritiker monetärer Leistungsanreizsysteme exakt an diesem Punkt ansetzen und postulieren, dass das Motivpotenzial je nach Motivstruktur differieren müsse, und soweit gehen zu behaupten, Geld habe keine Anreizwirkung.
> Aus meiner Sicht hat sich der Faktor »Geld« in der Unternehmenspraxis als ein durchaus praktikables und gesellschaftlich anerkanntes Belohnungs- und Anreizinstrument herauskristallisiert. Das darüber hinaus immaterielle Anreizsysteme von wesentlicher Bedeutung sind, liegt auf der Hand. Solche Anreizinstrumente können aber materielle Anreize nicht ersetzen, sondern sinnvoll – besonders im Hinblick auf die jeweilige Zielgruppe – ergänzen.

Der Gesetzgeber etablierte diesen Ansatz monetärer Leistungsanreize für Beamte der Besoldungsordnung A (bei den Beamten der Besoldungsordnung B sind diese Elemente nicht eingeführt), um die Besoldungsstruktur zeitgemäß zu modifizieren.

Kritiker betonen daher zu Recht, dass die vor der Dienstrechtsreform 1997 bestehende Besoldungsstruktur den Eindruck erwecken könnte, die individuelle Leistung würde nicht hinreichend honoriert.

Dienstrechtsreform 1997

Durch die Reformansätze zur Gewährung von Leistungsstufen (§ 27 BBesG) und von Leistungszulagen und Leistungsprämien (§ 42a BBesG) wurden bereits entscheidende Verbesserungen erzielt. Mit diesen Modellen verfolgt der Gesetzgeber explizit den flächendeckenden Ansatz der Zahlung von Entgeltbestandteilen als Motivationsanreiz im öffentlichen Dienstrecht.

Die konkrete Umsetzung dieser Veränderungen im Bundesbesoldungsgesetz (BBesG) erfolgt auf Bundesebene [6] durch *die Verordnung über die Gewährung von Prämien und Zulagen für besondere Leistungen* (Leistungsprämien- und Leistungszulagenverordnung – LPZV) und durch *die Verordnung über das leistungsabhängige Aufsteigen in den Gehaltsstufen* (Leistungsstufenverordnung – LStuV) und durch analoge Verordnungen auf Landesebene (zum Beispiel die BayLPZV vom Dezember 1998).

Betrachtet man die Regelungen des BBesG, die die Rahmengesetzgebungen darstellen, genauer, so lässt sich folgende leistungsorientierte Ausrichtung feststellen:

⇨ Gemäß § 27 BBesG enthält das Grundgehalt der Beamten der Besoldungsordnung A nun eine leistungsabhängige Komponente, da von der ausschließlichen Entgelterhöhung durch Erreichen der nächsten Dienstaltersstufe Abstand genommen wurde. Vielmehr sind einerseits für die Erbringung einer besonders guten Leistung die sogenannten Leistungsstufen vorgesehen, die zur Erhöhung des Grundgehaltes führen. Andererseits kann bei einer entsprechenden »Schlechtleistung« der Aufstieg innerhalb der Dienstaltersstufen gehemmt werden.

⇨ Flankiert wird diese Ausrichtung durch den § 42 BBesG zur Bereitstellung von Leistungsprämien beziehungsweise Leistungszulagen für besondere individuelle Leistungen. Der im Grundgesetz verankerte Grundsatz des Leistungsprinzips im Berufsbeamtentum erfährt durch diese monetären Anreize eine deutliche Stärkung. Die Veränderung des vormaligen Prinzips der von der Individualleistung unabhängigen Erhöhung des Grundgehaltes im Zweijahresrhythmus stellt eine entscheidende Verbesserung der Leistungsorientierung in der Besoldung dar. Aufgrund der alten Struktur der Dienstaltersstufen im Zweijahresabstand, konnte zweifelsfrei der Eindruck entstehen, dass die Besoldung leistungsunabhängig gewährt wird. Die Besoldungsverbesserung, die nach altem Recht ausschließlich nach Zeitablauf erfolgte, führte dazu, dass ein zentrales Instrument der Personalführung ungenutzt blieb.

Das Bundesministerium des Innern (BMI) ergänzte damit das bisher übliche Modell des automatischen Aufstiegs im Grundgehalt, das sich am Grundsatz eines Leistungs- und Wissenszuwachses durch die Dauer der Berufserfahrung orientierte, durch ein Modell des Aufstiegs aufgrund der fachlichen Leistung.

Schwachstellen in der Reform

Dieser Ansatz erscheint im Kern geeignet, um den Aspekt der Leistungsorientierung im öffentlichen Dienst durch eine Gewährung von Leistungsanreizen zu verstärken. Dennoch weist der Ansatz verschiedene Schwachstellen auf, die sich in zentralen Punkten zusammenfassen lassen.

Aufstieg ohne explizite positive oder negative Leistungsfeststellung
Die Neufassung des § 27 BBesG sieht weiterhin generell die Regelung des Aufstiegs ohne explizite positive oder negative Leistungsfeststellung vor. Das heißt, der nicht zwingend leistungsfördernde Ansatz der Dienstaltersstufen wird beibehalten. Dieser Ansatz stellt eine Ausrichtung dar, die für den öffentlichen Dienst prinzipiell charakteristisch ist: *Das Prinzip der Honorierung der Betriebstreue steht damit weiterhin über dem Prinzip der ausschließlichen Leistungsorientierung,* das für die Privatwirtschaft typisch ist. Im öffentlichen Dienst wird hingegen von dem Ansatz ausgegangen, dass die Mehrheit der Mitarbeiter der Orga-

nisation die ihnen übertragenen Aufgaben oder das ihnen übertragene Amt und die daran gebundenen regulären Anforderungen erfüllen und damit gleichzeitig ihrem besoldungstechnischen Aufstieg innerhalb einer Gruppe legitimieren.

Aus personalwirtschaftlicher Perspektive erscheint es auch bedenklich, dass auf probate Mittel der Sanktionen gegenüber Minderleistungen verzichtet wird. Die Option der Hemmung im Fortgang der Dienstaltersstufen scheint dazu nicht hinreichend.

Außerdem hat es der Gesetzgeber auch unterlassen, über Anreizinstrumente für Endstufenbeamte und Beamte mit festen Gehältern (B-Besoldung) nachzudenken [3].

Umschichtung innerhalb der Besoldungsgruppen
Dem Anreizcharakter des § 27 BBesG wirkt entgegen, dass im Prinzip innerhalb der Besoldungsgruppen nur eine Umschichtung vorgenommen wurde. Den höheren Steigerungsbeträgen bei Berufsbeginn stehen nämlich die niedrigeren Steigerungsbeträge im fortgeschrittenen Berufsleben gegenüber. Ferner weist die neue Entgelttabelle weniger Stufen auf und das Endgrundgehalt wird erst später erreicht. Insgesamt besteht daher die Tendenz, dass sich das reguläre Lebenseinkommen vieler Beamten der Besoldungsordnung A durch diese Stufenverlängerung reduzieren kann.

Hier muss verdeutlicht werden, dass die angestrebte Verstärkung leistungsorientierter Anteile nicht gleichbedeutend ist mit einem sinkenden Einkommen. Vielmehr besteht hier die Verpflichtung, die eigentliche Intention der Anreizinstrumente herauszuarbeiten, um so Demotivation zu vermeiden.

Die intendierten Ansätze zur Steigerung der Leistungsorientierung im öffentlichen Dienst werden des Weiteren dadurch geschmälert, dass es aus motivationstheoretischer Sicht problematisch erscheint, dass das Gesetz keine Widerrufsmöglichkeit einräumt [12]. Die dauerhafte Gewährung der nächsthöheren Stufe trägt eher dazu bei, die erreichte Besoldungshöhe als Selbstverständlichkeit zu betrachten.

Willkürliche Festlegung einer Quotierung
Außerdem ist kritisch anzumerken, dass die willkürliche Festlegung einer Quotierung auf dem Niveau von maximal zehn Prozent der Mitarbeiter einer Organisationseinheit, der Intention, durch monetäre Anreize zu einer Leistungssteigerung beizutragen, deutlich widerspricht. Zwar wird auf diese Weise sichergestellt, dass bei der Vergabe kein »Gießkanneneffekt« [10] verfolgt wird, dennoch führt diese Quotierung die bestehende Regelung zur Gewährung von Leistungsanreizen ad absurdum.

⇨ Sollte der Dienstherr mit Hilfe elaborierter Beurteilungsverfahren feststellen, dass mehr als zehn Prozent der Bediensteten eine herausragende Leistung erbringen, dann fehlt ihm jede Möglichkeit, alle Leistungsträger durch Vergabe von Leistungsstufen zu belohnen.

⇨ Gleichzeitig besteht die Gefahr, dass auch bei Nichtvorliegen von herausragenden Leistungen vom vorhandenen Budget Gebrauch gemacht wird, bis die Zehn-Prozent-Grenze erreicht ist.

Gefahr der Demotivierung für die Mehrheit der Mitarbeiter
Aus der Perspektive der motivationstheoretischen ausgerichteten Forschung wird daher wohl zu Recht die kritische Frage gestellt, inwiefern die Reform die ohnehin schon vorher als »Leistungsträger« fungierenden Beamten jetzt noch zusätzlich honoriert, währenddessen die, die nicht zu den Leistungsträgern zählen (aufgrund der Quotierung ist das die Masse der Beschäftigten) eher zu Frustration neigen.

Der optionale Gesamterfolg der Organisation wird dadurch eindeutig geschmälert [4]. Drastisch formuliert könnte es schließlich denkbar sein, dass diese Regelung sogar kontraproduktiv wirkt, denn durch den Ausschluss von 90 Prozent der Mitarbeiter, die von den Anreizen ausgeschlossen bleiben, bleiben Potenziale ungenutzt und Frustration könnte gefördert werden.

Auch an dieser Stelle wird die Gefahr deutlich, dass die Demotivationsaspekte für die Masse der Beamten nicht durch die Motivationserfolge weniger Mitarbeiter kompensiert werden können. Durch die fehlende methodische Güte vorhandener Leistungsbeurteilungsverfahren im öffentlichen Dienst und durch die dem Prinzip der Objektivität widersprechende Kontingentierung [11] wird die Tendenz »mehr Frustration als Motivation« verstärkt.

Kosteneinsparungen stehen im Vordergrund
Des weiteren muss die Tatsache problematisiert werden, dass dem Einspareffekt das vordringliche Reforminteresse gilt. Durch das generelle spätere Erreichen der höchsten Dienstaltersstufe und andere Instrumente des Personaleinsatzes (zum Beispiel durch die Übernahme höherer Funktionen für 18 Monate ohne finanziellen Ausgleich) kommt dies zum Ausdruck [8]. In diesem Kontext erscheint es bedenkenswert, dass die Bereitstellung der monetären Anreize gemäß § 42a BBesG nur bei Vorliegen besonderer haushaltsrechtlicher Vorgaben, die das erklärte Ziel der Kostenneutralität herausstellen, erfolgen kann. Diese Einsparungen, die also vorab erfolgen müssen, um dann Zulagen oder Prämien auszuschütten, können im positiven Fall durch zusätzliche Dienstleistungen oder eine erhöhte Produktivität erwirtschaftet werden. In der Praxis favorisiert die öffentliche Hand aber einen Personalabbau durch die Nichtbesetzung vakanter Planstellen. Dieser negative Aspekt, durch die eigene Mehrleistung dazu beizutragen, Arbeitsplätze abzubauen, reduziert die Möglichkeiten der Anreizsysteme nachdrücklich.

Obwohl es aus gesamtstaatlicher Sicht unbestritten bleibt, dass Kostensenkungen der öffentlichen Hand unausweichlich sind, sollten die kurzfristigen Ziele der Kostensenkung nicht über die mittelfristigen Ziele der Leistungssteigerung der Organisation durch die Leistung Einzelner oder von Gruppen dominieren. Erstrebte kurzfristige Einsparungspotenziale erwecken eher das Misstrauen und steigern den Eindruck der Mitarbeiter, durch ihre Mehrleistung andere Arbeitsplätze zu gefährden.

Notwendige Definition des Leistungsbegriffs

Außerdem ist es notwendig, eindeutige und einheitliche Definitionen des Leistungsbegriffs und entsprechende Vergabekriterien vorzugeben und nicht – wenn auch sicherlich mit dem erklärten wohlgemeinten Willen – Verantwortung zu delegieren und ohne konkrete Ziele zu führen.

Dieser Schwachpunkt ist aus personalwirtschaftlicher Sicht von zentraler Bedeutung und kommt in der unzureichenden Methodik der Leistungsbeurteilung und der Potenzialeinschätzung zum Ausdruck. Diese Aspekte werden in den bisher vorliegenden Ansätzen nur unzureichend thematisiert.

Im unmittelbaren Kontext der Leistungsbeurteilung versuchte der Gesetzgeber, durch das Einfügen des § 41a Bundeslaufbahnverordnung (BLV) auf die Beurteilung Einfluss zu nehmen, indem für die ersten beiden Beurteilungsnoten Quotierungen fixiert werden. Der Anteil der bestbenoteten Beamten darf demnach 15 Prozent nicht überschreiten, der am zweitbesten Benoteten darf nicht über 35 Prozent liegen. Mit diesem Instrument will der Gesetzgeber aussagekräftige Beurteilungen erreichen und die Tendenz zur Milde abschwächen. Dadurch entsteht der falsche Eindruck, dass durch die Kontingentierung die Personalbeurteilung verbessert wird, denn Beurteilungsfehler werden so zwar reduziert, aber nicht verbessert [12].

Programm »Moderner Staat – Moderne Verwaltung«

In der Summe bleibt daher zunächst festzustellen, dass die ersten Ansätze zur Gewährung von Leistungsprämien, Leistungsstufen und Leistungszulagen für Beamte (gemäß § 27 und § 42 BBesG) im Rahmen der Dienstrechtsreform des Jahres 1997 zwar in die richtige Richtung wiesen, entsprechende Konkretisierungen beziehungsweise Spezifizierungen im Hinblick auf die Instrumentarien hingegen weitgehend fehlten.

Inzwischen hat die Modernisierung des öffentlichen Sektors an zusätzlicher Dynamik gewonnen. Das Bundeskabinett hat dazu am 1. Dezember 1999 ein Programm »Moderner Staat – Moderne Verwaltung« für eine umfassende Verwaltungsmodernisierung geschaffen. Dieses Reformprogramm, das unter dem Leitbild des »aktivierenden Staates« firmiert, umfasst auch einen Reformbereich »Motivierte Beschäftigte«. Die Dienstrechtsnovelle gilt dabei – neben dem Aspekt der Personalentwicklung in der Bundesverwaltung – als wesentliches Element der Zielerreichung.

Im Kontext dieser Zielsetzung der Verwaltungsmodernisierung sind inzwischen zahlreiche Ansätze zur Verbesserung der Leistungsorientierung des vorab aufgezeigten – zum Teil sehr starren – Besoldungsrechts erarbeitet worden.

Zurückgreifen konnte man dabei auch auf den Erfahrungsbericht zur Dienstrechtsreform, in dem auf den Abschlussbericht des Forschungsvorhabens »Wissenschaftliche Begleitung der Einführung von leistungsbezogenen Bezahlungselementen in der Besoldung in ausgewählten Bereichen der Bundesverwaltung Bezug genommen wurde.

Erfahrungsbericht zur Dienstrechtsreform

Der Erfahrungsbericht zur Dienstrechtsreform des Jahres 1997 kommentiert explizit die Leistungselemente in der Besoldung im Hinblick auf die Umsetzung rahmenrechtlicher Vorschriften und Probleme der Verwaltungspraxis. Liest man diesen Bericht genauer, liegen folgende Ergebnisse auf der Hand.

Die Umsetzung des Erlasses entsprechender Rechtsverordnung erfolgt zum Teil schleppend
Lediglich in sieben Bundesländern sind entsprechende Verordnungen für die Vergabe von Leistungsstufen, Leistungsprämien und Leistungszulagen erlassen worden. Sechs Bundesländer planen – wegen einer angespannten Haushaltssituation – die Rahmengesetzgebung der §§ 27 und 42a BBesG nicht oder nur zum Teil umzusetzen.

Dieses Ergebnis ist erstaunlich und zeugt von offensichtlich mangelnder Information der Länder im Hinblick auf die Zielrichtung dieser Anreizinstrumente. Eine offene Informationspolitik ist nämlich bei der Implementierung neuer Vergütungsmodelle als wesentlicher Erfolgsfaktor anzusehen und darf nicht vernachlässigt werden, um mögliche Konflikte zu vermeiden. Zu erklären ist diese Problematik – wie erwähnt – mit haushaltsrechtlichen Problemen.

Der Aspekt der angespannten Haushaltssituation hemmt die Implementierung
Die Gewährung war in der Folge der Dienstrechtsreform nur unter dem Vorbehalt möglich, dass im gleichwertigem Umfang freie Planstellen oder Stellen nicht besetzt wurden. Dies war in den Jahren 1997 bis 1998 der Fall und hat die positive Entwicklung entscheidend geschwächt. Die Signalwirkung: »Wer hier gibt, muss dort nehmen«, ist selbstverständlich allen am Prozess Betroffenen – also Führungskräften, Personalvertretungen und Mitarbeitern – schwer kommunizierbar. Die Folge ist eine abwehrende Haltung, die aus meiner Sicht auch in der nur schleppenden Umsetzung der Rahmenvorgaben des BBesG in den Ländern zum Ausdruck kommt.

Im Rahmen der Haushaltsgesetze 1999 und 2000 nahm der Bund hier aber eine Flexibilisierung vor, indem entschieden wurde, dass die Gegenfinanzierung der für die monetären Anreize zu erbringenden Haushaltsmittel durch eine flexible Haushaltsführung erwirtschaftet werden dürfen [16].

Evaluierung durch eine Unternehmensberatung

Der Abschlußbericht der Unternehmensberatung, die den Evaluierungsauftrag erhielt, arbeitet in diesem Zusammenhang folgerichtig die Crux dieser Regelung heraus: *Auf der Ebene einzelner Dienstbehörden (mit Einzelhaushalt) ist die Leistungsvergütung ein finanzielles Nullsummenspiel, weil die benötigten Mittel für die leistungsbezogene Vergütung aus nicht besetzten Stellen finanziert wird. Durch das In-Kraft-Treten des Haushaltsgesetzes 1999 müssen die finanziellen*

Mittel zwar nicht mehr aus unbesetzten Stellen finanziert werden, sie müssen jedoch nach wie vor im gleichen Haushalt eingespart werden.

Betrachtet man noch einmal zusammenfassend die Erfahrungsauswertung der durch die Unternehmensberatung durchgeführten Studie, dann werden die eigens genannten Defizite von den befragten Mitarbeitern bestätigt.

Die Informationspolitik wird zum Teil defizitär beurteilt
Circa 30 Prozent der befragten Mitarbeiter der Bundesverwaltung gaben an, gar nicht informiert worden zu sein. Dies ist eine klare Schwäche der bisherigen Organisation. Drei Viertel der befragten Mitarbeiter fühlten sich kaum oder gar nicht informiert. Betrachtet man die Ursachen einmal genauer, dann stößt man auf eine problematische Tatsache: Nur circa 20 Prozent der befragten Mitarbeiter wurden von ihrem Vorgesetzten über die bevorstehende Vergabe der leistungsbezogenen Bezahlungsinstrumente informiert. Ein Ergebnis, das eindeutig belegt, dass die Personalführungsinstrumente – zum Beispiel: Mitarbeitergespräche – insgesamt deutlich verstärkt werden müssen. *Monetäre Leistungsanreize, die separiert eine unzureichende Personalführung stützen sollen, wirken kontraproduktiv.*

Vergabekriterien und die Beurteilungsparameter werden als nicht transparent erachtet
Jeweils circa ein Drittel der befragten Mitarbeiter monierten, dass es keine verbindlichen Leistungsmerkmale gebe. Das Fehlen eindeutiger Kriterien der Leistungsdefinition wird deutlich kritisiert. Wie bereits erwähnt, lässt das Dienstrechtsreformgesetz von 1997 Kriterien und Methodik einer Leistungsprognose unberücksichtigt. Die konkrete Ausgestaltung wird damit den einzelnen Bereichen oder Dienststellen weitgehend überlassen.

Dies gipfelt in der Unsicherheit, ob denn dann ein höherer Arbeitseinsatz später auch tatsächlich belohnt wird, da dem »Nasenfaktor« (Sympathieaspekt) ein wesentliches Gewicht zugesprochen wird. Bei genauerer Ansicht ist festzustellen, dass die bisherige Beurteilungspraxis – auch im Hinblick auf die zukunftsorientierte Ausrichtung eines Personalmanagements in der öffentlichen Verwaltung – deutlich modifiziert werden müsste.

Zur Zeit ist die Personalbeurteilung im öffentlichen Dienst somit eher als »Ritual« zu bezeichnen, dessen personalwirtschaftliche Bedeutung traditionell unterschätzt wird.

Die eher geringen methodischen Vorgaben, zum Beispiel die »Beurteilungsrichtlinie für den nachgeordneten Bereich des BMI« [5] geben dabei keine ausreichende Hilfestellung und tragen nicht zur nachhaltigen Verbesserung des Einsatzes dieses Instrumentes der Personalführung bei.

Zusammenfassend kann festgestellt werden, dass einerseits das Fehlen elaborierter und von der Personalvertretung mitgetragener Methoden der Leistungs- und Potenzialbeurteilung ein deutliches Defizit darstellt und der Transparenz und Akzeptanz entschieden entgegensteht.

Anderseits trägt die offensichtlich defizitäre Vorbereitung der Führungskräfte in der Linie auf diese neuen Aufgaben (zum Beispiel durch Fortbildungen zum Thema Mitarbeiter- und Führungsgespräche) dazu bei, dass diese Personalführungsinstrumente nicht hinreichend genutzt werden.

Quotierung wird negativ beurteilt, das Prinzip aber positiv gesehen
Erwartungsgemäß wird die Quotierung beziehungsweise die »Empfängerbegrenzungsregelung« sehr negativ beurteilt. Insgesamt beurteilen mehr als die Hälfte der befragten Mitarbeiter diese Regelung negativ. Ein Zustand, der so nicht tragbar ist und Innovationswiderstände hervorruft.

Im Hinblick auf die bisher insgesamt positive ausgeprägte Akzeptanz – circa drei Viertel der befragten Mitarbeiter in den Behörden befürworten prinzipiell die leistungsbezogenen Bezahlungselemente in der Besoldung – ist dieser Sachverhalt bedenklich. Es besteht also deutlicher Nachsteuerungsbedarf.

Diese aufgezeigten Defizite wurden inzwischen teilweise erkannt und in aktuellen Dienstrechtsreformansätzen des BMI gibt es Ansätze für eine Neuausrichtung.

Entwurf eines Gesetzes zur Modernisierung der Besoldungsstruktur (BesStrktG)

Dieser Gesetzesentwurf sieht eine Flexibilisierung des Dienstrechts zum Ausbau leistungsfördernder Elemente in der Besoldung vor.

Einführung von Besoldungsbandbreiten

Durch diese sogenannte *Ämterspreizung* besteht aus personalwirtschaftlicher Sicht eine positive Option zur Flexibilisierung der Bezahlung im Eingangs- und ersten Beförderungsamt in den Laufbahngruppen des gehobenen und höheren Dienstes. Vorgesehen ist die Einführung einer Bandbreite über drei Besoldungsgruppen. Die konkrete Zuordnung erfolgt dann nicht mehr wie bisher zentral und pauschalisierend, sondern dezentral und arbeitsmarktorientiert.

Konkret würde das bedeuten, dass eine dezentrale Einheit – im Rahmen des Stellenplans beziehungsweise des Personalbudgets – einem Dipl.-Informatiker (Univ.), der zur Zeit das Eingangsamt A13 erhalten würde, auch sofort mit einem Dienstposten A14 marktkonform besolden könnte. Gleichzeitig besteht dann aber auch die Option, zum Beispiel einen Juristen (wenn der Beschäftigungsmarkt aufgrund regionaler und branchenspezifischer Rahmenbedingungen dies zulässt) mit dem Eingangsamt A12 zu besolden. Der Dienstherr erhielte damit ein Instrumentarium für die Personalbeschaffung, das marktüblicher Praxis entspricht.

Das Instrument der Ämterspreizung ist somit prinzipiell positiv zu bewerten und trägt zur Dynamisierung und leistungsorientierten Ausrichtung des Dienstrechts bei.

Es sollte aber kritisch betrachtet werden, dass auch hierbei nicht die Einsparungsoption dominiert, denn dann würde dieses Instrumentarium ebenfalls kontraproduktiv wirken. Die Gefahr der Tendenz einer Nutzung der Bandbreite im unteren Bereich – besonders unter Berücksichtigung der angespannten Haushalte von Bund, Ländern und Kommunen – liegt auf der Hand.

Die in diesem Kontext aufgeworfenen rechtlichen Problematiken, zum Beispiel die problematische Entkopplung von statusrechtlichem Amt und amtsbezogener Besoldung [9], sind zusätzlich kritisch zu betrachten.

Modernisierung von Sozialzuschlägen
(zum Beispiel: Verheiratetenzuschlag)

In diesem Zusammenhang ist auch der Wegfall des Verheiratetenzuschlags zur Gegenfinanzierung zu sehen. Generell ist aus der Sicht eines modernen Personalmanagements die Ersetzung von Sozialzuschlägen durch leistungsorientierte Entgeltkomponenten zu begrüßen.

Dennoch muss hier beachtet werden, dass nicht unter dem Vorwand der Modernisierung ein Entgeltverlust in Bezug auf das Lebenseinkommen verbunden ist. Dies fördert eher Frustration und senkt die aus Personalsicht unbedingt notwendige Attraktivität des Teilarbeitsmarktes »Öffentlicher Dienst«.

Vergabe vorübergehender Zulagen

Prinzipiell positiv zu bewerten ist auch diese Möglichkeit, für die zeitweise Übertragung von Aufgaben (zum Beispiel im Rahmen einer Projektarbeit) Zulagen zu vergeben. Die angemessene Honorierung und damit auch der Anreiz zur Mehrarbeit wird konstruktiv aufgegriffen. Damit soll ein wesentliches Element moderner Personalsteuerung oder -führung in die öffentliche Verwaltung getragen werden.

Für Aufgaben mit vorübergehenden Charakter ist dies ein probates Mittel, es muss aber beachtet werden, dass es sich nicht um eine dauerhafte quantitative und qualitative Aufgabenmehrung handelt, die nur zeitweise finanziell abgegolten wird. Dies würde anstatt der gewünschten Motivation auch wieder eher den Aspekt der Frustration fördern.

Insgesamt sind die Reformansätze des BesStruktG aus der Sicht des Anreizmanagements im Rahmen einer effizienten und effektiven Steuerung des Personalkörpers positiv zu bewerten. Der Dienstherr sollte jedoch berücksichtigen, dass es der Ansatz des »aktivierenden Staates« ist, der das Leitbild des Modernen Staates bildet. Der »schlanke Staat« allein, führt eher zu demotivierenden Einspareffekten mit negativen personellen Auswirkungen.

Entwurf einer Novelle der Bundeslaufbahnverordnung (BLV)

Der Dienstherr hat inzwischen einen kontrovers diskutierten Entwurf zur Novellierung der BLV vorgelegt, der die zur Zeit vorliegende circa 25 Jahre alte Regelung ablösen soll. Dieser Entwurf greift Elemente eines modernen Personalmanagements (mit Schwerpunkt im Bereich Personalentwicklung/Personalführung) auf.

- ⇨ Es wird betont, dass das Leistungsprinzip durch eine »Förderung der Leistungsfähigkeit« gestärkt werden soll. Dazu ist die Aufnahme einer entsprechenden Verpflichtung in § 6.1 (Entwurf-BLV) vorgesehen.
- ⇨ Es wird direkt bestimmt, dass »Eignung, Leistung und Befähigung des Beamten durch geeignete Personalführungs- und Personalentwicklungsmaßnahmen zu erhalten und zu fördern (...)« sind.

Erklärtes Ziel dieser Neuausrichtung der Rahmenbedingungen des öffentlichen Personalmanagements ist es, »(...) die Bedeutung der Personalführungs- und Personalentwicklungsmaßnahmen für die moderne öffentliche Verwaltung nachdrücklich zu unterstreichen (...)«.

Fokussiert man konkret die Regelungen im Entwurf, die dazu beitragen sollen, dann erscheint der Neuerungsgrad jedoch eher bescheiden:
⇨ *Die Personalbeurteilung wird nicht entscheidend modernisiert:*
Beispielsweise bleibt es aus der Sicht eines modernen Personalmanagements schwierig nachvollziehbar, warum die Fünfjahresfrist für die Regelbeurteilung (§ 5 BLV-Entwurf) bestehen bleibt. Eine festgeschriebene Quotierung der Bewertungsmaßstäbe (Fünf Prozent für die Notenbesten, 15 Prozent für die Zweitbesten) erweckt immer noch den Eindruck eines tiefen Misstrauens in die personalwirtschaftlichen Kompetenzen vor Ort. Reglementierung dieses Art sind problematisch und fördern wohl kaum eine objektive Personalbeurteilung der Beamten. Hinzu kommt noch, dass ältere Beamte – ab 55 Jahre im Endamt der Laufbahngruppe oder in der B-Besoldung nicht beurteilt werden. Dieser Punkt erscheint ebenfalls problematisch und ist im Hinblick auf den vorab betonten Gedanken der Leistungsförderung, diese Ausrichtung müsste aus meiner Sicht alle Mitarbeiter implizieren, nicht plausibel.
⇨ *Andere Formen der Leistungsbemessung werden nicht eingeführt:*
Dieser Aspekt ist besonders vor dem Hintergrund der Verknüpfung mit der Personalentwicklung (zum Beispiel: Potenzialanalyse und Potenzialförderung) zu problematisieren. Die zwingend notwendige Verknüpfung der Elemente der Personalentwicklung mit anderen, zum Beispiel monetären Leistungsanreizen, bleibt so unberücksichtigt. Die Folge ist ein deutlicher Modernitätsrückstand des öffentlichen Sektors in Bezug auf die effektive Anwendung einer zeitgemäßen Personalführung [9].

Insgesamt kann daher festgestellt werden, dass der Entwurf zur Novellierung der BLV tendenziell als positiv zu bewerten ist. Der Gesetzgeber nutzt aber nicht in hinreichendem Maße die vorliegenden personalwirtschaftlichen Instrumente zur Förderung der Leistungsbereitschaft und Leistungsfähigkeit seiner Bediensteten.

Eine moderne und im Entwurf der BLV explizit postulierte Personalführung und Personalenwicklung kann so nur im Ansatz erreicht werden.
Zusammenfassend bleibt daher zu sagen, dass ein modernes Anreizsystem bei den Beamten nur schrittweise durch die Etablierung leistungsorientierter Entgeltbestandteile und einer sukzessive wachsenden Personalentwicklung aufgebaut werden kann.

Peter Krauss-Hoffmann, Dipl.- Arb.-Wiss, Dipl.- Päd., Referent bei der Bundesanstalt für Arbeitsschutz und Arbeitsmedizin, Dortmund

Literatur

[1] BECKER, F.: *Grundlagen der betrieblichen Leistungsbeurteilung*, Stuttgart, 1992

[2] BIERFELDER, W.: *Handwörterbuch des öffentlichen Dienstes*, Berlin, 1976, S. 1410

[3] BÖNDERS, T: *Neue Leistungselemente in der Besoldung – Anreiz oder Flop*, Zeitschrift für Beamtenrecht, 1/1999, S. 11

[4] DULISCH, F.: *Leistungsprämien als Motivationsanreiz im öffentlichen Dienst*, Verwaltungsrundschau, 2/1996

[5] DULISCH, F.: *Die neue Beurteilungsrichtlinie für den nachgeordneten Bereich des BMI*, Brühl: FH Bund, 1998

[6] GÖSER, H.; SCHLATMANN, A.: *Leistungsbezahlung in der Besoldung*, München, 1998

[7] KRAUSS-HOFFMANN, P.: *Leistungsorientiertes Entgelt im öffentlichen Dienst*, unveröffentlichte Diplomarbeit, Bochum, 2000

[8] LECHELER, H.: *Reform oder Deformation?*, Zeitschrift für Beamtenrecht, 7/1997, 206ff.

[9] LORSE, J.: *Personalmanagement im öffentlichen Dienst*, Neuwied, 2001

[10] MOMBAUER, P. M.: *Besoldung nach erbrachter Leistung*, Kommunalpolitische Blätter, 2/1994, S. 96

[11] OECHSLER, W.: *Dienstrechtsreform und leistungsorientiertes Personalmanagement*, in: Modernisierung der Bundesverwaltung, Brühl, 1997, 43ff.

[12] OECHSLER W.; VAANHOLT, S.: *Dienstrechtsreform – klein aber auch nicht fein*, Die Betriebswirtschaft, 4/1997, 529ff.

[13] PÜHLER, K.-P.: *BAT 99, Bundesangestelltentarifvertrag*, München, 1999

[14] VON ROSENSTIEL, L.: *Motivation von Mitarbeitern*, in: von Rosenstiel, L.; Regnet, E. (Hrsg.): Führung von Mitarbeitern, Reihe: USW-Schriften für Führungskräfte, Stuttgart, 1993, S. 153–168

[15] SPIESS, W.: *Dienstliche Beurteilung und Beförderung*, Bonn, 1998

[16] STEINLE, C.; GREWE, A.: *Implementierung neuer Vergütungsmodelle*, Personalwirtschaft, Sonderheft 9/2000, S. 47–50

[17] TONDORF, K.: *Leistungszulagen als Reforminstrument*, Berlin: Hans-Böckler-Stiftung, 1997

[18] VAANHOLT, S.: *Human Resource Management in der öffentlichen Verwaltung*, Wiesbaden, 1997

Web-Sites

www.bertelsmann-stiftung.de
Die Bertelsmann-Stiftung engagiert sich seit vielen Jahren für Demokratie und Effizienz in der öffentlichen Verwaltung.

www.bmi.de
Auf dem Web-Site des Bundesministeriums des Inneren (BMI) kann man unter anderem die Gesetzestexte Bundesbesoldungsgesetz (BBesG) und Bundesbeamtengesetz (BBG) einsehen. Auch die »Bundeslaufbahnverordnung« (BLV) oder die »Verordnung über die Gewährung von Prämien und Zulagen für besondere Leistungen« (LPZV) sowie die »Verordnung über das leistungsabhängige Aufsteigen in den Grundgehaltsstufen« (LStuV) und die »Verordnung über die Gewährung von Sonderzuschlägen zur Sicherung der Funktions- und Wettbewerbsfähigkeit« (SzV) sind hier verfügbar.

www.dpg.org/vl_info/spezial_vl_infos/vl_info_tk_5_6.html
Informationen der Deutschen Postgewerkschaft (DPG) zum Neuen Bewertungs- und Bezahlungssystem (NBBS) der Deutschen Telekom AG.

www.gdba.de
Informationen der Verkehrs-Gewerkschaft GDBA zu beispielsweise den Tarifverträgen LAS-TV (DB Reise& Touristik AG) und LEV-TV (DB Station& Service AG) der Deutschen Bahn AG.

www.kgst.de

Bekannt wurde die »Kommunale Gemeinschaftsstelle für Verwaltungsvereinfachung« (KGSt), die sich heute »Verband für kommunales Management« nennt, besonders als Initiatorin des sogenannten »Neuen Steuerungsmodells«, das in den 90er-Jahren bundesweit der Startschuss für die Reform der Kommunalverwaltungen war.

www.oetv-berlin.de/info/gb/bat
Der Bundesangestelltentarifvertrag (BAT) i. F. des 73. Änderungstarifvertrages vom 17. 7. 1996

www.staat-modern.de
Die Bundesregierung informiert auf diesem Web-Site über laufende Projekte.

www.tarifunion.dbb.de
Der Deutsche Beamten Bund (DBB) als die Spitzenorganisation der Gewerkschaften des öffentlichen Dienstes und des privatisierten Dienstleistungssektors vertritt die tarifpolitischen Interessen für die Angestellten und Arbeiter.

www.tdl-online.de
Tarifgemeinschaft deutscher Länder ist der Arbeitgeberverband der Bundesländer.

www.verdi.de
Auf dem Web-Site von ver.di – Vereinte Dienstleistungsgewerkschaft finden sich eine Fülle an tarifpolitischen Informationen, beispielsweise zum Spartentarifvertrag Nahverkehrsbetriebe.

www.vka.de
Web-Site der Vereinigung der kommunalen Arbeitergeberverbände (vka).

Zusammenfassung

Auch im öffentlichen Dienst wird an zahlreichen Stellen der Versuch unternommen, die Entgelte der Mitarbeiter stärker zur Motivation derselben heranzuziehen. Die derzeit vorliegenden Entlohnungskonzepte im öffentlichen Dienst weisen allerdings noch unterschiedliche personalwirtschaftliche Defizite auf.
Auf der Basis des Gesamtwerks des BAT liegen schon zahlreiche Tarifabschlüsse und Richtlinien oder Vereinbarungen vor, die das Entgeltsystem für Angestellte im öffentlichen Dienst sinnvoll um leistungsorientierte Elemente ergänzen. Die neuralgischen Aspekte der Leistungsbemessung und der -beurteilung verlagerten die Tarifpartner aber auf die betriebliche Ebene. Da man in diesem Bereich keine Ergebnisse erzielte, kann man inzwischen sogar davon sprechen, dass eine sukzessive Abkehr vom übergreifend wirksamen Charakter des BAT im öffentlichen Sektor erkennbar ist (beispielsweise: Spartentarifvertrag).
Im Bereich der Beamtenbesoldung wurde mit der Einführung der Leistungsprämien und Leistungszulagen durch die Dienstrechtsreform 1997 das Anreizinstrument für Beamte modernisiert. Dies wies zwar in die richtige Richtung, entsprechende Konkretisierungen beziehungsweise Spezifizierungen im Hinblick auf die Instrumentarien hingegen fehlten weitgehend. Außerdem werden die Bemühungen durch den Sparkurs der Haushalte konterkariert. Mit dem aktuellen Entwurf eines Gesetzes zur Modernisierung der Besoldungsstruktur (BesStrktG) und einer Novellierung der Laufbahnverordnung will man nun weitere Modernisierung bewirken. Dies ist tendenziell als positiv zu bewerten. Der Gesetzgeber nutzt aber immer noch nicht im hinreichenden Maße die vorliegenden per-

sonalwirtschaftlichen Instrumente zur Förderung der Leistungsbereitschaft und Leistungsfähigkeit seiner Bediensteten.
Insgesamt bleibt somit ein Modernitätsrückstand im Personalmanagement des öffentlichen Dienstes. feststellbar. Diesen sollte man nun als Chance zum Neuaufbruch nutzen.

Analytische Arbeitsbewertung statt Personenbewertung

Angesichts der wachsenden Konkurrenz durch private Anbieter sind die Wohlfahrtsverbände zu Veränderungen im Personalmanagement gezwungen, auch in der Entgeltgestaltung. Orientierte man sich lange Zeit am BAT, wird der Fokus nun auf eine leistungs- und erfolgsorientierte Vergütung gerichtet.

In diesem Beitrag erfahren Sie:
- wie durch den Tarifvertrag der Paritätischen Tarifgemeinschaft ein neues, anforderungs- und leistungsbezogenes Entgeltsystem für die Verbände der Wohlfahrtspflege eingeführt wird,
- nach welchen Kriterien sowohl tarifliches Grundentgelt als auch Leistungsentgelt ermittelt werden kann,
- welche Erfahrungen Wohlfahrteinrichtungen mit der neuen Vergütung bereits gemacht haben.

ECKHARD EYER

Der Absatz- und Arbeitsmarkt in der Wohlfahrtspflege hat sich in den letzten 20 Jahren erheblich verändert. Auf den von Wohlfahrtsverbänden und kommunalen Anbietern lange dominierten Markt treten zunehmend private Anbieter auf. Durch professionelles (Personal-) Management verstehen sie es, von den etablierten Anbietern von Dienstleistungen in den Bereichen Gesundheit, Altenarbeit, ambulante Hilfe und Behindertenarbeit Marktanteile zu gewinnen. Veränderungen im Personalmanagement sind angesagt. Hierzu gehört auch die Orientierung an leistungs- und erfolgsorientierten Entgeltsystemen, wie sie in der deutschen Industrie nicht unüblich sind. In der Metall- und Elektroindustrie wurde zum Beispiel das variable Leistungsentgelt in den siebziger Jahren des letzten Jahrhunderts tariflich eingeführt. Anfang 2003 wurde ein Bankentarifvertrag abgeschlossen, der unter dem Stichwort »3-Säulen-Modell« als Flächentarifvertrag

Geschichte schrieb, weil er neben dem anforderungsbezogenen Grundentgelt und leistungsbezogenen Entgelten auch ein erfolgsabhängiges Entgelt enthält. Die Tarifvertragsparteien im öffentlichen Dienst verpflichteten sich im Januar 2003, bis Ende 2005 neue Entgeltstrukturen zu erarbeiten. Bereits im Oktober 2000 schloß die Paritätische Tarifgemeinschaft in Berlin einen Tarifvertrag für die anforderungs- und leistungsgerechten Vergütung ab. Er ist diskriminierungsfrei und entspricht damit der Rechtsprechung des EuGH, der sich gegen diskriminierende Merkmale wendet, wie zum Beispiel eine unterschiedliche Bezahlung bei gleichen Anforderungen und Leistungen nur aufgrund von Alter. Mit diesem Tarifvertrag wollen die Einrichtungen und Unternehmen, die sich der Paritätischen Tarifgemeinschaft angeschlossen haben, die Zukunft meistern.

Bisheriges Entgeltsystem in der Wohlfahrtspflege
Für die Verbände der Wohlfahrtspflege ist der BAT die »Leitwährung«. Der BAT differenziert die Entgelte im Wesentlichen unter folgenden Aspekten:
⇨ Grundvergütung nach (angebotener) Qualifikation mit
⇨ Bewährungsaufstieg
⇨ Ortszuschlag
⇨ Alterszulagen (das heißt Steigerung nach Dienstaltersstufen) sowie gegebenenfalls
⇨ speziellen Zulagen und Zuschlägen.

Die Kritik an dem bestehenden Tarifvertrag konzentrierte sich insbesondere darauf, dass bei gleicher Tätigkeit und unterschiedlichen Ausbildungsabschlüssen der Mitarbeiter unterschiedlich hohe Entgelte gezahlt wurden. So erhielt zum Beispiel bei gleicher Tätigkeit ein Diplom-Sozialpädagoge wesentlich weniger monatliches Entgelt als ein gleichaltriger Diplom-Psychologe.

Nach dem Bewährungsaufstieg verstärkte sich die Differenz dann noch einmal. Die Ortszuschläge richten sich nach dem Familienstand und der Anzahl der Kinder, also den Bedürfnissen des Mitarbeiters und folgen dem Alimentationsprinzip. Dieses führt bei seinem wohlgemeinten Schutzinteresse zu einer Diskriminierung von Familienvätern und -müttern, die auf Grund hoher Ortszuschläge in der BAT-Welt häufig keinen Arbeitsplatz finden. Entsprechend diskriminierend wirken die Alterszulagen, die eine Steigerung auf Grund des Lebensalters implizieren und dem Senioritätsprinzip folgen.

Um die sachwidrige Alimentation und Seniorität zu vernachlässigen und eine leistungsorientierte Entgeltkomponente in das tarifliche Entgelt einzuführen, entschied sich die Paritätische Tarifgemeinschaft Mitte der Neunziger Jahre des letzten Jahrhunderts ein neues, zukunftsfähiges, anforderungs- und leistungsbezogenes Entgelt tariflich zu gestalten.

Eine wesentliche Triebfeder war die Tatsache, dass die Kostenträger sich zunehmend vom System der Kostenerstattung verabschiedeten und »Verhandlungsergebnisse« oder »Fallpauschalen« vereinbarten. Mit anderen Worten: Die Erlössituation der Einrichtungen erlaubte es nicht mehr nach Bedürftigkeit und Seniorität zu vergüten.

Ziele des neuen Entgelttarifvertrages

Das neue anforderungs- und leistungsbezogene Entgelt sollte aus zwei Entgeltbausteinen bestehen, dem anforderungsbezogenen Grundentgelt und einem Leistungsentgelt, das auf Grund von Leistungsbeurteilung oder Leistungsmessung ermittelt werden kann.

Das anforderungsbezogene Grundentgelt sollte die von der Stelle bzw. Aufgabe geforderten Qualifikationen und Fähigkeiten berücksichtigen und nicht die vom Mitarbeiter angebotenen. Die Leistung sollte als Einzelleistung gewertet oder als Einzel- oder Teamleistung gemessen werden. Eine Zielvereinbarung mit entsprechender Beurteilung des beurteilbaren und/oder messbaren Zielerreichungsgrads ist ebenfalls möglich.

Arbeitgeber und Arbeitnehmervertreter erarbeiteten das nachfolgend beschriebene Grund- und Leistungsentgeltsystem.

Tarifliches Grundentgelt

Das tarifliche Grundentgelt basiert auf der vom Mitarbeiter übernommenen Tätigkeit bzw. auf der ihm gestellten Arbeitsaufgabe. Basis der Arbeitsbewertung ist die in der Arbeitsbeschreibung beschriebene Tätigkeit/Aufgabe, die hinsichtlich der Analyse der an den Mitarbeiter gestellten Anforderungen analysiert und bewertet wird. Die Tarifvertragsparteien haben fünf für die Wohlfahrtspflege relevante Anforderungsarten ermittelt.

Die fünf Anforderungsmerkmale sind in Abbildung 1 beschrieben.

»Können«

Das Anforderungsmerkmal *Können* beschreibt die Gesamtheit der erforderlichen Kenntnisse und Fähigkeiten, um die Arbeitsaufgabe quantitativ und qualitativ ausführen zu können. Kenntnisse und Fertigkeiten können durch Lernen und Üben erworben werden.

»Verantwortung«

Das Anforderungsmerkmal *Verantwortung* beschreibt den Umfang der Zuständigkeit der Handlung und ihre Folgen für die eigene Arbeit und/oder die Arbeit anderer Arbeitnehmer mit qualitativer Ergebniskontrolle.

»Selbstständigkeit«

Das Anforderungsmerkmal Selbstständigkeit beschreibt den Handlungsspielraum für eigene Entscheidungen über die Art und Weise sowie zeitliche Abfolge der Ausführung der Arbeitsaufgabe.

»Zusammenarbeit«

Das Anforderungsmerkmal Zusammenarbeit beschreibt Umfang, Art und Intensität der gemeinsamen Erledigung der Arbeitsaufgabe mit anderen Arbeitnehmern sowie die fachliche Abstimmung über Art und Weise des Arbeitsergebnisses.

»Führung«

Das Anforderungsmerkmal Führung beschreibt den Umfang der Anleitung und Unterweisung (fachliche Führung) sowie der Anweisung und Beaufsichtigung (disziplinarische Führung) von Arbeitnehmern.

Abb. 1: *Definition der Anforderungsmerkmale*

Tabelle 1: Bewertungsstufen des Anforderungsmerkmals Können		
	Bewertungsstufen »Können«	PW
1	Die Arbeitsaufgabe erfordert Kenntnisse und Fertigkeiten, wie sie durch eine fachliche Einarbeitung erworben werden.	6
2	Die Arbeitsaufgabe erfordert Kenntnisse und Fertigkeiten, wie sie üblicherweise durch eine mindestens einjährige Ausbildung erworben werden.	12
3	Die Arbeitsaufgabe erfordert Kenntnisse und Fertigkeiten, wie sie üblicherweise durch eine abgeschlossene Berufsausbildung oder durch Ausbildung in verschiedenen Arbeitsverfahren in vergleichbarem Umfang erworben werden.	18
4	Die Arbeitsaufgabe erfordert Kenntnisse und Fertigkeiten, wie sie üblicherweise durch eine abgeschlossene tätigkeitsbezogene Ausbildung in einem anerkannten Ausbildungsberuf mit mindestens dreijähriger Regelausbildungsdauer erworben werden.	24
5	Die Arbeitsaufgabe erfordert Kenntnisse und Fertigkeiten, wie sie üblicherweise durch eine abgeschlossene tätigkeitsbezogene Ausbildung in einem anerkannten Ausbildungsberuf mit mindestens dreijähriger Regelausbildungsdauer und durch umfangreiche fachliche Qualifizierung erworben werden.	30
6	Die Arbeitsaufgabe erfordert Kenntnisse und Fertigkeiten, wie sie üblicherweise durch eine abgeschlossene tätigkeitsbezogene Ausbildung in einem anerkannten Ausbildungsberuf mit mindestens dreijähriger Regelausbildungsdauer und durch umfangreiche fachliche Qualifizierung in verschiedenen Arbeitsbereichen erworben werden.	36
7	Die Arbeitsaufgabe erfordert Kenntnisse und Fertigkeiten, wie sie üblicherweise durch eine abgeschlossene tätigkeitsbezogene Ausbildung in einem anerkannten Ausbildungsberuf mit mindestens dreijähriger Regelausbildungsdauer und durch berufliche Weiterbildung mit einem anerkannten Berufsabschluss oder durch eine abgeschlossene Fachhochschulausbildung erworben werden.	42
8	Die Arbeitsaufgabe erfordert Kenntnisse und Fertigkeiten, wie sie üblicherweise durch eine abgeschlossene Fachhochschulausbildung und durch umfangreiche Qualifizierung erworben werden.	48
9	Die Arbeitsaufgabe erfordert Kenntnisse und Fertigkeiten, wie sie üblicherweise durch eine abgeschlossene Hochschulausbildung erworben werden.	52
10	Die Arbeitsaufgabe erfordert Kenntnisse und Fertigkeiten, wie sie üblicherweise durch eine abgeschlossene Hochschulausbildung und eine berufliche Fortbildung in verschiedenen Arbeitsbereichen mit komplexen und/oder komplizierten Prozessabläufen erworben werden.	56

Tabelle 2: Bewertungsstufen des Anforderungsmerkmals Verantwortung		
	Bewertungsstufen »Verantwortung«	PW
1	Die Arbeitsaufgabe erfordert ein geringes Maß an Verantwortung. Der Arbeitnehmer ist für seine Arbeit zuständig – ohne eigene qualitative Ergebniskontrolle.	2
2	Die Arbeitsaufgabe erfordert ein mittleres Maß an Verantwortung. Der Arbeitnehmer ist für seine Arbeit zuständig – mit eigener qualitativer Ergebniskontrolle.	5
3	Die Arbeitsaufgabe erfordert ein hohes Maß an Verantwortung. Der Arbeitnehmer ist für seine Arbeit in einem komplexen bzw. komplizierten Arbeitsbereich und/oder für die Arbeit anderer Arbeitnehmer im eigenen Arbeitsbereich zuständig – mit qualitativer Ergebniskontrolle.	8
4	Die Arbeitsaufgabe erfordert ein sehr hohes Maß an Verantwortung. Der Arbeitnehmer ist für seine Arbeit und für die Arbeit anderer Arbeitnehmer in verschiedenen Arbeitsbereichen zuständig – mit qualitativer Ergebniskontrolle.	10

Für die genannten Anforderungsmerkmale werden einzelne Anforderungsniveaus beschrieben. Jedem Anforderungsniveau (Stufe) wird ein Punktwert (PW) zugeordnet. Tabelle 1 zeigt beispielhaft die Bewertungsstufen für das Anforderungsmerkmal Können und Tabelle 2 für das Anforderungsmerkmal Verantwortung.

Die Arbeitsaufgaben werden hinsichtlich der fünf Anforderungsmerkmale in die entsprechenden Bewertungsstufen eingestuft. Für eine Arbeitsaufgabe ergibt sich auf Grund der fünf den jeweiligen Stufen entsprechenden Punktwerten ein Gesamtpunktwert, der die

Tabelle 3: Tarifliche Anforderungsmerkmale und ihre Gewichtung		
Anforderungsmerkmal	Anzahl der Stufen	Max. Gewichtung
Können	10	56%
Verantwortung	4	10%
Selbstständigkeit	4	10%
Zusammenarbeit	4	10%
Führung	5	14%

Tabelle 4: Punkte und Entgeltgruppe												
Punkte (Bewertungspunkte)	12 bis 17	18 bis 23	24 bis 31	32 bis 39	40 bis 47	48 bis 55	56 bis 63	64 bis 71	72 bis 79	80 bis 87	88 bis 95	96 bis 100
Entgeltgruppe	1	2	3	4	5	6	7	8	9	10	11	12

Wertigkeit der Tätigkeit ausdrückt. In dem analytischen Arbeitsbewertungssystem sind maximal 100 Punkte erreichbar. Entsprechend verteilen sich die maximalen Punktwerte für die einzelnen Anforderungsmerkmale wie in Tabelle 3 gezeigt.

Die möglichen Punktwerte von mindestens 12 bis maximal 100 Punkten werden in 12 Punktwertspannen gebündelt, die ihrerseits 12 Entgeltgruppen zugeordnet werden. Die so ermittelten anforderungsbezogenen Grundentgelte sind unabhängig von der persönlichen Qualifikation des Mitarbeiters und unabhängig von Alter, Familienstand und Anzahl der Kinder.

Leistungsentgelt
Das Leistungsentgelt berücksichtigt die individuelle Leistung eines Mitarbeiters oder die Team- bzw. Abteilungsleistung.

Im Einzelnen unterscheidet man drei Formen in Abhängigkeit der Methoden zur Ermittlung des Leistungsentgeltes:
⇨ individuelle Leistungszulage auf Grund einer Leistungsbeurteilung
⇨ Prämien auf Grund eines Kennzahlenvergleichs (Team- oder Einzelprämien)
⇨ Zielentgelte auf Grund von Zielvereinbarungen (für Teams oder einzelne Mitarbeiter)

Die drei genannten tariflichen Leistungsentgelt-Module können alternativ angewandt werden. Ihre Höhe beträgt – in Abhängigkeit der Leistung, des Leistungsniveaus oder des Zielerreichungsgrades

– zwischen 0 und 20 Prozent des individuellen tariflichen Grundentgeltes.

Die folgenden Beispiele für die Leistungsbeurteilung sollen die beschriebenen Sachverhalte illustrieren.

Leistungszulage mit Leistungsbeurteilung

Die Leistungsbeurteilung erfolgt auf der Grundlage eines Leistungsbeurteilungsverfahrens. Es besteht aus fünf Leistungsmerkmalen, die beispielhaft beschrieben bzw. operationalisiert sind. Der Beurteiler ist dem Beurteilten vor Beginn des Beurteilungszeitraumes bekannt. Die Beurteilung erfolgt durch den Beurteiler und wird dem Beurteilten in einem Mitarbeitergespräch mitgeteilt.

Die Beurteilung erfolgt in den vier Stufen A bis D (s. Tabelle 5).

Durch den Abschluss einer freiwilligen Betriebsvereinbarung können betriebliche Leistungsbeurteilungsverfahren vereinbart werden.

Die Beurteilungsstufen A bis D sind wie folgt definiert:
A Die Leistung entspricht der Bezugsleistung.
B Die Leistung liegt leicht über der Bezugsleistung.
C Die Leistung liegt wesentlich über der Bezugsleistung.
D Die Leistung übertrifft die Bezugsleistung in hohem Maße.

Bei dem Leistungsbeurteilungsverfahren kann ein Mitarbeiter maximal 100 Punkte erhalten. Multipliziert man diese 100 Punkte mit dem Faktor 0,2, so ergeben sich maximal 20 Prozent. Die auf Grund der Leistungsbeurteilung erreichte Punktzahl wird mit dem Faktor 0,2 multipliziert, man erhält den Prozentsatz des individuellen Leistungsentgeltes, das sich auf Grund des individuellen Grundentgeltes errechnet.

Tabelle 5: Tarifliche Leistungsbeurteilung					
Beurteilungsmerkmal	zugrundeliegende Kriterien können sein	Beurteilungsstufe			
		A	B	C	D
I Arbeitsquantität	⇨ Umfang des Arbeitsergebnisses ⇨ Arbeitsintensität ⇨ Zeitnutzung	0	7	14	28
II Arbeitsqualität	⇨ Fehlerquote ⇨ Güte der Arbeit	0	7	14	28
III Arbeitseinsatz	⇨ Initiative ⇨ Belastbarkeit ⇨ Vielseitigkeit	0	4	8	16
IV Arbeitssorgfalt	⇨ Verbrauch und Behandlung von Arbeitsmitteln aller Art ⇨ zuverlässiges, rationelles, kostenbewusstes Verhalten	0	4	8	16
V Betriebliches Zusammenwirken	⇨ gemeinsame Erledigung von Arbeitsaufgaben ⇨ Informationsaustausch	0	3	6	12
mögliche Gesamtzahl pro Stufe		0	25	50	100

Ergibt sich bei der Leitungsbeurteilung, dass der Mitarbeiter die Bezugsleistung nicht erreicht und damit kein angemessenes Arbeitsergebnis erbringt, ist dies dem Mitarbeiter unverzüglich mitzuteilen. Dabei muss über mögliche Maßnahmen wie zum Beispiel Qualifizierung, angemessene Unterweisung oder auch Trennung gesprochen werden.

Dem Arbeitnehmer wird die Leistungsbeurteilung erläutert und ausgehändigt. Er kann, wenn er mit dem Ergebnis der Leistungsbeurteilung nicht zufrieden ist, Einspruch einlegen und eine paritätisch besetzte Kommission anrufen.

Auf Grund einer freiwilligen Betriebsvereinbarung kann ein anderes Leistungsbeurteilungssystem eingeführt werden.

Prämie mit Kennzahlenvergleich

Bei Prämien werden Soll-Kennzahlen definiert und diese mit den Ist-Kennzahlen verglichen. Auf Grund des Vergleiches wird die Höhe der Prämie in Prozent des tariflichen Grundentgeltes ermittelt und dem Mitarbeiter ein entsprechendes Entgelt ausgezahlt. Die Ausgestaltung dieser Methode, insbesondere die Art und Weise der Datenermittlung und das Verhältnis der erbrachten Leistung zum Leistungsentgelt, ist zwischen den Betriebsparteien zu vereinbaren. Die Kennzahlen müssen durch den einzelnen Arbeitnehmer bzw. durch Gruppen von Arbeitnehmern beeinflussbar sein.

Zielentgelt mit Zielvereinbarungen

Beim Zielentgelt werden in einer Zielvereinbarung Ziele und zu erreichende Leistungsniveaus in einem definierten Zeitraum mit den Mitarbeitern/Teams definiert und vereinbart. In Abhängigkeit des Zielerreichungsgrades und des Grundentgeltes werden die Zielentgelte ermittelt und den Mitarbeitern ausgezahlt.

Erfahrungen
In Berlin und Brandenburg haben eine Reihe von Einrichtungen in den Jahren 2001 und 2002 die in ihrem Unternehmen befindlichen Tätigkeiten bzw. Arbeitsaufgaben nach dem Tarifvertrag der Paritätischen Tarifgemeinschaft eingruppiert und die Mitarbeiter auf Grund des Leistungsbeurteilungssystems beurteilt. Die ersten Erfahrungen sind positiv. Die Mitarbeiter erleben die Vergütung als gerechter als den bisherigen BAT. Die Lohnsumme ist – eine entsprechende Leistungsbeurteilung zugrunde gelegt – auf Unternehmensebene bzw.

Einrichtungsebene konstant geblieben. Jüngere Mitarbeiter werden im Vergleich zum BAT besser bezahlt und ältere Mitarbeiter im Vergleich zum BAT weniger gut. Entsprechendes gilt für Familienväter und Mütter.

Die Einrichtungen haben keine Probleme, ihre Mitarbeiter am Arbeitsmarkt zu rekrutieren. Insbesondere junge Mitarbeiter, die mit Menschen und Technik (PC) umgehen können und Verantwortung übernehmen, freuen sich darüber, dass sie im Vergleich zu vorherigen Arbeitgebern als qualifizierte Wohnbereichs- und/oder Stationsleitung mehr verdienen als ihre verheirateten Pflegehilfskräfte mit 46 Jahren und einem Ortszuschlag für drei Kinder.

Eckhard Eyer, Dipl.-Ing., Dipl.-Kfm., Jahrgang 1958, studierte Maschinenbau in Kaiserslautern und Betriebswirtschaftslehre in Mannheim. Er arbeitete bei den SKF Kugellagerfabriken, der G.M. Pfaff AG und von 1989 bis 1997 im Institut für angewandte Arbeitswissenschaft (IfaA) in Köln. Er ist Inhaber der PERSPEKTIVE EYER CONSULTING, Köln, mit den Schwerpunkten: Konzeptionelle Beratung von Unternehmen bei der Entwicklung und Umsetzung von Führungs- und Entgeltsystemen sowie Abschluss von Betriebsvereinbarungen und Haustarifverträgen. 1999 gründete er FAIR - Institut für praktische WirtschaftsMediation, Köln. Er ist Mitherausgeber der Fachbibliothek »Das flexible Unternehmen«.

Literatur

[1] Eyer, E.: *Leistungsentgelte in non-profit-Unternehmen – eine Paradoxie?*, in: Personal, 1/2003, S. 34–37

[2] Pötzsch, K.: *Der BAT und leistungsbezogene Entgeltbestandteile: Grenzen, Möglichkeiten, Anwendungen. Praktische Erfahrungen aus der verbandlichen Wohlfahrtspflege*, in: BfS (Hrsg.) »Personal als Erfolgsfaktor in der Sozialwirtschaft« – Dokumentation des 3. Kongresses der Sozialwirtschaft am 22. und 23. Mai 2003 in Düsseldorf, NOMOS-Verlag, 2003

[3] Paritätische Tarifgemeinschasft (PTG): *Entgelttarifvertrag der Paritätischen Tarifgemeinschaft, Berlin, 2000*

Zusammenfassung

Unter dem Druck des Absatz- und Arbeitsmarktes hat die Tarifgemeinschaft des Paritätischen Wohlfahrtsverbandes (PTG) ein neues anforderungs- und leistungsbezogenes Entgeltsystem tarifiert, das den BAT für die Mitgliedsunternehmen der PTG ablöst. Zur Anforderungsbewertung wurde ein analytisches Verfahren gewählt, das aufgrund der Wahl, Definition, Gewichtung und Stufung der Anforderungsmerkmale diskriminierungsfrei ist und den Standards des EU-Rechtes sowie der Rechtsprechung des EuGH entspricht. Diskriminierende alters- und bedürfnisabhängige Entgeltbestandteile entfallen. Eine für den Wohlfahrtsbereich neue Entgeltkomponente – das Leistungsentgelt wurde tarifiert.

Personalentwicklung und Führung in sozialen Einrichtungen

»Unsere Einrichtungen werden geprägt durch die Motivation der Mitarbeiter. Die Fähigkeiten und Talente unserer Mitarbeiter sind die Quelle unseres Erfolgs«, so das Leitbild der Marienhaus GmbH. Der Beitrag zeigt, wie dort die Personalentwicklung konzipiert und strategisch umgesetzt wird.

> **In diesem Beitrag erfahren Sie:**
> - wie die Marienhaus GmbH als Non-Profit-Organisation Personalentwicklung umsetzt,
> - welches besondere Leitbild der Personalentwicklung zugrunde liegt,
> - was für spezielle Instrumente und strategische Methoden dabei eingesetzt werden,
> - wie Lernen und Entwicklung als wesentliche Bestandteile von Personalentwicklung innerhalb des Klinikums realisiert werden.

GABY FRÖMBGEN, JOSEF GRANDJEAN, CHRISTOF SCHENKEL-HÄGER, THERESE SCHNEIDER

Strategische Personalentwicklung aus Trägersicht

Warum Personalentwicklung? Zur Beantwortung dieser Frage reicht schon der Hinweis auf eine Studie der Gallup GmbH Deutschland aus dem Jahr 2002 zum Thema Arbeitsplatz-Engagement in Deutschland: Demnach sind nur 15 Prozent aller Arbeitnehmer am Arbeitsplatz wirklich engagiert, 69 Prozent sind unengagiert und 16 Prozent arbeiten sogar teilweise aktiv gegen die Interessen des Unternehmens – eine frustrierende Situation für die Mitarbeiter und Mitarbeiterinnen ebenso wie für das Unternehmen (s. Abb. 1).

Diesen Befund will eine strategisch ausgerichtete Personalentwicklung, wie sie von der Marienhaus GmbH verstanden wird, verändern. Denn der christliche Träger in Waldbreitbach bei Koblenz will dafür sorgen, dass

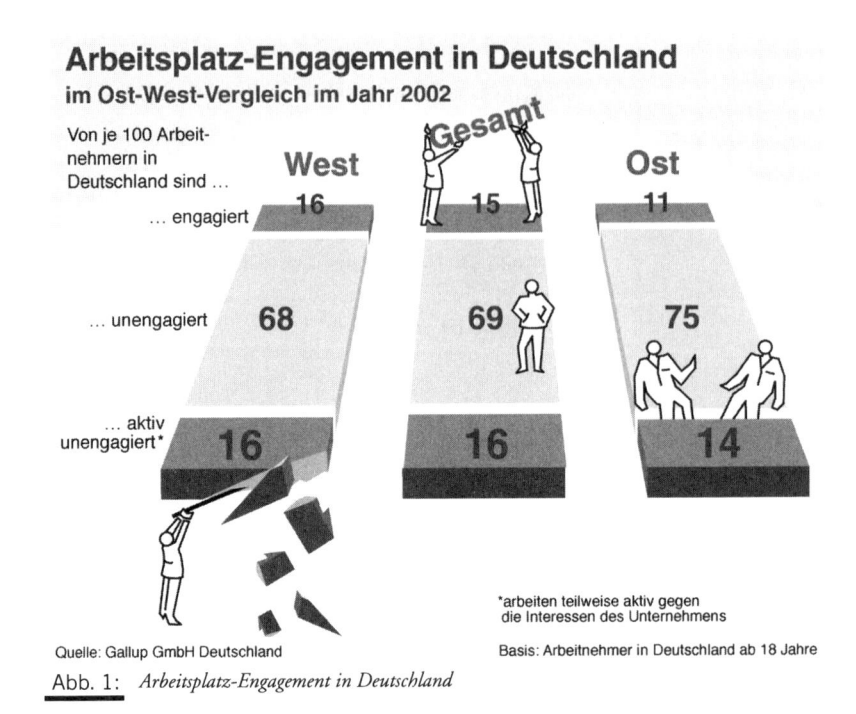

Arbeitsplatz-Engagement in Deutschland
im Ost-West-Vergleich im Jahr 2002

Von je 100 Arbeitnehmern in Deutschland sind ...

	West	Gesamt	Ost
... engagiert	16	15	11
... unengagiert	68	69	75
... aktiv unengagiert*	16	16	14

*arbeiten teilweise aktiv gegen die Interessen des Unternehmens

Quelle: Gallup GmbH Deutschland   Basis: Arbeitnehmer in Deutschland ab 18 Jahre

Abb. 1: *Arbeitsplatz-Engagement in Deutschland*

⇨ der richtige Mensch
⇨ zur richtigen Zeit
⇨ am richtigen Platz
⇨ mit der richtigen Qualifikation
⇨ zu den richtigen Kosten
⇨ mit den richtigen Rahmenbedingungen
eingesetzt ist.

Auch wenn dies natürlich ein Ideal beschreibt, so wird doch deutlich: Es geht um eine wertschätzende und potenzialfördernde Personalentwicklung, die nicht bei den Schwächen der Mitarbeiter ansetzt, sondern bei ihren Stärken. Damit steht die Personalentwicklung fest auf dem Boden des Leitbildes der Marienhaus GmbH, wie es in den oben angeführten Prinzipien zum Ausdruck kommt. Auch das Strategiepapier der Marienhaus GmbH greift diesen Ansatz auf und konkretisiert ihn: »Personalentwicklung«, heißt es dort, »berät und unterstützt die Führungskräfte bei der Ermittlung der notwendigen Kernkompetenzen ihrer Mitarbeiter für die Bewältigung der derzeitigen und zukünftigen Aufgaben [und] ist dabei immer bezogen auf konkrete Organisationsziele.« Wird Personalentwicklung so verstanden, dann hat das weitreichende Konsequenzen, auch wenn diese nicht sofort, sondern erst mittel- und langfristig sichtbar werden: Denn qualifiziertes Personal sichert die Zukunft des Unternehmens. Nicht nur weil die Mitarbeiter kompetent sind, sondern auch, indem durch die Instrumente der Personalentwicklung – etwa im Mitarbeitergespräch – jeder einzelne Mitarbeiter erreicht wird und über ihn Leitbild und Strategie eines Unternehmens umgesetzt werden können. In diesem Sinne geht Personalentwicklung weit über Fort- und Weiterbildung hinaus: Sie ist originäre Aufgabe einer jeden Führungskraft und ermöglicht – indem sie beispielsweise auch verdeckte Potenziale der Mitarbeiter erkennt – deren gezielten Einsatz sowie eine eventuelle Karriereplanung und führt somit zu Mitarbeitergewinnung und -bindung. Nicht zuletzt ist sie ein enger Partner der Organisationsentwicklung.

Es gibt nur Gewinner

Der Personalentwicklung, so könnte man auch sagen, geht es letztlich um eine Win-Win-Situation, in der es keine Verlierer, sondern nur Gewinner gibt: die Mitarbeiter, deren Stärken gefördert werden, und das Unternehmen, das dank solchermaßen qualifizierter und motivierter Mitarbeiter erfolgreich ist. Gerade der Aspekt, weniger die Defizite der Mitarbeiter zu fokussieren, als vielmehr auf ihre Kompetenz zu setzen, lässt sich im Übrigen biblisch gut begründen, etwa durch das Gleichnis von den Talenten. Darin wird man ermutigt, mit seinen Talenten zu wuchern und sie zu vermehren, anstatt sie zu vergraben, sein Potenzial zu entwickeln, anstatt es verkümmern zu lassen. Keine unwichtige Einsicht für ein Unternehmen wie die Marienhaus

PE in sozialen Einrichtungen

GmbH, gehört sie doch – 1903 von der Ordensgemeinschaft der Waldbreitbacher Franziskanerinnen gegründet – heute zu den größten christlichen Trägern sozialer Einrichtungen in Deutschland: Sie umfasst 22 Krankenhäuser, 16 Alten- und Pflegeheime, zwei Einrichtungen der Kinder- und Jugendhilfe, fünf Hospize und sechs weitere Einrichtungen sowie sieben Kinder- und Krankenpflegeschulen in Rheinland-Pfalz, Saarland, Hessen und Nordrhein-Westfalen.

Die Instrumente der Personalentwicklung

Wo und wie kommt die Personalentwicklung zum Einsatz? Beispielhaft seien hier genannt: Personalauswahl, Führungskräfteschulung, Nachwuchsqualifizierung, Mitarbeitergespräche, Einführung/Einarbeitung von Mitarbeitern, Fortbildungsplanung, Qualifizierung und Weiterbildung am Arbeitsplatz, Ausstiegsbegleitung, Anforderungsprofile. Die Personalentwicklung der Marienhaus GmbH hat diese

4 Bausteine der Personalentwicklung

Abb. 2: *Vier Bausteine der Personalentwicklung*

Instrumente und Arbeitsfelder gebündelt und systematisch in Form von vier Bausteinen strukturiert, wobei – entsprechend der strategischen Grundsatzausrichtung – der einzelne Mitarbeiter mit seinen Potenzialen im Zentrum dieser Bausteine steht (s. Abb. 2).

Baustein 1: Aufbau eines Netzes von Personalentwicklern

Mit Hilfe eines trägerinternen Curriculums (»Qualifizierung zum Personalentwickler«) wurden – zunächst in einer Pilotphase – 13 Personalentwickler ausgebildet: sieben Hauptamtliche, die mehrere Einrichtungen in einer Region betreuen, und sechs Nebenamtliche, die innerhalb einzelner Einrichtungen agieren. Das wichtigste Ziel war dabei, dass die Teilnehmer *sich selbst* entwickeln sollten, um, wie es im Curriculum heißt, »dem Faktor ›Mensch‹ in der Organisation zur entsprechenden Bedeutung zu verhelfen. Dies geschieht durch die Fähigkeit des Hinterfragens, Bewusstmachens und Fokussierens auf die Potenziale der Mitarbeiter, die zu entdecken und zu nutzen sind.«

Ein zweites wichtiges Element ist das Netzwerk, in das die Personalentwickler der Marienhaus GmbH eingebunden sind. Damit können die Personalentwickler sich nicht nur untereinander kollegial beraten, sondern sind Multiplikatoren für Leitbild und Unternehmensstrategie, begleiten Veränderungsprozesse, entwerfen Konzepte zur Personalbindung, können Synergien erkennen und sind schließlich – als Seismograph für Stimmungen – eine Art »Frühwarnsystem«. In ihrer Arbeit unterstützen sie die Führungskräfte, begleiten und beraten die Mitarbeiter, entwickeln Instrumente der Personalentwicklung und setzen sie ein, ermitteln den Fortbildungsbedarf und initiieren Lernprozesse. Kurz und gut: Sie sind inzwischen unverzichtbar, wenn es darum geht, die von der Personalentwicklung zentral konzipierten Projekte und Ideen vor Ort, in den einzelnen Einrichtungen, anzustoßen und umzusetzen.

Baustein 2: Potenzialeinschätzung für weiterführende Aufgaben

Mittels eines Fragebogens erfassen Geschäftsführung, Hausleitungen, Chefärzte und Schulleitungen so genannte Potenzialkandidaten, das heißt sie beurteilen nach bestimmten Kriterien – christlicher Wertebezug, Führungskompetenz, fachliches Potenzial, strategische, unternehmerische, soziale und Veränderungskompetenz – mögliche Nachwuchsführungskräfte. Diese Einschätzung sichern sie durch ein 360°-Feedback, das auch die Perspektive etwa von Kolleginnen und Kollegen, Patienten oder Angehörigen mit einbezieht, sowie durch eine Diskussion in der Hausleitungsrunde ab. Für die derart »ausgespähten« Mitarbeiter bedeutet das eine aktive Karriereplanung: In einem anderthalbjährigen »Führungskräfte-Entwicklungsprogramm« (FEP) werden die zukünftigen Chefärzte, Heim- oder Schulleiter sowie Pflege- oder Kaufmännische Direktoren auf ihre zukünftigen Aufgaben vorbereitet. Dieses Traineeprogramm umfasst in seiner Basiseinheit vor allem fünf Module, beispielsweise Workshops zu »Führen in christlichen Einrichtungen« oder »Teammanagement«; außerdem gehören auch die Realisierung eines Projekts, Hospitationen sowie Gruppen- und Einzel-Supervision dazu. In der Aufbaueinheit wählen die Teilnehmer sechs Veranstaltungen aus insgesamt 15 Themenfeldern aus, etwa Personalmanagement, Rhetorik oder Arbeitsrecht. Das Besondere an diesem Programm: Die Fachleute aus den unterschiedlichen Einrichtungen und Arbeitsgebieten können – ohne den Druck des Arbeitsalltages – frei miteinander diskutieren und lernen so auch einmal »über den Tellerrand zu schauen«. Der Sinn dieses gesamten zweiten Bausteines ist klar: Der Führungsnachwuchs soll aus den eigenen Reihen rekrutiert werden, ihm sollen Perspektiven geboten werden. Dies schließt selbstverständlich die Möglichkeit, Fremdbewerber einzusetzen, nicht aus.

Baustein 3: Qualifizierung der Führungskräfte

Dies geschieht in zweifacher Blickrichtung: zum einen durch gezielte Angebote der trägereigenen Edith-Stein-Akademie für Mitarbeiter im Pflege-Management, für Abteilungsleiter sowie für Direktoren, Chefärzte, Heim- und Schulleitungen (etwa in dem Seminar: »Hilfe, ich bin Chef«). Und zum anderen in Kooperation mit der Theologischen Hochschule der Pallottiner in Vallendar und mit der Stiftung Bildung im KKVD (Katholischer Krankenhaus Verband Deutschland) mit Sitz in Freiburg, die beide ebenfalls Weiterbildungen für Führungskräfte anbieten.

Baustein 4: Beurteilungs- und Fördergespräch,
            Mitarbeiterfeedback

Was man andernorts »Mitarbeitergespräch« nennt, heißt in der Marienhaus GmbH »Beurteilungs- und Fördergespräch«. Denn genau darum geht es: Das Gespräch dient Vorgesetzten dazu, über einen längeren Beurteilungszeitraum hinweg ein strukturiertes Feedback an die Mitarbeiter zu geben. Im Einzelnen soll es
⇨ die fachliche und persönliche Leistung des Mitarbeiters würdigen
⇨ Stärken und Schwächen aufzeigen
⇨ eine berufliche Standortbestimmung des Mitarbeiters vornehmen
⇨ gemeinsam Ziele und Aufgaben abstimmen
⇨ auf der Grundlage einer Bedarfsanalyse über die Förderung und Entwicklung des Mitarbeiters sprechen.

Im Ergebnis führt ein solches Gespräch zu einem vertrauensbildenden Klima sowie zu einer Personalentwicklung, die konkrete Ziele und Maßnahmen vereinbart und festlegt. Es hat Qualitätssicherung ebenso zur Folge wie Leistungssteigerung, und auch die gegenseitige positive Wertschätzung zwischen Vorgesetztem und Mitarbeiter kann durch dieses Gespräch wachsen.

Das Beurteilungs- und Fördergespräch wurde zunächst als Pilotprojekt konzipiert und – nachdem es durch die Geschäftsführung verabschiedet worden ist – zurzeit trägerweit eingeführt. Dazu hat die Personalentwicklung einen »Beurteilungs- und Förderbogen« entwickelt, der eine strukturierte Gesprächsführung mitsamt Protokoll ermöglicht: Zunächst geht es um die Einschätzung der Persönlichkeit des Mitarbeiters, um seine Zusammenarbeit im Team, seine fachliche Kompetenz, seine Menschen- und Kundenorientierung, gegebenenfalls um sein Führungsverhalten, dann um seine Stärken und Lernfelder und schließlich um konkrete Zielvereinbarungen und Maßnahmen – wobei es Aufgabe der Führungskraft ist, ein jeweils individuelles Maßnahmen-Controlling zu entwickeln. Der Mitarbeiter kann zu Protokoll geben, ob er mit der Beurteilung einverstanden ist oder nicht. Ein Exemplar des Bogens erhalten nicht nur der Vorgesetzte und der Mitarbeiter, sondern auch der nächsthöhere Vorgesetzte.

Verständlicherweise gab es gerade zu Beginn der Einführung der Beurteilungs- und Fördergespräche manche Ängste bei den Mitarbeitern. Aber eine von Anfang an offene Kommunikation des Projekts, Schulungen für Führungskräfte und Informationsveranstaltungen für Mitarbeiter sowie die Einbindung der Gesamt-Mitarbeitervertretung haben dazu geführt, dass die Gespräche weithin auf ein positives Echo stoßen – Tenor: «Ich finde es gut, dass mein Chef jetzt mal anderthalb Stunden Zeit für mich hat.»

Das Gegenstück zu den Beurteilungs- und Fördergesprächen ist das Mitarbeiter-Feedback, das ein Team oder eine Abteilung dem Vorgesetzten – ebenfalls auf schriftlicher Grundlage – gibt. Auch hierzu hat die Personalentwicklung ein Rückmeldeformular entwickelt, das von jedem Mitarbeiter anonym ausgefüllt wird. Dabei geht es um Themen wie Arbeitsklima, Information, Kritikfähigkeit oder Mitarbeiterförderung. Ein team-externer Moderator führt die einzelnen Beurteilungen zusammen und gibt sie an den Vorgesetzten. Dies ist wiederum die

Grundlage für ein moderiertes Gespräch zwischen dem Team und dem Vorgesetzten. Die Chancen, die darin liegen: Neben einem offenen Klima erhält vor allem der Vorgesetzte Informationen zum eigenen Führungsverhalten; er kann sich damit auseinander setzen – und sein Verhalten, wenn nötig, entsprechend ändern.

Zu beiden Maßnahmen – Beurteilungsgespräch sowie Mitarbeiter-Feedback – gibt es im Übrigen jeweils ein Begleit-Handbuch mit Erläuterungen und Informationen sowie konkreten Formulierungstipps und Muster-Beispielen für das Ausfüllen der Fragebögen.

Ausgliederungsmanagement geplant

Neben diesen vier Bausteinen plant die Personalentwicklung der Marienhaus GmbH als nächste Schritte dreierlei: Zum einen soll es unter dem Stichwort »Personalvermittlung« darum gehen, Mitarbeiter, die ausscheiden, etwa weil ihre Zeitverträge auslaufen, in ihrer beruflichen Weiterentwicklung zu unterstützen. Zum anderen sollen Austrittsinterviews eingeführt werden: Kollegen, denen gekündigt wurde, die in den Ruhestand gehen oder die den Arbeitgeber wechseln, sollen zu ihren Erfahrungen in der Marienhaus GmbH befragt werden. Und schließlich soll es Angebote für ältere Mitarbeiter geben, die sie gezielt auf ihren Ruhestand vorbereiten.

Die Motivation stärken, die Fähigkeiten entwickeln, mit den Talenten wuchern: Wenn eine Personalentwicklung – in Strategie und Umsetzung – so umfassend die Mitarbeiter in den Blick nimmt, dann wird es in Zukunft vielleicht gelingen, die Zahlen umzudrehen, die in der zu Anfang zitierten Gallup-Studie das ernüchternde Verhältnis zwischen engagierten und unengagierten Arbeitnehmern beschreiben.

Personalentwicklung aus der Sicht der Oberin ...

Die Geschäftsordnung für das Direktorium der Krankenhäuser der Marienhaus GmbH beschreibt in §2 die allgemeinen Aufgaben des Direktoriums:

⇨ Leitung und Führung
⇨ Zielsetzung und Zielvereinbarung
⇨ Mitarbeiterführung und Personalpolitik
⇨ Wirtschaft und Finanzen
⇨ Information und Kommunikation
⇨ Aus-, Fort- und Weiterbildung
⇨ Repräsentation und Öffentlichkeitsarbeit.

Die Rolle der Oberin im Marienhaus Klinikum Bendorf, Neuwied, Waldbreitbach

Im §3 findet sich die Konkretisierung auf die Person und Perspektive der Oberin, die als gleichberechtigtes Mitglied fungiert. Ihre Aufgaben sind:
⇨ Steuerung und Deutung mit dem Ziel der Bewusstmachung christlich-karitativer Werte im Krankenhaus
⇨ Geistliche Führung und Kulturgestaltung
⇨ Repräsentation der Stiftung
⇨ Anwaltschaft für Kranke, Sprachlose und Schwache
⇨ Ansprechpartnerin für Mitarbeiter
⇨ Bindefunktion zwischen den Berufsgruppen
⇨ Förderung von Kommunikation, Interaktion, Kooperation, Konsens, Homogenität in den und zwischen den Teams auf allen Ebenen.

Aus den Stichworten werden zwei Schwerpunkte in der Funktion der Oberin deutlich: die Vermittlung und Wahrung christlich-karitativer Werte einerseits und die Mitarbeiterorientierung und Mitarbeiterführung andererseits. Personalentwicklung – verstanden als originäre Führungsaufgabe – findet damit auf der Leitungsebene ihre Bündelung in der Person der Oberin.

Flankierend agiert die Oberin im Marienhaus Klinikum als Vorgesetzte der Abteilung für Qualitätsmanagement. Damit können

Aktivitäten in den Bereichen Qualität und Personal zielgerichtet koordiniert, geplant und umgesetzt werden.

Personalentwicklung und Balanced Scorecard

In Zeiten wachsender Komplexität und zunehmender Bedeutung weicher Faktoren in Organisationen der Gesundheitswirtschaft wird der Ruf nach einem Instrument laut, das eine ausgewogene (balancierte) Unternehmensleitung sicherstellt. Harte und weiche Faktoren müssen dabei ebenso repräsentiert sein wie unterschiedliche Perspektiven.

Die in den 90er-Jahren von Kaplan und Norton formulierte Balanced Scorecard (BSC) erweitert das Wahrnehmungsspektrum der Unternehmensführung auf die drei nicht-finanziellen Größen Kunden, Prozesse und Lernen/Entwicklung. Strategische Ziele, Messgrößen, Vorgaben und Maßnahmen werden formuliert und multidisziplinär und berufsgruppenübergreifend integriert. Die genannten Perspektiven sind nicht verbindlich; so können Perspektiven umbenannt, ergänzt oder auch herausgenommen werden. In der Marienhaus GmbH wurden die Perspektiven Wirtschaftlichkeit, Patientenorientierung, Mitarbeiterorientierung und Christlichkeit festgelegt.

Personalentwicklung und die mit diesem Feld verknüpften Aktivitäten setzen vor allem, aber nicht ausschließlich in der Perspektive Lernen und Entwicklung an. Diese Perspektive beinhaltet keineswegs nur Aus- und Weiterbildungsaktivitäten, sondern alle Anstrengungen und Energien, die die Mitarbeiter in ihrer fachlichen und persönlichen Entwicklung so unterstützen, dass sie motiviert und kompetent ihren jeweiligen Beitrag im Unternehmen leisten.

Leitbild fordert zu Personalentwicklung auf

Das Leitbild der Marienhaus GmbH dient als Grundlage aller Ziele und Aktivitäten im Unternehmen. Es gliedert sich in sechs Kapitel, von denen jedes auf die im Krankenhaus tätigen Mitarbeiter ausstrahlt und somit als hinweisend für Personalentwicklung (Lernen und Entwicklung) verstanden werden kann.

⇨ Kap. I: Wurzeln, aus denen wir kommen
⇨ Kap. II: Grundsätze, für die wir eintreten
⇨ Kap. III: Menschen, für die wir da sind
⇨ Kap. IV: Menschen, die mit uns arbeiten
⇨ Kap. V: Lebensräume, die wir mitgestalten
⇨ Kap. VI: Vorbild, an dem wir uns orientieren

Beispiele hierzu: Christliche Feiergestaltung, umfassendes Qualitätsmanagement, Gesundheitswochen, Lob- und Beschwerdemanagement, Führungskräftetraining etc.

Personalentwicklung braucht stabilen Unterbau

Das Leitbild ist eine ständige Herausforderung für Organisations- und Personalentwicklung, der sich Führung und Mitarbeiter gemeinsam stellen müssen. Es ist ein wichtiger und unverzichtbarer unternehmerischer Orientierungsrahmen, der – den Erfordernissen der Zeit entsprechend – der Konkretisierung in Form einer strategischen Konzeption bedarf. Personalentwicklung ist ein zunehmend wichtiger Teil der unternehmerischen Tätigkeit, setzt aber eine eindeutig formulierte Strategie voraus!

Qualitätsmanagement erfordert Personalentwicklung

Das Krankenhaus zu Beginn des 21. Jahrhunderts ist – ebenso wie andere Unternehmen – durch eine deutlich zunehmende Komplexität gekennzeichnet. Diese wird unter anderem geprägt durch ein radikalisierend neues Vergütungssystem mit fallbezogenen Pauschalen (DRG), einen politisch gewollten immensen Kostendruck mit der Tendenz zur Verschärfung in den nächsten Jahren und einem zunehmenden Wettbewerb um Kunden und Qualität. Diese Faktoren verschärfen die Bedingungen im Krankenhaus, die traditionell durch besondere Umstände geprägt sind: die Grenzbereiche Gesundheit, Krankheit und Tod, das Zusammenwirken von zahlreichen unterschiedlichen Disziplinen und Berufsgruppen, das Spannungsfeld

Qualität-Zeit-Kosten-Ethik sowie eine stark normierende Gesetzgebung verbunden mit einem bedeutenden Einfluss der Kostenträger.

Die bereits erwähnte Balanced Scorecard stellt einen erfolgversprechenden Weg dar, diese Komplexitäten beherrschbar zu machen. Die auf Grundlage der Mission (Leitbild) formulierten strategischen Ziele werden in die ausgewählten Perspektiven eingeordnet (strategy map), mit Messgrößen, Vorgaben und Maßnahmen versehen und dann erarbeitet.

Lernen und Entwicklung im Marienhaus Klinikum

In zahlreichen Aktivitäten und Projekten findet sich Personalentwicklung nahezu synonym gebraucht für Lernen und Entwicklung.

DRG-Einstieg

Keine politische Vorgabe der letzten Jahrzehnte hat die Entwicklung der Krankenhauswelt so dynamisiert und beschleunigt wie die Einführung des DRG-Systems (diagnosebezogene Fallpauschalen). Jedes Krankenhaus muss sich dieser Entwicklung effektiv und zügig stellen. Dazu dienen unter anderem:
⇨ Optimierung der Infrastruktur (besonders EDV)
⇨ Optimierung des Behandlungsprozesses (vor allem durch klinische Pfade) inklusive Sicherstellung einer sozio-familiär verträglichen Verweildauerreduktion
⇨ Optimierung der unterstützenden Prozesse (Dokumentation, Kodierung, Abrechnung).

Intensive Schulungen in den Feldern DRG, Kodierrichtlinien und EDV-Anwendungen unterstützen diese Aktivitäten ebenso wie multidisziplinär und -professionell erarbeitete Behandlungsleitlinien und klinische Pfade.

»Ökonomisierung der Medizin, Medizinisierung der Ökonomie!«

Der seit Jahren manifeste Trend einer Ökonomisierung der Medizin wird – induziert durch das DRG-System – ergänzt durch einen gegenstromartigen Trend der Medizinisierung der Ökonomie. Das bedeutet, dass sich die bisher rein oder zumindest vorwiegend administrativ tätigen Berufsgruppen (zum Beispiel Patientenverwaltung, Controlling, kaufmännische Direktion) intensiv mit medizinischen Fragestellungen auseinandersetzen müssen. Dies betrifft strategische Fragen wie Geschäftsfeldentwicklungen ebenso wie Aspekte der DRG-Kodierung, der Leistungsplanung oder des oben beschriebenen Qualitäts- und Risikomanagements.

Unabdingbar notwendig sind hier zu entwickelnde Maßnahmen (zum Beispiel Schulung »Medizin für Mitarbeiter des kaufmännischen Bereichs«, Broschüren mit medizinischen Termini) für das betroffene Personal. Ziel muss es sein, für die miteinander agierenden Berufsgruppen und Disziplinen eine Kommunikationsplattform zu schaffen.

Kostenmanagement

Die Kostensteigerungen im Personal- und Sachmittelbereich – verbunden mit dem durch die DRGs hervorgerufenen Kostendruck – erfordern die Analyse und Optimierung der Kostenstruktur (zum Beispiel bei Blutprodukten oder Medikamenten). Ohne die Beteiligung der betreffenden Mitarbeiter oder gar gegen ihre Überzeugung lässt sich dieses Vorhaben nicht durchsetzen. Ansatzpunkte im Marienhaus Klinikum sind das Erstellen von Broschüren (zum Beispiel Transfusionsleitlinien), die Durchführung von verpflichtenden Zentralschulungen für Ärzte und der Auf- und Ausbau eines Berichtswesens beispielsweise zum Verbrauch und Verfall von Blutprodukten.

Reorganisationsprojekte

Aufbau und Ablauforganisationen in den medizinischen und nichtmedizinischen Abteilungen der Krankenhäuser sind nicht immer auf die Entwicklungen eingestellt. Entwicklung und Veränderung sind unverzichtbar und können auch hier nur mit den Betroffenen erreicht werden.
Am Beispiel einer Klinik soll die mögliche Vorgehensweise kurz skizziert werden:
- ⇨ Finanzen: Überstundenabbau, höhere Produktivität bei gleichem Personal (zum Beispiel durch Abbau unproduktiver Abläufe)
- ⇨ Patient: bessere Behandlung durch Kategorisierung und damit verbundene Standardisierung, Abbau von Wartezeiten, bessere Information
- ⇨ Prozesse: Optimierung des Aufnahmeverfahrens, der Visitenorganisation und des Entlassungsverfahrens
- ⇨ Lernen und Entwicklung: Erstellung von gemeinsamen Dokumentationsformularen, Benennung von Ansprechpartnern für klinische Fachgebiete, Erstellung von Behandlungsleitlinien und klinischen Pfaden.

Eine zentrale Größe stellen zukünftig klinische Pfade dar. Im Team erarbeitet werden sie zur Plattform *gemeinsamen,* durch Qualität, Effektivität und Wirtschaftlichkeit geprägten Handelns.

Medizinisches Risikomanagement

Risikomanagement – hier fokussiert auf den einzelnen Patienten und seine Behandlung – hat das Ziel, die Risiken der Behandlung zu minimieren und nach Möglichkeit auszuschalten. Dazu dienen folgende Aktivitäten:

⇨ Finanzen: Vermeidung von Haftpflichtfällen, Vermeidung von Fehlerkosten (zum Beispiel durch Absetzen von Operationen nach ungenügender Aufklärung)
⇨ Patient: besserer Informationsstand, bessere und sicherere Behandlung (insbesondere auch interdisziplinär)
⇨ Prozesse: Optimierung der Organisation der Zusammenarbeit zwischen Disziplinen und Berufsgruppen, professionelle Bearbeitung eingegangener Haftpflichtangelegenheiten
⇨ Lernen und Entwicklung: Optimierung der medizinischen Dokumentation, Verhalten im Haftpflichtfall, Umgang mit Medien, Durchführung von Zentralschulungen (s.o.).

Vergleichbar der Situation im Kostenmanagement müssen Erfahrungen und Kenntnisse der Mitarbeiter genutzt werden, um bei zunehmender Komplexität und Dynamik sicher und risikobewusst arbeiten zu können. Ein isolierter Top-Down-Ansatz ist zum Scheitern verurteilt.

Komplexität managen
Personalentwicklung kann nicht isoliert und losgelöst von den zahlreichen Aktivitäten im Unternehmen verstanden werden. Stattdessen sind die entsprechenden Aktivitäten im Sinne eines ganzheitlichen Ansatzes einzubinden in die Tätigkeit von Arbeitsgruppen und Qualitätszirkeln, in Projekte, Schulungen, Fort- und Weiterbildungsmaßnahmen und in die täglich zahlreich zu treffenden Unternehmens- und Führungsentscheidungen. Die Mitarbeiter stellen den absolut entscheidenden strategischen und damit weiterzuentwickelnden Erfolgsfaktor dar.

Dazu bedarf es noch zweier wesentlicher Instrumente: Kommunikation und methodische Sicherheit. Eine den Notwendigkeiten angepasste und die Autonomie und Potenziale des Mitarbeiters achtende und berücksichtigende Kommunikation stellt ein unverzichtbares Element von Personalentwicklung dar. Ergänzend bedarf es im Prozess der Organisationsentwicklung methodischer Sicherheit. Engagierte

Ärzte und Krankenschwestern haben als Mitglieder von Projekt- und Arbeitsgruppen ein Recht auf professionelle Moderation, Sitzungsführung und effektives Projektmanagement sowie auf die Verfügbarkeit notwendiger Ressourcen (Räume, Medien, etc.). Arbeitszeit und Kraft – nicht selten kostenlos geleistete Mehrarbeit – sind kostbar.

Personalentwicklung im Krankenhaus
»Zur Personalentwicklung gehören alle Aktivitäten, die dazu beitragen, dass Mitarbeiter und Führungskräfte die gegenwärtigen oder zukünftigen Anforderungen besser bewältigen können.« Diese weit gefasste Definition von M. Pauschen dient als Grundlage für das Selbstverständnis der Personalentwicklung im Marienhaus Klinikum. Dabei orientieren sich die Aktivitäten streng an der Träger- und Einrichtungsstrategie und damit unmittelbar am Leitbild.

Es existieren zahlreiche Ansatzpunkte und -flächen: Trägerstrategie und Medizinstrategie der Einrichtung, Mitarbeitergespräche mit Zielvereinbarung, Beurteilungs- und Fördergespräche, Stellenbeschreibungen/Anforderungsprofile, Veränderungsmanagement/Fusion, Projektmanagement/Arbeitsgruppen, Schulungspläne, Ideenmanagement, Neueinstellungen, Lob- und Beschwerdemanagement.

Darauf ausgerichtet stellt sich das Angebot der Personalentwicklung dar in Form von Beratung und Coaching, Moderation, Begleitung von Veränderungsprozessen, Maßnahmen zur Teamentwicklung, Projektmanagement und Weiterbildungs- und Qualifizierungsmaßnahmen. Der Schwerpunkt liegt auf der Führungsberatung von Leitungsteams und dem Führungskräfte-Coaching sowie auf dem Auf- und Ausbau der fachlichen Qualifikation zur Umsetzung der Medizinstrategie.

Wege aufzeigen
Die Personalentwicklung (PE) im Marienhaus Klinikum arbeitet im Auftrag, das heißt anhand der Vorgaben und Zielsetzungen der Hausleitung und der Abteilungsleitungen. Die Rolle ist beratend und unterstützend, nicht entscheidend.

Die Kontrolle des PE-Gesamtprozesses ist – wie oben beschrieben – an die Oberin angebunden. Der Nutzen für die Hausleitung ist ablesbar in Form von Unterstützung bei der Umsetzung der Strategie, der Entlastung des Managements für weitere Führungsaufgaben, der stärkeren Berücksichtigung von Mitarbeiterpotenzialen und der damit verbundenen Wettbewerbsfähigkeit sowie der stärkeren Bindung der Mitarbeiter an das Unternehmen durch berufliche Perspektiven.

Der Nutzen für die Mitarbeiter zeigt sich in Investitionen in ihre Entwicklung, neuen Aufgabenfeldern, Chancen zur Kompetenzerweiterung und Steigerung des »Marktwertes« sowie in der teilweise vom direkten Vorgesetzten unabhängigen Förderung.

Auftragscoaching muss genau abgesprochen sein

Coaching bezieht sich auf die Einstellung (Identifikation, wollen, sich trauen) und das Verhalten (können und beherrschen) des Mitarbeiters bezogen auf den jeweiligen Arbeitsplatz. Es muss rechtzeitig ansetzen, um erfolgreich zu sein. Gleichzeitig muss die »Chemie« zwischen Coach und Zielperson stimmen. Zu klären ist die Frage der Vertraulichkeit, der Zielsetzung, der Ergebnisbewertung und der mit dem Ergebnis verbundenen Konsequenzen.

Fazit

Die Marienhaus GmbH sieht in der Personalentwicklung einen entscheidenden Wettbewerbsfaktor – sowohl am Absatzmarkt als auch am Arbeitsmarkt. Personalentwicklung umfasst zielgerichtete und notwendige Maßnahmen bei der Modernisierung eines Klinikums, das heißt es geht um eine lohnende Investition in die Zukunft auch bzw. gerade in Krisenzeiten.

Besonders interessant wird es, wenn die Personalentwicklung und Karriereplanung mit zeitgemäßen, anforderungs- und leistungsbezogenen Entgeltsystemen – an Stelle der BAT-ähnlichen Arbeitsvertragsrichtlinien (AVR) verknüpft wird – und die eingeführten Instrumente vom Beurteilungsgespräch bis zu den, auf der Balanced Scorecard basierenden – Zielvereinbarungen finanziellen Nachdruck bekommen.

Die Marienhaus GmbH geht auch hier, mit der »Projektgesellschaft innovatives Arbeiten in karitativen Unternehmen« (PIA) neue zukunftsweisende Wege. Dabei sind die Kernziele von PIA:
1. Entwicklung eines modernen Tarifvertrages nach dem Win-Win-Prinzip durch:
   ⇨ Erarbeitung von innovativen Lösungen
   ⇨ Erprobung modellhafter Regelungen als Experiment in ausgewählten Betrieben
   ⇨ Evaluation und Übernahme geeigneter Modelle für die Praxis im Dritten Weg
2. Verbesserung der Mitarbeiterbeteiligung in wirtschaftlichen Angelegenheiten.

Dieser Beitrag wurde gemeinschaftlich von den folgenden Autoren verfasst:

Gaby Frömbgen ist Personalentwicklerin im Marienhaus Klinikum St. Josef Bendorf, St. Elisabeth Neuwied, St. Antonius Waldbreitbach und Mitarbeiterin der Edith-Stein-Akademie, Waldbreitbach.

Josef Grandjean Dipl.-Päd., ist Personalentwickler und Leiter der Edith-Stein-Akademie, Waldbreitbach. Zugleich leitet er die Zentrale Stabsstelle »Personalentwicklung und Organisationsentwicklung« in der Marienhaus GmbH.

Christof Schenkel-Häger Prof. Dr., ist Leiter der Abteilung Medizin-Controlling und Qualitätsmanagement im Marienhaus Klinikum St. Josef Bendorf, St. Elisabeth Neuwied und St. Antonius Waldbreitbach sowie Lehrbeauftragter, Lerngebiet Krankenhaus- Management an der Fachhochschule Koblenz Rhein-Ahr-Campus Remagen.

Therese Schneider ist Oberin des Marienhaus Klinikums St. Josef Bendorf, St. Elisabeth Neuwied und St. Antonius Waldbreitbach.

Kontaktaufnahme

Marienhaus GmbH
Edith-Stein-Akademie
Margaretha-Flesch Str. 5
56588 Waldbreitbach

Mitarbeiterführung und Leistungsvergütung im Pflegeheim

Altenarbeit im Umbruch: Zum einen müssen die Wohlfahrtverbände Kosten sparen, zum anderen sind höhere Leistungsstandards und Qualitätssicherung gefordert. Der Beitrag zeigt, wie ein Altenheim die Herausforderungen mit kommunikativer Führungskultur und leistungsorientierter Vergütung meistert.

In diesem Beitrag erfahren Sie:
- die Voraussetzungen für ein leistungsorientiertes Vergütungssystem,
- wie prozessorientierte Abläufe und kommunikative Führungskultur zu mehr Effizienz beitragen,
- wie Aufgaben und Verantwortlichkeiten klar definiert werden können,
- wie ein Leitbild formuliert wird, an dem sich alle Mitarbeiter orientieren können.

ANN-KRISTIN ESCHENBERG, ECKHARD EYER

Altenarbeit im Jahr 2003

Unternehmen, die am Markt bestehen wollen, brauchen einen kontinuierlichen Verbesserungsprozess, um sich auf die wandelnden Anforderungen des Marktes einzustellen. Das gilt auch, wenn nicht sogar besonders, für Non-Profit-Organisationen. Der Beitrag verdeutlicht dies am Beispiel eines Altenheims. Soziale Einrichtungen der Wohlfahrtspflege sind von finanziellen Kürzungen besonders betroffen. Sie benötigen kontinuierlich Reflektions- und Modernisierungsprozesse, wenn sie in der Zukunft konkurrenzfähig bleiben und bestehen wollen.

Als Dienstleister für den Markt der stationären Altenpflege steht der Mensch als Kunde im Mittelpunkt. Das Wohl des Pflegebedürftigen, des Anvertrauten, ist dabei ebenso Ausgangspunkt des Handelns wie Bedürfnisse der Angehörigen und der Einsatz der Betreuer.

Dabei darf die Wirtschaftlichkeit der Einrichtung jedoch nicht vergessen werden. Gewinne als Zeichen des wirtschaftlichen Erfolgs sind wichtig. Auch wenn Non-Profit-Organisationen nicht gewinnorientiert arbeiten, so streben sie wenigstens die »schwarze Null« vor dem Komma an, um einen Substanzverzehr zu vermeiden, der langfristig zum Nachteil der anvertrauten Menschen führt. Wirtschaftlicher Erfolg in privatwirtschaftlichen und Non-Profit-Unternehmen stehen dem sozialen Handeln nicht entgegen. Im Gegenteil: Langfristig ist nur derjenige erfolgreich, der qualitativ hochwertige Leistungen wirtschaftlich erbringt.

Die Altenarbeit befindet sich im Umbruch: Seit Jahren gibt es Bemühungen zur Kostenreduzierung und Erhöhung der Wirtschaftlichkeit. Gleichzeitig fordern zum Beispiel die Neuordnung der Pflegeversicherung, das Pflegegesetz § 80 und das Qualitätssicherungsgesetz mit höheren Anforderungen an Leistungsstandards, Dokumentationspflicht und Prozesse der Qualitätssicherung ein relativ kurzfristiges Umdenken der ganzen Branche.

Hoher Anspruch durch schlechtes Gewissen

Auch in dieser Zeit des Umbruchs bleibt der enge Kontakt mit den Angehörigen wichtig – auch wenn er die Arbeit nicht unbedingt erleichtert. Aus vielerlei Gründen wollen die Angehörigen das Beste für ihre älteren Verwandten. Ihr nicht selten schlechtes Gewissen und die hohen Pflegesätze machen sie kritisch, so dass sozialer Anspruch und Wirtschaftlichkeit einer sorgfältigen Reflexion bedürfen.

Von Alten- und Pflegeheimen und anderen sozialen Einrichtungen wird zunehmend erwartet, dass sie eine verbesserte Dienstleistung mit deutlich geringerer finanzieller Ausstattung anbieten, um auf dem Absatzmarkt bestehen zu können. Diese Situation stellt viele Non-Profit-Organisationen und die jeweiligen Führungskräfte unter einen hohen emotionalen Druck – und dadurch verstärkten Leistungsdruck – , den sie in der Intensität bisher so nicht kannten.

Ausgelöst durch den demographischen Wandel müssen gerade Alten- und Pflegeheime den besonderen Anforderungen zwischen sozialem Anspruch der Wohlfahrtsverbände, dem Pflegealltag der Altenpfleger und der Wirtschaftlichkeit der Einrichtung gerecht werden. Dieser Herausforderung müssen sich die Organisationen stellen. Sie sollten sie als Chance begreifen und nutzen. Soziales Engagement lässt sich auch professionell managen, wie eine Reihe erfolgreicher Anbieter von Dienstleistungen beweist. Nur jene sozialen Organisationen und Unternehmen werden sich behaupten können, die sich den neuen Herausforderungen stellen, und die bereit sind, die notwendigen Umstrukturierungen konstruktiv umzusetzen.

Organisations- und Personalentwicklung in einem Alten- und Pflegeheim

Die Einrichtung

Das Alten- und Pflegeheim ist in einer kleinen Gemeinde im Rheinland angesiedelt. Es handelt sich um eine regional eingebundene Einrichtung mit knapp 60 Betten und entsprechenden Aufenthaltsräumen sowie ca. 60 Mitarbeitern bzw. Mitarbeiterinnen in Voll- und Teilzeit. Die Organisation der Einrichtung gliedert sich in einen Heimleitungs- und Verwaltungsbereich, einen Pflegebereich und einen hauswirtschaftlichen Bereich sowie einem Sozialen Dienst. In jedem Bereich arbeitet eine Führungskraft mit einer entsprechenden Anzahl Mitarbeitern. Der Heimleiter ist einem Verwaltungsrat und dieser dem Kirchenvorstand der Gemeinde Rechenschaft schuldig. Die enge Verbindung zur Gemeinde und das Selbstverständnis der Hauptamtlichen und Laien spielte bei der Beratung eine besondere Rolle. Es mussten für alle (unmittelbar und mittelbar) Beteiligten adäquate Maßnahmen erarbeitet und umgesetzt werden. Dafür wurde eine externe Beraterin zu Rate gezogen, die die nötigen strukturellen personellen Voraussetzungen erarbeiten sollte.

Die Problemstellung

Ausgangspunkt für die Beratung war eine diffuse Unzufriedenheit des Verwaltungsrates mit der Situation in dem Alten- und Pflegeheim. Der Verwaltungsrat wünschte sich eine leistungsorientierte Entgeltstruktur. Er entschied sich für eine externe Beratung mit den Schwerpunkten »Entgelt und Zielvereinbarungen«. Im ersten Gespräch zeigte sich zunächst die Vorstellung des Verwaltungsrates, dass die Anwendung eines Zielvereinbarungssystems, kombiniert mit einer variablen Vergütung, das Problem der »diffusen Unzufriedenheit« vermutlich lösen würde. Allerdings: Bei der genaueren Beschreibung der Wahrnehmung des Problems und der Erwartungen an die variable Vergütung ergab sich schnell, dass vor der Einführung eines neuen Entgeltsystems Voraussetzungen zur Anwendung geschaffen werden mussten.

Die bestehenden Strukturen waren zu analysieren und zu verbessern, dazu gehörten klar definierte und prozessorientierte Abläufe, transparente Schnittstellen mit entsprechendem Informationsfluss sowie eine Kommunikations- und Führungskultur, die den Anforderungen des Alten- und Pflegeheims gerecht werden konnte.

Das Thema Zielvereinbarung mit variablem Entgelt – das Anlass des Gesprächs war – wurde zunächst auf einen späteren Zeitpunkt verlegt und die Gestaltung prozessorientierter Abläufe und einer neuen Kommunikations- und Führungskultur wurde in Angriff genommen.

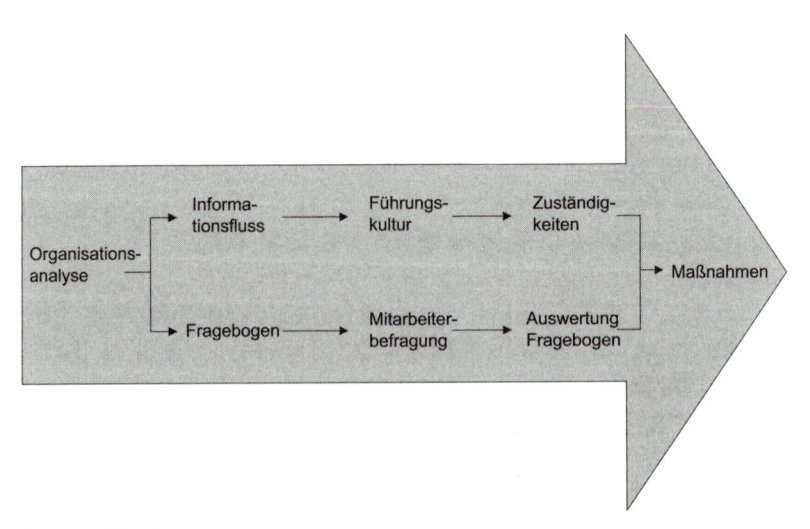

Abb. 1: *Vorgehensweise*

Projektphasen

Das Projekt durchlief drei Phasen (vgl. Abb. 1). Nach der ersten Organisationsanalyse (Phase 1) entwickelte die Beraterin einen hausspezifischen Fragebogen für die Befragung der Mitarbeiter und wandte diesen an. Parallel hierzu erarbeitete sie die Situation aus Sicht der Heimleitung in Experteninterviews. Nach der Zusammenführung der Erkenntnisse leitete sie hieraus Maßnahmen ab.

In der Organisationsanalyse zeigte sich, dass Aufgaben und Verantwortlichkeiten weder ausreichend abgegrenzt und definiert noch die Abläufe klar dokumentiert waren. Entsprechend konnten nachzuweisende Tätigkeiten und Leistungen in der Einrichtung nicht zufriedenstellend dokumentiert werden. Dies wurde auch durch die vom Medizinischen Dienst der Krankenkassen (MDK) durchgeführten Qualitätsprüfung gemäß § 80 SGB XI gleichermaßen gesehen und entsprechend zurückgemeldet.

Es bestand starker Handlungsbedarf, so dass folgende Maßnahmen in Angriff genommen wurden:

⇨ Beschreibung der Aufgaben des Heimleiters
⇨ Beschreibung der Aufgaben des Verwaltungsrates
⇨ Definition der Schnittstelle zwischen Hausleitung und Verwaltungsrat
⇨ Beschreibung der Verantwortlichkeiten der Führungskräfte und Mitarbeiter
⇨ Erarbeitung eines Leitbildes sowie
⇨ Sammlung notwendiger Inhalte zum Aufbau eines Qualitätsmanagement-Systems.

Die Motivation, neue Strukturen zu akzeptieren und umzusetzen, ist dann groß, wenn diese verstanden werden und eigene Vorstellungen einfließen können. Hieraus ergibt sich dann fast zwangsläufig eine höhere Kundenorientierung der Mitarbeiter und der Einrichtung (vgl. Abb. 2). Um dieser Erkenntnis gerecht zu werden und um die Analyse

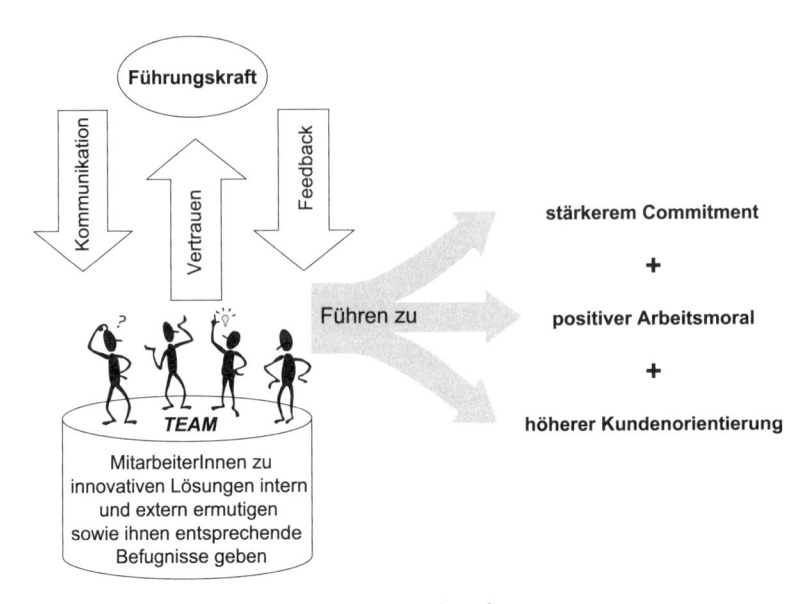

Abb. 2: *Zusammenhang zwischen Mitarbeiter- und Kundenorientierung, Quelle: ISR, London [2]*

aus verschiedenen Perspektiven einschätzen und Lösungen finden zu können, wurden die Mitarbeiter von Anfang an einbezogen.

Für einen Teil der Organisationsanalyse erfasste die Beraterin die Einschätzungen der Mitarbeiter hinsichtlich Arbeitsplatz, Arbeitsorganisation und Führungskultur und analysierte sie. Ergänzend nahm sie Verbesserungsvorschläge seitens der Mitarbeiter auf und meldete sie den Führungskräften in anonymisierter Form zurück. Dazu verwendete die Beraterin – aufgrund der Größe der Einrichtung sowie der zu wahrenden Anonymität der Aussagen – einen auf die Einrichtung zugeschnittenen standardisierten Fragebogen (vgl. Abb. 3). Dieser umfasste insbesondere Fragen zum Arbeitsfeld, der Kenntnis der Abläufe und ihrer Dokumentation, zur Arbeitsbelastung sowie zur Zusammenarbeit mit Kollegen. Wesentlich war auch das Vertrauen zu Kollegen und Führungskräften. Die Mitarbeiter konnten weitere Themen ergänzen.

Mitarbeiterführung und Leistungsvergütung

Fragebogen Teil 1	Trifft nicht zu --	Trifft selten zu -	Trifft meistens zu +	Trifft zu ++
Ich kann die Reihenfolge der Arbeitsschritte selbst bestimmen.			X	
Bei uns gibt es gute Weiterbildungsmöglichkeiten.		X		
Eigeninitiative wird bei uns gefördert.			X	
Fragebogen Teil 2 **Bei meiner Arbeit erlebe ich, dass...**				
wir unsere Arbeitskraft den BewohnerInnen gern zur Verfügung stellen.			X	
wir stark mit der Region und den dazu gehörigen Aktivitäten verbunden sind.			X	

Abb. 3: *Auszug aus dem Fragebogen*

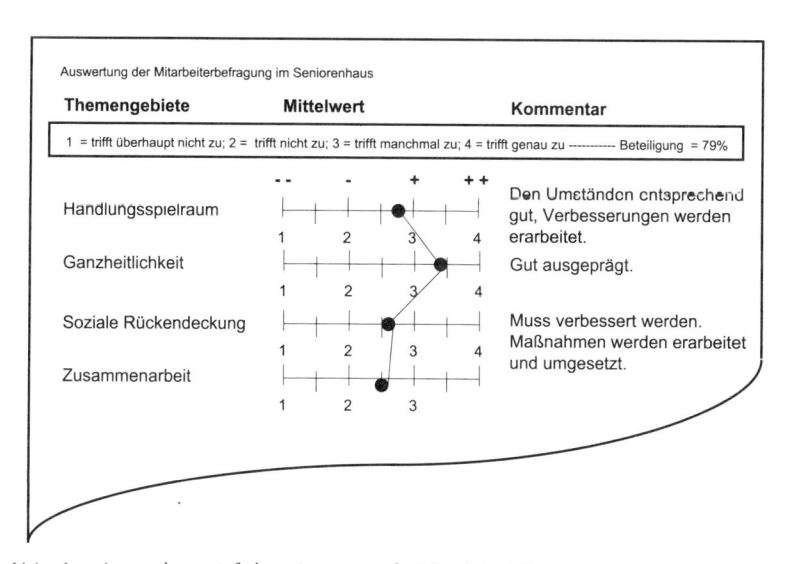

Auswertung der Mitarbeiterbefragung im Seniorenhaus

Themengebiete **Mittelwert** **Kommentar**

1 = trifft überhaupt nicht zu; 2 = trifft nicht zu; 3 = trifft manchmal zu; 4 = trifft genau zu ---------- Beteiligung = 79%

Themengebiete	Mittelwert	Kommentar
Handlungsspielraum	3 (auf Skala 1-4)	Den Umständen entsprechend gut, Verbesserungen werden erarbeitet.
Ganzheitlichkeit	3 (auf Skala 1-4)	Gut ausgeprägt.
Soziale Rückendeckung	2-3 (auf Skala 1-4)	Muss verbessert werden. Maßnahmen werden erarbeitet und umgesetzt.
Zusammenarbeit	2-3 (auf Skala 1-3)	

Abb. 4: *Auszug der vereinfachten Auswertung der Mitarbeiterbefragung*

Im zweiten Teil des Fragebogens wurden die Mitarbeiter gebeten, ihre Einschätzung zu den im Haus gelebten Werten sowie den für sie bei dieser Arbeit wichtigen eigenen Werte anzugeben. Die Ergebnisse dienten zur Unterstützung, um beteiligungsorientiert ein entsprechendes Leitbild und die darauf aufbauende Führungskultur erarbeiten zu können.

Die Fragebögen wurden anonym ausgewertet und anschließend zusammen mit den sich daraus ergebenden Empfehlungen den Mitarbeitern rückgemeldet (vgl. Abb. 4).

Analyse und Coaching auf der Führungsebene

Einhergehend mit der Analyse der Abläufe und der Informationsflüsse reflektierte die Beraterin gemeinsam mit dem Heimleiter seine Position, seine Rolle und seine Aufgaben als Führungskraft sowie seinen Umgang mit einzelnen Mitarbeitern und gegenüber dem übergeordneten Verwaltungsrat. Daraus wurden Anforderungen an Verantwortlichkeiten, Schnittstellen sowie Informationsflüsse formuliert. In Absprache mit dem Verwaltungsrat wurde eine neue Satzung für das Alten- und Pflegeheim und damit eine klare Aufgabendefinition des Verwaltungsrates entworfen sowie eine Stellenbeschreibung für die Heimleitung einschließlich klareren Zielen und einer Budgetierung. Diese Schritte von der Absicht bis zur tatsächlichen Erstellung einer neuen Satzung sowie der neuen Stellenbeschreibung für den Heimleiter erwiesen sich als Knackpunkte.

Der Verwaltungsrat war schon viele Jahre im Amt und hatte somit schon einige – unter anderem auch schlechte – Erfahrungen mit verschiedenen Heimleitern gesammelt. Der derzeitige Heimleiter war erst seit ca. drei Jahren in dieser Position. Dadurch ergaben sich verschiedene Sichten auf die Situation im Seniorenhaus: Aus der Sicht des Verwaltungsrates, der ehrenamtlich eingesetzt ist, stand neben der Wirtschaftlichkeit und guter Betreuung, besonders die Einbindung der Einrichtung in Ort und Region sowie die äußere Sichtbarkeit der christlichen Werte im Vordergrund. Aus der Sicht des Heimleiters, der zudem nicht aus der näheren Umgebung kam, stand neben den bereits genannten Werten vor allem die Wirtschaftlichkeit im Vordergrund. Gleichzeitig war der Heimleiter bestrebt, zur Weiterentwicklung des Alten- und Pflegeheims Modernisierungen und Verbesserungen in der Organisation und Kommunikation bis hin zur Einführung eines Qualitätsmanagementsystems vorzunehmen. Das war zwar im Sinne des Verwaltungsrates, doch bedurfte es dazu weiterer Entscheidungsbefugnisse, als die Stelle des Heimleiters bisher vorsah.

Dem stand entgegen, dass der Verwaltungsrat schlechte Erfahrungen in der Vergangenheit mit dem Vorgänger des jetzigen Heimleiters gemacht hatte und es damals zu Machtmissbrauch und Veruntreuung gekommen ist – was nicht zum Wohl der Einrichtung beigetragen hatte. Der jetzige Heimleiter hatte sich in den vergangenen drei Jahren nichts zu Schulden kommen lassen; entsprechend war der Verwaltungsrat sehr zufrieden mit seiner Aufgabenerfüllung und seinem Engagement. Durch die anstehende Diskussion über Budget und Befugnisse wurde jedoch deutlich, wie sehr die Folgen der Vergangenheit nachwirkten, ohne dass der derzeitige Heimleiter persönlich gemeint war. Eine gemeinsame Vertrauensbasis zwischen Heimleiter und Verwaltungsrat musste also erst weiter ausgebaut und stabilisiert werden. Um dem gerecht zu werden, ging die Beraterin Schritt für Schritt vor:

⇨ Zunächst musste geklärt werden: Welches Vertrauen genießt der Heimleiter innerhalb der Einrichtung?
⇨ Anschließend ging es darum, bei dem Heimleiter Verständnis zu wecken für die Sicht des Verwaltungsrates.
⇨ Es folgte die Vorbereitung eines Gesprächs mit dem Heimleiter und dem Verwaltungsratsvorsitzenden. Darin sollte geklärt werden: Wie hat der Heimleiter in der Vergangenheit gearbeitet? Wie soll er in Zukunft eingebunden werden?
⇨ Es wurden Vorschläge zur Satzung und zur Stellenbeschreibung des Heimleiters erarbeitet. Diese Entwürfe sollten dazu dienen, sachlicher über das Thema »Vertrauen« sprechen zu können.

⇨ Es ging anschließend darum, Formulierungen für die Stellenbeschreibung des Heimleiters zu finden, um festzulegen, dass die jetzigen Vereinbarungen exklusiv für ihn als Person gelten und bei Neubesetzung erneut verhandelt werden müssen.
⇨ Im Anschluss daran führte die Beraterin drei moderierte Sitzungen mit dem Verwaltungsrat und dem Heimleiter durch, in denen schrittweise die Details der Satzung und der Stellenbeschreibung erarbeitet wurden.

Gerade die oben beschriebene Vorgehensweise in einzelnen Schritten unterstützte die Annäherung beider Sichtweisen. Sowohl die sorgfältige Vorbereitung der moderierten Sitzungen mit dem Heimleiter als auch das genaue Abwägen von Formulierungen und Festlegungen bei jedem kleinen Schritt ermöglichte schließlich eine Einigung zur Zufriedenheit beider Parteien.

Analyse und Coaching auf der Mitarbeiterebene

Parallel zu dem oben beschriebenen Vorgehen griff die Beraterin aus den Ergebnissen der Mitarbeiterbefragung Verbesserungsvorschläge der Mitarbeiter auf. Die Auswertung ergab, dass sich die Mitarbeiter u.a. klarere Zuständigkeiten, mehr Gesprächsmöglichkeiten mit dem Heimleiter, Unterstützung und gegebenenfalls Supervision für Konflikte im eigenen Team sowie verbesserten Informationsfluss wünschten. Als Anregungen aus der Mitarbeiterbefragung wurden folgende Punkte abgeleitet (vgl. Abb. 5). Ziel war es
⇨ klare Strukturen über Stellenbeschreibungen für Hausleitung, Pflegedienstleitung und Hauswirtschaftsleitung zu schaffen, um Zuständigkeiten und Befugnisse eindeutig festzulegen
⇨ Informationswege und regelmäßige Dokumentation einschließlich entsprechender Vorlagen/Checklisten genauer festzulegen

⇨ organisiertere Gesprächszeiten und verbindliche Teilnahme des Heimleiters an Besprechungen – auch der Nachtwachenbesprechungen – einzuführen
⇨ die Notwendigkeit und Durchführung der Dokumentation den Mitarbeitern erneut zu verdeutlichen
⇨ die Mitarbeiter nach ihren jeweiligen Fortbildungsbedürfnissen zu befragen (Diese Befragung soll ausgewertet und in einem entsprechenden Fortbildungsangebot für die Mitarbeiter umgesetzt werden. Die Vereinbarungen über die für das nächste Jahr anstehenden Fortbildungen werden in die nächsten Mitarbeitergespräche integriert)
⇨ die Angaben der Mitarbeiter zu den ihrer Meinung nach im Haus gelebten Werten in die Leitbildgestaltung aufzunehmen und die Mitarbeiter darüber wieder zu informieren.

Beachtenswert ist, dass sich die Mitarbeiter die Mühe gemacht hatten, den Heimleiter und die Pflegedienstleitung unterschiedlich zu

Auswertung der Mitarbeiterbefragung im Seniorenhaus	
Themengebiete	**Maßnahmen**
Handlungsspielraum	Eigeninitiative soll noch mehr gefördert werden. Führungsstil und Kommunikation verbessern
Wissen über die Organisation	Erneut über Bedeutung der Dokumentation informieren.
	Checklisten zur Vereinfachung des Dienstablaufes.
	Stellenbeschreibung für mehr Klarheit
	Erarbeitung eines Leitbildes
Soziale Rückendeckung	Besser organisierte Gesprächsmöglichkeiten. Regelmäßiges Treffen der Nachtwache.

Abb. 5: *Ausschnitt aus dem Maßnahmenkatalog*

bewerten. Aus der genauen Betrachtung dieser unterschiedlichen Bewertung konnten Rückschlüsse über zu verbesserndes Führungsverhalten abgeleitet werden. Alternative Handlungsmuster wurden supervisorisch begleitet, erprobt und von dem Heimleiter und der Pflegedienstleitung umgesetzt. Durch die Reflexion über die Fragebogenergebnisse wurde zusätzlich der Informationsaustausch zwischen den Führungskräften weiter angeregt. Vorher wurden Informationen oft als »selbstverständlich« vorhanden unterstellt, so dass Missverständnisse entstanden. Durch den dort entstandenen und darüber hinaus beibehaltenen intensiveren Informationsaustausch des Heimleiters mit der Pflegedienstleitung erfolgen Abstimmungen mittlerweile leichter und klarer.

Ergebnis

Das Coaching der Heimleitung hat insgesamt den Blick auf die jeweils eigene Führungsaufgabe verändert. Es wurde unter anderem deutlich, welche Führungsaufgaben stärker wahrgenommen werden müssen, um so zu einem verbesserten eigenen Führungsverhalten beizutragen. Gerade zu den Punkten Delegation und Rückmeldung konnten neue Verhaltensweisen erprobt werden. Jeder hat seinen Verantwortungsbereich. So sind zum Beispiel die Verantwortlichkeiten des Heimleiters abgegrenzt vom administrativen Bereich und von den jeweiligen Teamleitern, die der Pflegedienstleitung unterstellt sind – aber auch gegenüber dem Verwaltungsrat. Diese klare Abgrenzung der Verantwortlichkeiten erleichtert es dem Heimleiter, die eigenen Aufgaben noch besser erfüllen zu können und ermöglicht es den Mitarbeitern, eigenverantwortlicher zu handeln. Gleichzeitig konnten sich der Heimleiter und der Verwaltungsrat in ihren unterschiedlichen Sichtweisen weiter annähern und gemeinsam Verbesserungen erarbeiten – im Sinne einer gemeinsamen Führungskultur für das Alten- und Pflegeheim.

Hinsichtlich der klaren Definition der Verantwortlichkeiten wurden am Ende der Beratung die Satzung für das Alten- und Pflegeheim und die Stellenbeschreibung für den Heimleiter verabschiedet. Des Weiteren konnte mit der Stellenbeschreibung für die Pflegedienstleitung begonnen werden. Für die Fertigstellung dieser und der weiteren Stellenbeschreibungen wurde ein realistischer Zeitplan mit dem Heimleiter und der Pflegedienstleitung vereinbart.

➤ 55% fanden im Mai die Abläufe nicht einheitlich – Das gilt es zu verbessern!
➤ Dazu gehört vor allem **Information**.
➤ Information wird auch über Dokumentation vermittelt.
➤ Diese dient als Nachweis für
 – Angehörige
 – Medizinischer Dienst der Pflegekassen
 – Qualitätsprüfung gemäß § 80 SGB XI

= VIEL GETAN

Dokumentation

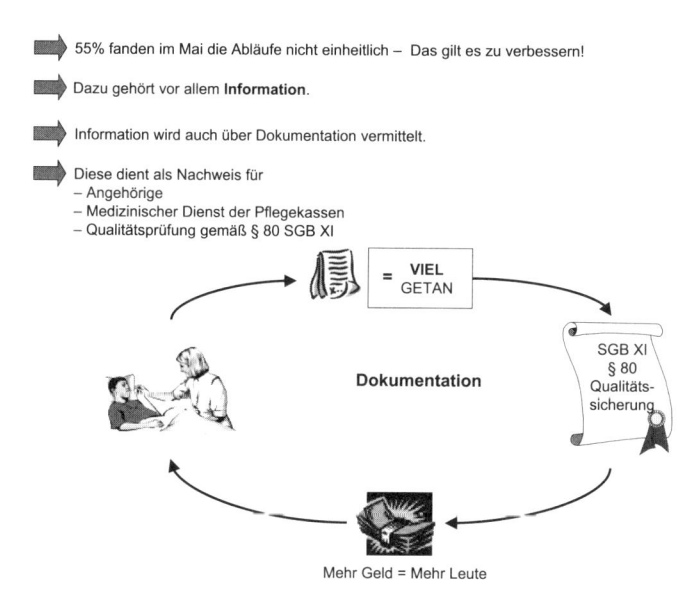

SGB XI § 80 Qualitätssicherung

Mehr Geld = Mehr Leute

Abb. 6: *Notwendigkeit der Dokumentation*

Zur Verbesserung des Informationsflusses und der Kommunikation richtete der Heimleiter Sprechzeiten ein und vereinbarte mit den Mitarbeitern, wie diese sinnvoll genutzt werden können. Neben einer verlässlichen Ansprechbarkeit ermöglicht dieses Vorgehen dem Heimleiter, das eigene Zeitmanagement zu verbessern. Zusätzlich besprach der Heimleiter mit den Mitarbeitern, an welchen Besprechungen eine

Teilnahme aus ihrer Sicht sinnvoll ist. Die erfolgte Anwesenheit in den vereinbarten Besprechungen wurde von den Mitarbeitern sofort positiv zurückgemeldet.

Um einem hohen Qualitätsstandard zu genügen, ist neben sorgfältiger Erfüllung der Aufgaben auch eine ausreichende Dokumentation erforderlich. Aus der Befragung der Mitarbeiter war ersichtlich, dass diese zum Teil nicht ausreichend über die Bedeutung und Vorgehensweise der Dokumentation informiert waren. Zur Abhilfe wurden zum einen klare Ablaufbeschreibungen und dazugehörige Checklisten von der Pflegedienstleitung erarbeitet, zum anderen informierten die Führungskräfte erneut die Mitarbeiter über die hohe Relevanz der durchzuführenden Dokumentation (vgl. Abb. 6).

Zum Abschluss der Beratung wurde an der Erstellung eines Leitbildes gearbeitet. Um ein Leitbild zu formulieren, in dem sich alle Beteiligten wiederfinden können, wurde wie folgt vorgegangen:
⇨ Jeweils die Mitglieder des Verwaltungsrates und der Heimleiter wurden zu den eigenen Vorstellungen dazu befragt.
⇨ Die Angaben zu den im Haus gelebten Werten seitens der Mitarbeiter wurden ausgewertet.
⇨ Eine Internetrecherche wurde durchgeführt, um Anregungen zur Gestaltung und Formulierung zu erhalten.
⇨ Aus der Auswertung der gesammelten Informationen erarbeitete die Beraterin einen Vorschlag für das neue Leitbild, der dann in der nächsten Verwaltungsratssitzung besprochen und abgesegnet wurde.
⇨ Vor Einführung des neuen Leitbildes informierte die Heimleitung gemeinsam die Mitarbeiter darüber.

Damit wurden die Voraussetzungen für klare Strukturen und Entwicklungsmöglichkeiten und Ansatzpunkte für die Reduzierung langer Wege und unnötiger Zeiten geschaffen. Nach Umsetzung aller Maßnahmen ist geplant, sich mit der Ausrichtung auf ein Qualitätsmanagement-System zu befassen und das Thema Zielvereinbarung mit variabler Vergütung konkreter anzugehen.

Ann-Kristin Eschenberg, Studium der Linguistik und der Psychologie mit Abschluss Magister, Mitarbeiterin der GOM (Gesellschaft für Organisationsentwicklung und Mediengestaltung mbH), ausgebildete Sprecherzieherin und Supervisorin. Seit über zehn Jahren Erfahrungen als Moderatorin, Trainerin, Coach und Organisationsentwicklerin für unterschiedliche Organisationen in verschiedenen Branchen der Industrie sowie im Non-Profit-Bereich.

Eckhard Eyer, Dipl.-Ing., Dipl.-Kfm., Jahrgang 1958, studierte Maschinenbau in Kaiserslautern und Betriebswirtschaftslehre in Mannheim. Er arbeitete bei den SKF Kugellagerfabriken, der G.M. Pfaff AG und von 1989 bis 1997 im Institut für angewandte Arbeitswissenschaft (IfaA) in Köln. Er ist Inhaber der PERSPEKTIVE EYER CONSULTING, Köln, mit den Schwerpunkten: Konzeptionelle Beratung von Unternehmen bei der Entwicklung und Umsetzung von Führungs- und Entgeltsystemen sowie Abschluss von Betriebsvereinbarungen und Haustarifverträgen. 1999 gründete er FAIR – Institut für praktische WirtschaftsMediation, Köln. Er ist Mitherausgeber der Fachbibliothek »Das flexible Unternehmen«.

Literatur

[1] BADER, C.: *Sozialmanagement. Freiburg, 1999*

[2] DABRINHAUSEN, M.; LIETZ, P.: *Motivation in Großbritannien und Deutschland im Vergleich, in: Personalführung 4/2001*

[3] DIAKONISCHES WERK DER EV. KIRCHE WESTFALEN (HRSG.): *Qualitätsentwicklung in der Pflege und Qualitätssicherung nach § 80 SGB XI, Münster, 1998*

[4] EYER, E.: *Gute Arbeit soll sich lohnen, in: Zeitschrift Altenheim, April 2003, S. 20–24.*

[5] FATZER, G. (HRSG.): *Organisationsentwicklung und Supervision. Köln, 1996*

[6] KREUZHAGE, S.: *Praxishandbuch Sozial Management. Soziales Engagement professionell managen, VNR Bonn, 2001*

[7] JANSEN, B. U. A. (HRSG.): *Soziale Gerontologie, Weinheim, 1999*

[8] MAELICKE, B. (HRSG.): *Qualität und Kosten sozialer Dienstleistungen, Baden-Baden, 1997*

[9] STARCK, N.: *Qualitätsmanagement in der stationären Altenhilfe* www.heimqualität.de, 2000

Zusammenfassung
Diffuses Unbehagen und erkannter Veränderungsbedarf in Einrichtungen der sozialen Wohlfahrt können nicht durch eine neue Entlohnung von heute auf morgen verändert werden. In dem beschriebenen Altenheim konnte zunächst durch Beratung und Coaching die Situation analysiert und durch die Beteiligung der Mitarbeiter und Mitarbeitervertretung verbessert werden. Das in der Einrichtung vorhandene Expertenwissen machte Mitarbeiterorientierung glaubhaft und erleichterte die Umsetzung der Maßnahmen. Das gemeinsame Vorgehen führte zu akzeptierten und gelebten neuen Strukturen.
Bei der letzten Qualitätsprüfung des Medizinischen Dienstes der Krankenkassen (MDK) fiel das Feedback der Prüfer für das Alten- und Pflegeheim wesentlich besser aus als im Vorjahr. Durch die verbesserten Strukturen und die klarere Verantwortungsverteilung zwischen Verwaltungsrat, Heimleiter und den anderen Führungskräften sind die Voraussetzungen für die Einführung eines Qualitätsmanagementsystems sowie eines Zielvereinbarungssystems mit variabler Vergütung geschaffen.

Leistungsvergütung in einem Caritas-Altenheim

Beim Tarifabschluss des öffentlichen Dienstes im Januar 2003 haben sich die Tarifvertragsparteien verpflichtet, bis Ende Januar 2005 neue Entgeltstrukturen zu erarbeiten. In einem Modellprojekt hat ein Altenheim bereits im Jahre 2001 ein – zumindest für den Non-Profit-Bereich – innovatives Entgeltsystem erarbeitet.

In diesem Beitrag erfahren Sie:
- wie eine Einrichtung des Non-Profit-Sektors mit einem Leistungsentgelt auf die Herausforderungen des Marktes antwortet,
- wie Team- und Hausprämie sowie individuelle Leistungszulage konzipiert wurden,
- wie die Leistungsbeurteilung durchgeführt wurde.

ECKHARD EYER

Neue Vergütungspolitik im Non-Profit-Sektor

Leistungs- und erfolgsorientierte Entgeltsysteme sind in der deutschen Industrie nicht unüblich. In der Metall- und Elektroindustrie ist das variable Leistungsentgelt seit den 70er Jahren des letzten Jahrhunderts tariflich geregelt. Anfang dieses Jahres wurde ein Bankentarifvertrag abgeschlossen, der unter dem Stichwort »Drei-Säulen-Modell« als Flächentarifvertrag Geschichte schrieb, weil er neben einem anforderungsbezogenen Grundentgelt und leistungsbezogenen variablen Entgelt auch ein erfolgsabhängiges Entgelt enthält.

Beim Tarifabschluss des öffentlichen Dienstes im Januar 2003 haben sich die Tarifvertragsparteien verpflichtet, bis Ende Januar 2005 neue Entgeltstrukturen zu erarbeiten und dabei auch gewachsene Strukturen in Frage zu stellen. Spartentarifverträge sind nicht mehr ausgeschlossen. Diese Innovationen sind nicht zuletzt *Reaktionen auf die veränderten Absatz- und Arbeitsmärkte.* Ein Alten- und Pflegeheim im Rheinland hat sich – im Rahmen eines Modellprojektes – den veränderten Anforderungen der Absatz- und Arbeitsmärkte gestellt und ein – zumindest für den Non-Profit-Bereich – innovatives Entgeltsystem erarbeitet, das Modellcharakter erlangen könnte.

Die Situation im Bereich Altenpflege

Der Absatz- und Arbeitsmarkt in der stationären Altenpflege hat sich in den letzten 20 Jahren erheblich verändert. Auf dem von Wohlfahrtsverbänden und kommunalen Anbietern dominierten Markt treten *private Anbieter* auf. Durch professionelles (Personal-) Management verstehen sie es, von den etablierten Anbietern von Pflegedienstleistungen Marktanteile zu gewinnen. Um für die privaten Heime Mitarbeiter in Pflege, Verwaltung, Hauswirtschaft und Wirtschaftsbereichen zu gewinnen, bedienen sie sich des Arbeitsmarktes. Sie sind aufgrund der nicht vorhandenen Tarifbindung in der Lage, Mitarbeiter im Bereich der Hauswirtschaft und einfachen pflegerischen Tätigkeiten weit unter den BAT-Gehältern zu rekrutieren und den hoch qualifizierten, examinierten Fachkräften im Alter von 20 bis 35 Jahren weit höhere Entgelte zu zahlen als die etablierten Anbieter nach BAT/AVR (Arbeitsvertragsrichtlinien von Caritas und Diakonie). Zusätzlich können sie finanzielle Leistungsanreize bieten und innerhalb größerer Verbünde (Unternehmensgruppen und Konzerne) Aufstiegsmöglichkeiten und Karrierechancen eröffnen.

Im Kontext der, in den letzten Jahren zunehmend verschärften, Aufsicht über die stationären Pflegeeinrichtungen, die Qualitätsprüfung durch die Medizinischen Dienste der Krankenkassen und nicht zuletzt durch die, durch das Verbraucherministerium gestärkten, Verbraucherrechte verändert sich die Altenarbeit. Eine gewisse Quote (junger) qualifizierter MitarbeiterInnen, die mit Menschen und PC umgehen können sowie Führungsaufgaben übernehmen, wird zunehmend gefragt. Die Professionalisierung der Pflege schreitet fort. Caritative und diakonische Leitbilder und die Vorstellung von einer Dienstgemeinschaft in einem Alten- und Pflegeheim stehen im

Wettbewerb zum Outsourcing von nach BAT/AVR zu teueren Tätigkeiten. BAT und AVR stehen, insbesondere wenn das Prinzip der Kostenerstattung dem »Benchmarking« weicht, in der Kritik. Senioritätsprinzip (Berücksichtigung des Lebensalters) und Bedürfnisorientierung (Familienstand und Anzahl der Kinder) werden angesichts der Entwicklung am Absatz- und am Arbeitsmarkt in Frage gestellt.

Die Arbeitsrechtliche Kommission, die paritätische Vertretung der Dienstgeber und Dienstnehmer in der Caritas, hat – ebenso wie die der Diakonie – die Möglichkeit eröffnet, abweichend vom Flächentarifvertrag *Modellprojekte* durchzuführen, um bei entsprechenden Erfolgen *Innovationen im System des Flächentarifvertrages* zu ermöglichen.

Eine weitsichtige Heimleitung ging auf ihre Mitarbeitervertretung zu und initiierte im Jahr 2001 ein »Modellprojekt zur qualitätsorientierten Vergütung« bei einem Caritas-Altenstift. Über den Aufbau des Entgeltsystems, das Vorgehen im Projekt und die ersten Erfahrungen wird nachfolgend berichtet.

Rahmenbedingungen für Modellprojekte

Die Arbeitsrechtliche Kommission der Caritas mit Sitz in Freiburg hat die Möglichkeit eröffnet, in Modellprojekten auf Zeit vom Tarifvertrag abzuweichen. Voraussetzung ist, dass die Modellprojekte hinsichtlich ihrer Ziele und groben Struktur sowie der Laufzeit und der Evaluation von den Alteneinrichtungen beschrieben und beantragt sowie von der Arbeitsrechtlichen Kommission genehmigt werden. Das Caritas Altenstift – mit 104 Heimbewohnern in Pflege und 40 Bewohnern im betreuten Wohnen – beschäftigt 85 Mitarbeiter, die nach Stunden gemessen 54 Vollzeitmitarbeitern entsprechen. Sie betreuen 24 Stunden täglich und an 365 Tagen im Jahr die Bewohner. Das Altenheim wurde 1981 gegründet und gilt als eines der besten in der Umgebung.

Bei der Arbeitsrechtlichen Kommission in Freiburg wurde ein Antrag auf ein Modellprojekt gestellt, das folgende *Eckpunkte* hatte:

⇨ Die Lohn- und Gehaltssumme für alle Mitarbeiter wird sich nicht verändern.
⇨ Es werden Leistungskriterien erarbeitet, die auf individueller Ebene und Teamebene eine Differenzierung ermöglichen. Zusätzlich ist das Einkommen vom Hausergebnis abhängig.
⇨ Das Projekt ist zu evaluieren.
⇨ Für den Fall, dass es Probleme im Heim gibt, wird eine Ausstiegsklausel für Dienstgeber und Dienstnehmer vereinbart.
⇨ Die Lohnerhöhungen zum 1.9.2001 werden nicht ausgezahlt sondern thesauriert und im September 2002, wenn die Voraussetzungen für das »Qualitätsorientierte Entgelt« geschaffen sind, ausgezahlt.
⇨ Für das Modellprojekt stellt der Dienstgeber eine »Anschubfinanzierung« von 40.000 Euro zur Verfügung.

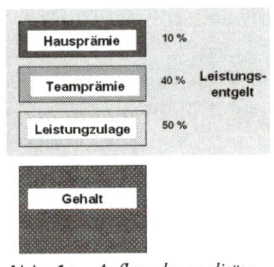

Hausprämie	10 %	
Teamprämie	40 %	Leistungsentgelt
Leistungzulage	50 %	
Gehalt		

Abb. 1: *Aufbau des qualitätsorientierten Entgeltsystems*

Die Mitarbeitervertretung (MAV) erarbeitet gemeinsam mit der Heimleitung und bei Bedarf unter Hinzuziehung weiterer Mitarbeiter ein »Qualitätsorientiertes Entgeltsystem«. Abbildung 1 zeigt den Aufbau des Entgeltsystems und die Gewichtung der einzelnen Entgeltkomponenten.

Schritte zum qualitätsorientierten Entgeltsystem

Die Entscheidung für ein neues, qualitätsorientiertes Entgeltsystem lag bei Heimleitung und Mitarbeitervertretung. Sie bildeten eine Projektgruppe von je drei Vertretern des Dienstgebers und der Dienstnehmer, wählten einen Berater aus, der sie bei dem Modellprojekt unterstützte, und erarbeiteten einen Antrag an die Arbeitsrechtliche Kommission. Daraufhin wurden die Mitarbeiter in einer Mitarbeiterversammlung im Juni 2001 über das Ziel des Modellprojektes, das geplante Vorgehen, ihre Einbeziehung sowie die Risiken und Chancen informiert. Diese erste Mitarbeiterversammlung mit nahezu vollständiger Beteiligung der Belegschaft und angeregter Diskussion dauerte nach einer Präsentation von circa 30 Minuten insgesamt eindreiviertel Stunden. Bei aller Neugier wurde insbesondere die individuelle Leistungsbeurteilung sehr kritisch diskutiert.

Entgeltbausteine

Die Projektgruppe nahm sich nach der Mitarbeiterversammlung und dem »Grünen Licht« von der Arbeitsrechtlichen Kommission der Themen
⇨ Kennzahlen für Teamentgelte und
⇨ Kennzahlen für das Hausentgelt

an und überließ es dem Berater, mit Mitarbeitern aus jedem Wohnbereich und jeder Fachabteilung – als Beauftragte dieser Organisationseinheiten – einen Vorschlag für eine Leistungsbeurteilung zu erarbeiten. Über den Stand der Entwicklung der Entgeltbausteine und das weitere Vorgehen wurden die Mitarbeiter in einer Mitarbeiterversammlung im Oktober 2001 informiert.

Leistungsbeurteilung für individuelle Leistungszulage

In mehreren, moderierten Arbeitskreissitzungen erarbeiteten die Vertreter der Wohnbereiche und Fachabteilungen gemeinsam ein Leistungsbeurteilungsverfahren. Tabelle 1 zeigt die Grundstruktur des Leistungsbeurteilungsverfahrens und einige Merkmale der individuellen Leistungsbeurteilung, auf der die Leistungszulage basiert.
   Bei der Erarbeitung wurde auf eine durchgängige Grundstruktur der Merkmalsgruppen geachtet, die Leistungsmerkmale wurden auf die einzelnen Funktionsbereiche zugeschnitten.

Tabelle 1: Grundstruktur des Leistungsbeurteilungsverfahrens und einige beispielhaften Merkmale							
Merkmalsgruppen	Leistungsmerkmale (Beispiel)	Stufen					
		A	B	C	D	E	
Fach- und Methodenkompetenz	Kennen und Einhalten von Standards						
Sozialkompetenz	Umgang mit Heimbewohnern						
Wirksamkeit des Arbeitseinsatzes	Räumliche und zeitliche Flexibilität						

Das Leistungsbeurteilungsverfahren wurde als *Kombination von Fremd- und Selbstbeurteilung* durchgeführt. Zwei Führungskräfte wurden als Fremdbeurteiler vor dem Beurteilungszeitraum festgelegt. Den Mitarbeitern wurde rechtzeitig mitgeteilt, wer sie beurteilt. Die beiden Fremdbeurteiler stimmten ihre Beurteilungen ab, um sie zu objektivieren und nachvollziehbar zu machen. Einer von beiden Beurteilern führte das Mitarbeitergespräch, in dem der Mitarbeiter auch seine Selbstbeurteilung präsentierte und mit dem Beurteiler besprach. Im Falle von Differenzen über die Beurteilung im Mitarbeitergespräch legte der Beurteiler das Ergebnis fest und dem Mitarbeiter stand der Weg zur betrieblichen Schiedsstelle offen. Der Schiedsstelle gehören je ein Vertreter der Dienstnehmer und der Dienstgeber an. Sie ist gehalten, nach der Anhörung zu einer Entscheidung zu kommen.

Teamprämie

Für die Ermittlung der Teamprämie wurden mit den Mitarbeitern in den Teams beziehungsweise deren Führungskräften Teamziele vereinbart. Die Teamziele wurden aus den Hauszielen herunter gebrochen und horizontal, das heißt, zwischen den Teams, abgestimmt.

Ein Beispiel für den Bereich der Pflege ist das Einhalten der Pflegestandards und die zeitnahe Dokumentation. Diese Ziele wurden von den Pflegestandards abgeleitet und ihre Einhaltung, in Anlehnung an das Vorgehen des Medizinischen Dienstes der Krankenkassen, stichprobenweise mehrmals während des Beurteilungszeitraums unangekündigt überprüft. Diese Überprüfung erfolgte immer durch die nächst höhere Führungskraft und einen benannten Vertreter der MAV.

Hausprämie

Als Basis für die Ermittlung der Hausprämie wurden die Kennzahlen »Belegung des Altenstiftes« und »Krankenstand aller festen Mitarbeiter« gewählt. Hiermit sollte
⇨ *ein Engagement für ein gutes Image des Heims in der Öffentlichkeit* erreicht werden und
⇨ *die Gesamtverantwortung der MitarbeiterInnen für ihre Arbeit im Heim* gefördert werden.

Schulung der Führungskräfte

Die Führungskräfte wurden hinsichtlich der Anwendung des Leistungsbeurteilungsverfahrens und der Führung der Mitarbeitergespräche umfassend geschult – unter anderem durch den Einsatz von Rollenspielen. Als Training der Leistungsbeurteilung für Beurteiler und Beurteilte wurde im April 2002 ein so genannter »Trockenlauf« durchgeführt, das heißt, eine Leistungsbeurteilung mit Fremd- und Selbstbeurteilung und einem Mitarbeitergespräch erfolgte. Allerdings war das Gespräch zu diesem Zeitpunkt noch ohne Entgeltrelevanz. Die Frage »Was wäre, wenn es eine 'echte' Beurteilung gewesen wäre?« wurde beantwortet und jedem Mitarbeiter individuell das Ergebnis zur Information mitgeteilt.

Nach dem »Trockenlauf« wurde eine qualitative Befragung in mehreren moderierten Gruppengesprächen mit drei bis acht Teilneh-

mern, getrennt nach Beurteilten und Beurteilern, durchgeführt. Die qualitative Befragung bezog sich auf
⇨ das Leistungsbeurteilungsverfahren,
⇨ den Verlauf der Mitarbeitergespräche,
⇨ den Inhalt der Mitarbeitergespräche: Ergebnis (Übereinstimmung von Fremd- und Selbstbild) sowie Konsequenzen (Qualifizierungsmaßnahmen, organisatorische Verbesserungen...),
⇨ die Rahmenbedingungen und
⇨ zusätzliche Anmerkungen.

Der Projektstatus wurde im Juni 2002 der Arbeitsrechtlichen Kommission in einer eintägigen Präsentation und Diskussion vorgestellt.

Entgeltrelevante Umsetzung
Im August 2002 wurde die Leistungsbeurteilung aufgrund des Beobachtungszeitraumes Mai bis August als Kombination von Fremd- und Selbstbeurteilung durchgeführt und ausgewertet. Diese Beurteilung war entgeltrelevant. Die Beurteilungsgespräche verliefen nach dem Empfinden der Betroffenen besser und »angstfreier« als die beim »Trockenlauf«. Nur vier Prozent der Mitarbeiter reklamierten das Ergebnis der Leistungsbeurteilung und gingen in die hierfür geschaffene Schiedsstelle, an der neben BeurteilerIn und Beurteilter/m auch je ein Vertreter der Heimleitung und der Mitarbeitervertretung teilnahmen. Die Konflikte um die Ergebnisse der individuellen Leistungsbeurteilung konnten gütlich beigelegt werden.

Die Kommunikation der Teamziele war nicht einfach, denn bei einigen Mitarbeitern in der Pflege entstand der Eindruck, dass die Pflegestandards und deren Dokumentation nur eine Folge des Entgeltsystems seien. Es musste mehrfach kommuniziert werden, dass die Standards aufgrund der Rechtslage in jedem Fall einzuhalten sind und nicht extra für das qualitätsorientierte Entgeltsystem geschaffen wurden. *Das Entgelt soll als strukturales Führungsinstrument die personale Führung unterstützen.* Diese Botschaft wurde verstanden.

Die Hausprämie wurde inhaltlich zum Beispiel mit dem Ziel einer hohen Belegung des Altenstiftes akzeptiert und die Beeinflussbarkeit durch einzelne Mitarbeiter kaum in Frage gestellt. Offensichtlich war es gelungen, den Zusammenhang zwischen dem (Leistungs-)Verhalten einzelner Mitarbeiter und dem Image des Altenstifts in der Kommune aufzuzeigen. Die Bedeutung des Krankenstandes für die Qualität der Bezugspflege und die wirtschaftlichen Ergebnisse wurde gesehen, wenngleich ihr von den Vertretern der Dienstnehmer nur zögernd zugestimmt wurde. Letztendlich wurde die Hausprämie akzeptiert und im September 2002 in voller Höhe erreicht.

Übergangsregelungen

Das neue Entlohnungssystem startete am 1. September 2001. Die zu diesem Zeitpunkt vorgesehene Entgelterhöhung von 2,4 Prozent wurde nicht vorgenommen sondern thesauriert. Nach der Beurteilung im August 2002 *wurden die thesaurierten Entgelte verzinst* und mit einer Anschubfinanzierung versehen. Der so geschaffene »Topf« wurde nach der individuellen Leistung, dem Teamergebnis und dem Hausergebnis »neu verteilt«.

Die Lohnerhöhung im Öffentlichen Dienst von 2,6 Prozent zum 1. November 2002 wurde ebenfalls voll dem Leistungsentgelt zugeführt, so dass das Leistungsentgelt im betrieblichen Durchschnitt ab dem 1. November 2002 fünf Prozent betrug. *Bis zum Ende der Laufzeit des Modellprojektes werden die jährlichen Lohn- und Gehaltserhöhungen dem Leistungsentgelt bis zu einem betrieblichen Durchschnitt von zehn Prozent zugeführt.* Danach steigen aufgrund der Gehaltserhöhung Grund- und Leistungsentgelt wieder gleichmäßig.

Aufgrund der Leistungsbeurteilung im August 2002 wurden nicht nur der thesaurierte »Topf« und die »Anschubfinanzierung« ausgeschüttet, sondern danach auch die drei Entgeltkomponenten, regelmäßig bis zur nächsten Leistungsbeurteilung im Februar 2003 beziehungsweise Auditierung der Team- und Hausleistung im August 2003 gezahlt.

Evaluation des Projektes

Im Oktober 2001 wurde von einer mit der Evaluation beauftragten Universität eine erste Mitarbeiterbefragung durchgeführt zu den Themen
⇨ Arbeiten im Caritas Altenstift;
⇨ Arbeit und Arbeitsbelastung;
⇨ Dienstplan und Arbeitszeit;
⇨ Arbeit und Gehalt;
⇨ Modellprojekt »qualitätsorientiertes Entgeltsystem«;
⇨ Statistische Daten.

Nach fünf Wochen wurden alle Mitarbeiter über die Ergebnisse der anonymen Befragung in zwei Gruppen informiert. Die Beteiligung der Mitarbeiter bei der Befragung lag über 60 Prozent. Die positiven Ergebnisse, die der Standortbestimmung dienten, wurden mit ihnen diskutiert und darauf hingewiesen, dass im Januar das Entgeltprojekt mit einem so genannten »Trockenlauf« beginnt, dessen Beurteilung im April noch nicht entgeltwirksam ist, aber ansonsten alle Züge der »normalen« Entgeltermittlung – und damit auch Leistungsbeurteilung – enthält.

Bei dieser Gelegenheit wurde allen Mitarbeitern eine Broschüre über das »qualitätsorientierte Entgeltsystem«, seinen Aufbau und seine Anwendung, sowie die nächsten Schritte ausgehändigt. Darin wurde der Rahmen für die Zielvereinbarungen aufgezeigt, der mit den einzelnen Teams durch Zielvereinbarungen zu konkretisieren war. Außerdem wurden die Kennzahlen für das Haus erläutert, die von der Projektgruppe erarbeitet und zwischen den zuständigen Vertretern von Dienstgeber und Dienstnehmern vereinbart wurden.

Im Oktober 2002 wurde von den gleichen Wissenschaftlern eine zweite Mitarbeiterbefragung durchgeführt. Es wurden die gleichen Fragen – ergänzt um das Thema Modellprojekt – gestellt. Die Beteiligung lag bei über 70 Prozent. Den Mitarbeitern wurde in einer abendlichen Mitarbeiterversammlung das Ergebnis vorgestellt und mit ihnen diskutiert. Im Vorher-Nachher-Vergleich (2001–2002)

zeigen sich – ebenso wie bei den Fragen zum Modellprojekt – interessante Ergebnisse:
⇨ Eine solche Befragung im Feld ist nicht abzukoppeln von den Umgebungseinflüssen im Beobachtungszeitraum (Oktober 2001 – Oktober 2002), zu nennen sind hier beispielhaft die Umsetzung des § 80 SGB XI und eine Begehung durch den Medizinischen Dienst der Krankenkassen (MDK).
⇨ Die Zufriedenheit der MitarbeiterInnen in der Einrichtung ist nicht mehr so hoch wie vor einem Jahr – aber noch auf sehr hohem Niveau.
⇨ Die Mitarbeitergespräche wurden von Führungskräften (Beurteilern) und Mitarbeitern (Beurteilte) überwiegend positiv gesehen. Sowohl die Tatsache, dass sie systematisch geführt wurden, als auch die Offenheit und die Tatsache, dass die Mitarbeiter sich ernst genommen fühlten, sind hervorzuheben.
⇨ Die eigentliche Beurteilung, »das Noten vergeben«, fiel den MitarbeiterInnen schwer. Sie sind den Menschen zugewandt, lassen Heimbewohnern und auch Mitarbeitern ihre Individualität und können damit leben.
⇨ Nicht bei allen Mitarbeitern wurde das Ziel des Projektes verstanden. Es kam zu Aussagen wie dieser: »Das Entgelt wird jährlich sowieso erhöht, dafür sorgt die Gewerkschaft, wieso müssen wir dafür noch Leistung erbringen?«
⇨ Die Team- und Hausprämie standen nicht so in der Kritik wie die individuelle Beurteilung. Der Interpretation dieses Phänomens sind hier keine Grenzen gesetzt. Dienstgeber und Dienstnehmer haben hier zum Teil auch unterschiedliche Interpretationsmuster.

Abschließend kann festgestellt werden, dass das qualitätsorientierte Entgeltsystem ein riesiger Schritt für diese und andere Einrichtungen der Wohlfahrtspflege ist. In einem Klima und einer Kultur, in der »man den Menschen zugewandt« ist, sie in ihrer Individualität ernst nimmt und traditionell im Team arbeitet, fällt es offensichtlich sehr schwer, Kollegen zu beurteilen. Konflikte werden gerne verdrängt, es fällt schwer, »die Sache« beziehungsweise das Handeln der Menschen von der Person zu trennen. Das Führungsverständnis einer Wohnbereichsleiterin ist mit dem eines Meisters in der Industrie – beide beurteilen als Führungskräfte ihre MitarbeiterInnen – aufgrund ihrer Ausbildung *und insbesondere Sozialisation* und nicht zu vergleichen. Personalentwicklungsmaßnahmen und mit dem Qualitätsmanagement einhergehende Organisationsänderungen müssen klar und an den Ursachen und Zielen orientiert kommuniziert werden.

Die MitarbeiterInnen und die MAV sind am Prozess zu beteiligen und umfassend – nicht nur über das Geschehen im Altenstift, sondern auch über die Veränderungen am »Absatzmarkt« – zu informieren. Die Informations- und Kommunikationspolitik der Heim- und Pflegedienstleitungen sowie der Führungskräfte und die Gesprächskultur in den Einrichtungen wird sich verändern müssen.

Erfahrungen mit dem (ersten) Modellprojekt der Caritas

Die Erfahrungen mit dem Modellprojekt lassen sich zusammenfassend als positiv und zukunftsweisend bezeichnen, dabei ist im Einzelnen zu differenzieren zwischen Heimleitung und Führungskräften (Wohnbereichsleitung und Stellvertreterin, Hauswirtschaftsleitung, Leiter Haustechnik und Leiter Verwaltung) und den Mitarbeitern.

Das Denken der Mitarbeiter und ihr zielgerichtetes Handeln wurden verstärkt. Betriebliche Notwendigkeiten, die von Kunden, aber noch stärker von Gesetzen und Richtlinien geprägt sind, werden zunehmend akzeptiert. Spannende Diskussionen um Ziele, Handeln und Ergebnisse verknüpft mit Entgelt haben Einstellungen und Handeln verändert. Führungskräfte, die sich bisher vor allem als Kollegen im Team fühlten, bekommen neue Herausforderungen, die sie erfolgreich annehmen. Personal- und Organisationsentwicklung ist angesagt und wird mit der anstehenden Entwicklung von Qualitätsmanagementsystemen synchronisiert. Die Unternehmenskultur verändert sich und die neuen Herausforderungen am Markt werden konstruktiv, wenn auch zögernd, angenommen.

Fazit

Neue Herausforderungen erfordern neue Antworten. Die Arbeitsrechtliche Kommission der Deutschen Caritas hat den Veränderungsbedarf erkannt und einen Rahmen für Veränderungen im Tarifvertrag geschafften, den einzelne Einrichtungen nutzen können. Das Caritas-Altenstift hat die Chance, ein »qualitätsorientiertes Entgeltsystem« einzuführen, genutzt und in einer Projektgruppe – bestehend aus Dienstgebern und Dienstnehmern unter Beteiligung der Mitarbeitern im Haus – ein qualitätsorientiertes Entgeltsystem entwickelt, das den Anforderungen des Absatzmarktes und Arbeitsmarktes Rechnung trägt.

Mit einer an der individuellen Leistung, Teamleistung und Hausleistung orientierten, qualitätsorientierten Vergütung und einer partiellen Ablösung des Senioritäts- und Alimentationsprinzips zugunsten des Leistungsprinzips, fühlt man sich der Zukunft gewachsen. Weitere Veränderungen traut sich das Heim mittelfristig zu.

Eckhard Eyer, Dipl.-Ing., Dipl.-Kfm., Jahrgang 1958, studierte Maschinenbau in Kaiserslautern und Betriebswirtschaftslehre in Mannheim. Er arbeitete bei den SKF Kugellagerfabriken, der G.M. Pfaff AG und von 1989 bis 1997 im Institut für angewandte Arbeitswissenschaft (IfaA) in Köln. Er ist Inhaber der PERSPEKTIVE EYER CONSULTING, Köln, mit den Schwerpunkten: Konzeptionelle Beratung von Unternehmen bei der Entwicklung und Umsetzung von Führungs- und Entgeltsystemen sowie Abschluss von Betriebsvereinbarungen und Haustarifverträgen. 1999 gründete er FAIR – Institut für praktische WirtschaftsMediation, Köln. Er ist Mitherausgeber der Fachbibliothek »Das flexible Unternehmen«.

Literatur

[1] EYER, E.: *Gerechtigkeit als kulturabhängiges Element einer tragfähigen Konfliktlösung*, in: Eyer, E. (Hrsg.): *Report WirtschaftsMediation – Krisen meistern durch professionelles Konfliktmanagement*; Düsseldorf: Symposion, 2. erw. Aufl. 2003, S. 19–27

[2] EYER, E.: *Innovationen im System der Flächentarifverträge erfordern neue Wege*, Personal, 4/2002, S. 26–29

[3] EYER, E.; FISCHER, W.; WEBERS, T.; WEVERS, J.: *Selbst- und Fremdbeurteilung bei Vergütung von Teamarbeit*, Personalführung, 7/1999, S. 32–35

Zusammenfassung

Der Markt in der stationären Altenpflege hat sich in den letzten 20 Jahren erheblich verändert. Auf dem von Wohlfahrtsverbänden und kommunalen Anbietern dominierten Markt treten private Anbieter auf. Sie sind aufgrund der nicht vorhandenen Tarifbindung in der Lage, Mitarbeiter im Bereich der Hauswirtschaft und einfachen pflegerischen Tätigkeiten weit unter den BAT-Gehältern zu rekrutieren und den hoch qualifizierten, examinierten Fachkräften im Alter von 20 bis 35 Jahren weit höhere Entgelte zu zahlen als die etablierten Anbieter nach BAT/AVR.

Beim Tarifabschluss des öffentlichen Dienstes im Januar 2003 haben sich die Tarifvertragsparteien verpflichtet, bis Ende Januar 2005 neue Entgeltstrukturen zu erarbeiten und dabei auch gewachsene Strukturen in Frage zu stellen. Ein Alten- und Pflegeheim im Rheinland hat sich – im Rahmen eines Modellprojektes – den veränderten Anforderungen gestellt. Es wurden eine Team- und eine Hausprämie sowie eine individuelle Leistungszulage aufgrund einer Leistungsbeurteilung implementiert. Vorgesehene Entgelterhöhung wurde nicht vorgenommen sondern thesauriert. Bis zum Ende der Laufzeit des Modellprojektes werden die jährlichen Lohn- und Gehaltserhöhungen dem Leistungsentgelt bis zu einem betrieblichen Durchschnitt von zehn Prozent zugeführt. Das Projekt wurde über Mitarbeiterbefragungen evaluiert.

Das neue Bewertungs- und Entgeltsystem der Deutschen Telekom

Familienstand, Lebensalter, Dienstjahre – diese Faktoren prägen das Entgeltsystem des öffentlichen Dienstes. Im Zuge ihres Umstrukturierungsprozess führte die Deutsche Telekom auch ein neues Entgeltsystem ein. Mit ihm sollten Marktorientierung, Zahlungsgerechtigkeit und mehr Flexibilität erreicht werden.

> In diesem Beitrag erfahren Sie:
> - wie der Übergang von der Bezahlungssystematik des öffentlichen Dienstes gelingt,
> - wie das neue anforderungs-, leistungs- und ergebnisorientierte Entgeltsystem gestaltet wurde,
> - welche Übergangsregelungen vereinbart wurden.

Dietmar Frings

Beschäftigungskonditionen nach der Umstrukturierung

Die Deutsche Telekom hat sich in den vergangenen Jahren durch einen enormen Umstrukturierungsprozess für den Wettbewerb fit gemacht, und wird daher auch künftig zu den weltweit erfolgreichsten Unternehmen der Informationstechnologie und Telekommunikation zählen. Hierzu sind Beschäftigungskonditionen notwendig, die diese Innovationskraft fördern und unterstützen. Daher gelten innerhalb des Telekom-Konzerns spezielle, auf das jeweilige Geschäftsfeld zugeschnittene Konditionensysteme.

Die tarifvertraglichen Grundlagen wurden jeweils unmittelbar bei beziehungsweise nach der Gründung der Tochtergesellschaften gelegt. Nur für die Muttergesellschaft Deutsche Telekom AG galten bis Mitte 2001 noch die aus der Vergangenheit des öffentlichen Dienstes stammenden tarifvertraglichen Regelungen. Nun ist es auch hier gelungen, mit den Tarifvertragsparteien eine tarifvertragliche Kehrtwende zu vollziehen. Das Neue Bewertungs- und Bezahlungssystem (NBBS) der Deutschen Telekom AG leistet seinen Beitrag dazu, dass zufriedene, hoch motivierte Mitarbeiterinnen und Mitarbeiter die Herausforderungen des Wettbewerbs langfristig meistern.

Das Neue Bewertungs- und Bezahlungssystem
Der am 1. Juli 2001 erfolgte Start des NBBS für die 68.000 tariflichen Arbeitnehmerinnen und Arbeitnehmer ist in vielerlei Hinsicht von großer Bedeutung für die Deutsche Telekom. Durch *die Abkehr vom Bezahlungssystem des öffentlichen Dienstes* wird in der Bewertung und Bezahlung
⇨ Marktorientierung,
⇨ Zahlungsgerechtigkeit und
⇨ Flexibilität

erreicht. *Faktoren wie Familienstand, Lebensalter oder Dauer der Zugehörigkeit zum Unternehmen haben* keine Auswirkungen *mehr auf die Bezahlung.* Es zählt alleine die ausgeübte Funktion und die individuelle Leistung.

Darüber hinaus ist das neue System enorm wichtig für die künftige Bindung der Beschäftigten an unser Unternehmen und das Gewinnen neuer, fähiger Mitarbeiterinnen und Mitarbeiter. Für die Unternehmensführung ist es schließlich bedeutend wegen der damit verbundenen höheren Transparenz der Personalkosten. Organisationsmaßnahmen sind kalkulierbar geworden. Nichtsystembedingte Kosten (Lebensalter, Kinderzahl, Familienstand) fallen nicht mehr an.

Ausgangslage

Die Einführung eines neuen Bewertungs- und Bezahlungssystems für die Deutsche Telekom war lange Zeit ein zentrales Thema für den Human-Resources-Bereich. Da die Überführung von einer Systematik

des öffentlichen Dienstes in ein **marktorientiertes leistungsförderndes Bewertungs- und Bezahlungssystem** in dieser Komplexität bisher ohne Beispiel ist, waren die Verhandlungen langwierig und schwierig.
⇨ Lange Zeit strittig war, ob einem **analytischen oder einem summarischen Bewertungsverfahren** der Vorzug gegeben werden sollte.
⇨ Auch die Umwandlung von fixen Entgeltbestandteilen zum Aufbau eines variablen Vergütung ohne den Effekt einer »**On Top«-Bezahlung** musste gelöst werden.

Auf dem Weg zum Abschluss eines neuen Tarifvertrages brachte die Tarifrunde 2000 die entscheidende Wende: In der am 31. Mai 2000 abgeschlossenen Verhandlungsrunde wurde rückwirkend zum 1. April 2000 für alle tariflichen Arbeitnehmerinnen und Arbeitnehmer die Einführung einer leistungsabhängigen Entgeltkomponente, *das Leistungsentgelt,* beschlossen. Die bisherige Systematik, dass das Volumen einer Tarifrunde ausschließlich in eine Anpassung der Monatsentgelttabellen floss, war erstmals aufgelöst. Zudem wurden die Budgets für die **Belohnungen** und **freiwilligen Leistungszulagen** in die Finanzierung eingebracht. Das Budget »Leistungsentgelt« betrug zunächst **2,15 Prozent** der Bruttoentgeltsumme. Dies bedeutete einen wesentlichen Schritt in Richtung eines markt- und leistungsorientierten Entgeltsystems. Gleichzeitig galt die Einführung des Leistungsentgelts als variabler Vergütungsbestandteil für alle Arbeitnehmer als Vorgriff auf NBBS. Zudem konnte vereinbart werden, dass das Volumen der Tariferhöhung von 2,3 Prozent für das Jahr 2001 in die für die Umstellung auf NBBS notwendigen Strukturkosten eingerechnet werden konnte.

Strategische Ziele

Drei wichtige strategische Ziele werden mit dem NBBS erreicht (s. Tabelle 1):
⇨ Homogenität,

⇨ Marktorientierung,
⇨ Leistungsorientierung.

Tabelle 1: Die strategischen Ziele des NBBS	
Homogenität	⇨ Einheitliche Wertreihenfolge
	⇨ Einheitlicher Arbeitnehmerbegriff
	⇨ Einheitliche Konditionen in Ost und West
Marktorientierung	⇨ Entgelthöhe
	⇨ Anforderungsorientierung
	⇨ Mehr Transparenz
Leistungsorientierung	⇨ Variabilisierung
	⇨ Ergebnis- oder leistungsbezogener Anteil

Homogenität
Erstens trägt das NBBS ganz wesentlich zu mehr Homogenität im Konzern bei. Die Deutsche Telekom AG hat nun ein Bezahlungssystem, dass in seiner Grundstruktur bei den großen Tochtergesellschaften bereits Standard darstellt. *Die bisherige Unterscheidung zwischen Arbeitern und Angestellten ist zu Gunsten eines einheitlichen Arbeitnehmerbegriffs entfallen.* Unterschiedliche Entgelttabellen gibt es nicht mehr. Erstmals wird durch das NBBS eine einheitliche Wertreihenfolge der Funktionen, das heißt, ein Spektrum aller Funktionen mit der Zuordnung zu den Entgeltgruppen, geschaffen. Anders als bisher ist für die Bezahlung ausschließlich die Funktion, die der Arbeitnehmer ausführt und nicht seine Person maßgebend. Das bedeutet eine tiefgreifende Abkehr vom bisherigen System der Bewertung der Funktion beziehungsweise Person, die sich noch weitestgehend an den Vorgaben des Beamtenrechts orientierte. Hier war bisher eine enge Verknüpfung mit dem vom Bundesfinanzministerium zu genehmigenden Planstellenhaushalt, also den Beförderungsoptionen von Beamten, gegeben. Darüber hinaus tritt ein Tarifvertrag in Kraft, der in gleicher Weise und mit den gleichen Konditionen in ganz Deutsch-

land gilt. Die Aufteilung nach den alten Tarifgebieten Ost und West gehört der Vergangenheit an.

Marktorientierung
Zweitens schafft das NBBS eine deutlich höhere Marktorientierung als bisher. Das heißt, dass sich die Entgelthöhe im Vergleich mit anderen Dienstleistungsunternehmen wesentlich stärker an zeitgemäßen Standards für die Bezahlung orientiert. Dieser Anspruch wurde im Vorfeld durch umfassende Benchmarks zur Bezahlung vergleichbarer Funktionen bei anderen Unternehmen erfüllt (s. Abb. 1).

Hierzu wurden die häufig vorkommenden Funktionen definiert und mit den tatsächlichen (anonymisierten) Ist-Bezahlung der Funktionsinhaber in einer Datenbank hinterlegt. Das gewählte summarische Bewertungsverfahren erlaubte es, zudem eine Wertereihenfolge (»Perlenkette«) zwischen den verschiedenen Funktionen eines Aufgabengebiets (zum Beispiel: Vertrieb, Marketing, Querschnitt) festzulegen. Unter Beachtung der Benchmark-Ergebnisse, der Kostenfolgen und der Besitzstandsquote konnte so *eine tarifvertragliche Transferliste*

① Erfassung der häufig vorkommenden Funktionen („Eckfunktionen")
② Aufbau einer Datenbank mit anonymisierten Gehaltsdaten > 30.000 Datensätzen
③ Benchmark durch externe Beratung zur Bezahlung der Funktionen am Markt
④ Bildung einer „Perlenkette": Prüfung zu Nachbarfunktionen „höher, gleich, geringer"
⑤ Plausibilitätscheck von „Perlenkette" zu aktuellen Gehaltsdaten jeder Funktion
⑥ Schneidung der „Perlenkette" zu Einkommensgruppen
⑦ Regelung von „Zweifelsfällen" unter Berücksichtigung der Besitzstandsquote und des Benchmarks
⑧ Transferliste zum Tarifvertrag „Sonderregelungen"

Abb. 1: *Strategisches Ziel: Marktorientierte Vergütung; Zuordnung von Funktionen zu Einkommensgruppen*

erstellt werden, die das finanzielle Rückgrad zur Umstellung auf das NBBS bildete. Für über 80 Prozent aller Beschäftigten stand bei Einführung des NBBS die Eingruppierung endgültig fest. Dieses Bewertungsgefüge erlaubt es, eine hohe Transparenz der Bezahlung und der Personalkosten entstehen zu lassen. Geplante Organisationsformen können vorab mit den Kostenfolgen abgeschätzt und bewertet werden. Dies war im Bezahlungssystem des öffentlichen Dienstes in dieser Form nicht möglich, da systemfremde Einflussfaktoren wie Lebensalter, Familienstand, Kinderzahl vorhanden sind.

Leistungsorientierung
Drittens ist das NBBS leistungsorientiert. Das bedeutet, dass der variable Anteil an der monatlichen beziehungsweise jährlichen Vergütung künftig eine viel größere Bedeutung haben wird. *Alle Arbeitnehmer erhalten einen variable Vergütungsanteil.* Mit diesem leistungsbezogenen Anteil kann jeder Arbeitnehmer künftig selber Einfluss auf die Höhe seiner Vergütung nehmen. Dabei wurde zum 1. Juli 2001 das Budget für das Leistungsentgelt von 2,15 Prozent auf einen Anteil von sechs Prozent aufgestockt. In der Tarifrunde 2002 wurde eine Aufstockung auf sieben Prozent vereinbart. Gemeinsames Ziel der Tarifvertragsparteien ist es, über künftige Tarifrunden den Anteil auf zehn Prozent zu steigern. Das Geldvolumen wird voll ausgezahlt.

In bestimmten Entgeltgruppen und im Vertrieb gibt es an Stelle des Leistungsentgelts *ein ergebnisbezogenes Entgelt,* das von der Erreichung von vereinbarten Zielen abhängig ist. Für bestimmte Entgeltgruppen wurde bereits ein ergebnisbezogenes Entgelt eingeführt, das beim Start des NBBS zwölf Prozent betrug.

Neue Entgeltgruppen

Mit dem neuen Bezahlungssystem ist die Schaffung marktorientierter und leistungsfördernder Konditionen bei der Deutschen Telekom AG

gelungen. Grundlage für die Bezahlung sind die neu festgelegten Entgeltgruppen (EG). Dabei wird unterschieden zwischen
⇨ Regelentgeltgruppen und
⇨ Sonderentgeltgruppen.

Innerhalb der Regelentgeltgruppen und der Sonderentgeltgruppen ist die Höhe der Bezahlung wiederum abhängig davon, ob der Arbeitnehmer in
⇨ Vertriebsfunktionen oder
⇨ Nicht-Vertriebsfunktionen

beschäftigt ist.
Da bei der Deutschen Telekom auf Grund einer Sonderregelung im Post-Personalrechtsgesetz Beamtinnen und Beamte aus ihrem Beamtenverhältnis beurlaubt werden können und während dieser Beurlaubung als Arbeitnehmerinnen und Arbeitnehmerinnen beschäftigt werden können, gelten für diesen Personenkreis die gleichen Regelungen. Die Entgelte sind allerdings wegen der bestehenden Sozialversicherungsfreiheit (Renten- und Arbeitslosenversicherung) um 14 Prozent abgesenkt.
Zahltag ist jeweils der 16. des Kalendermonats. Damit gehören auch die bisher unterschiedlichen Zahltage für Arbeiter und Angestellte bei der Deutschen Telekom der Vergangenheit an.

Entgeltgruppen
Im NBBS wird jeder Arbeitnehmer eingruppiert in die
⇨ *Regelentgeltgruppen* T1 bis T8 bei Nicht-Vertriebsfunktionen beziehungsweise V1 bis V4 bei Vertriebsfunktionen *oder* die
⇨ *Sonderentgeltgruppen* T9 und T 10 bei Nicht-Vertriebsfunktionen beziehungsweise V5 und V6 bei Vertriebsfunktionen.

In den Regelentgeltgruppen erhalten die Arbeitnehmer ein regelmäßiges Monatsentgelt. Arbeitnehmer in den Sonderentgeltgruppen erhalten dagegen ein Jahresfestentgelt, das in zwölf gleichen Teilen

```
                    ┌─────────────────────┐
                    │   Entgeltgruppen    │
                    │    (einschl. ISB)   │
                    └─────────────────────┘
                       ↓              ↓
┌───────────────────────────────┐  ┌───────────────────────────────┐
│ • Nichtvertrieb:              │  │ • Nichtvertrieb:              │
│   Regelentgeltgruppen T1–T8   │  │   Sonderentgeltgruppen T9–T10 │
│   (TI1–TI8)                   │  │   (TI9–TI10)                  │
│                               │  │                               │
│ • Vertrieb:                   │  │ • Vertrieb:                   │
│   Regelentgeltgruppen V1–V4   │  │   Sonderentgeltgruppen V5–V6  │
│   (VI1–VI4)                   │  │   (VI5–VI6)                   │
├───────────────────────────────┤  ├───────────────────────────────┤
│  regelmäßiges Monatsentgelt   │  │      Jahresfestentgelt        │
└───────────────────────────────┘  └───────────────────────────────┘
```

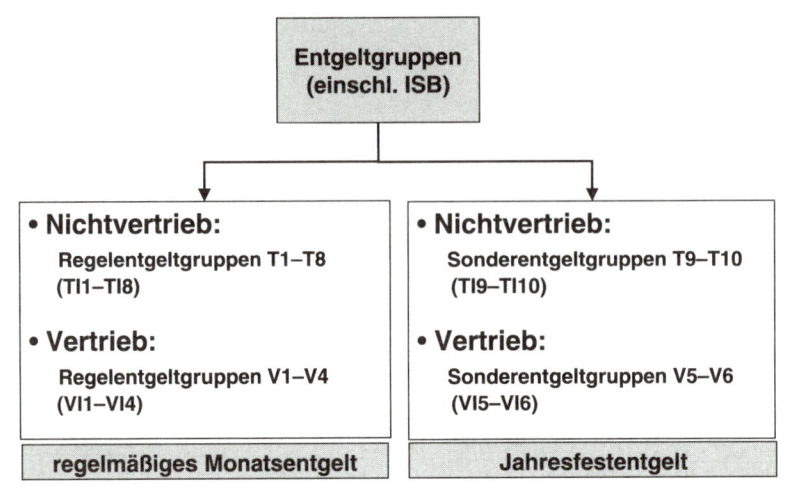

Abb. 1: *Entgeltsystematik des NBBS*

ausgezahlt wird (s. Abb. 2). Bei den Sonderentgeltgruppen sind in T9 und V5 zwölf Überstunden sowie in T 10 und V6 vierundzwanzig Überstunden mit dem monatlichen Entgelt abgegolten. Hier wurden also bereits Beschäftigungsbedingungen im Tarifbereich abgebildet, die auch sonst bei außertariflichen Angestellten üblich sind.

Gruppenstufen
Jeder Entgeltgruppe sind die Gruppenstufen 1 bis 4 zugeordnet. Die Beschäftigungsdauer bis zur Zuordnung in die nächsthöhere Gruppenstufe der betreffenden Entgeltgruppe beträgt ein Jahr. Arbeitgeberseitig war in den Verhandlungen eine Bändersystematik eingebracht worden. Die Gruppenstufensystematik ist allerdings auch in anderen Branchen üblich.

Vor dem Hintergrund der Tarifhistorie der Deutschen Telekom war zum Zeitpunkt der Einführung des NBBS keine andere Lösung durchsetzbar. In der Zeit seit Mitte 2001 hat der interne Arbeitgeberverband auch neue Tarifverträge mit der Gewerkschaft Ver.di abgeschlossen, die die Bändersystematik und ein ausschließlich leistungsbezogenes »Wandern« im Band vorsehen (Tarifvertrag für die T-Systems International GmbH).

Bewertungsverfahren und Eingruppierung
Die Höhe des jeweiligen Monatsentgeltes beziehungsweise des Jahresfestgehaltes ergibt sich aus der Eingruppierung des Arbeitnehmers in eine Entgeltgruppe. Dabei wird auf die Gesamttätigkeit abgestellt, die der Arbeitnehmer ständig und nicht nur vorübergehend ausübt. *Die Eingruppierung erfolgt entsprechend der ständig auszuübenden Gesamttätigkeit.* Sie richtet sich nach dem einschlägigen Tätigkeitsmerkmal des Entgeltgruppenverzeichnisses unter Heranziehung von Richtbeispielen, die wiederum tarifvertraglich einer Entgeltgruppe zugeordnet sind. Bewertet wird dabei ausschließlich die Funktion und nicht die Person – das heißt, persönliche Voraussetzungen und Merkmale wie Alter, Familienstand, besondere Kenntnisse oder Fähigkeiten haben auf das Bewertungsergebnis keinen Einfluss.

Ein neues Bewertungsverfahren schafft die Grundlage für eine faire, objektive Einstufung in die jeweilige Entgeltgruppe, die die monatliche Vergütung oder das Jahresgehalt bestimmt.

Durchgeführt wird das Bewertungsverfahren von unabhängigen Bewertungskommissionen, die von den Tarifvertragsparteien gebildet werden. Diese entscheiden über den Vorschlag des Arbeitgebers hinsichtlich der Bewertung einer Funktion. Die in der Deutschen Telekom AG vorkommenden Tätig-

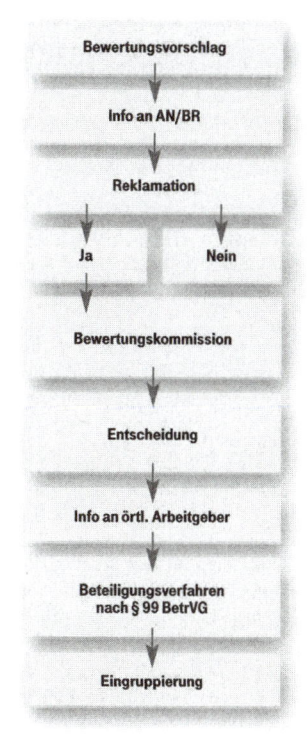

Abb. 3: *Regel-Bewertungsverfahren*

keiten werden einer der im Entgeltgruppenverzeichnis aufgeführten Entgeltgruppe zugeordnet. Es sind sechs dezentrale und bundesweit eine zentrale Bewertungskommission eingerichtet worden. Diese sind paritätisch besetzt. Drei ständige Mitglieder und drei Vertreter werden jeweils durch die Tarifvertragsparteien benannt. Der Ablauf ergibt sich aus Abbildung 3. Für den Zeitraum der Implementierung wurden zwölf dezentrale Kommissionen eingesetzt.

Vorgehen bei der Zuordnung einer Tätigkeit zu einer Entgeltgruppe

Bei einem summarischen Bewertungsverfahren erfolgt immer auch ein relativer Wertigkeitsvergleich einer Gesamttätigkeit zu anderen unter-, gleich- oder höherbewerteten Gesamttätigkeiten (Quervergleich). Erst das Zusammenspiel der Zuordnung anhand eines absoluten Vergleichs von summarischer Darstellung der Tätigkeitsinhalte beziehungsweise -anforderungen und Tätigkeitsmerkmalen beziehungsweise Richtbeispielen und relativem Wertigkeitsvergleich mit anderen Gesamttätigkeiten ergibt eine zutreffende, mithin gerechte Bewertung (s. Tabelle 2).

Die summarische Darstellung der Tätigkeitsinhalte wird vom Arbeitgeber erstellt. Sie ist Ausdruck des arbeitgeberseitigen Direktionsrechts und enthält die arbeitgeberseitig definierten und in verschiedener Form fachseitig definierten Anforderungen an die vom Arbeitnehmer auf der betreffenden Stelle auszuübende Tätigkeit. Es handelt sich also um den arbeitgeberseitig definierten Umfang der Tätigkeit, der üblicherweise notwendig ist, um die Arbeitsaufgaben zu erfüllen.

Tabelle 2: Prüfungsreihenfolge bei der Bewertung		
Richtbeispiel vorhanden?	Tätigkeitsmerkmal benennen	Eingruppierung
Es gibt für die Tätigkeit ein unmittelbar passendes Richtbeispiel.	Es gilt das für das Richtbeispiel maßgebliche Tätigkeitsmerkmal.	Der Arbeitnehmer ist in die zum Tätigkeitsmerkmal gehörende Entgeltgruppe einzugruppieren.
Es gibt kein unmittelbar passendes, dafür aber ein einschlägiges Richtbeispiel.	In diesem Fall ist neben dem Richtbeispiel ergänzend auch das Tätigkeitsmerkmal heranzuziehen und zu prüfen.	Der Arbeitnehmer ist in die zum Tätigkeitsmerkmal gehörende Entgeltgruppe einzugruppieren.
Es gibt weder ein unmittelbar passendes noch ein einschlägiges Richtbeispiel.	Die Zuordnung erfolgt alleine anhand Prüfung der Tätigkeitsmerkmale.	Der Arbeitnehmer ist in die zum Tätigkeitsmerkmal gehörende Entgeltgruppe einzugruppieren.

> **Die Tätigkeitsmerkmale des Entgeltgruppenverzeichnisses**
> In den Richtbeispielen werden einzelne Tätigkeiten beschrieben, deren Aufgabeninhalt den im Tätigkeitsmerkmal definierten Anforderungen zugeordnet ist.
> \>Das ausführliche Entgeltgruppenverzeichnis finden Sie auf der beigefügten CD-ROM<

Es wird ein *summarisches Bewertungsverfahren* angewendet. Kennzeichen eines summarischen Bewertungsverfahrens ist die Zuordnung von Tätigkeiten zu einer Entgeltgruppe durch den summarischen Abgleich der wesentlichen, wertprägenden Tätigkeitsinhalte mit den im Tarifvertrag aufgeführten Tätigkeitsmerkmalen und Richtbeispielen (s. Kasten).

Bei der Deutschen Telekom sind die Anforderungen bei den entsprechenden Funktionen (zum Beispiel: Servicemonteur) in Organisationsrichtlinien beschrieben. Aus dieser Unterlage wird die summarische Tätigkeitsbeschreibung abgeleitet. Jede Funktion ist mit einem Ordnungsmerkmal hinterlegt. Mit diesem fünfstelligen Ordnungsmerkmal (»Aufgabenträgernummer«) und der Bewertung wird diese Funktion auch im Personalinformationssystem mit der festgelegten Wertigkeit abgebildet.

Die Zuordnung einer Tätigkeit zu einer Entgeltgruppe (s. Kasten und Tabelle 2) erfolgt demnach vom Besonderen (Richtbeispiel) zum Allgemeinen (Tätigkeitsmerkmal).

Überleitung in das neue System

Bei der Überleitung der am 1. Juli 2001 bereits beschäftigten Arbeitnehmer in das NBBS hat der Arbeitgeber die jeweilige Tätigkeit anhand der von den Tarifvertragsparteien erstellten Transferliste einer Entgeltgruppe zugeordnet und dem betreffenden Arbeitnehmer und dem Betriebsrat die vorgesehene Eingruppierung mitgeteilt (s. Abb. 4 und 5). Etwa 80 Prozent der Beschäftigten sind über die tarifver-

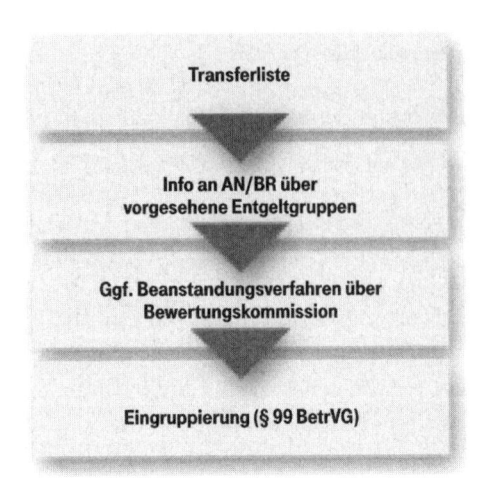

Abb. 4: *Das Bewertungsverfahren in der Implementierungsphase*

- Transferliste
- Info an AN/BR über vorgesehene Entgeltgruppen
- Ggf. Beanstandungsverfahren über Bewertungskommission
- Eingruppierung (§ 99 BetrVG)

traglich vereinbarten Transferlisten unmittelbar ihrer neuen Entgeltgruppe zugeordnet worden. Für Tätigkeiten, die nicht durch die Transferliste erfasst waren, wurde eine Bewertung wie im Regelverfahren durchgeführt und die Zuordnung zur Entgeltgruppe gegebenenfalls nach Abschluss des Bewertungsverfahrens korrigiert.

Sonstige Entgeltbestandteile

Auch nach Einführung des NBBS erhalten Arbeitnehmer – allerdings nur in den Regelentgeltgruppen, wenn auch teilweise in veränderter Form – weiterhin vermögenswirksame Leistungen, Urlaubsgeld und Zuwendung (jetzt: Sonderzahlung). Neu ist beim NBBS die Zahlung einer Funktionszulage mit der Erschwerniszuschläge in Form einer pauschalen Zahlung abgegolten werden:
 ⇨ *Vermögenswirksame Leistungen (vL):* Arbeitnehmer in unbefristeten Arbeitsverhältnissen, können pro Kalendermonat 6,65 Euro vermögenswirksame Leistungen erhalten.

Entgeltsystem der Deutschen Telekom

Beispielhafter Auszug aus der Transferliste

Aufgabenträger-Nummer	Bezeichnung Funktion	Entgeltgruppe NBBS
300 18	Sekretariat Vertrieb	T3
304 07	Mitarbeiter Marketing	T4
333 07	Mitarbeiter Vertriebsunterstützung	T4
341 10	Leiter T-Punkt	V4
351 16	Agent FO (KT 1000)	V1

Aufgabenträger-Nummer	Bezeichnung Funktion	Entgeltgruppe NBBS
360 01	Assistent Servicesupport	T6
362 18	Servicemonteur	T5
554 31	Sachbearbeiter Planen	T7
554 41	Sachbearbeiter Bauen und Betreiben	T7

Entgelttabelle NBBS (Nichtvertrieb)

EG	Regelentgeltgruppen (Tabelle des Monatsentgelts)				Sonderentgeltgruppen (Jahresfestentgelt, in 12 gleichen Teilen auszuzahlen)				
	Stufe 1	Stufe 2	Stufe 3	Stufe 4	EG	Stufe 1	Stufe 2	Stufe 3	Stufe 4
T1	1.596,00 €	1.725,00 €	1.854,00 €	2.011,00 €	T9	46.992 €	50.124 €	53.244 €	56.376 €
T2	1.896,00 €	2.026,00 €	2.158,00 €	2.288,00 €	T10	52.284 €	56.376 €	60.468 €	64.560 €
T3	2.031,00 €	2.163,00 €	2.296,00 €	2.429,00 €					
T4	2.166,00 €	2.300,00 €	2.435,00 €	2.570,00 €					
T5	2.399,00 €	2.538,00 €	2.665,00 €	2.816,00 €					
T6	2.670,00 €	2.818,00 €	2.951,00 €	3.116,00 €					
T7	2.967,00 €	3.120,00 €	3.221,00 €	3.414,00 €					
T8	3.193,00 €	3.382,00 €	3.564,00 €	3.751,00 €					

Entgelttabelle NBBS (Vertrieb)

EG	Regelentgeltgruppen (Tabelle des Monatsentgelts)				Basisbeträge	Sonderentgeltgruppen (Jahresfestentgelt, in 12 gleichen Teilen auszuzahlen)					Basisbeträge
	Stufe 1	Stufe 2	Stufe 3	Stufe 4		EG	Stufe 1	Stufe 2	Stufe 3	Stufe 4	
V1	2.159,00 €	2.285,00 €	2.399,00 €	2.535,00 €	4.250,00 €	V5	39.948 €	42.600 €	45.264 €	47.916 €	10.800 €
V2	2.403,00 €	2.537,00 €	2.656,00 €	2.804,00 €	4.600,00 €	V6	44.448 €	47.916 €	51.396 €	54.876 €	14.400 €
V3	2.670,00 €	2.808,00 €	2.899,00 €	3.073,00 €	5.000,00 €						
V4	2.714,00 €	2.874,00 €	3.030,00 €	3.189,00 €	7.200,00 €						

Stand: Mai 2001

Abb. 5: *Von der Transferliste zur Entgeltgruppe*

⇨ *Urlaubsgeld:* Das Urlaubsgeld beträgt in den Entgeltgruppen T1 bis T5 sowie V1 einheitlich 332 Euro, in T6 bis T8 sowie V2 bis V4 einheitlich 256 Euro.
⇨ *Sonderzahlung:* Eine Sonderzahlung (»Weihnachtsgeld«) erhalten Arbeitnehmer in den Regelentgeltgruppen. Sie beträgt 1.746 Euro. Es ist garantiert, dass Sonderzahlung und variable Vergütung zusammen ein volles Monatsentgelt erreichen.
⇨ *Funktionszulage:* Arbeitnehmer der Regelentgeltgruppen, die bei der Aufgabenerledigung besonderen Umgebungs- beziehungsweise Belastungseinflüssen ausgesetzt sind, erhalten eine monatlich auszuzahlende Funktionszulage, deren Höhe sich nach der Ausprägung dieser Einflüsse richtet und zwischen 43 Euro (Stufe 1) und 85,50 Euro (Stufe 4) beträgt.

Marktorientierte variable Vergütung

Die Zahlung eines variablen Entgelts ist im Vertrieb bereits seit einiger Zeit eingeführt. In der am 31. Mai 2000 abgeschlossenen Tarifrunde haben die Deutsche Telekom und die Deutsche Postgewerkschaft vereinbart, rückwirkend zum 1. April 2000 für alle Arbeitnehmer eine leistungsabhängige Entgeltkomponente einzuführen – das Leistungsentgelt. Dies war der erste Schritt zu einem markt- und leistungsorientierten Entgeltsystem bei der Deutschen Telekom AG. Beim NBBS ist es nun fester Bestandteil der Vergütung.
Für die Zahlung eines variablen Entgelts sind drei unterschiedliche Systeme vereinbart:
⇨ das Leistungsentgelt,
⇨ das ergebnisbezogene Entgelt und
⇨ das ergebnisbezogene Entgelt Vertrieb.

Das Leistungsentgelt wird auf der Basis einer Leistungsbeurteilung, das ergebnisbezogene Entgelt auf der Basis der Erreichung vereinbar-

Tabelle 3: Beurteilung zur Berechnung des Leistungsentgelts					
Merkmal	erfüllt die Anforderungen nicht immer	erfüllt die Anforderungen fast immer	erfüllt die Anforderungen in vollem Umfang	übertrifft die Anforderungen	übertrifft die Anforderungen in besonderem Umfang
Kundenorientierung/Kontakte (intern/extern) (Marktverständnis, Berücksichtigung der Kundenanforderungen, Kontaktfähigkeit/Auftreten, Serviceverhalten)	0	1	2	3	4
Zusammenarbeit/Verhalten im sozialen Kontext (Fähigkeit zum Perspektivenwechsel, Teamfähigkeit, Verbindlichkeit, Kommunikationsverhalten, Überzeugungskraft, Umgang mit Wissen)	0	1	2	3	4
Problemlösung (Analyse, vernetztes Denken, Ideenreichtum, Synthese, Fachkompetenz)	0	1	2	3	4
persönlicher Einsatz (Eigeninitiative, Flexibilität, Belastbarkeit, Lernfähigkeit)	0	1	2	3	4
Effizienz (Innovationsfähigkeit, Ergebnisorientierung, qualitätsbewusstes Handeln, Entscheidungsverhalten, Selbstständigkeit)	0	1	2	3	4
Mitarbeiterführung (Orientierung geben, Loslassen, Bilanz ziehen, Mitarbeiterentwicklung)	0	1	2	3	4
Das Merkmal »Mitarbeiterführung« kommt zur Anwendung, wenn Mitarbeiter geführt werden. In diesem Fall ist die Gesamtpunktzahl der Beurteilung mit dem Korrekturfaktor 5/6 zu multiplizieren. Stellen hinter dem Komma werden auf ganze Zahlen aufgerundet.					

ter Ziele ausgezahlt. An dieser Stelle wird nur auf die neue ergebnisbezogene Entgeltsystematik außerhalb des Vertriebes eingegangen.

Leistungsentgelt
Das Leistungsentgelt gilt für alle Beschäftigten in den Regelentgeltgruppen außerhalb des Vertriebes. Es wird auf der Basis der bei der Leistungsbeurteilung erreichten Punktzahlen ausgezahlt. Das Gesamtbudget wird durch die Tarifvertragsparteien festgelegt. Es beträgt zurzeit sieben Prozent der Bruttoentgeltsumme der am System teilnehmenden Beschäftigten und wird im Juni und Dezember ausgezahlt. Es ist vorgesehen, diesen variablen Entgeltbestandteil zu einem späteren Zeitpunkt auf zehn Prozent zu steigern. Individuell können die Beschäftigten mit Spitzenwerten in der Leistungsbeurteilung schon jetzt ein Leistungsentgelt erreichen, dass über dreizehn Prozent eines Monatsentgelts ausmachen kann.
Für die Beurteilung ist ein im Tarifvertrag vereinbartes Beurteilungsschema zu verwenden (s. Tabelle 3).

Ergebnisbezogenes Entgelt
Die Regelung gilt zunächst für die Sonderentgeltgruppen T9 und T10. Die Arbeitnehmer aus den Regelentgeltgruppen können zu einem späteren Zeitpunkt nach Vereinbarung durch die Tarifvertragsparteien einbezogen werden.
Beim ergebnisbezogenen Entgelt kommt es hauptsächlich darauf an, vorgegebene Ziele, sei es als Einzelperson oder im Team, zu erreichen beziehungsweise möglichst zu übertreffen. Darüber hinaus wird – außer im Vertrieb – ein Drittel des ergebnisbezogenen Entgelts als Beteiligung am Unternehmenserfolg gezahlt. Die Höhe des ergebnisbezogenen Entgelts ist von folgenden Komponenten abhängig:
⇨ der Höhe des regelmäßigen Monatsentgelts in der Zielvereinbarungsperiode,
⇨ dem maßgebenden Prozentsatz aus diesem regelmäßigen Monatsentgelt (je nach Entgeltgruppe sieben beziehungsweise dreizehn Prozent) sowie

⇨ dem Gesamtzielerreichungsgrad (höchstens 150 Prozent).

Die Ziele teilen sich zunächst grundsätzlich auf in
⇨ individuelle beziehungsweise teambezogene sowie
⇨ unternehmensbezogene Ziele.

Die individuellen und teambezogenen Ziele werden dabei zu zwei Drittel, die unternehmensbezogenen zu einem Drittel gewichtet.
Die Unternehmensziele werden zwischen dem Aufsichtsrat und dem Vorstand vereinbart und nach vorheriger Information des Gesamtbetriebsrates zu Beginn eines Geschäftsjahres den Arbeitnehmern bekannt gegeben. Damit sind sie also nicht Bestandteil der individuellen beziehungsweise teambezogenen Zielvereinbarung.
Die Individual- beziehungsweise Teamziele werden in einem Zielvereinbarungsgespräch zwischen dem direkten Vorgesetzten und dem Arbeitnehmer beziehungsweise dem Team vereinbart. Der beziehungsweise die betreffenden Arbeitnehmer erhalten dazu vorher umfassende Informationen über die Ziele der Organisationseinheit. Das Ergebnis des Zielvereinbarungsgesprächs wird anschließend schriftlich niedergelegt.

Neue allgemeine Beschäftigungsbedingungen

Die Tarifverträge der Deutschen Telekom AG

⇨ Entgeltrahmentarifvertrag (ERTV)
⇨ Entgelttarifvertrag (ETV)
⇨ Manteltarifvertrag (MTV)
⇨ Tarifvertrag über Sonderregelungen (TV SR)

>Das Tarifverträge der Deutschen Telekom AG finden Sie auf der beigefügten CD-ROM<

Mit dem Manteltarifvertrag (s. Kasten) wurden die allgemeinen Arbeitsbedingungen ohne Rücksicht auf regionale und statusbezogene Differenzierungen modernisiert:

⇨ *30 Tage Erholungsurlaub für alle:* Der Erholungsurlaub beträgt einheitlich für alle Arbeitnehmer 30 Arbeits- beziehungsweise 36 Werktage. Alle Arbeitnehmer, die im Jahr 2001 nicht das 40. Lebensjahr vollenden, erhalten damit mehr Urlaub als bisher.

⇨ *Marktkonform gestaltete Zuschläge:* Zuschläge zum Arbeitsentgelt kennt der neuen MTV nur noch mit Bezug zur Dauer und Lage der Arbeitszeit. Die Zeitzuschläge sind orientiert an marktüblichen Standards zum Teil deutlich höher als bisher. So gibt es zum Beispiel für Nachtarbeit (nach 20:00 Uhr) einen Zuschlag von 25 Prozent, der als Zeitgutschrift über das Arbeitszeitkonto abgewickelt wird.

⇨ *Pauschalierte Außendienstentschädigung:* Die Funktionen, die Außendienst leisten, werden neu definiert. Außendienst liegt vor, wenn eine Funktion (nicht Person), mindestens zu 40 Prozent mit Außendienst verbunden ist. In diesem Fall wird eine pauschalierte Außendienstentschädigung in Höhe von 7,50 Euro (insichbeurlaubte Beamte sechs Euro) für Arbeitnehmer außerhalb des Vertriebes gezahlt.

Ohne Nachteile zum neuen System

Die tariflichen »Überleitungsregelungen« stellen sicher, dass den Arbeitnehmern keine Einkommenseinbußen bei der Umstellung auf das neue System entstehen.

Sicherung des Monatsbezugsgehalts

Zur Feststellung, wie sich das NBBS in finanzieller Hinsicht für den Arbeitnehmer auswirkt, wurde das »alte Gehalt« (Monatsbezugsgehalt), dem die Entgeltbestandteile nach dem Stand 30. Juni 2001 zugrunde lagen, herangezogen und mit dem neuen Monatsentgelt ab 1. Juli 2001 verglichen. Ergab der Vergleich, dass das Monatsbezugsgehalt höher war, als das neue Monatsentgelt, wurden zum Ausgleich

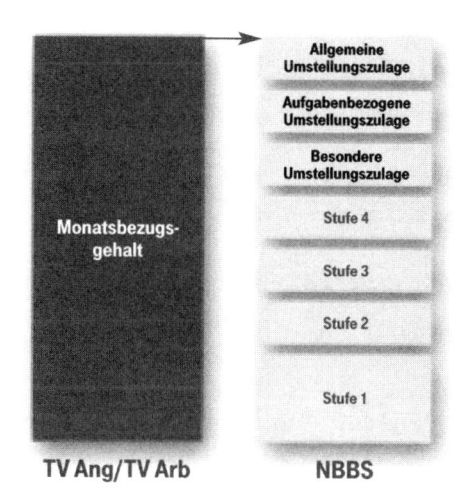

Abb. 6: *Umstellungszulagen*

je nach Einzelfall eine Stufenzulage und unter bestimmten Voraussetzungen sogenannte Umstellungszulagen gezahlt (s. Abb. 6).

Eingruppierung und Zahlung der Stufenzulage
Im ersten Schritt wurde der Arbeitnehmer der neuen Entgeltgruppe zugeordnet, die sich aus der Transferliste ergibt. Dann wurde geprüft, ob in der Gruppenstufe 1 das bisherige Monatsbezugsgehalt erreicht war. Reichte dies nicht aus, wurde der Beschäftigte einer der vier Gruppenstufen innerhalb seiner Entgeltgruppe zugeordnet – und zwar derjenigen, bei der sein Monatsentgelt am nächsten unter dem Monatsbezugsgehalt lag. Ergab sich dabei eine Zuordnung zu einer der Gruppenstufen 1 bis 3, wurde ihm eine Stufenzulage bis zum Aufrücken in die nächste Gruppenstufe gezahlt.

Ergab sich, dass das Monatsbezugsgehalt des Arbeitnehmers über dem Monatsentgelt der Gruppenstufe 4 lag, wurden zum Erreichen des Monatsbezugsgehalts gegebenenfalls eine besondere und/oder eine aufgabenbezogene und/oder eine allgemeine Umstellungszulage gezahlt.

⇨ *Besondere Umstellungszulage:* Hatte der Arbeitnehmer, dessen Monatsbezugsgehalt höher war als das Monatsentgelt in Gruppenstufe 4 für Monat Juni 2001 Anspruch auf Ortszuschlag der Stufe 2 oder höher beziehungsweise auf Sozialzuschlag, erhielt er eine besondere Umstellungszulage.

⇨ *Aufgabenbezogene Umstellungszulage:* War das Monatsbezugsgehalt höher als das Monatsentgelt in Gruppenstufe 4 zuzüglich der gegebenenfalls zu zahlenden besonderen Umstellungszulage, erhielt der Arbeitnehmer in besonderen Funktionen eine aufgabenbezogene Umstellungszulage in Höhe von 89,50 Euro.

⇨ *Allgemeine Umstellungszulage:* War das Monatsbezugsgehalt höher als das Monatsentgelt in Gruppenstufe 4 zuzüglich der gegebenenfalls zu zahlenden besonderen und aufgabenbezogenen Umstellungszulage, erhielt der Arbeitnehmer zusätzlich eine allgemeine Umstellungszulage.

Modalitäten bei Kürzung der Zulage
Aus der dargestellten Reihenfolge, in der die monatlichen Zulagen berechnet werden, lässt sich eine bestimmte Priorisierung erkennen. Bei einer Kürzung der monatlichen Zulagen, der sie aus bestimmten Anlässen unterliegen, wird genau der umgekehrte Weg beschritten. Das heißt: Zuerst erfolgt eine Kürzung der Allgemeinen Umstellungszulage. Sie tritt ein bei einer Höhergruppierung oder bei Zuordnung des Arbeitnehmers zu einer höheren Gruppenstufe und erfolgt in Höhe von 100 Prozent des Unterschiedsbetrags zwischen bisherigem und neuem Monatsentgelt. Ist die allgemeine Umstellungszulage geringer als dieser Unterschiedsbetrag, wird sie nur um diesen Betrag gekürzt. Eine gegebenenfalls gezahlte aufgabenbezogene oder besondere Umstellungszulage wird in diesem Fall um den restlichen Betrag verringert. Bei allgemeinen Entgelterhöhungen gibt es detaillierte Sonderregelungen, ebenfalls für die Anrechnung der variablen Vergütung.

Einrichtung eines Härtefall-Fonds
Um die auf Grund des stichtagsbezogenen Inkrafttretens des NBBS und Ersetzen des bisherigen Systems gegebenenfalls entstehenden Härtefälle zu mindern, wurde auf Betriebsebene ein Fonds bereitgestellt.

Harmonisierung mit der Bewertungssystematik der Beamten

Zum 1.1.2003 wurde das bisherige Gefüge der Beamtenbewertung innerhalb der Deutschen Telekom an das führende Bewertungssystem des NBBS angepasst. Einer Entgeltgruppe des NBBS stehen grundsätzlich zwei Beamtenbewertungen (Besoldungsgruppen) gegenüber. Leitsystem ist immer das Bewertungssystem NBBS.

Schlussbetrachtung
Das NBBS ermöglicht es der Deutschen Telekom AG, durch eine Reihe von innovativen tarifvertraglichen Elementen vorbildliche Beschäftigungskonditionen anbieten zu können und am Markt als attraktiver Arbeitgeber aufzutreten. Die für das Unternehmen von den Mitarbeiterinnen und Mitarbeitern geleistete Wertschöpfung kann nun auch in einer entsprechenden Bewertung der Funktion und der damit verbundenen Bezahlung zum Ausdruck gebracht werden. Eine variable, leistungsabhängige Bezahlungskomponente für alle tariflich Beschäftigten ist ebenfalls richtungweisend. Sie ist in der deutschen Tariflandschaft durchaus nicht selbstverständlich.

Der eigentliche Wert des neuen Tarifvertrages wird sich erst in Zukunft voll entfalten können. Er setzt Maßstäbe für andere Bereiche, die eine ähnliche tarifpolitische Vergangenheit wie die Deutsche Telekom haben. Dabei sind wir gerne den Wünschen unserer Beschäftigten gefolgt, die sich in den regelmäßig durchgeführten Mitarbeiterbefragungen für die Einführung eines marktorientierten und leistungsfördernden Bezahlungssystem ausgesprochen haben.

Dietmar Frings ist Leiter der Geschäftstelle Arbeitgeberverband Telekom im Zentralbereich Human-Resources-Management der Konzernzentrale der Deutsche Telekom AG in Bonn.

Zusammenfassung

Die Deutsche Telekom hat sich in den vergangenen Jahren durch einen enormen Umstrukturierungsprozess für den Wettbewerb fit gemacht. Deshalb sind Beschäftigungskonditionen notwendig, die diese Innovationskraft fördern und unterstützen. Die tarifvertraglichen Grundlagen wurden jeweils unmittelbar bei beziehungsweise nach der Gründung der Tochtergesellschaften gelegt. Nur für die Muttergesellschaft Deutsche Telekom AG galten bis Mitte 2001 noch die aus der Vergangenheit des öffentlichen Dienstes stammenden tarifvertraglichen Regelungen. Nun ist es auch hier gelungen, mit den Tarifvertragsparteien eine tarifvertragliche Kehrtwende zu vollziehen. Das Neue Bewertungs- und Bezahlungssystem (NBBS) der Deutschen Telekom AG leistet seinen Beitrag dazu, dass zufriedene, hoch motivierte Mitarbeiterinnen und Mitarbeiter die Herausforderungen des Wettbewerbs langfristig meistern. Faktoren wie Familienstand, Lebensalter oder Dauer der Zugehörigkeit zum Unternehmen haben keine Auswirkungen mehr auf die Bezahlung. Es zählt alleine die ausgeübte Funktion und die individuelle Leistung.

Variable Vergütung von Tarifmitarbeitern im Bankensektor

Die krisengeschüttelte Bankenbranche sorgte durch Massenentlassungen und sinkende Ertragskraft für Schlagzeilen. Die Branche reagierte mit der Flexibilisierung der Tarifverträge. Das private Bankgewerbe übernahm die Vorreiterrolle mit der Einführung des Tarifvertrags zur leistungs- und/oder erfolgsorientierten variablen Vergütung.

> **In diesem Beitrag erfahren Sie:**
> - welche Gestaltungsmöglichkeiten von Gehältern die neuen Tarifverträge der Banken bieten,
> - ihre Chancen und Risiken,
> - was bei Personalbeurteilungen und Zielvereinbarungen im Rahmen von Vergütungssystemen beachtet werden sollte.

NICOLE BÖHMER

Schwierige Tarifverhandlungen

Der Einsatz variabler Vergütungsanteile hat in der Bankenbranche in den letzten Jahren mehr und mehr an Bedeutung gewonnen [7]. Neben den außertariflichen Mitarbeitern kommen in vielen Kreditinstituten bereits seit längerem auch Tarifmitarbeiter in den Genuss übertariflicher erfolgs- und leistungsorientierter Entlohnung.

In anderen europäische Staaten, wie Luxemburg und Italien, bestehen im Bankensektor schon seit Jahren auch tarifrechtliche Vereinbarungen zu variablen Entlohnungsformen [4]. Hingegen wurden in Deutschland in den letzten Monaten für die Branche die ersten Flächentarifverträge abgeschlossen, die erfolgs- und leistungsorientierte Vergütungsanteile regeln.

Ausgangspunkt hierfür war – in Anlehnung an die Entgeltpraktiken in anderen Sparten der Finanzdienstleistungsbranche – *die*

Forderung der Arbeitgeber, die fixen tariflichen Gehaltsanteile für Vertriebsmitarbeiter um bis zu 35 Prozent zu senken. Die krisengeschüttelte Branche, die in den letzten Jahren durch Massenentlassungen und sinkende Ertragskraft für Schlagzeilen sorgte, ging durch ungewöhnlich lange und schwierige Tarifverhandlungen.

Mit der Einführung des Tarifvertrags zur leistungs- und/oder erfolgsorientierten variablen Vergütung im Dezember 2002 übernahmen die Tarifparteien des privaten Bankgewerbes die Vorreiterrolle. Die genossenschaftlichen Banken schlossen sich diesem Tarifvertrag nicht an, da ihnen die Flexibilisierungen nicht weit genug gingen. Sie fanden schließlich im Mai 2003 eine Einigung. Für die an den BAT gebundenen Sparkassen sind variable Vergütungsmöglichkeiten ab 2005 angedacht.

Im folgenden sollen der Rahmen, die Chancen aber auch die Grenzen der neu abgeschlossenen Tarifverträge skizziert werden.

Der Gehaltstarifvertrag im Bankensektor

Bevor die Flexibilisierungsmöglichkeiten der neuen Tarifverträge näher beleuchtet werden, stellt sich die Frage, wie der zugrundeliegende Gehaltstarifvertrag aufgebaut ist. Der Gehaltstarifvertrag für das private Bankgewerbe und die öffentlichen Banken sowie der genossenschaftlichen Banken unterscheidet *neun Gruppen.* In diesen Gruppen werden jeweils Aufgaben nach den erforderlichen Qualifikationen sowie den Tätigkeitsmerkmalen zusammengefasst. Über diese Eingruppierung hinaus wächst das Gehalt mit der *Seniorität* der Mitarbeiter. Die Tarifgruppen wurden 1998 anhand eines summarischen Bewertungsverfahrens neu festgelegt. *Im Bankengewerbe haben die tariflichen Gehaltsgruppen mit ihren Beispielkatalogen eine hohe Verbindlichkeit.* Dadurch werden sowohl Entgeltgerechtigkeit für die Mitarbeiter als auch gleiche Konkurrenzbedingungen für die Unternehmen auf dem Arbeitsmarkt fixiert [1].

2002 wurden insgesamt 449.050 Arbeitnehmer von den Banken-Tarifverträgen erfasst. Betrachtet man die Besetzung der Tarifgruppen in den letzten Jahren, so ist *eine deutliche Steigerung der prozentualen*

Besetzung der oberen Tarifgruppen sowie ein starkes Absinken bei den niedrigen Gruppen erkennbar. Gleichzeitig wurden Angestelltentätigkeiten in der tariflichen Bewertung abgesenkt. Zudem wurden automatische Höhergruppierungen abgeschafft oder zeitlich gestreckt. Darüber hinaus ist ein Trend zu erkennen, außertariflich zu vergüten: *Der Anteil der außertariflichen Angestellten hat sich in den letzten 20 Jahren verdoppelt [1].*

In der Branche ist es üblich, den Tarifmitarbeitern unabhängig von Leistung und Erfolg *ein breites Spektrum an fixen übertarifliche Leistungen* wie zum Beispiel ein 14. Gehalt oder zusätzliche Altervorsorge zu bieten. *Diese Zusatzleistungen wurden in den letzten Jahren von einigen Banken in das Budget für ein variables Vergütungssystem umgewandelt.*

Wegen des Senioritätsprinzips mit den verbundenen Mängeln in der Entlohnungsgerechtigkeit sowie der nicht vorhandenen Flexibilität wurde der Tarifvertrag in den vergangenen Jahren vermehrt in Frage gestellt. Vor allem die fehlenden Möglichkeiten zur Förderung der Leistungsmotivation innerhalb des Tarifsystems, waren für vielen Banken ein Faktor, der zur Unzufriedenheit beitrug. Der verschärfte Wettbewerb in der Branche, die derzeitige Bankenkrise und die Verschiebungen innerhalb der Tarifgruppen mit der Tendenz zu einer stärkeren Besetzung der oberen Tarifgruppen, spiegeln eine Veränderung der Anforderungsprofile der Beschäftigten wider. Ebenso lassen sie den Schluss zu, *dass ein hauptsächlich an Anforderungen orientiertes Tarifsystem den Erfordernissen der Zeit nicht mehr umfassend genügt.*

Zeitgemäße Anreizsysteme innerhalb des Flächentarifvertrages zu ermöglichen, war daher das Ziel der Arbeitgeber beim Abschluss der Tarifverträge zur leistungs- und/oder erfolgsorientierten variablen Vergütung. Mit den Worten »Wir haben nicht nur eine einzelne Kuh, sondern gleich eine ganze Herde vom Eis bekommen« unterstrich deren Verhandlungsführer Heydebreck die Bedeutung der erlangten Lösung.

Gestaltungsbereiche der Tarifverträge zur leistungs- und/oder erfolgsorientierten variablen Vergütung

Nach dem Tarifvertrag vom Dezember 2002 können die Banken freiwillige Dienst-/Betriebsvereinbarungen für alle Mitarbeiter oder auch nur für bestimmte Unternehmensbereiche und Mitarbeitergruppen abschließen. Die Tarifparteien haben Rahmenbedingungen für diese Betriebsvereinbarungen geschaffen. Innerhalb dieser Grenzen liegt die Gestaltung des erfolgs- und leistungsorientierten Vergütungssystems in den Händen der jeweiligen Unternehmen.

Der Tarifvertrag der privaten Banken

Der Tarifvertrag der privaten Banken sieht vor, die Vergütung
⇨ an den individuellen Erfolg, die individuelle Leistung oder
⇨ die Leistung/den Erfolg des Teams und/oder
⇨ den Unternehmenserfolg

zu koppeln.

Zum einen können die zwölf tariflichen Monatsgehälter nach dem individuellen Erfolg und/oder der individuellen Leistung variabel gestaltet werden. Im Tarifvertrag ist festgelegt, welcher Teil des Festgehalts maximal variabilisiert werden kann. Derzeit ist der variable Anteil auf vier Prozent fixiert; dieses Variabilisierungsvolumen wird bei den nächsten Tarifverhandlungen voraussichtlich auf acht Prozent ansteigen. Zum anderen kann *die jährliche Sonderzahlung,* das sogenannte 13. Gehalt, in Abhängigkeit vom Unternehmenserfolg variabilisiert werden.

Die individuelle und die unternehmenserfolgsbezogene Komponente können einzeln oder kombiniert eingeführt werden. Wird ausschließlich die auf den individuellen Erfolg beziehungsweise die individuelle Leistung gerichtete Komponente umgesetzt, kann das Variabilisierungsvolumen auf das 13. Gehalt ausgeweitet werden. Eine Übersicht der drei möglichen Grundmodelle gibt Abbildung 1.

Modell A:
Alle 13 Gehälter werden entsprechend der individuellen Leistung variabilisiert.

Modell B:
Ausschließlich die Höhe des 13. Gehalts ist in Abhängigkeit vom Unternehmenserfolg flexibel.

Leistungsorientierte Variabilisierung — Erfolgsorientierte Variabilisierung

Modell C:
12 Gehälter werden entsprechend der individuellen Leistung variabilisiert. Zudem ist die Höhe des 13. Gehalts in Abhängigkeit vom Unternehmenserfolg flexibel.

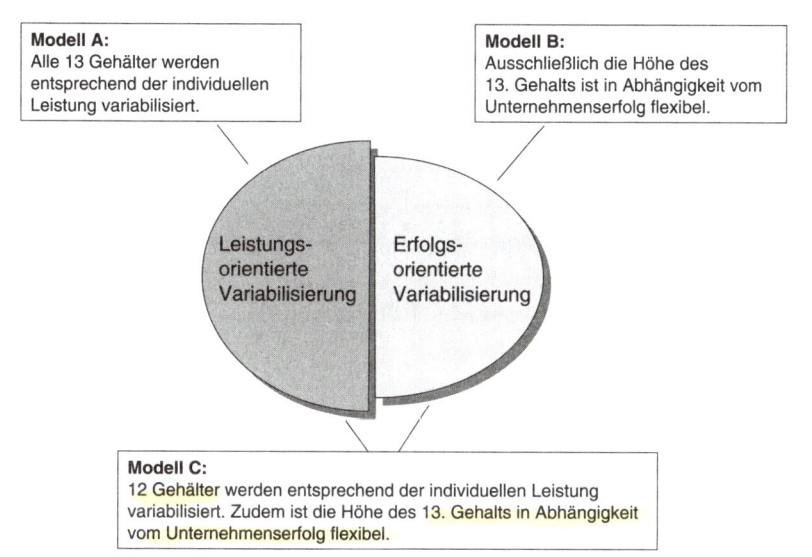

Abb. 1: *Erfolgs- und/oder leistungsorientierte Vergütung nach dem Tarifvertrag des privaten Bankengewerbes*

Bei der Variabilisierung der Vergütung in Abhängigkeit vom individuellen Erfolg und/oder der individuellen Leistung, ist als Instrument zur Bemessung der Leistung beziehungsweise des Erfolgs ein *Zielvereinbarungssystem* oder ein *Leistungsbeurteilungsverfahren* vorgesehen. Das Budget für diesen variablen Vergütungsanteil besteht aus zwei Teilen:

⇨ einem *garantierten Topf*, der das Variabilisierungsvolumen beinhaltet (derzeit vier Prozent) und der jährlich voll ausgeschüttet wird, und

⇨ einem vom Unternehmen zur Verfügung gestellten *Zusatzbudget*, das fest oder in Abhängigkeit vom Unternehmenserfolg gestaltet sein kann. Hier können auch – frühere – übertarifliche Sonderzahlungen (zum Beispiel: 14. Gehalt) einfließen.

Wird eine Koppelung des 13. Monatsgehalts an den Unternehmenserfolg vereinbart, so variiert die jährliche Sonderzahlung in Abhängigkeit von in der Betriebs-/Dienstvereinbarung festzulegenden betrieblichen Kennzahlen. Die Spannbreite der Schwankungen beträgt 94,9 bis 110,2 Prozent eines Gehalts im Startjahr 2003 und steigt linear auf den Maximalwert von 90 bis 120 Prozent an.

Der Tarifvertrag der genossenschaftlichen Banken

Nach dem Tarifvertrag vom Mai 2003 kann die Vergütung der Mitarbeiter mit
⇨ dem individuellen Erfolg sowie der individuelle Leistung oder
⇨ der Leistung/dem Erfolg des Teams

koppelt werden. Eine Koppelung an den Unternehmenserfolg ist tariflich nicht vorgesehen.

Mit Inkrafttreten einer entsprechenden freiwilligen Betriebsvereinbarung reduzieren sich die Vergütungsansprüche der einbezogenen Mitarbeiter auf ein Minimum von 92 Prozent des vorherigen Jahresgehalts (garantierte Vergütung). Die Auszahlung darüber hinausgehender variabler Vergütungsanteile beruht auf Zielvereinbarungen. Die jeweiligen Zielgrößen müssen so definiert werden, dass
⇨ damit das (ursprüngliche) tarifliche Jahresgehalt erreicht werden kann;
⇨ die in Aussicht gestellten und erzielbaren übertariflichen Vergütungsanteile größer sind als die variablisierten. So sind maximal 109 Prozent des ursprünglichen Jahresgehalts möglich.

Der Tarifvertrag gibt vor, dass auch unterhalb einer Zielerreichung von 100 Prozent Teile des variable Vergütungsanteile ausgezahlt werden.

Nach ersten Erfahrungen mit der leistungs- und/oder erfolgsorientierten Vergütung soll für Marktmitarbeiter bei den nächsten Tarifverhandlungen gegebenenfalls die Spreizung des Jahreseinkommens über die derzeitige Spanne von 92 bis 109 Prozent hinaus erweitert werden.

Auswirkungen auf die Vergütung

Banken, die den Tarifvertrag umsetzten, variabilisieren bei den privaten Banken rund vier Prozent beziehungsweise im genossenschaftlichen Bereich acht Prozent des Jahreseinkommens eines Mitarbeiters. Das entspricht etwa einem halben beziehungsweise einem Monatsgehalt. Wie wirkt sich die Umsetzung des Tarifvertrags konkret auf das Einkommen eines Mitarbeiters aus?

Tabelle 1: Auswirkungen leistungsorientierter Vergütung auf das Einkommen (TV der privaten Banken): Tarifgehälter ab 1. Januar 2004 (11. Berufsjahr)						
TG	Variabler Anteil, Minimum in €	Variabler Anteil, Medium in €	Variabler Anteil, Maximum in €	Jahresgehalt, Minimum in €	Jahresgehalt, Medium in €	Jahresgehalt, Maximum in €
5	0	1.289	2.578	33.616	34.905	36.194
7	0	1.542	3.084	40.227	41.769	43.311
9	0	1.813	3.626	47.288	49.101	50.914
in Prozent	0,00	4,00	8,00	96,31	100,00	103,69

Betrachten wir exemplarisch einen 40-jährigen Angestellten in der Tarifgruppe 7: Angenommen, sein Arbeitgeber sei eine private Bank. Es wurde eine Betriebsvereinbarung über die leistungsorientierte Variabilisierung von zwölf Gehältern abgeschlossen, ohne ein (nennenswertes) zusätzliches Budget für die variable Vergütung zur Verfügung zu stellen. Ausgehend von einem Brutto-Jahreseinkommen von 41.769 Euro kann dieses bei schlechten persönlichen Leistungen auf ein Minimum von 40.227 Euro sinken oder im positiven Fall auf 43.311 Euro steigen. Rund 3.100 Euro brutto liegen für ihn zwischen seinem minimalen und maximalen erreichbaren Jahresgehalt (s. Tabelle 1):

⇨ Die Bank kann die Auszahlung dieses Jahresgehalts so gestalten, dass der Mitarbeiter im Jahresverlauf monatliche 96 Prozent seines Monatsgehalts erhält. In diesem Fall bleibt das 13. Gehalt unangetastet. Im Wege einer zusätzlichen leistungsorientierten Zahlung erhält der Mitarbeiter den variablen Vergütungsanteil (s. Tabelle 2).

⇨ Alternativ zu diesem Modell kann das Monatsgehalt aus der Sonderzahlung aufgestockt werden. Entsprechend werden zwölf volle Monatsgehälter, eine verbleibende Sonderzahlung von 52 Prozent (= 100 Prozent minus 12 mal 4 Prozent) und die leistungsorientierte Vergütung gezahlt (s. Tabelle 2).

Tabelle 2: Auswirkungen leistungsorientierter Vergütung auf das Einkommen (TV der privaten Banken): Grundfall und Aufstockung aus der Sonderzahlung im Vergleich; Basis: Tarifgehälter ab 1. Januar 2004 (11. Berufsjahr)

Grundfall		
TG	Monatsgehalt in €	Sonderzahlung in €
5	2.578	2.685
7	3.084	3.213
9	3.626	3.777
In Prozent	96,00	100,00
Aufstockung aus der Sonderzahlung		
TG	Monatsgehalt in €	Sonderzahlung in €
5	2.685	1.396
7	3.213	1.671
9	3.777	1.964
In Prozent	100,00	52,00

Ist der Beispiel-Mitarbeiter in einer Genossenschaftsbank beschäftigt, gehen die Änderungen noch weiter: Basierend auf dem Brutto-Jahreseinkommen von 41.769 Euro kann der Jahresverdienst bei schlechten persönlichen Leistungen auf ein Minimum von 39.325 Euro sinken oder im positiven Fall auf 45.528 Euro steigen. Hierbei ist berücksichtigt, dass das Gehalt nicht unter den Stand vor April 2002 sinken darf. Erst mit den folgenden linearen Tariferhöhungen wird das garantierte Fixum auf 92 Prozent sinken. Rund 7.100 Euro brutto werden dann zwischen dem minimal und maximal erreichbaren Jahresgehalt liegen. Die Tabelle 3 stellt den Zusammenhang exemplarisch für die Tarifgruppen 5, 7 und 9 dar.

TG	fixes Jahresgehalt 01.2004 in €	minimales variables Jahresgehalt in €	fixes Jahresgehalt 04.2002 in €	Differenz zum Fixum 01.2004 in €	maximales Jahresgehalt in €	Differenz zum Fixum in €
5	34.905	32.113	32.864	−2.041	38.046	3.141
7	41.769	38.427	39.325	−2.444	45.528	3.759
9	49.101	45.173	46.241	−2.860	53.520	4.419
In Prozent	100,00	92,00	94,15	5,85	109,00	9,00

Tabelle 3: Auswirkungen leistungsorientierter Vergütung auf das Einkommen (TV der genossenschaftlichen Banken); Variables Gehalt nach TV LEV; Basis: Tarifgehälter ab 1. Januar 2004 (11. Berufsjahr)

Gestaltungsspielräume des Tarifvertrags

Entscheidet sich eine Bank, eine leistungsorientierte Komponente in ihr Vergütungssystem aufzunehmen, stehen ihr nach dem Tarifvertrag die Zielvereinbarung und bei den privaten Banken auch die Leistungsbeurteilung als Instrumente zur Bemessung des individuellen Erfolgs oder der individuellen Leistung zur Verfügung.

Soll ein Zielvereinbarungssystem implementiert werden, so ist hierfür ein jährlicher Rhythmus in den Tarifverträgen fixiert. Das Zielvereinbarungssystem muss die schriftliche Festlegung von auf den Arbeitsplatz des einzelnen Mitarbeiters bezogenen Zielen, die von ihm beeinflussbar sind, vorsehen. Hinsichtlich der Gestaltung der Zielvereinbarungen lassen die Tarifverträge den Unternehmen Gestaltungsspielräume bei der Art der Ziele, deren Gewichtung sowie der Feststellung der Zielerreichung und deren Honorierung.

Der Einsatz von Zielvereinbarungen ist einerseits mit vielen Vorteilen verbunden. Zunächst wird nicht auf standardisierte Kriterien wie beispielsweise bei Leistungsbeurteilungen zurückgegriffen, sondern es werden individuelle Ziele mit jedem Mitarbeiter vereinbart. Darüber hinaus besteht die Möglichkeiten, bei der Zielvereinbarung nach dem Prinzip des Management by Objectives die individuellen und teambezogenen Ziele aus den Zielen des Unternehmens abzuleiten und die Mitarbeiter dadurch stärker für übergeordnete Zielsetzungen zu sensibilisieren. Die Mitarbeiter kennen die an sie gerichteten Erwartungen und können innerhalb des gesetzten Rahmens selbstverantwortlich und autonom handeln [3]. Zudem sind die Zielvereinbarungssysteme in der Regel zuträglich für die Kommunikationskultur im Unternehmen.

Es sollte andererseits nicht aus den Augen verloren werden, dass es beim Einsatz dieses Instruments zu Reibungspunkten kommen kann. Werden ausschließlich quantitative Ziele vereinbart, so ist die Feststellung der Zielerreichung relativ unkompliziert. Da damit die Aufmerksamkeit der Mitarbeiter verstärkt auf messbare Zahlen gerichtet wird, besteht die Gefahr, dass andere Aspekte der Aufgabe vernachlässigt werden. Derartige Fehlsteuerungen können dazu führen, dass beispielsweise die Qualität der Arbeit zugunsten der Quantität sinkt. Werden qualitative Ziele vereinbart, müssen diese messbar gemacht werden [3]. Die Anforderungen an die Führungskräfte bei der Feststellung der Ziele wie der Zielerreichung steigen erheblich. Ähnlich wie beim unten beschriebenen Beurteilungssystem können Selbstbild des Beurteilten und das durch messbare Hilfsgrößen erzeugte Fremdbild stark voneinander abweichen. Insgesamt ist das mit Zielvereinbarungen verbundene Konfliktpotenzial durch die dem Instrument inhärente Subjektivität nicht zu unterschätzen.

Im Tarifvertrag der privaten Banken ist als Leistungsbeurteilung die klassische, vergangenheitsorientierte Beurteilung anhand von Kriterien vorgesehen. Derartige Verfahren sind im Bankensektor recht weit verbreitet. Die Ausprägung der individuellen Leistung in den einzelnen Kriterien wird mindestens jährlich nach einem dialogorientierten Gespräch zwischen Vorgesetztem und Mitarbeiter eingestuft. In der freiwilligen Dienst-/ Betriebsvereinbarung sind die Beurteilungskriterien sowie die Beurteilungsskalen für deren Bewertung zu fixieren.

Naturgemäß sind Beurteilungssysteme, deren Ziel die Vergütung ist, auf Selektion ausgerichtet und verlangen eine deutliche Diskriminierung des Leistungsverhaltens. Im Tarifvertrag ist zum Schutz der Arbeitnehmer fixiert, dass das Ergebnis nicht zur arbeitsrechtlichen Konsequenzen führen darf. Zu bedenken ist dennoch, dass der Beurteiler in die Rolle eines Richters versetzt wird. Der Beurteilte befindet sich daher häufig in einer Verteidigungs- und Abwehrhaltung. Werden mit Beurteilungen Vergütungsziele verfolgt, so lösen sie zum Teil Ängste bei dem zu beurteilenden Mitarbeiter aus, vor allem wenn sein Selbstbild und das Fremdbild des Beurteilers nicht übereinstimmen.

Jedoch sollen die Beurteilungsgespräche neben den harten Vergütungszielen häufig auch weichen Zielen dienen, zu denen zum Beispiel die Mitarbeiterförderung und -beratung zählen. Dazu sollte das Gespräch in einer entspannten, offenen Atmosphäre stattfinden und der Beurteiler sollte den zu Beurteilenden ermutigen und emotionale Anteilnahme zeigen. Damit zeigt sich »ein gewaltiges Konfliktpotenzial zwischen den Zweckgruppen Motivation, Förderung und Führung auf der einen Seite und den Zweckgruppen Entlohung und Fundierung von Personalentscheidungen auf der anderen Seite« [2]. Die Möglichkeit einer Bank, ein bestehendes Beurteilungssystem, das die Mitarbeiterförderung und -führung vorsieht, im Rahmen der Dienst-/ Betriebsvereinbarung lediglich um ein Ziel – die variable Entlohung – zu erweitern, kann daher an Zielkonflikten scheitern.

Unternehmenserfolg als Variabilisierungbasis

Im Tarifvertrag der privaten Banken besteht die Möglichkeit, neben dem individuellen Erfolg und der individuellen Leistung auch durch den Unternehmenserfolg Einfluss auf die Tarifgehälter nehmen zu

lassen. Bei den am Unternehmenserfolg orientierten Elementen müssen ebenfalls in einer Betriebsvereinbarung unternehmensindividuelle Gestaltungsspielräume gefüllt werden. Im Vordergrund steht dabei die Festlegung von Kennzahlen für die Bemessung des Unternehmenserfolgs. Diese Kennzahlen können in doppelter Weise einfließen:
⇨ Bei der Festlegung der Höhe des 13. Gehalts und
⇨ beim Volumen des zusätzlichen Budgets, das die Bank bei den an der individuellen Leistung bemessenen Vergütungsanteilen ausschüttet.

Die Auswahl der in der Betriebsvereinbarung festzulegenden Kennzahlen stellt eine besondere Problematik dar, die hier nicht vertieft werden soll [6].

In wirtschaftlich schwierigen Zeiten besteht mit diesem unternehmenserfolgsbezogenem Vergütungselement für die privaten Banken die Möglichkeit, in geringem Umfang Personalkosten einzusparen. Vernachlässigen wir das Budget für die individuellen leistungsorientierten Vergütungsbestandteile, das mit den Kennziffern »atmen« kann, *so können in der Endstufe des Tarifvertrags maximal zehn Prozent des 13. Gehalts eingespart werden.* Die Tabelle 4 gibt exemplarisch einen Überblick über das Variabilisierungsvolumen der Sonderzahlung in den Tarifgruppen 5, 7 und 9 in der Endstufe des Tarifvertrags (Modell B).

Die neu erlangte tarifliche Flexibilität beläuft sich damit auf weniger als 0,8 Prozent des Jahresgehalts. Soll ein Vergütungsbestandteil Einfluss auf das Verhalten des einzelnen Mitarbeiters haben, so ist es erforderlich, dass der betroffene Mitarbeiter die Höhe des Vergütungsanteils spürt und dass er diesen beeinflussen kann. *Für einen Tarifmitarbeiter ist ein Bezug zwischen seinem persönlichen Erfolg und dem Unternehmenserfolg häufig nur sehr eingeschränkt feststellbar.* Auch von einer spürbaren Höhe kann kaum gesprochen werden. Somit kann diesem Element des Vergütungssystems *allenfalls eine Signalwirkung* zugeschrieben werden.

Tabelle 4: Auswirkungen der erfolgsorientierten Variabilisierung nach Tarifgruppen (TV der privaten Banken); Basis: Tarifgehälter ab 1. Januar 2004 (11. Berufsjahr)

Fixgehalt				
TG	Monatsgehalt in €	Sonderzahlung in €	Jahresgehalt in €	
5	2.685	2.685	34.905	
7	3.213	3.213	41.769	
9	3.777	3.777	49.101	
In Prozent	100,0	100,0	100,00	
Erfolgsorientierte Sonderzahlung: Minimum				
TG	Monatsgehalt in €	Sonderzahlung in €	Jahresgehalt in €	Veränderung in €
5	2.685	2.417	34.637	−269
7	3.213	2.892	41.448	−321
9	3.777	3.399	48.723	−378
In Prozent	100,0	90,0	99,23	
Erfolgsorientierte Sonderzahlung: Maximum				
TG	Monatsgehalt in €	Sonderzahlung in €	Jahresgehalt in €	Veränderung in €
5	2.685	3.222	35.442	+537
7	3.213	3.856	42.412	+643
9	3.777	4.532	49.856	+755
In Prozent	100,0	120,0	101,54	

Unterschiede zwischen den privaten und genossenschaftlichen Banken

Vergleicht man das tatsächliche Variabilisierungsvolumen der beiden Tarifverträge Anfang 2004, so übersteigt die Flexibilität im Genossenschaftssektor die bei den privaten Banken um weniger als zwei Prozent. Denn variabilisiert werden dürfen ausschließlich die linearen Erhöhungen des Gehaltstarifs ab April 2002. Die Erhöhungen machen – bis einschließlich 1. Januar 2004 – 5,8 Prozent aus. *Somit können derzeit die acht Prozent des genossenschaftlichen Tarifvertrages noch nicht voll umgesetzt werden.* Zudem ist in der nächsten Tarifrunde der privaten Banken eine Erhöhung des variablen Gehaltsanteils auf acht Prozent geplant. In der Abbildung 2 wird deutlich, wie sich die nach den Tarifverträgen möglichen Modelle variabler Vergütung in Zukunft darstellen. Es zeigt sich, *dass sich die Tarifverträge in der Branche weniger stark voneinander entfernt haben, als erwartet.* Das von den Gewerkschaften befürchtete Szenario, die Mitarbeiter der Genossenschaftsbanken würden zu Bankern Zweiter Klasse degradiert, wird danach nicht eintreten.

Dennoch zeigen sich einige bedeutsame Unterschiede zwischen den tariflichen Regelungen. Wie oben beschrieben *bestehen für die privaten Banken in einigen Bereichen mehr Gestaltungsspielräume.* Ihnen stehen neben Zielvereinbarungen auch Personalbeurteilungen als Messinstrumente der Leistung und des Erfolgs zur Verfügung. Auch kann neben dem individuellen Erfolg der Unternehmenserfolg berücksichtigt werden, was zu den bereits skizzierten drei Modellen führt.

Bei der Gestaltung des Budgets für die variable Vergütung werden den privaten Banken strenge Auflagen gemacht. Sie sind verpflichtet, einen über die variabilisierte Gehältersumme hinausgehenden Topf zur Verfügung zu stellen. Zudem muss das gesamte Budget jährlich voll ausgeschüttet werden. Diese Auflagen bestehen im Genossenschaftssektor nicht:

⇨ Dementsprechend können die privaten Banken ihre gesamte Gehältersumme bei schlechtem Unternehmenserfolg lediglich in geringem Maße absenken.
⇨ Im Genossenschaftsbereich lässt es der Tarifvertrag offen, ob – beispielweise in schlechten Jahren oder bei der Vereinbarung von hohen Zielen – Teile der variabilisierten Gehältersumme einbehalten werden können.

In beiden Tarifverträgen ist vorgesehen, die leistungs- und/oder erfolgsorientierte variable Vergütung mit einer freiwilligen Betriebsvereinbarung zu regeln. Überdies besteht für die Genossenschaftsbanken, in denen kein Betriebsrat besteht, die Möglichkeit, einzelvertragliche Regelungen zu treffen.

Letztere Unterschiede verdeutlichen, *dass bei der Umsetzung der Vergütungssysteme im Genossenschaftssektor in diesen Punkten deutlich mehr Gestaltungsmöglichkeiten bestehen.* Für Betriebsräte und Unternehmen wird die Einigung auf eine faire und gleichzeitig wirtschaftliche Betriebsvereinbarung damit um so herausfordernder. Gerade bei einzelvertraglichen Regelungen besteht für die Arbeitnehmer die Gefahr, die Konsequenzen arbeitgeberseitiger Vertragsvorschläge nicht abschätzen zu können.

Leistungsanreize durch variable Vergütung

Für die Bankbeschäftigten stellt ein variables Vergütungssystem einen attraktiven Weg dar, durch die eigene Leistung das Gehalt aufzubessern. Damit wird, ohne das Senioritätsprinzip des Tarifvertrags aufzuheben, eine höhere Entlohungsgerechtigkeit erreicht. Die individuelle Leistung kann belohnt werden.

Neben Leistungssteigerung und -gerechtigkeit ist die Steigerung der Mitarbeitermotivation ein wesentliches Ziel, das von Arbeitgeberseite in der Regel mit variablen Vergütungsanteilen verfolgt wird. Die kaum überschaubare Anzahl von Veröffentlichungen zu den Auswirkungen von Anreizsystemen auf die Motivation von Mitarbeitern zeigt die Brisanz dieses Themas. Wissenschaftliche Theorien sprechen für die positive Wirkung von erfolgs- und leistungsorientierten Vergütungssystemen und in der Praxis setzen sie sich immer stärker durch. Bislang ist es in empirischen Untersuchungen dagegen nicht gelungen, eine eindeutige positive Auswirkung von Vergütungssystemen auf die Motivation nachzuweisen.

Entlohnung im Allgemeinen zählt zu den extrinsischen Anreizen für Arbeit. Hingegen kann dauernde Arbeitsmotivation ausschließlich aus der Arbeit selbst und aus der Identifikation mit gemeinsamen

Normen (intrinsische Motivation) resultieren. Wenn sich durch ein Anreizsystem die extrinsische Motivation erhöht, besteht die Gefahr, dass gleichzeitig die intrinsische Motivation der Mitarbeiters verdrängt wird (Crowding Out-Effekt). Ob der positive Effekt der extrinsischen Motivation den Verdrängungseffekt übersteigt, ist schwer vorhersehbar [5].

Unterschiedliche Menschen haben unterschiedliche Ziele und Vorstellungen, entsprechend reagieren sie unterschiedlich auf monetäre Anreize. Ein Teil lässt sich extrinsisch motivieren, weil es zu seinen Zielen zählt, sein Einkommen oder seinen Status zu optimieren. Ein anderer Teil strebt möglicherweise die Identifikation mit Firmenzielen an oder verfolgt seine eigene Ideologie und ist somit eher intrinsisch motiviert.

Wie bereits im Zusammenhang mit Zielvereinbarungen angedeutet, führt eine monetäre Belohnung vielfach dazu, dass einzelne, leicht messbare Aspekte einer Aufgabe als Bemessungsgrundlage herangezogen werden. Extrinsisch motivierte Mitarbeiter werden diesen Aspekten ein stärkeres Gewicht zubilligen als vorher und andere höchst relevante Aufgabenbestandteile – wie zum Beispiel Initiative

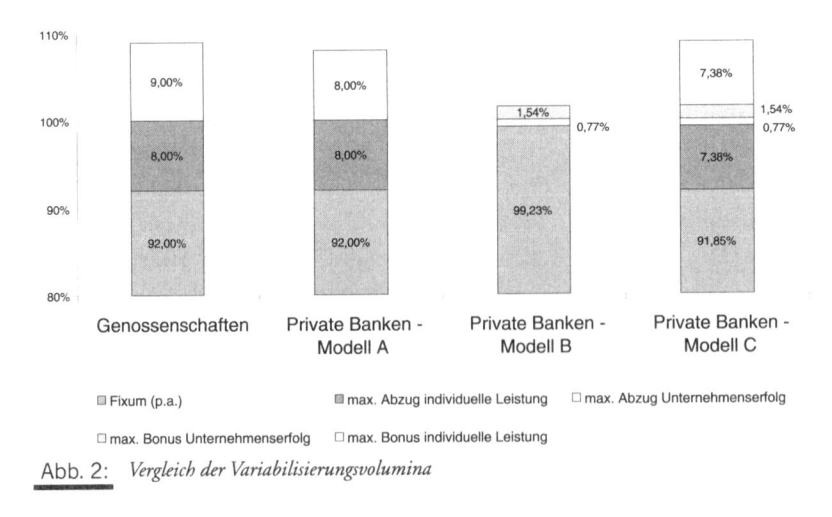

Abb. 2: *Vergleich der Variabilisierungsvolumina*

und Teamgeist – möglicherweise vernachlässigen. Mit wachsender Komplexität einer Aufgabe steigt diese Problematik. Darüber hinaus werden Mitarbeiter bei der Zielvereinbarung bevorzugt Ziele auswählen, bei denen sie im Vorfeld sicher sind, dass sie ihnen gewachsen sind. Denn damit erhöht sich die Wahrscheinlichkeit einer Belohnung. Forderndere und komplexe Aufgaben werden hingegen möglicherweise vernachlässigt [5].

Grundsätzlich ist die Wirkung von Anreizsystemen von der Persönlichkeit des Mitarbeiters und von der zu verrichtenden Aufgabe abhängig. Betrachtet man die Entwicklung im Bankensektor, so ist ein Trend zur Besetzung der höheren Tarifgruppen zu erkennen. Die Anzahl der Aufgaben, die wissensintensive Tätigkeiten, Teamarbeit, loyale Pflichterfüllung sowie die Beachtung formaler Regeln beinhalten, nimmt folglich zu. Die Bedeutung von Aufgaben, die allein über extrinsische Motivation durch Vergütung gesteuert werden können, sinkt [5]. Daher stellt sich *die Frage, ob eine variables Vergütungssystem tatsächlich die damit verbundenen Erwartungen erfüllen kann.*

Chancen und Reibungspunkte bei der Umsetzung

Sicherlich bietet der neue Tarifvertrag den Banken interessante Möglichkeiten, die Vergütungspolitik zu überdenken und den Fixkostenblock »Tarifgehälter« effizienter, das heißt, leistungsmotivierender zu gestalten. Damit können die Mitarbeiter stärker als bisher vom Kostenfaktor zum Erfolgsfaktor werden.

Dennoch ist fraglich, ob die vor allem von den Arbeitgeberverbänden hoch gelobten neuen Regelungen in der Unternehmenspraxis zu bedeutenden Veränderungen führen werden. Werden beispielsweise Institute, die bislang kein variables Vergütungssystem angestrebt haben, dieses aufgrund der Öffnung des Tarifs nun einführen? *Es gibt zu denken, dass von kaum einer privaten Bank rechtzeitig zum frühestmöglichen Einführungstermin eines variablen Vergütungssystems die entsprechende freiwillige Betriebsvereinbarung abgeschlossen wurde.* Hierfür sind verschiedene Ursachen vorstellbar:

Zunächst einmal ist es nach dem Tarifvertrag die Aufgabe der Betriebsräte und der Unternehmensleitungen, die Regelungen des Tarifvertrags in einer Betriebsvereinbarung zu konkretisieren. Auch nach den Normen des Betriebsverfassungsgesetzes sind Entlohnungsfragen ein Bereich, in dem der Betriebsrat weitreichende Mitgestaltungsrechte hat (s. Kasten).

> **Wichtige rechtliche Normen zur Mitbestimmung bei Vergütungssystemen [3]**
> ⇨ § 87 Abs. 1 Nr. 10 BetrVG: Entlohnungsgrundsätze.
> ⇨ § 87 Abs. 1 Nr. 10 und 11 BetrVG: Leistungsbezogene Entgelte.
> ⇨ § 94 Abs. 2 BetrVG: Allgemeine Beurteilungsgrundsätze.
> ⇨ § 87 Abs. 1 Nr. 1 BetrVG: Fragen der Ordnung des Betriebs und des Verhaltens des Arbeitnehmers im Betrieb – greift, sofern zum Beispiel in Zielvereinbarungen Verhaltensaspekte der Mitarbeiter betroffen sind.
> ⇨ § 87 Abs. 1 Nr. 6 BetrVG: Leistungs- und Verhaltenskontrolle – greift, sofern zum Beispiel im Rahmen des Vergütungssystems EDV-gesteuerte Controlling-Systeme, die Rückschlüsse auf individuelle Leistungen oder das individuelle Verhalten zulassen, eingesetzt werden.

Die Mitbestimmungsrechte auf Arbeitnehmerseite beinhalten sicherlich ein nicht zu unterschätzendes Konfliktpotenzial, wenn es darum geht, Besitzstände zu verteidigen oder auszubauen. Denn in der derzeitigen Krisensituation der Branche ist das erklärte Ziel vieler Arbeitgeber, die Personalkosten konstant zu halten oder zu senken. Zumindest bei den privaten Banken ist dies nach dem neuen Tarif kaum möglich, denn der Tarifvertrag sieht wie oben beschrieben vor, dass der Arbeitgeber über den variabilisierten Gehaltsanteil hinaus ein Budget zur Verfügung stellt.

Des weiteren kostet jede Veränderung des Vergütungssystems Geld: In den vorliegenden Tarifverträgen wurde der Weg gewählt, bestehende fixe Gehälter unangetastet zu lassen und ausschließlich die Tariferhöhungen seit April 2002 variabel zu gestalten. Hinzu kommt das tariflich festgelegte zusätzliche Budget, das jährlich zur Ausschüttung kommt. Darüber hinaus sollte nach verbreitetem Verständnis eine solche Veränderung immer sozialverträglich durchgeführt werden. Die hierfür erforderlichen Übergangsregelungen kosten oft zwischen einem und vier Prozent der Entgeltsumme. Nicht zuletzt erfordert auch der Prozess der Implementierung neuer Entgeltsysteme viel Zeit von Personalverantwortlichen und Führungskräften.

Ferner ist für den Erfolg eines erfolgs- und/oder leistungsorientierten Vergütungssystems eine Unternehmenskultur erforderlich, die ermöglicht, dass die bislang zentral gesteuerte Vergütung in Teilen dezentralisiert wird. Den Führungskräften wird dabei einen Spielraum für die Belohnung ihrer Mitarbeiter eingeräumt. Hierzu ist das Vertrauen der Unternehmensleitung in die Führungsqualifikationen ihrer Vorgesetzten von fundamentaler Bedeutung und zwingende Voraussetzung.

Mit diesem Tarifvertrag wurde der bislang starre Bankentarif geöffnet. Diese Öffnung führt zu einer höheren Flexibilität der einzelnen Unternehmen hinsichtlich ihrer Vergütungspraktiken. Kollektivvertragliche Verhandlungen werden dezentralisiert, in dem die Lohnfindung stärker als bislang vor Ort stattfindet, und dabei Funktionen des Tarifvertrages in Ansätzen ausgehebelt werden. Durch die Ordnungsfunktion des Tarifvertrages wurde bislang gewährleistet, dass auf dem Arbeitsmarkt, auch aufgrund der Tariftreue in der Branche, wenn nicht gleiche so doch ähnliche Wettbewerbsbedingungen herrschten. Diese Ordnungsfunktion wird nun zum Teil außer Kraft gesetzt. Darüber hinaus wirkt die Friedensfunktion des Tarifvertrages in Unternehmen, die den neuen Tarifvertrag umsetzten wollen, nur noch eingeschränkt. Denn nun können auch außerhalb der Tarifverhandlungen neue Forderungen hinsichtlich der in der Betriebsvereinbarung zu fixierenden variablen Vergütungsanteile ausgehandelt werden.

Ausblick

Banken, die bereits vor Einführung des Tarifvertrags Betriebsvereinbarungen zu variablen Vergütungsanteilen für Tarifmitarbeiter gelebt haben, werden den Tarif möglicherweise nutzen, um die Gehälter stärker als bisher zu flexibilisieren. Beispielsweise bieten die tariflichen

Regelungen den Großbanken, die bereits vorher ausgefeilte variable Vergütungssysteme im Tarifbereich praktizierten, einen geeigneten Rahmen, um die bestehenden Regelungen auszuweiten.

Für alle Institute, die noch keine erfolgs- und leistungsorientierte Vergütung nutzen, beinhaltet der neue Tarif nicht so viele Gestaltungsmöglichkeiten oder Einsparungspotenziale, dass eine sofortige Umsetzung vor betriebswirtschaftlichen Gesichtspunkten zwingend erforderlich erscheint. Zudem stellt sich die Frage, ob die in diesen Banken tätigen Menschen durch ein solches Instrument tatsächlich stärker motiviert werden. Andere, sprich immaterielle Motivatoren, können dem Unternehmenserfolg stärker zuträglich sein.

Ein weiterer Schritt zur Öffnung des Flächentarifvertrags und zur Flexibilisierung der Gehälter in der Bankenbranche ist getan. Die sprichwörtlich geringe Fließgeschwindigkeit in der langlebigen deutschen Vergütungslandschaft hat mit der Einführung der tariflichen Regelungen eine Stromschnelle erhalten, deren Auswirkungen noch offen sind: Es bleibt abzuwarten, wann die ersten Betriebsvereinbarungen zur erfolgs- und/oder leistungsorientierten Vergütung nach den neuen Tarifverträgen abgeschlossen werden.

> **Umsetzungsmöglichkeiten des Tarifvertrags bei einem bestehenden variablen Vergütungssystem**
>
> Angenommen ein Kreditinstitut, das bereits seit einigen Jahren im Tarifbereich ein variables Vergütungssystem einsetzt, möchte die Möglichkeiten des Tarifvertrags zur leistungs- und/oder erfolgsorientierten variablen Vergütung (private Banken) nutzen. In diesem Fall erweist sich der neue Tarifvertrag als relativ unkompliziert in der Umsetzung. Im folgenden wird zunächst ein fiktives Vergütungssystem skizziert, das in ähnlicher Form in deutschen Kreditinstitute im Einsatz ist. Darauf aufbauend werden die Aspekte aufgezeigt, die für eine Umsetzung des Tarifvertrags sprechen.
> Bei der Einführung des ursprünglichen variablen Vergütungssystems wurden vorher geleistete fixe übertarifliche Zahlungen, wie monatliche Leistungszulagen, Urlaubsgeld und 14. Gehalt, aber auch Provisionszahlungen eingesammelt. Diese Leistungen wurden in einen geschlossenen Bonuspool umgewandelt. Das System wurde in einer Betriebsvereinbarung fixiert und erfolgreich eingeführt: Die Funktionsfähigkeit des Systems ist bereits bestätigt und ein motivatorischer Effekt wurde über Mitarbeiterbefragungen festgestellt.

Das Vergütungssystem sah neben dem fixen Tarifgehalt für alle Mitarbeiter einen variablen Vergütungsanteil vor. Es stand pro Jahr im Schnitt pro Mitarbeiter ein zusätzliches Gehalt im Bonustopf zur Verfügung. Der Bonustopf wurde entsprechend des Erfolgs der jeweiligen Organisationseinheiten (zum Beispiel Filialen) auf die Unternehmensbereiche verteilt und jährlich vollständig ausgeschüttet.

Der für einen Mitarbeiter erreichbare Bonus im Tarif lag zwischen einem in Euro festgelegten Minimum und 200% eines Monatsgehalts. Das heißt die Mitarbeiter konnten insgesamt bis zu 15 Gehälter jährlich verdienen. Grundlage für die Vergabe der Boni war eine Zielvereinbarung zwischen Mitarbeiter und Vorgesetzten, die sich an den Zielen der jeweiligen Organisationseinheit orientiert.

Die Mitarbeiter wurden bei Systemeinführung in Workshops, Einzelcoachings und über Broschüren in dem Vergütungssystem geschult.

Ausgehend von diesem System stellt die sich Umsetzung des Tarifvertrags recht schlank dar. In den Verhandlungen mit dem Betriebsrat steht nicht das gesamte Vergütungssystem in Frage, sondern lediglich die durch den Tarifvertrag eröffnete Erweiterung.

Das vorhandenen Vergütungssystem mit Zielvereinbarungen nach dem der gesamte Topf jährlich ausgeschüttet wird, deckt sich mit den Anforderungen des Tarifvertrags. Der für das ursprüngliche Vergütungssystem vorhandenen Topf kann in den geforderten zusätzlichen Topf nach Tarifvertrag umgewandelt werden. Folglich kann die Variabilisierung des vormals fixen Tarifgehalts entsprechend der individuellen Leistung problemlos umgesetzt werden. Eine Erweiterung stellt die Flexibilisierung des 13. Gehalts nach dem Unternehmenserfolg dar. Durch die Verknüpfung von Unternehmenszielen und individuellen Zielen im Rahmen des Zielvereinbarungssystems ist den Mitarbeitern dieses Element jedoch nicht vollkommen fremd und wird daher kaum zu Akzeptanzproblemen führen.

Die Mitarbeiter und die Führungskräfte haben bereits Erfahrungen mit dem Zielvereinbarungssystem und variabler Vergütung. Daher besteht ein geringer Schulungsbedarf für das veränderte System. Ein weiterer nicht zu unterschätzender Vorteil liegt in der vorhandenen Infrastruktur für die Umsetzung des Vergütungssystems: Beispielsweise wird die Gehaltsabrechnung der Mitarbeiter durch das modifizierte Vergütungssystem nicht grundlegend verändert. Die entsprechende Technik und die Abläufe sind bereits vorhanden. Insgesamt ist der Umsetzungsaufwand für die Neuerungen daher als gering einzustufen und beinhaltet für das Beispielinstitut eine Chance, sein Vergütungssystem zu optimieren.

Nicole Böhmer, Dipl. Oec., Dipl. Hdl., Jahrgang 1971. Nach dem Studium der Wirtschaftswissenschaften und der Wirtschaftspädagogik ist sie seit 1999 verantwortlich für Hochschulmarketing und E-Cruitment in der Oldenburgische Landesbank AG. Nebenberuflich promoviert sie an der Universität Oldenburg im Bereich Personal mit dem Forschungsschwerpunkt erfolgs- und leistungsorientierte Vergütungssysteme.

Literatur

[1] BAHNMÜLLER, R.: *Stabilität und Wandel der Entlohungsformen, München: Hampp, 2001*

[2] BREISIG, TH.: *Personalbeurteilung als Führungsinstrument, Berlin, 1989*

[3] BREISIG, TH.: *Entlohnen und Führen mit Zielvereinbarungen, Frankfurt: Bund-Verlag, 2001*

[4] EUROPEAN INDUSTRIAL RELATIONS OBSERVATORY (EIRO): *Variable Entlohnung in Europa www.eiro.eurofound.ie/2001/04/Study/TN0104203S.html*

[5] FREY, B. S.; OSTERLOH, M. (HRSG.): *Managing Motivation, Wiesbaden: Gabler, 2002*

[6] WAGENHOFER, A.; HERBICEK, G. (HRSG.): *Wertorientiertes Management, Stuttgart: Schäffer-Poeschel, 2000*

[7] VEREINIGUNG FÜR BANKBETRIEBSORGANISATION (HRSG.): *Studie Leistungsorientierte Vergütung in der Kreditwirtschaft, Frankfurt, 1999*

Zusammenfassung

Erfolgs- und leistungsorientierte Entlohung wird in der Bankenbranche seit Jahren auch für Tarifmitarbeiter vorangetrieben. Bislang bestand aufgrund des starren Tarifvertrages lediglich die Möglichkeit, variable Vergütungsanteile über die tariflichen Leistungen hinaus zu zahlen.

Basierend auf der Beschreibung der Gestaltungsmöglichkeiten variabler Gehaltsanteile nach den neuen Tarifverträgen zur leistungs- und erfolgsorientierten Vergütung werden Chancen und Grenzen zur Einführung eines derartigen Vergütungssystems aufgezeigt. Die Unterschiede zwischen den Tarifverträgen der privaten Banken und der Genossenschaftsbanken werden dabei herausgestellt. Darüber hinaus werden die Auswirkungen der Flexibilisierung auf die Mitarbeitergehälter beispielhaft dargestellt.

Rein betriebswirtschaftlich betrachtet, ist die Einführung eines variablen Vergütungssystems nach den neuen Tarifverträgen nicht zwingend erforderlich. Eine Umsetzung der tariflichen Regelungen in Banken, die bisher kein variable Vergütung auf der Basis von Zielvereinbarungen beziehungsweise Beurteilungen praktiziert oder geplant haben, ist daher eher unwahrscheinlich.

Kritische Erfolgsfaktoren: Kommunikation und Einführungsprozess

Die Implementation von Vergütungssystemen
von DETLEF KRANICH

Neue Vergütungssysteme erfolgreich kommunizieren
von MICHAEL BURSEE, FALK WITTE

Die Implementation von Vergütungssystemen

Nichts ist so praktisch wie eine gute Theorie. Doch häufig scheitern gute Konzepte an ihrer Umsetzung. Gerade bei der Einführung neuer Vergütungssysteme wollen die Betroffenen, beteiligt, eingebunden und überzeugt werden.

In diesem Beitrag erfahren Sie:
- warum es nicht reicht, ein gutes Konzept zu haben,
- dass die Implementierung genauso gut geplant werden muss, wie die Konzepterstellung,
- wie Sie bei der Implementation vorgehen sollten.

DETLEF KRANICH

Erst das Konzept – dann Augen zu und durch?

Sie kennen das? Dies ist nämlich eine Szene, die sich sehr oft in deutschen Unternehmen wiederholt: Ein Unternehmen führt mit Hilfe einer Unternehmensberatung eine Systematik im Vergütungsbereich ein:

⇨ Kann die Unternehmensberatung im konzeptionellen Bereich meist glänzen,

⇨ so wird die Unterstützung signifikant schwächer, wenn es um die Implementation einer Systematik im zu beratenden Unternehmen geht.

Einige Beratungshäuser haben dieses Defizit erkannt und ihre Beratungspalette bereits erweitert. Trotzdem wird dem Feld »Implementation« noch zuwenig Aufmerksamkeit geschenkt.

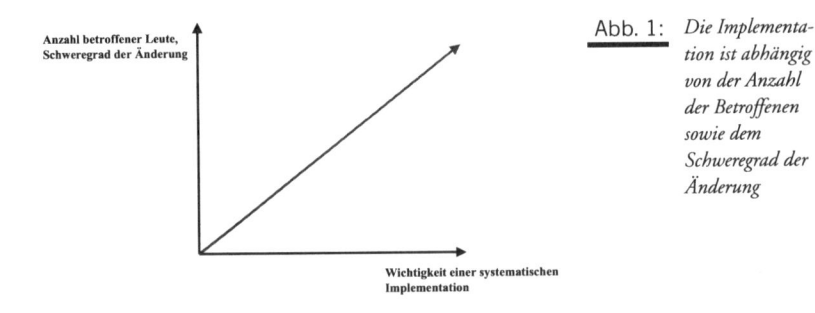

Implementation

Abb. 1: *Die Implementation ist abhängig von der Anzahl der Betroffenen sowie dem Schweregrad der Änderung*

(Diagramm: y-Achse „Anzahl betroffener Leute, Schweregrad der Änderung", x-Achse „Wichtigkeit einer systematischen Implementation")

Das zeigt sich schon in der Literatur. So wird dem »Was« und »Warum« in Bezug auf Personalsysteme breiter Raum gegeben und vielfach diskutiert, dem »Wie«, also der Frage, wie man eine bestimmte Systematik in ein Unternehmen einführt, so gut wie keine Aufmerksamkeit geschenkt. Die wenigen Autoren, die die Wichtigkeit dieses Themas erkannt haben, sind »an einer Hand« abzuzählen [1; 2; 3]. Auch auf Konferenzen rund um Personalthemen wird der Implementation von Personalsystemen, gleich welcher Art, wenn überhaupt, nur ein kleiner Anteil an Vortragszeit gewährt.

Dies ist umso verwunderlicher, wenn man weiß, dass viele Projekte nicht an einer mangelhaften Konzeption, sondern an einem mangelhaften Vorgehen bei der Implementation scheitern. Warum also wird dem Thema der Implementation so wenig Aufmerksamkeit geschenkt?

⇨ Zunächst kommt in der Abfolge eines Projekts erst das Konzept und dann die Implementation. Man denkt nur all zu oft: Wenn das Konzept steht und gut ist, wird die Implementation schon klappen. Man stoppt sozusagen gedanklich nach dem Konzept.

⇨ Dann könnte der Eine oder Andere dem Irrglauben erliegen, eine Implementation könne man nicht so exakt fixieren wie zum Beispiel ein Konzept, und verzichtet damit auf die Planung eines entscheidenden Erfolgsfaktors.

Beides kann dazu führen, dass man kein gedankliches Konzept für eine Implementierungsstrategie hat und beispielsweise bei Widerstand oder bei der Kommunikation bereits im Vorfeld der Einführung grobe Fehler begeht.

Daher sichert eine gute konzeptionelle Aufbereitung eines Personal- und Vergütungssystems und eine gute Implementierungsstrategie nach meiner Erfahrung 95 Prozent des Erfolges.

Grundsätzlich kann man festhalten, dass die Wichtigkeit einer systematischen Implementation von der Anzahl der Betroffenen sowie dem Schweregrad einer Änderung abhängt (s. Abb. 1).

Der Schweregrad einer Änderung wird dadurch determiniert, ob
⇨ Lohn und/oder Gehalt;
⇨ die Sicherheit des Arbeitsplatzes;
⇨ Anerkennung und Karriere oder
⇨ die Selbstständigkeit (entsprechende Handlungsspielräume)

betroffen sind. In der Regel sind bei Personal- oder Vergütungssystemen viele Mitarbeiter betroffen und der Schweregrad der Änderung ist groß. Daher ist eine systematische Implementation Bestandteil einer erfolgreichen Einführung solcher Systeme.

Welche Implementierungsstrategie die beste ist, muss jedoch immer im Kontext der Unternehmung gesehen werden. Ich werde Ihnen aber im Folgenden die wichtigsten Inhalte einer Implementierungsstrategie darstellen.

Die Implementation stellt an Komplexität und Aufwand dem eigentlichen Konzept eines neuen Vergütungsmodells in nichts nach und sollte daher wie das Konzept erstellt und geplant werden! Die Vorgehensweise bei einer Implementation kann daher wie bei anderen Vorhaben auch in drei Phasen unterteilt werden:
⇨ Planung/Vorbereitung;
⇨ Durchführung;
⇨ Kontrolle.

Planung/Vorbereitung

Der Bereich Planung und Vorbereitung wird hier in sieben Unterpunkte gegliedert (s. Abb. 2, S. 4). Alle Punkte haben, je nach Unternehmen, eine unterschiedliche Wichtigkeit, die durch die Umstände, in der sich ein Unternehmen befindet, bestimmt werden. Die folgende Reihenfolge stellt daher keine Prioritätenskala dar, kann aber durchaus so abgearbeitet werden. Änderungen in der Reihenfolge sollten vorgenommen werden, wenn die spezifische Unternehmenssituation dies verlangt.

Unternehmensstrategie berücksichtigen

Jedes gut geführte Unternehmen besitzt eine kommunizierte Unternehmensstrategie, um Mitarbeiter auf die Erreichung der Unternehmensziele ausrichten zu können. Ein Vergütungssystem muss sich in diese Unternehmensstrategie einfügen, da es sonst gegen diese Unternehmensstrategie wirken könnte. Mit einem Vergütungssystem soll kein Instrument eingeführt werden, um Kosten zu minimieren, auch wenn dies ein Effekt sein kann. Priorität ist, dass ein Vergütungssystem ein personalstrategisches Steuerungsinstrument ist, das sich in die Gesamtstrategie einfügen soll.

Ist ein Unternehmen beispielsweise an der Börse notiert, so eignen sich moderne Vergütungsstrukturen mit short term incentives (Zielvereinbarungen) und long term incentives (stock options oder phantom stocks). Die Unternehmensstrategie wird dann meist sehr gut in der Konzeption eines Personal- und Vergütungssystems berücksichtigt.

Die wirklichen Probleme treten jedoch meist in der Implementation auf, weil man Reaktionen unterschätzt oder Restriktionen/Tabus nicht beachtet. So gibt es in jedem Unternehmen Bereiche, die keine Leistungsorientierung mittels Zielvereinbarungen wollen, da grundsätzlich Nachteile befürchtet werden. Bei einer Ausrichtung auf Leistungsorientierung werden Leistungen transparent gemacht und

Implementation

```
        1
   Unternehmensstrategie
      berücksichtigen
7                              2
Kommunikation          Problembewusstsein
   planen                  schaffen

           Planung/
          Vorbereitung
6                              3
Qualifizierung            Situation
sicherstellen            analysieren

        5          4
  Projektorganisation  Sorgfältig
     aufbauen          planen
```

Abb. 2: *Planung/Vorbereitung der Implementation*

können daher gemessen werden. Für leistungsschwächere Abteilungen kann diese Transparenz gefährlich werden!

Tabelle 1: Checkliste: Unternehmensstrategie berücksichtigen	
Maßnahmen	✓
Berücksichtigung der Unternehmensstrategie im neu einzuführenden Vergütungssystem	
Reaktionen beziehungsweise Restriktionen/Tabus identifizieren	
Kollegen einbinden, soweit möglich	
Dokumentieren	

Es ist deshalb sinnvoll, bereits beim Punkt »Berücksichtigung der Unternehmensstrategie« Kollegen einzubeziehen, um Mitstreiter für das Projekt zu gewinnen. So baut man bereits im Vorfeld Misstrauen ab und Vertrauen auf. Um zu einem späteren Verlauf des Projekts die Entstehung nachvollziehen zu können, ist bereits an diesem Punkt eine Dokumentation aufzubauen (s. Tabelle 1).

Problembewusstsein schaffen

Wenn Mitarbeiter und Geschäftsführung zufrieden und »satt« sind, fehlt die Vorraussetzung für den Willen zur Veränderung des gegebenen Zustands. Um eine Grundlage für eine erfolgreiche Einführung eines Personal- und Vergütungssystems zu schaffen, ist eine vorhandene Ruhe gezielt zu destabilisieren. Dies kann durch eine Problemsondierung mit/durch Entscheidungsträger stattfinden. Dabei können folgende Fragen aufgeworfen und mit Entscheidungsträger auf höchster Ebene diskutiert werden:
⇨ Ist unsere Unternehmensstrategie mit der Personal- und Vergütungsstrategie im Einklang?
⇨ Sind unsere Personal- und Vergütungsstrategien auf die Zukunft ausgerichtet?
⇨ Sind wir mit unserer Personal- und Vergütungsstrategien, gerade auch bei den hochqualifizierten Kräften, wettbewerbsfähig?
⇨ Berücksichtigt unsere Personal- und Vergütungsstrategie gesellschaftliche Tendenzen, zum Beispiel die derzeitige Rentendiskussion?

Die Antwort ist selbstverständlich, dass nur die Implementation eines (des) neuen Personal- und Vergütungssystems die aufgeworfenen Fragen beantworten kann. Wichtiger Diskussionspunkt ist auch die Tatsache, dass Veränderungen seine Zeit brauchen und daher frühzeitig angegangen werden sollten, wenn man Entwicklungen nicht hinterherlaufen möchte.
Eine Dokumentation ist auch hier wieder sinnvoll. Wie man weiß, gibt es Fluktuation auch auf höchsten Ebenen. Nach jeder Fluktuation kommen neue Richtungen und Moden ins Unternehmen. Wie

gut, wenn man an diesem Punkt Argumente gesammelt hat und jedem präsentieren kann.

Das Herausreißen aus der Ruhe durch die gezielten Fragen bewirkt, dass alle Beteiligten sich des Sinns klar werden und so zu einem späteren Zeitpunkt keine Grundsatzdiskussionen mehr zu erwarten sind (s. Tabelle 2).

Tabelle 2: Checkliste: Problembewusstsein schaffen	
Maßnahmen	✓
Mit Fragen Ruhe destabilisieren	
Dokumentieren	

Hat man mit seinen Fragen (und Antworten) eine gewisse Unruhe aufgeworfen, so kann man sich in den nächsten Punkt vertiefen.

Situation analysieren

Macht man sich Gedanken über die Implementation eines neues Vergütungssystems, so sollte man berücksichtigen, dass dieses meist nicht auf der »grünen Wiese« installiert wird. Jede Firma hat etablierte Praktiken, nach denen vorgegangen wird. Hier heißt es also, die Praktiken zu erfassen und zu analysieren. An dieser Stelle soll der Frage nachgegangen werden,
⇨ ob das neue Vergütungssystem durch eine Korrektur der alten Praktiken eingeführt werden kann, oder
⇨ unter Umständen eine komplette Neugestaltung notwendig ist.

Ein neues Vergütungssystem hat sich am Markt zu orientieren. Nur so ist sichergestellt, dass man mittels dieses Systems die besten Kräfte gewinnt und Leistungspotenziale freisetzt. Dabei sind Marktfaktoren wie die Branche, der Arbeitsmarkt oder die Größe des Unternehmens einzubeziehen. Zur Bestimmung der Marktorientierung sind Gehalts-

Implementation

studien, wie sie beispielsweise verschiedene Unternehmensberatungen anbieten, geeignet.

Grundlage eines modernen Personal- und Vergütungssystems sind leistungsorientierte Vergütungselemente. Zur Bestimmung der Leistung ist ein leistungsfähiges Controlling notwendig. Ein Blick in diesen Unternehmensbereich lohnt sich, um feststellen zu können, auf welchen Leistungswerten man eine leistungsorientiertes System aufbauen kann.

Eine Unternehmenskulturanalyse zeigt einem auf, ob Kultur und Vergütungssystem zusammenpassen. Werden Mitarbeiter und/oder Führungskräfte bisher nur »für Anwesenheit« bezahlt und sollen zukünftig nach Leistung oder abhängig von der Zielerreichung bezahlt werden, so hat man einen Punkt identifiziert, der entsprechend in der Implementationsstrategie berücksichtigt werden muss (s. Tabelle 3).

Tabelle 3: Checkliste: Situation analysieren	
Maßnahmen	✓
Existierende Vergütungssystematik analysieren	
Marktorientierung überprüfen	
Leistungsfähigkeit des Controllingsystems überprüfen	
Unternehmenskulturanalyse durchführen	
Dokumentieren	

Sorgfältig planen

Die gesamte Implementation sollte man nach dem vertrauten Muster einer Ablaufplanung phasenbezogen (zum Beispiel: Vorbereitung – Durchführung – Kontrolle) planen und mit einer Zeitplanung kombinieren: Ein Termingerüst sollte als Anhaltspunkt gesetzt werden, aber Terminerfüllung kann kein oberstes Projektziel sein. Meist folgen nämlich weitere Verhandlungen (zum Beispiel mit dem Betriebsrat) oder es treten Widerstände auf, deren Zeitbedarf nicht genau kalkulierbar ist. Besser ist es, Meilensteine zu setzen und zu verfolgen.

Zusätzlich ist eine Kostenplanung vorzunehmen. Am besten, man bildet Budgets für verschiedene Posten bei der Implementation wie beispielsweise Kosten für externe Berater, Qualifizierungskosten, Kommunikationskosten und so weiter.

Geht man diesen Punkt mit Sorgfalt an (s. Tabelle 4), so erhält man einen ersten groben Projektplan, der die Grundlage für alle weiteren Schritte der Implementation darstellt.

Tabelle 4: Checkliste: Sorgfältig planen	
Maßnahmen	✓
Eine grobe, phasenbezogene Ablaufplanung erstellen	
Kostenplanung erstellen	
Dokumentieren	

Projektorganisation aufbauen

Die erste Frage in der Projektorganisation ist die Prozessführerschaft. Diese muss eindeutig geregelt sein. Konzepterstellung, Mitarbeit und Implementation eines Personal -und Vergütungssystems müssen in einer Hand liegen beziehungsweise durch eine Gruppe oder Abteilung geleistet werden, da sonst zwangsläufig Probleme aufgrund der komplexen Thematik sowie deren Zusammenhänge auftreten.

Entscheider sind grundsätzlich immer frühzeitig einzubinden. Innerhalb des Projektteams muss die Projektleitung klar definiert sein. Ferner sind Themenkreise festzulegen, für die auch entsprechende Ansprechpartner bestimmt werden. Auf diese Weise wirkt man bereits an dieser Stelle gegen atmosphärische Störungen sowohl in der Projektgruppe als auch nach außen. Eine frühzeitige und grundsätzliche Ressourcenplanung bildet dann die Grundlage für die Bildung des Projektteams.

Im Projektteam sollten beziehungsweise müssen verschiedene Gruppen vertreten sein:

Implementation

⇨ Die Personalabteilung ist meist als Prozessführer der Implementation vertreten. Die Auswahl der Mitarbeiter für das Projektteam sollte nach Motivation, Stressresistenz, dem Wissen und der sozialen Kompetenz erfolgen.
⇨ Der Betriebsrat sitzt aufgrund seiner Mitbestimmungsrechte ebenfalls im Projektteam.
⇨ Die Einbeziehung der Linie ist sinnvoll und angeraten, da Sie die späteren Umsetzungsagenten darstellen.
⇨ Auch betroffene Mitarbeiter sollten im Projektteam vertreten sein, um Betroffene zu Beteiligten zu machen.
⇨ Externe Berater im Projektteam haben durch Ihre Neutralität eine gewisse Autorität und sollten, falls möglich, hinzugezogen werden. Wie viele Personen im Projektteam sitzen, hängt vom ermittelten Ressourcenbedarf ab.

Personen, die nicht unbedingt im Projektteam sitzen, aber dennoch von großer Wichtigkeit sind, sind Projektpromotoren. Diese Personen wirken im Hintergrund und können in bestimmten Situationen die Hand über das Projekt halten und bei Blockaden den notwendigen Durchbruch erzwingen. Die Suche von und die Kontaktpflege zu Projektpromotoren (beispielsweise: Geschäftsführung oder auch Meinungsführer) ist daher von großer Wichtigkeit (s. Tabelle 5).

Tabelle 5: Checkliste: Projektorganisation aufbauen	
Maßnahmen	✓
Prozessführerschaft sicherstellen, Projektleitung bestimmen, Ansprechpartner festlegen, Personalressourcen planen	
Projektteam festlegen	
Projektpromotoren suchen	
Dokumentieren	

Qualifizierung sicherstellen

Das Thema der fachlichen Qualifizierung von Beteiligten sollte früh angedacht und auch angegangen werden, da hier eine gewisse Zeit notwendig ist, die Beteiligten auf das neue Personal- und Vergütungssystem vorzubereiten. Augenmerk ist auf zwei Gruppen zu legen:
⇨ Die Administration wird zukünftig mit dem System umgehen müssen und zum Beispiel jährliche Zielvereinbarungen kontrollieren und eventuell zur Auszahlung freigeben. Daher müssen hier die Grundlagen des Systems eindeutig dargelegt werden. Einzelne Bestandteile wie beispielsweise Zielvereinbarungen müssen detailliert erklärt und der Ablauf dargestellt werden.
⇨ Führungskräfte sind die zukünftigen Umsetzungsagenten und Ansprechpartner für die Mitarbeiter bei Fragen und müssen daher sehr gut Bescheid wissen. Auch bei ihnen ist eine auf die Zielgruppe zugeschnittene Qualifikationsmöglichkeit anzubieten. Die Zielgruppe der Führungskräfte kann aber auch parallel zur späteren Einführung eingewiesen werden, da das Wissen nicht unbedingt vorab bereitstehen muss.

Instrumente der Qualifikation können dabei Broschüren, Handbücher, Workshops und persönliche Gespräche sein (s. Tabelle 6).

Tabelle 6: Checkliste: Qualifizierung sicherstellen	
Maßnahmen	✓
Qualifikation der Administration evaluieren, planen und sicherstellen	
Qualifikation der Führungskräfte evaluieren, planen und sicherstellen	
Qualifikationsinstrumente: Broschüren, Handbücher, Workshops und persönliche Gespräche	
Dokumentieren	

Kommunikation planen

Kommunikation ist auch bei der Implementation von Personal- und Vergütungssystemen, wie bei allen Change-Management-Projekten, ein wichtiger Bestandteil. Vor allem muss sie ganzheitlich angegangen werden. Ganzheitlich bedeutet, sich nicht nur auf einen Kanal zu verlassen, sondern alle Möglichkeiten zu nutzen.

⇨ Top-down-Informationen beispielsweise über Workshops sind wegen ihres »Vorgabecharakters«, und Handbücher wegen Ihres technokratischen Beigeschmacks alleine zu wenig Kommunikation.

⇨ Man kann sogenannte »Kick-off-Meetings« initiieren und über Ziele, Hintergründe, Vorgehen, Organisation und den Zeitplan des Projekts informieren.

⇨ Der Betriebsrat sollte frühzeitig einbezogen und informiert werden. Zum einen kann er als Multiplikator dienen, zum anderen kann man damit aktiv Widerstand schon im Vorfeld begegnen und gegebenenfalls abbauen.

Es sollte vermieden werden, vom Schreibtisch aus anzuordnen. Besser ist ein aktives Zugehen auf die Mitarbeiter. Menschen lernen und verändern ihr Verhalten am schnellsten und nachhaltigsten durch die direkte Kommunikation. Opponenten kann man persönlich ansprechen und schon im Vorfeld Argumente suchen, um den Grund ihrer ablehnenden Haltung entsprechend zu begegnen.

⇨ Alle gegebenen technischen Möglichkeiten wie zum Beispiel Mitarbeiterzeitung, das Intranet und E-Mails sind entsprechend zu nutzen.

⇨ Eine Open-Door-Policy bildet eine sinnvolle Ergänzung zur Kommunikation.

Wenn die Kommunikation angesprochen wird, stellt man gleichzeitig die Frage nach der zeitlichen Bereitstellung von Informationen. Dabei macht man stets eine Gratwanderung zwischen

⇨ zu früh (kann zu Verunsicherung und Fehlinterpretation führen) und

⇨ zu spät (kann zu Frustration und Opposition wegen Übergehens/ Überrumpelung führen).

Wann letztlich der richtige Zeitpunkt ist, hängt von den Beteiligten, deren Erwartungen und der Unternehmenskultur ab (s. Tabelle 7).

Tabelle 7: Checkliste: Kommunikation planen	
Maßnahmen	✓
Kommunikationsplan erstellen: Kick-off-Meetings, Betriebsrat einbeziehen, Workshops, Handbücher, Mitarbeiter persönlich ansprechen, auf Opponenten vorbereiten, Technik nutzen, Open-Door-Policy	
Richtigen Zeitpunkt für die Informationsfreigabe finden	
Grenzen erkennen	
Dokumentieren	

Bei den zur Verfügung zu stellenden Informationen gibt es in Deutschland klare Grenzen. Ergebnisse aus Funktionsbewertungen, die letztendlich zur Gehaltsfindung einzelner Positionen dienen oder gar das Offenlegen von Lohn- und Gehaltsinformationen selber gehören in keiner Weise veröffentlicht. Der »Neidfaktor« in Deutschland verhindert zur Zeit, anders als in den USA, einen prinzipiell offeneren Umgang mit diesen Daten.

Durchführung
Der Übergang zwischen Planung/Vorbereitung und Durchführung ist zum Teil fließend, trotzdem trennen wir gedanklich, um die jeweiligen Unterpunkte klar herausarbeiten zu können.

Im Bereich Durchführung werden wir sechs Unterpunkte betrachten. Alle Punkte haben, wie bei der Planung/Vorbereitung auch, eine unterschiedliche Wichtigkeit, die durch die Umstände, in der sich ein Unternehmen befindet, bestimmt werden. Die folgende Reihenfolge stellt daher keine Prioritätenskala dar. Änderungen in der Reihenfolge

Implementation

sollten vorgenommen werden, wenn die spezifische Unternehmenssituation dies verlangt.

Dokumentationen sammeln

Dem aufmerksamen Leser ist nicht entgangen, dass die Dokumentation bisher ein wichtiger Punkt bei den Planungen/Vorbereitungen war; dies nicht ohne Grund. Diese Dokumente stellen die zu Papier gebrachte Planung dar und bilden die Grundlage für das weitere Vorgehen. Die bisher erstellten Dokumente
⇨ zeigen den Projektstand auf,
⇨ werden in der Durchführung, wo immer möglich, weiterverwendet und
⇨ haben nicht zuletzt einen »Beweischarakter«.

Alle Prozesse und Vorgehen werden auch weiterhin vollständig dokumentiert, um Abläufe sicherstellen zu können.
Den Nutzen von Dokumentationen möchte ich an zwei Beispielen praktisch aufzeigen:
⇨ Die Einführung eines solchen Personal- und Vergütungssystems findet in einem bestimmten Zeitraum statt. Führungskräfte und Mitarbeiter, die zu einem späteren Zeitpunkt in das Unternehmen eintreten, müssen ebenfalls umfassend informiert werden. Nun kann man nicht immer wegen zwei oder drei neuen Führungskräften einen neuen Workshop veranstalten. Eine gut geführte Dokumentation ersetzt diesen Workshop problemlos. Für Mitarbeiter kann man Dokumentationen ins Intranet stellen, die dann jeweils heruntergeladen werden können.
⇨ Es kommt in der Praxis öfters vor, dass Führungskräfte oder Mitarbeiter über mangelhafte Informationspolitik klagen. Man zeigt seine Professionalität durch seine Aufzeichnungen, die aufzeigen, welche Führungskraft in welchem Kick-off-Meeting und Workshop saß und welche Mitarbeiter mit welchen Handbüchern

versorgt wurden. Durch seine Dokumentationen kann man diese Klagen sehr oft entkräften und die Ursachen in anderen Bereichen, wie zum Beispiel mangelhafte Beschäftigung der Klagenden mit dem Thema, finden (s. Tabelle 8).

Tabelle 8: Checkliste: Dokumentationen sammeln	
Maßnahmen	✓
Dokumentationen weiterhin gewissenhaft erstellen	
Den Zweck der Dokumentationen berücksichtigen: Projektplanung, Verwendung für Veröffentlichungen, Beweischarakter	

Spielregeln formulieren

Es hat sich in der praktischen Projektarbeit bewährt, zwischen allen Beteiligten Spielregeln zu formulieren und deren Einhaltung zu überwachen. Diese Spielregeln (s. Tabelle 9) hängen von den Gepflogenheiten in Unternehmen ab, sollten aber mindestens einige, wichtige Bereiche umfassen.
⇨ Neben dem konsequenten Einhalten von Terminen und Vereinbarungen
⇨ zählt auch dazu, andere ausreden lassen.

Tabelle 9: Checkliste: Spielregeln formulieren	
Maßnahmen	✓
Aus den Gepflogenheiten des Unternehmens Spielregeln ableiten	
Mindestspielregeln: Einhalten von Terminen und Vereinbarungen, ausreden lassen und offene Informationspolitik	
Dokumentieren	

Tendenzen eines vorsichtigen Taktierens sollte mit einer offenen Informationspolitik begegnet werden, die Vertrauen schafft. Man erzeugt mit solchen Maßnahmen ein offenes Klima und schafft Vorraussetzungen für Lösungsmöglichkeiten bei offen zu Tage tretenden Problemen.

Systematisch vorgehen

In der Planung/Vorbereitung hatten wir mit der Abarbeitung des Punktes »sorgfältig planen« bereits eine Planung für die Durchführung geschaffen. Systematisch vorgehen bedeutet, diese Planung jetzt step by step beziehungsweise nach Meilensteinen abzuarbeiten.

Dies hört sich einfacher an, als es tatsächlich ist. In der Praxis wird bei den ersten, auftretenden Problemen oft in Aktionismus verfallen und mehrere Aufgaben gleichzeitig angegangen, um die Probleme in den Griff zu bekommen. Hier sollte man das Ziel nicht aus den Augen verlieren und konsequent seinen Plan Schritt für Schritt weiterverfolgen (s. Tabelle 10).

Tabelle 10: Checkliste: Systematisch vorgehen	
Maßnahmen	✓
Projekt Schritt für Schritt abarbeiten	
Planungstools verwenden	
Dokumentieren	

Zu einem systematischen Vorgehen zählt auch der konsequente Einsatz von Planungstools. Mit Planungstools gestaltet man schneller, übersichtlicher, professioneller und damit letztlich auch überzeugender. Bewährt hat sich der Einsatz von Projektplanungstools wie beispielsweise

⇨ MS Project für die Kostenplanung
⇨ MS Excel für die Tabellenkalkulationen und
⇨ Visio für Ablaufdiagramme und Prozessdarstellungen.

Projekt kommunizieren

Hier setzen wir den Kommunikationsplan aus der Planung/Vorbereitung konsequent um und erweitern den Plan je nach Anforderungen.
⇨ Einführungsworkshops sollten einzeln mit den Zielgruppen Führungskräfte und Mitarbeiter durchgeführt werden. Anschließende Feedbackrunden können sehr wichtig sein, um Stimmungen zu erfassen und gegebenenfalls Korrekturen bei der Konzeption oder Implementation des Personal- und Vergütungssystems vornehmen zu können.
⇨ Es hilft in Projekten ungemein, nicht nur allen Beteiligten, sondern auch allen Betroffenen und Interessierten Meilensteine zu kommunizieren. Hier wird allen der Fortschritt des Projekts aufgezeigt und der Motivation innerhalb des Projektes Vorschub geleistet.
⇨ Im Kommunikationsplan hatte ich darauf hingewiesen, auf die Menschen zuzugehen. Praktisch kann man das neben einem direkten Ansprechen auch durch die informelle Kommunikation umsetzen. Informelle Gesprächsrunden am Rande von Veranstaltungen eignen sich besonders gut. Aber auch bei einem direkten, informellen Besuch bei Mitarbeitern erhält man wichtigen Informationen.

Ein nicht zu unterschätzender Punkt in der Projektarbeit ist die regelmäßige Berichterstattung an die Geschäftsleitung. Es wird der Projektfortschritt dokumentiert, auf Probleme und Barrieren aufmerksam gemacht et cetera. Eine bisher gut geführte Dokumentation, die jetzt hier zum Einsatz kommt, zeugt von Professionalität und zeigt der Geschäftsleitung auf, dass das Geld in diesem Projekt bisher gut angelegt wurde.
Hier zeigt sich, dass eine gute Kommunikation ein wesentlicher Bestandteil einer jeden Implementierungsstrategie ist (s. Tabelle 11).

Tabelle 11: Checkliste: Projekt kommunizieren	
Maßnahmen	✓
Einführungsworkshops nach Zielgruppen, Feedbackrunden durchführen	
Meilensteine kommunizieren	
Auf Menschen zugehen	
Regelmäßig an die Geschäftsleitung berichten	
Dokumentieren	

Auf Widerstand vorbereitet sein

Man muss sich bewusst werden, dass es bei jedem Veränderungsprojekt drei Gruppen gibt, denen man gegenübersteht:
⇨ die Kollegen, die das Ganze befürworten;
⇨ die Kollegen, die dem Ganzen unentschlossen gegenüber stehen;
⇨ die Kollegen, die von Haus aus dagegen ist.

Die erste Gruppe versucht man als Multiplikator zu nutzen. Bei der dritte Gruppe wendet man nur wenig Energie auf, da Meinungsänderungen nur mit einem hohen Aufwand zu erreichen sind. Folglich versucht man, die zweite Gruppe verstärkt auf seine Seite zu ziehen.

In der Praxis gibt es keine Veränderungen ohne irgendeinen Widerstand. Es ist von entscheidender Bedeutung, dass Widerstand rechtzeitig erkannt und entsprechend darauf reagiert wird. Ansonsten riskiert man ernsthafte Verzögerungen, schwerwiegende Blockaden und kostspielige Fehlschläge. Dies gilt besonders, wenn im betrieblichen Umfeld der Bereich »Lohn/Gehalt« betroffen ist.

Zuerst stellen wir uns die Frage, wie man Widerstand überhaupt erkennt. Es gibt eine ganze Reihe von Erkennungsmerkmalen:
⇨ Es »rollt« nicht;
⇨ es werden keine Entscheidungen betroffen;
⇨ in Meetings wird geblödelt;
⇨ es entstehen hohe Fehlzeiten;

- ⇨ Gerüchte kursieren;
- ⇨ Intrigen werden gesponnen;
- ⇨ ein Papierkrieg wird entfacht;
- ⇨ Reibungsverluste entstehen;
- ⇨ Pannen treten auf;
- ⇨ et cetera.

Wie soll man mit dem Widerstand umgehen? Es ist sehr wichtig, dass man grundsätzlich konstruktiv mit Widerstand umgeht. Das fängt damit an, dass man bei Widerstand eine Denkpause einlegt, um über alles nachdenken zu können. In persönlichen Gesprächen oder in kleinen Gruppen, bei denen aufrichtiges Interesse für die Situation besteht und die Antennen ausgefahren werden, stellt man einige Fragen wie:

- ⇨ Was ist wichtig?
- ⇨ Welche Interessen und Bedürfnisse bestehen?
- ⇨ Was könnte passieren, wenn man so weiter vorgeht?
- ⇨ Welche Alternativen sehen die Betroffenen?
- ⇨ Wie müsste vorgegangen werden?

Anschließend leitet man an den entsprechenden Stellen eine Kurskorrektur ein.

Tabelle 12: Checkliste: Auf Widerstand vorbereitet sein	
Maßnahmen	✓
Bei jeder Veränderung auf die Gruppe der Unentschlossenen verstärkt Einfluss nehmen	
Widerstände rechtzeitig erkennen	
Konstruktiv mit Widerstand umgehen: Gespräche, Fragen stellen, Kurskorrektur	
Das Ziel des Personal- und Vergütungssystems nicht aus den Augen verlieren	
Dokumentieren	

Der kritische Faktor im Umgang mit Widerstand ist letztlich auch der Umgang mit sich selbst. Denn: Man selbst entwirft, andere müssen damit leben!

Zusammenfassend kann gesagt werden, dass man nicht gegen, sondern mit dem Widerstand gegangen werden soll (s. Tabelle 12). Die Ziele, die man mit der Einführung eines Personal- und Vergütungssystems erreichen wollte, dürfen dabei selbstverständlich nicht aus den Augen verloren werden.

Testlauf vorbereiten

Je größer die Neuartigkeit des Personal- und Vergütungssystems, desto wichtiger ist es, einen Testlauf zu fahren. Mit einem Testlauf kann man das Einführungsrisiko verringern. Man kann ebenfalls schon im Vorfeld wichtige Erfahrungen sammeln und gegebenenfalls noch frühzeitig Korrekturen anbringen. Die Vorteile eines Testlaufs liegen weiterhin in der Vorbildfunktion, die zweifellos vorliegt und damit insgesamt die Akzeptanz steigert (s. Tabelle 13).

Tabelle 13: Checkliste: Testlauf vorbereiten	
Maßnahmen	✓
Testlauf oder stufenweise Einführung durchführen	
Dokumentieren	

Eine Variante zum Testlauf ist die stufenweise Einführung. In der Praxis hat sich die stufenweise Einführung zum Beispiel bei stock options oder leistungsorientierten Zielvereinbarungssystemen bewährt. Das Wort »stufenweise« kann sich dabei sowohl auf die Hierarchie als auch auf Organisationseinheiten beziehen. Man führt beispielsweise ein Zielvereinbarungssystem erst bei den Führungskräften ein und dann bei den Mitarbeitern. Auch hier wird durch die Vorbildfunktion die Akzeptanz gesteigert.

Kontrolle

Jede Planung bedarf einer Überprüfung. Man stellt das Ergebnis der geplanten Größe gegenüber und versucht, gegebenenfalls Abweichungen zu erkennen und zu beheben. Diesem Soll-Ist-Vergleich als Kontrollinhalt folgen noch Fragen nach
⇨ der Kontrollausrichtung,
⇨ den Kontrollgrößen und
⇨ dem Kontrollzeitpunkt.

Im Bereich Kontrolle fallen damit drei Unterpunkte an, die wir noch beleuchten wollen.

Kontrollausrichtung

Man muss sich zuerst einmal bewusst werden, warum wir kontrollieren: Ein Personal- und Vergütungssystem stellt kein statisches System dar, dass, einmal eingeführt, die nächsten zehn Jahre seinen Dienst versieht. Vielmehr handelt es sich um ein dynamisches System, dass permanent Marktgegebenheiten, Unternehmensentwicklungen und Umweltbedingungen berücksichtigen muss und das gegebenenfalls durch Feinabstimmungen und Korrekturen modifiziert werden muss. Andernfalls werden sonst sehr schnell die Ziele des Systems nicht mehr erfüllt. Die Existenz wäre dann nicht mehr gerechtfertigt.

Tabelle 14: Checkliste: Kontrollausrichtung	
Maßnahmen	✓
TestIDas Personal- und Vergütungssystem immer auf notwendige Modifizierungen prüfenauf oder stufenweise Einführung durchführen	
Dokumentieren	

Die Prüfung, ob Modifizierungen vorgenommen werden müssen, fällt grundsätzlich permanent, also im gesamten Lebenszyklus an (s.

Implementation

Tabelle 14). Erst die Einführung eines neuen Konzeptes oder Systems entbindet einen von dieser Notwendigkeit.

Kontrollgrößen bestimmen

Wichtige Informationsquellen, um den Erfolg (s. Tabelle 15) qualitativ festhalten zu können, sind
⇨ Feedback-Gespräche mit Führungskräften,
⇨ Interviews mit ausgeschiedenen Mitarbeitern und
⇨ Mitarbeiterbefragungen.

Tabelle 15: Checkliste: Kontrollgrößen bestimmen	
Maßnahmen	✓
Qualitative Daten: Feedback-Gespräche, Interviews, Mitarbeiterbefragungen	
Quantitative Daten: Gehaltsanalysen, Messung Administrationsaufwand und Arbeitsproduktivität	
Dokumentieren	

Quantitative Größen erhält man aus dem Controlling oder man kann die Daten sogar selber vorhalten:
⇨ Hier lassen sich Gehaltsanalysen durchführen, wobei gefragt werden wird, ob sich die Gehälter wie geplant entwickeln.
⇨ Auch das Abfallen des Administrationsaufwandes durch ein systematisches Vorgehen kann in Zahlen und Messungen ausgedrückt werden.
⇨ Letztlich soll durch das neue Personal- und Vergütungssystem die Leistungsbezogenheit des Gehaltes verbessert werden, was letztlich die messbare Steigerung der Arbeitsproduktivität bedeutet.

Kontrollzeitpunkt abwarten

Die Frage nach dem ersten und den weiteren Kontrollzeitpunkten ist die letzte Frage, der wir uns stellen. Gehaltsgespräche und auch Zielvereinbarungen werden im jährlichen Zyklus vereinbart (s. Tabelle 16). Die Erfahrung zeigt, dass eine erste Auswertung daher auch nach zwölf Monaten vorgenommen werden sollte. (Positive) Auswirkungen bei einem Personal- und Vergütungssystem benötigen durch die Gehaltszyklen eine Weile bis Sie ersichtlich sind. Folgeauswertungen (und eventuelle Anpassungen) können dann jeweils im jährlichen Zyklus vorgenommen werden.

Tabelle 16: Checkliste: Kontrollzeitpunkt abwarten	
Maßnahmen	✓
Erste Kontrollen nach zwölf Monaten	
Nachfolgende Kontrollzyklen betragen jeweils zwölf Monate	
Dokumentieren	

Detlef Kranich, Dipl.-Kfm., Fachgebietsleiter Personalstrategien, NSE Software AG, München

Literatur

[1] DOPPLER, K.; LAUTERBURG, C.: *Change Management, 9. Aufl., Frankfurt: Campus, 1999*

[2] KLÖFER, F.: *Erfolgreich durch interne Kommunikation. Mitarbeiter informieren, motivieren, aktivieren, Luchterhand: Neuwied, 1999*

[3] STEINLE, C.; GREWE, A.: *Implementierung neuer Vergütungsmodelle, Personalwirtschaft, Sonderheft Vergütung, 9/2000, S. 47–50*

Zusammenfassung
Mit dieser Ausführung wird nicht der Versuch unternommen, die Implementation wissenschaftlich exakt zu beleuchten.
Vielmehr sollen dem Praktiker Anhaltspunkte gegeben werden, anhand derer die Implementation geplant, durchgeführt und letztlich der Erfolg auch kontrolliert werden kann. Es sollte dabei insbesondere dem weit verbreiteten Vorurteil, Implementierungsprozesse müsse oder könne man nicht planen, entgegen getreten werden.
Vielmehr zeigt sich, dass eine gutes Konzept und eine gute Implementierungsstrategie eines Personal- und Vergütungssystems 95 Prozent des Erfolges sichern.

Neue Vergütungssysteme erfolgreich kommunizieren

Der Erfolg eines neuen Vergütungssystems ist nicht allein dadurch gegeben, dass das System formal eingeführt ist. Wenn es gelebt werden soll, muss es auch akzeptiert sein. Dafür muss es verstanden werden. Wie holt man sich das Ja der Mitarbeiter?

> **In diesem Beitrag erfahren Sie,**
> - dass Veränderungen der Vergütungssysteme Mitarbeiter verunsichern können,
> - warum Vergütungssysteme von den Mitarbeitern verstanden und gelebt werden müssen,
> - wie ein spezifischer Kommunikationsmix bei der Einführung helfen kann.

MICHAEL BURSEE, FALK WITTE

Die Einführung neuer Vergütungssysteme

Auf eine immer schnellere Veränderung ihres relevanten Umfeldes reagieren viele Unternehmen mit einer erhöhten Flexibilität und Veränderungsbereitschaft. Neue Managementkonzepte wie Business Process Reengineering, Lean Management, TQM oder wertorientierte Unternehmensführung finden vor diesem Hintergrund besondere Aufmerksamkeit, da sie nachhaltige Erfolge versprechen.

Die konsequente Umsetzung solcher Konzepte, aber auch Unternehmenszusammenschlüsse führen zumeist zu Änderungserfordernissen bei den Vergütungs- und Anreizsystemen – auch wenn diese Änderungen häufig erst mit einer gewissen Verzögerung gegenüber organisatorischen oder strategischen Veränderungen umgesetzt werden.

Als Zielgrößen einer Optimierung oder Modernisierung bestehender Vergütungssysteme kommen Flexibilisierungsbedarfe in Bezug auf Personalstrukturen, veränderte Arbeitszeitregelungen, sowie Wettbewerbsvorteile auf den nationalen und internationalen Arbeitsmärkten in Betracht. Daher können eine Reihe von Ausprägungsformen innovativer Vergütungssysteme identifiziert werden, die in dieser Spezifität vor einigen Jahren noch kaum verbreitet waren:
⇨ wertorientierte Vergütungsmodelle (kennzahlenbasiert, Stock Options, Phantom Shares);
⇨ teamorientierte Vergütung;
⇨ kompetenzbasierte Vergütung;
⇨ Mitarbeiterbeteiligungsprogramme;
⇨ projektorientierte Vergütung;
⇨ leistungsbezogene Vergütung im öffentlichen Dienst;
⇨ Cafeteria-Modelle.

Unabhängig davon, ob es sich für die von der Veränderung betroffenen Vergütungssysteme um die Grund-, Leis-tungs-, oder Erfolgsvergütung handelt oder ob es darum geht, Nebenleistungen oder Cafeteria-Modelle zu modernisieren – in einem Punkt weisen sie Gemeinsamkeiten auf: *Jede wesentliche Modifikation* (in Abgrenzung zu marginalen Änderungen) *oder Neuerung der betrieblichen Vergütungssysteme stellt einen zumeist tiefgreifenden Veränderungsprozess dar, der häufig zur Verunsicherung der Betroffenen führt.* Speziell Veränderungen, die auf eine starke Variabilisierung im Sinne einer leistungs- oder erfolgsabhängigen Vergütung abzielen, erwecken häufig Misstrauen bei den Beschäftigten und bedürfen daher einer effektiven Informations- und Kommunikationsunterstützung um etwaigen Widerständen entgegenzuwirken.

Hier wird ein Verständnis von Kommunikation zugrundegelegt, das sowohl (einseitige) Information als auch (mehrseitige) Interaktion umfasst. Diesem Prozess kommt bei der Konzeption, Implementierung und Erfolgskontrolle neuer Vergütungssysteme eine zentrale

Rolle zu, da häufig die Transparenz und Offenheit bei der Einführung sowie die Qualität der Information über Erfolg und Misserfolg neuer Vergütungssysteme entscheidet.

Obgleich die erfolgskritische Bedeutung von Kommunikation in diversen Beiträgen zur Vergütung hervorgehoben wird, hat das Thema in der Literatur bislang nur relativ geringe Beachtung gefunden [1].

Ziele und Erfolgskriterien der Kommunikation

Der Erfolg eines neuen Vergütungssystems ist nicht allein dadurch gegeben, dass das System formal eingeführt ist. Vielmehr kann man dann von einem Einführungserfolg sprechen, wenn das betreffende System

⇨ zielgerichtet und sachgerecht konzipiert worden ist (formale Erfolgsdimension);

⇨ von den Mitarbeitern verstanden und akzeptiert wird (kognitive Erfolgsdimension) sowie

⇨ von den Betroffenen entsprechend seiner Zwecksetzung gelebt wird (kulturell-prozessuale Erfolgsdimension).

Die *drei Erfolgsdimensionen* können nicht isoliert, sondern nur in ihrem Zusammenhang betrachtet werden. So müssen bereits beim Design des Vergütungsmodells (formale Dimension) die psychologischen Effekte auf die Betroffenen berücksichtigt (kognitive Dimension) und in der Modellentwicklung antizipiert werden. Um zu gewährleisten, dass das System auch in der Unternehmenspraxis so angewendet wird, wie es ursprünglich beabsichtigt war (kulturell-prozessuale Dimension), ist es notwendig, eine Implementierungsplanung zu erstellen (um diese auszuführen), die eine optimale Flankierung des Modells durch Kommunikationselemente sicherstellt (formale Dimension).

Die gemeinsame Erfüllung dieser Erfolgsdimensionen stellt eine komplexe Herausforderung dar. So gestaltet sich bereits die Konzeption von modernen Vergütungssystemen wie zum Beispiel Stock Option Pläne aufgrund einer Fülle von relevanten Gestaltungsparametern zumeist als schwierig.

Als teilweise noch schwieriger stellt sich jedoch das Erreichen eines angemessenen Akzeptanz-Levels dar. Neuerungen von Vergütungsregelungen stoßen vielfach auf Widerstände, weil sie mit unsicheren Erwartungen und Ängsten im Hinblick auf eine finanzielle Schlechterstellung verbunden sind. Weiterhin können psychologische Widerstände jedoch auch schlicht in dem Umstand begründet liegen, dass sich der Betroffene unzureichend über Ziele und Wirkungsweise des neuen Systems informiert fühlt.

Kommunikations- beziehungsweise Informationsaktivitäten können das Erreichen speziell des Erfolgs auf der kognitiven sowie der kulturell-prozessualen Erfolgsdimension maßgeblich fördern und unterstützen. Sie werden in der Literatur ihrerseits häufig als wesentliche Erfolgsfaktoren in Vergütungsprojekten herausgestellt [3; 4]. *Das Kommunikationskonzept stellt damit einen zentralen Baustein des Einführungsprozesses dar,* dessen Ziele wie folgt zusammengefasst werden können [1]:

⇨ Schaffung von Transparenz über Ziele, Aufbau und Funktionsweise des neuen Systems sowie den Einführungsprozess selbst;

⇨ soweit möglich Herstellen der Akzeptanz mit Zielen und Konzeption des neuen Systems;

⇨ Motivation zur Leistungserbringung im Sinne des neuen Systems.

Der Kommunikationsmix

Kommunikation führt die integrale Aufgabe im Rahmen von Vergütungsprojekten aus. Die Gestaltungsaufgabe besteht diesbezüglich darin, die verfügbaren Kommunikationsinstrumente in situativer Abstimmung auf Mitarbeitergruppe, Vergütungsmodell und Unternehmenskultur einzusetzen, das heißt, den jeweils optimalen Kommunikationsmix zu entwickeln.

Die alternativen Instrumente lassen sich danach klassifizieren, ob sie die vorhandene Kommunikations-Infrastruk-turen nutzen oder, ob sie speziell für Kommunikation der Vergütungsinnovation konzipiert worden sind. Weiterhin kann danach entschieden werden, ob es sich um eine »Einweg-« oder eine »Zweiweg-Kommunikation« handelt

[6]. Die Abbildung 1 fasst mögliche Kommunikationsinstrumente nach diesen Kriterien zusammen.

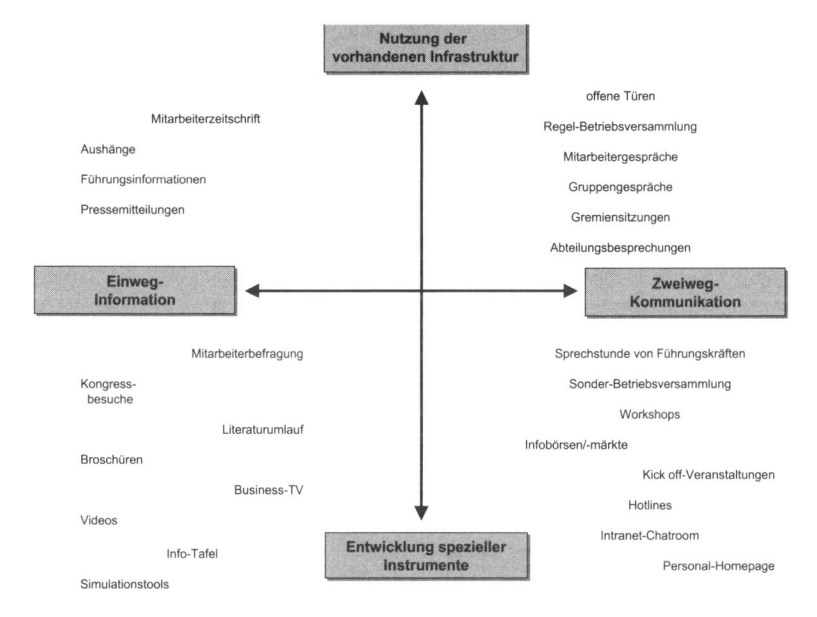

```
                        Nutzung der
                  vorhandenen Infrastruktur
                              ▲
                                          offene Türen
         Mitarbeiterzeitschrift            Regel-Betriebsversammlung
Aushänge                                   Mitarbeitergespräche
Führungsinformationen                      Gruppengespräche
Pressemitteilungen                         Gremiensitzungen
                                           Abteilungsbesprechungen

    Einweg-          ◄─────────────►        Zweiweg-
   Information                              Kommunikation

         Mitarbeiterbefragung              Sprechstunde von Führungskräften
Kongress-                                  Sonder-Betriebsversammlung
besuche                                    Workshops
         Literaturumlauf
                                  Infobörsen/-märkte
Broschüren
                                           Kick off-Veranstaltungen
         Business-TV                       Hotlines
Videos
                                           Intranet-Chatroom
         Info-Tafel   Entwicklung spezieller
                          Instrumente      Personal-Homepage
Simulationstools
                              ▼
```

Abb. 1: *Instrumente der Kommunikation*

Die im oberen linken Quadranten liegenden Instrumente gehören zu den in der Praxis gebräuchlichsten, auch in Bezug auf Vergütungssysteme. Ihr Vorzug liegt in den zumeist geringen Kosten, die mit ihrer Nutzung verbunden sind. Spezifischer als die genannten Instrumente sind die im unteren linken Quadranten aufgeführten. Die speziell für das neue Vergütungssystem entwickelten Instrumente wie zum Beispiel Broschüren eignen sich in besonderer Weise, um die Wirkungsrichtung neuer Modelle zu verdeutlichen und mit Beispielen zu ergänzen. Zugleich bieten sie die Möglichkeit, auf weitere Instrumente wie Hotlines, Info-Börsen oder Betriebsversammlungen hinzuweisen.

Instrumente der »Zweiweg-Kommunikation« sind eine wichtige Ergänzung zu Instrumenten der »Einweg-Kommunikation«. Während letztgenannte vornehmlich darauf abzielen, durch Information ein positives Veränderungsklima zu schaffen, greifen Instrumente der »Zweiweg-Kommunikation« die speziellen Ängste und Unsicherheiten des Einzelnen auf, um diese abzubauen und individuelle Akzeptanz herzustellen [2]. Der spezielle Vorteil von diesen Instrumenten – wie zum Beispiel von Abteilungs- und Mitarbeiterbesprechungen – liegt in der Möglichkeit der direkten Nachfrage und der daraus resultierenden höheren Spezifität des Kommunikationsangebotes. Die Kosten können bei der Nutzung der Instrumente des rechten oberen Quadranten zumeist begrenzt werden, da es sich hier um turnusmäßige Regelveranstaltungen handelt.

Die Instrumente im unteren rechten Quadranten wie Hotline, Intranet-Chat-room oder Kick-off-Veranstaltungen werden demgegenüber konzipiert. Dies sind in der Regel die »teuersten« Kommunikationsmaßnahmen, denen auf der anderen Seite die vergleichsweise höchste Wirksamkeit zugesprochen wird. Kennzeichnend für diese Instrumente ist eine flexible und ausgedehnte Nutzungsmöglichkeit, die die individuellen Informationsbedürfnisse der Mitarbeiter berücksichtigen.

Die Auswahl und der Einsatz all dieser Instrumente muss unter Abwägung von Wirksamkeits- und Kostenaspekten vollzogen werden. Hinzu kommen zeitliche Erwägungen, die zum Beispiel den Einsatz von bereits vorhandenen Instrumenten am Anfang der Kommunikationskampagne erforderlich machen, um Zeitverzug zu vermeiden und gleichzeitig spezifischere Kommunikationsinstrumente zu entwickeln.

Der konkrete Kommunikationsmix ist von Unternehmen zu Unternehmen unterschiedlich und trägt den spezifischen Anforderungen Rechnung. Gleichwohl weisen Beispiele erfolgreicher Implementierungsprozesse häufig gewisse Gemeinsamkeiten bezüglich des Instrumenteneinsatzes auf. Nachfolgend sind zwei Beispiele aufgeführt (s. Abb. 2 und 3). Dabei handelt es sich zum einen um den Kommunikationsmix eines Pharma-Konzerns für ein neues Akti-

Der optimale Kommunikationsmix

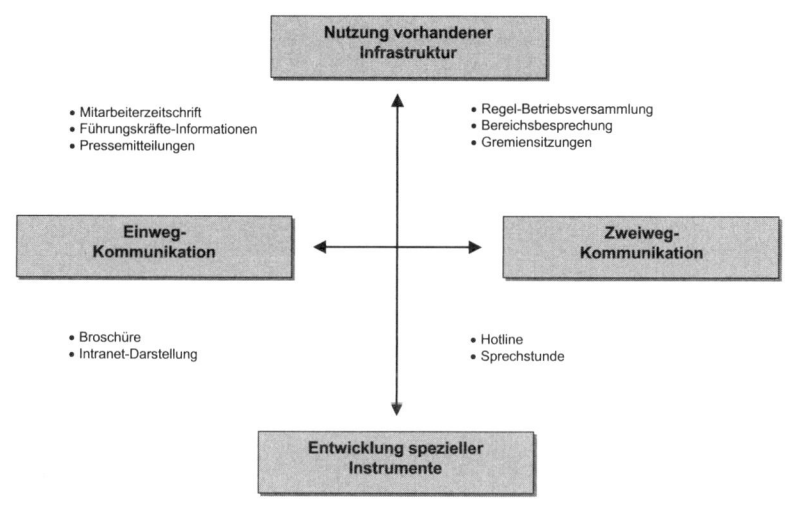

```
                    ┌─────────────────────────┐
                    │ Nutzung vorhandener     │
                    │    Infrastruktur        │
                    └─────────────────────────┘
                                ▲
  • Mitarbeiterzeitschrift      │      • Regel-Betriebsversammlung
  • Führungskräfte-Informationen│      • Bereichsbesprechung
  • Pressemitteilungen          │      • Gremiensitzungen

  ┌──────────────────┐                  ┌──────────────────┐
  │     Einweg-      │ ◄──────────────► │    Zweiweg-      │
  │   Kommunikation  │                  │   Kommunikation  │
  └──────────────────┘                  └──────────────────┘

  • Broschüre                           • Hotline
  • Intranet-Darstellung                • Sprechstunde
                                │
                                ▼
                    ┌─────────────────────────┐
                    │  Entwicklung spezieller │
                    │      Instrumente        │
                    └─────────────────────────┘
```

Abb. 2: *Kommunikationsmix im Unternehmen A*

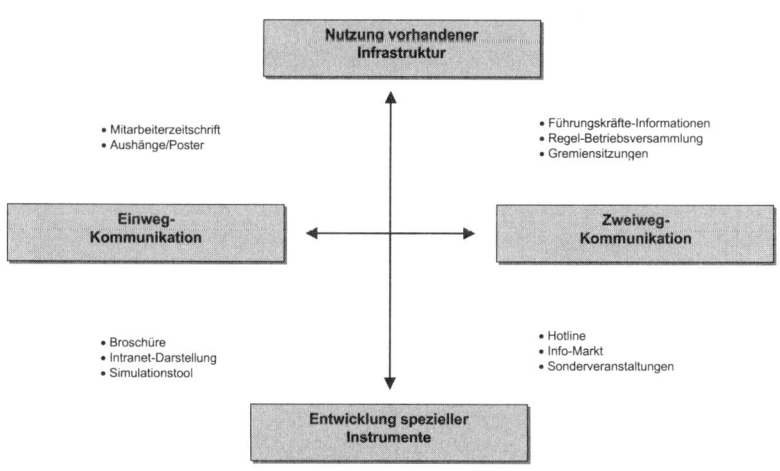

```
                    ┌─────────────────────────┐
                    │ Nutzung vorhandener     │
                    │    Infrastruktur        │
                    └─────────────────────────┘
                                ▲
  • Mitarbeiterzeitschrift      │      • Führungskräfte-Informationen
  • Aushänge/Poster             │      • Regel-Betriebsversammlung
                                │      • Gremiensitzungen

  ┌──────────────────┐                  ┌──────────────────┐
  │     Einweg-      │ ◄──────────────► │    Zweiweg-      │
  │   Kommunikation  │                  │   Kommunikation  │
  └──────────────────┘                  └──────────────────┘

  • Broschüre                           • Hotline
  • Intranet-Darstellung                • Info-Markt
  • Simulationstool                     • Sonderveranstaltungen
                                │
                                ▼
                    ┌─────────────────────────┐
                    │  Entwicklung spezieller │
                    │      Instrumente        │
                    └─────────────────────────┘
```

Abb. 3: *Kommunikationsmix Unternehmen B*

enkaufprogramm (Unternehmen A), zum anderen um den Mix eines Versicherungskonzerns für ein komplexes Cafeteria- beziehungsweise Gehaltsumwandlungsmodell (Unternehmen B).

Anhand der Beispiele lassen sich exemplarisch einige Kennzeichen moderner Kommunikationsmaßnahmen für neue Vergütungsinstrumente aufzeigen.

Zunächst fällt auf, dass die betrachteten Unternehmen Instrumente aller vier Quadranten nutzen. Dies kann einerseits auf das Bestreben zurückgeführt werden, neben bekannten Medien auch neue Kommunikationsmittel zu verwenden, um hiermit den Innovationscharakter des Systems für das Unternehmen und damit das Besondere herauszustellen. In dieser Richtung kann auch die zunehmende Einbindung von professionellen Marketing-Agenturen zur Erstellung von Postern, Werbemittel oder Designerelementen verstanden werden. *Das neue Vergütungssystem wird gleichsam zu einem Produkt des Personalbereichs,* das im Sinne der Bekanntheit und Akzeptanzsteigerung professionell »beworben« wird.

Ein weiterer Grund für einen differenzierten Mix aus einfachen und komplexen Kommunikationsinstrumenten ist sicherlich auch in den bereits oben angesprochenen »Timing-Erwägungen« zu sehen. Eine rechtzeitige Information soll durch den Einsatz traditioneller Instrumente sichergestellt werden, um parallel dazu spezifische Ansätze (Broschüren, Hotline, Simulations-Tools) zu entwickeln und diese quasi als höhere Stufe des Kommunikations-Roll-out zeitlich nachlaufend zu implementieren.

Ein weiteres Kennzeichen der obigen Beispiele bildet der Einsatz relativ neuartiger Instrumente. So setzt Unternehmen B ein *Simulations-Tool* ein, das den Mitarbeitern die zukünftigen Ertragschancen aktueller und zukünftiger Gehaltsumwandlungen verdeutlicht und hierbei individuelle Rahmenparameter wie Verzichtsbetrag, Ansparzeitraum, Mittelverwendung oder individueller Steuerersatz berücksichtigt. Der Mitarbeiter hat dabei die Möglichkeit, jederzeit und in anonymer Form Berechnungen zu seiner langfristigen Finanz- und Arbeitszeitplanung anzustellen.

Ein weiteres Instrument, das zunehmend Verwendung findet, um die Einführung neuer Vergütungssysteme zu unterstützen, ist die *Hotline*. Hierbei haben die Mitarbeiter die Möglichkeit, innerhalb eines bestimmten Zeitraumes sowie bestimmter Ansprechzeiten ihre Fragen zu dem neuen System zu adressieren. Die Hotline ist daher mit speziell geschulten unternehmensinternen oder -externen Vergütungsexperten besetzt, die in der Lage sind, alle aufkommenden Fragen zum System in kurzer Zeit zu beantworten. Diese Form der Kommunikation ist hochgradig individualisiert. Ihr Nutzen kann vielfältig sein und zum Beispiel darin bestehen, ein exklusives Vergütungssystem für obere Führungskräfte – beispielsweise ein Aktienoptionsprogramm – durch diese ebenfalls hochwertige Kommunikationsform zu unterstützen. Ein weiteres Nutzenpotenzial kann (bei externer Hotline-Besetzung) in einer Entlastung der Personalabteilung gesehen werden. Gerade großflächige Neuerungen der Vergütungsregelungen – so die Neugestaltung eines Aktienkaufprogramms für die Gesamtbelegschaft des betroffenen Unternehmens – können schnell zu einer Überlastung der zuständigen Personalbereiche führen.

Konsequenzen für den Personalbereich

Dem richtigen Kommunikationsmix kommt – wie gezeigt – eine hohe Erfolgsrelevanz bei der Konzeption und Einführung von Vergütungsinnovationen zu. Für das HR-Management sowie für die betriebliche HR-Funktion ergeben sich hieraus eine Reihe von Herausforderungen, von denen nachfolgend drei thesenartig dargestellt und erläutert werden.

Die zunehmende Komplexität neuer Vergütungssysteme bedingt eine professionellere betriebliche Kommunikation

Der Trend in der Unternehmenspraxis weist weg von einheitlichen Vergütungsregelungen hin auf innovative und kreative Systeme. Ursachen hierfür liegen unter anderem in der zunehmenden Leistungs-

und Erfolgsorientierung der Entlohnung oder aber auch in der Suche nach neuen Wegen des arbeitnehmerfinanzierten Vorruhestands beziehungsweise der Altersversorgung.

Jüngstes Beispiel für hoch komplexe Vergütungsmodelle sind die aktuell diskutierten Zeitwertmodelle, die den Mitarbeitern das Ansparen von Zeit und/oder Vergütungsanteilen in einem Kapitalmarktfonds erlauben, um das angesparte Wertguthaben für die Finanzierung einer späteren Freistellung oder zur Aufstockung der betrieblichen Altersversorgung zu verwenden. Die angesparten Beträge werden dabei unversteuert und unverbeitragt in den Fonds eingestellt und erst in der Nutzungsphase mit den gesetzlichen Abzügen belastet. Die Konzeption und Einführung eines solchen Modells im Unternehmen stellt an die Kommunikation besonders hohe Anforderungen, da derzeit noch kaum auf Beispiele zurückgegriffen werden kann und zudem die gesetzlichen und verfahrenstechnischen Regelungen aktuell noch lückenhaft sind (zum Beispiel: sozialversicherungsrechtliche Detailregelungen). Überdies liegen die Konsequenzen dieser Modelle (Auszahlung, Nutzung) weit in der Zukunft und können daher nur schwer prognostiziert werden.

Um die Akzeptanz derartiger Modelle zu fördern, müssen erhebliche Anstrengungen seitens des HR-Managements bezüglich der Kommunikation unternommen werden. Neben ausführlichen und mit Beispielfällen versehen Printmedien können zum Beispiel auch Intranet-Tools angeboten werden, die dem Mitarbeiter die Möglichkeit bieten, zukünftige Einzahlungs- und Auszahlungsflüsse online zu simulieren. In der Einführungsphase kann überdies mit der temporären Besetzung einer Experten-Hotline dem Bedürfnis der Mitarbeiter nach persönlicher Kommunikation Rechnung getragen werden.

Wenn Kommunikationsmittel unterschätzt und nur rudimentär eingesetzt werden, dann ist die Wahrscheinlichkeit einer geringen Mitarbeiterakzeptanz hoch. Mitarbeiter sind nur dazu bereit Vergütungsinnovationen zu akzeptieren und sich an ihnen aktiv zu beteiligen, wenn sie umfangreiche Informationen zur Verfügung gestellt bekommen, aber auch alle ihre Fragen mit kompetenten Gesprächspartnern klären können.

Die HR-Abteilung als »Owner« neuer Vergütungssysteme muss die Kommunikationsfunktion als Aufgabe wahrnehmen

Das konzeptionelle Design von Vergütungssystemen sowie die Unterstützung bei deren Implementierung gehört zu den originären konzeptionellen Aufgaben des Personalbereiches. Dies beinhaltet auch die Auswahl eines geeigneten Kommunikationsmix sowie die Ausgestaltung der jeweiligen Instrumente. Der Personalbereich ist hier gefordert, sich konsequent dieser Aufgabe anzunehmen. Dies bedeutet für viele traditionelle Personalbereiche zunächst eine gewisse Umorientierung, bietet jedoch die Chance, hierdurch stärker in die Rolle eines Change Agents hineinzuwachsen, wie dies von der modernen Managementliteratur zum Teil gefordert wird. Das Personalmanagement wird damit stärker verantwortlich für den gesamthaften Einführungserfolg des neuen Vergütungssystems und kann sich hierdurch auch als Business Partner für die Unternehmensleitung etablieren.

Kommunikation dient den Unternehmenszielen und muss sich auch an ökonomischen Maßstäben messen lassen

Kommunikation ist generell kein Selbstzweck oder eine soziale Funktion, sondern unterliegt ebenso ökonomischen Zielen und Restriktionen wie alle übrigen Aufgaben der Unternehmensführung. Hierbei stellt sich insbesondere die Frage nach der Effizienz der Aufgabenwahrnehmung. Ein Teilaspekt hiervon ist die klassische betriebswirtschaftliche Frage nach Eigenerstellung oder Fremdbezug von Kommunikationsleistungen. Obgleich die Verantwortung für die erfolgreiche Implementierung eines neuen Vergütungssystems bei der HR-Abteilung liegt, muss unter ökonomischen Aspekten die Frage gestellt werden, ob alle Kommunikationsleistungen durch die Mitarbeiter der Personalabteilung erbracht werden sollen. Unter Beachtung von Kosten, Qualität und Zeit kann es durchaus sinnvoll sein, bestimmte Aufgaben auszulagern. Beispiele bilden die Einrichtung und Durchführung von Hotline-Services durch externe Vergütungsexperten und auch die professionelle Erstellung von Broschüren durch die Abteilung Konzernkommunikation. Ersteres kann zum Beispiel dann sinnvoll sein, wenn es darum geht, obere Führungskräfte des Unternehmens bei Fälligkeit von Stock Options einen besonderen Service anzubieten oder aber auch, um bei der Einführung umfassender Aktienkaufprogramme (für die Gesamtbelegschaft eines Unternehmens) die Personalabteilung operativ zu entlasten.

Dr. Michael Bursee, Bereich Human Resource Services, Pricewaterhouse-Coopers GmbH, Hamburg

Falk Witte, Bereich Human Resource Services, PricewaterhouseCoopers GmbH, Hamburg

Literatur

[1] GREWE, A.: *Implementierung neuer Anreizsysteme: Grundlagen, Konzept und Gestaltungsempfehlungen,* Mering: Rainer Hampp, 2000

[2] GRIMMEISEN, M.: *Implementierungscontrolling: Wirtschaftliche Umsetzung von Change Programmen,* Stuttgart, 1998

[3] LÖSCHNER, P.; SCHUSTER, H.: *Neue Modelle der Mitarbeiterbeteiligung: Erfahrungen aus dem Projekt Conti 100, Personal, 48, 1996, 11, S. 604–609*

[4] RABELER, L.: *Marketing für ein neues Vergütungssystem, Personalwirtschaft, 26, 1999, 11, S 61–63*

[5] REIß, M.: *Instrumente der Implementierung,* in: Reiß, M.; von Rosenstiel, L.; Lanz, A. (Hrsg.): *Change Management: Programme, Projekte und Prozesse,* Stuttgart, 1997, S. 91–108

[6] WAGNER, D.; GRAWERT, A.; LANGEMEYER, H.: *Cafeteria-Modelle: Möglichkeiten der Individualisierung und Flexibilisierung von Entgeltsystemen für Führungskräfte,* Stuttgart, 1993

Zusammenfassung
Die Einführung neuer Vergütungssysteme und -prinzipien stellt in der Praxis zumeist ein schwieriges Unterfangen dar. Da hierbei individuelle Besitzstände gefährdet sind, wird neuen Systemen häufig Misstrauen entgegengebracht. Eine wirksame und offene Kommunikation und Information ist daher unabdingbare Voraussetzung für die erfolgreiche Einführung neuer Vergütungsregelungen. Dieser Aspekt wird in der Praxis jedoch häufig vernachlässigt. Ansatzpunkte für den Einsatz von Kommunikationsinstrumenten im Rahmen von Vergütungsinnovationen werden aufgezeigt und deutlich gemacht, welche Anforderungen hieraus an den Personalbereich des Unternehmens entstehen.